秦漢研究

论丛

宝鸡地区秦文化遗存研究专题

中国秦汉史研究会
咸阳师范学院 编

徐卫民 王永飞 主编

西北大学出版社
·西安·

图书在版编目（CIP）数据

宝鸡地区秦文化遗存研究专题/徐卫民，王永飞主编. —西安：
西北大学出版社，2022.11
（秦汉研究论丛）
ISBN 978-7-5604-5026-1

Ⅰ.①宝… Ⅱ.①徐… ②王… Ⅲ.①文化遗址—研究—宝鸡—
秦代 Ⅳ.①K878.04

中国版本图书馆 CIP 数据核字（2022）第 186689 号

秦汉研究论丛：宝鸡地区秦文化遗存研究专题
QINHANYANJIULUNCONG　BAOJIDIQUQINWENHUAYICUNYANJIUZHUANTI

主　　编：徐卫民　王永飞
出版发行：西北大学出版社
地　　址：西安市太白北路 229 号　　　　　　　邮　编：710069
网　　址：http：//nwupress. nwu. edu. cn　　　E－mail　xdpress@ nwu. edu. cn
电　　话：029-88302825
经　　销：全国新华书店
印　　装：西安创维印务有限公司
开　　本：787mm×1092mm　1/16
印　　张：18.5
字　　数：273 千字
版　　次：2022 年 12 月第 1 版　2022 年 12 月第 1 次印刷
书　　号：ISBN 978-7-5604-5026-1
定　　价：96.00 元

本书为《秦汉研究》第十八辑

得到

陕西（高校）哲学社会科学重点研究基地——关中古代

陵寝文化研究中心

陕西省普通高校优势扶持学科——历史地理学

咸阳师范学院重点学科——历史学（文物与博物馆学）

关中古代陵寝文化研究刘庆柱社科名家工作室

建设项目资助

目　录

· 海昏侯刘贺研究 ·

刘贺的"愚戆"与汉宣帝的"忌惮"：
西汉朝廷权力结构的失衡*

赵　明　吴　峰

（江西师范大学海昏侯历史文化研究中心　江西省社会科学学会联合会）

摘要：刘贺的立废虽是一场朝廷权斗，但也与刘贺的"愚戆"有重要关系。刘贺自以为拥有至高无上的权力，却不知朝廷皇权是由权力结构所维系，后因导致权臣霍光为主导的朝廷权力结构失衡，迫使霍光以牺牲刘贺的帝位来换取朝廷权力结构的稳固。汉宣帝在亲政前后，以外宽内忌的姿态努力维系朝廷权力结构的平衡，保住帝位并加强了皇权。他对霍光如"芒刺在背"，又"心内忌贺"，都是担心朝廷权力结构再次失衡导致皇权丧失。刘贺之"愚戆"和宣帝之"忌惮"，说明西汉朝廷权力结构的失衡是导致皇权不稳固的重要因素之一。

关键词：刘贺；霍光；汉宣帝；权力结构

南昌汉代海昏侯刘贺墓的考古发现，使刘贺跌宕起伏的一生受到极大的社会关注，西汉昭宣之际皇位更迭的历史进入了更多学者的视线。对于刘贺立废事件，历史上就有不同的解读，据《汉书》所载，主要原因是其"行淫乱"等罪行，亦有人以为是最高权力斗争，"非专以淫乱故也"[①]。近年来，学术界对此开展的讨论，对"行淫乱"之说或"权斗说"有了更为全面的认识。梳理近期研究成果，结合史实，可见这一历史事件并非完全由刘贺个人见识、品性所致，也不是简单的刘、霍集团权力斗争的结果。西汉皇权是通过皇帝制度中的权力结构得以正常运行的，朝廷权力结构的平衡稳

---

* 国家社会科学基金重大委托项目"海昏侯墓考古发掘与历史文化资料整理研究"（16@ZH022）阶段性成果。

① ［宋］苏轼：《东坡志林》卷三，《景印文渊阁四库全书》第863册，台湾商务印书馆，1986年，第36页。

定来源于礼法体系的规定，其中，皇帝、内臣、朝臣、外戚和诸侯等多方关系，都必须在权力结构中予以维系，否则将失去平衡，导致某一方游离于权力结构之外。刘贺即位后 27 天就被废黜，从机制上说，就是朝廷权力结构失衡的表现，故刘贺自称"愚戆不任汉事"。而汉宣帝即位后"内心忌贺"，实质也是担心朝廷权力结构再度失衡，影响政局的稳定。

一、废黜刘贺的"权斗说"

目前，学术界多以为刘贺被废的原因主要是权力斗争，其"行淫乱"不过是表象。但具体而言，"权斗说"又有"霍光专权说""刘贺争权说"以及"权力平衡说"之细微差异。

（一）霍光专权说

刘贺登基 27 天就被废黜，当然是因为霍光把持了当时的朝政，立废之间全在其掌握之中。这也是自古以来"权斗说"产生的基础，其他解读当然亦建立于此之上。于全介认为"霍光拥立刘贺是为了自己更好地专权，他废黜刘贺也是为了自己更好地专权"①。这一观点被许多学者所认同。例如，宋超撰文分析了昭帝去世后，霍光唯一的抉择就是拥立刘贺为帝。当时，在刘胥与刘贺之间，霍光与群臣并没有其他的选择。"昌邑王刘贺所以能被霍光立为皇帝，一个重要的原因就是他远较广陵王刘胥年轻，更容易被操纵控制之故。"② 刘贺立废的原因主要是因为霍光专权，但班固对废黜过程的记载是正确的，只不过是刘贺政权"先天不足"，没有外戚集团的支持，也不具有把握朝廷大势的能力，只能听命于根深蒂固的权臣霍光摆布。③ 从另一个角度理解，刘贺即位后行使皇权无可非议，"行淫乱"不过是借口，被废的主因在霍光专权。黄今言、温乐平也认为霍光掌控朝政，形成了一人专权的局面，是导致刘贺即位 27 天就被废黜的因素之一。④ 更有人分析，在武帝晚年残酷的政治斗争中，霍光在背后扮演了操控者的角色。"两代昌邑王均关联着霍光之阴谋"，武帝临终时，朝政已被霍光暗中把持，昌邑王刘髆死因不明，或为霍光所害，目的是为年幼的刘弗陵继位。故刘贺入京，"所谓仇人相见分外眼红，刘贺心怀食肉寝皮的仇恨，霍光应该感觉到了，在刘贺与霍光之

---

① 余全介：《经学与政治——论刘贺立而复废与〈谷梁春秋〉增立博士的关系》，《辽宁教育行政学院学报》2005 年第 1 期。

② 宋超：《昌邑王刘贺再评议》，载江西师范大学海昏侯历史文化研究中心编：《纵论海昏——"南昌海昏侯墓发掘暨秦汉区域文化"国际学术研讨会论文集》，江西教育出版社，2016 年，第 159 - 174 页。

③ 余全介：《刘贺废黜新考——兼评〈昌邑王废黜考〉》，《中州学刊》2017 年第 3 期。

④ 黄今言、温乐平：《刘贺废贬的历史考察》，《江西师范大学学报（哲学社会科学版）》2016 年第 2 期。

间,两者不共戴天,绝对不可调和。故此,霍光出尔反尔,迅速废黜昌邑王继任大位"①。此说虽为推论,亦可见刘贺立废源于霍光专权,是读史人的普遍认知。然而,即使斗争已经到了白热化的程度,霍光仍未置刘贺于死地,相反,还通过上官太后之口,使其免于迁徙房陵之苦,保留昌邑所有家产并赐予汤沐邑,软禁于故宫,这也可以说是立废予夺全在霍光一人,是典型的在皇帝制度下专擅权力,而非篡夺皇权。

(二)刘贺争权说

当然,在霍光专权的前提下,是何因素导致刘贺迅速下台?权臣控制皇帝的历史事例比比皆是,霍光把持朝政数十年,历经昭、宣两朝,与昭帝、宣帝均相安无事,说明霍光专权本身并不一定导致刘贺帝位得而复失。廖伯源较为系统地考证了有关刘贺的记载,认为有"不尽不实"之处,故其被废的原因并非《汉书》所说"行淫乱",而是刘贺与霍光权力斗争的结果。"昌邑王入承大统,有收回权力之迹象,光即废之。"② 既为权力斗争,当是处于无权或权利劣势的一方争取应有的权力,才会引起斗争。刘贺在被征召到长安,以皇嗣子的身份主持昭帝丧礼并继承皇位期间,自以为有独断朝纲之机,便重用昌邑旧臣,欲与霍光争夺最高权力,最后被霍氏所废。故是刘贺争权导致自己被废。王刚还分析了刘贺以"嗣子皇帝"的身份用宗庙太牢之礼祭奠生父刘髆的意义,认为这"不仅是一种情感的寄托,更有着对于昭帝承统及霍光执政合法性的内在否决"③。"昌邑王被废的原因就是他急于将权力从功臣们的手中夺回到自己手中"④。"刘贺被废的根本原因在于其不满为霍光操控,企图谋求掌握在自己集团内部的专属皇权,从而招致霍光集团全面打击,导致君位被除、昌邑群臣二百余人皆被诛杀的结局。"⑤ 秦铁柱则从昌邑集团内部矛盾与中央集权需要的角度,分析了刘贺急于争取获得帝位后的实际皇权:"昌邑哀王刘髆因与皇位失之交臂郁郁而终的阴影时刻笼罩在刘贺的心头,刘贺又在以霍光为首的汉中央的压制下小心翼翼地做了11年的昌邑王,在被征立为帝后,不愿意做一个傀儡皇帝,急欲有作为于政,顾不得昌邑集团内部的分裂与矛盾,与昌邑群臣以雷霆手段推出了一系列的政治军事举措,彻底改变'政事一决于光'的中央权力格局,加速实现昌邑集团的中央集权。"⑥ 亦可见这一立废事件的动因在于刘贺争权。

(三)多因素导致权斗说

除上述解读之外,还有不少学者从不同的历史侧面,对刘贺立废事件加以分析,

① 汪春泓:《前汉昌邑王考》,《长江学术》2015年第3期。
② 廖伯源:《昌邑王废黜考》,见氏著《秦汉史论丛》(增订本),中华书局,2008年,第24-36页。
③ 王刚:《宗庙与刘贺政治命运探微》,《人文杂志》2017年第8期。
④ 黄铭:《昌邑王被废事件浅析》,《文史博览(理论)》2012年第9期。
⑤ 侯婕:《昌邑王刘贺废立史实考——兼论霍光的真实形象》,载中国历史研究会编:《历史文献研究》第四十一辑,2018年,第65-84页。
⑥ 秦铁柱:《西汉昌邑王刘贺案释疑》,《南开大学学报(哲学社会科学版)》2017年第6期。

表明尽管霍光实际掌权，刘贺企图夺权，但最终导致这一事件的因素是多方面的。在这些因素中，有政治传统延续作用的主观因素，有社会需要保持稳定的客观因素，还有斗争双方见识、秉性等能力因素等等，不一而足。吕宗力将此事件置于整个中国古代皇权政治的大背景下，深入探讨了皇朝内部的权力传承或"内继"之正当性的内容及其与刘贺被废事件的内在关联和对后世的影响。① 符奎、卜宪群在阐述刘贺立废的原因时，从宗法血缘关系、社会发展的整体形势和霍光的政治理念等方面作了分析。② 卜宪群还提出要从历史大势和实际历史结果出发看待刘贺立废问题。③ 李志刚、韩伟认为："刘贺遭遇废黜除各方政治力量联合博弈外，即位后深层次的礼制困境，是其被废最重要的原因。""霍光充分借助具有礼制身份的各方力量，如丞相、太后、儒生等，使其废君行为名正言顺，而未担上篡逆名声。""权力斗争与名分言说的交错互用所造成的礼制困境，在昌邑王废立事件中表现甚为明显。"④ 符奎指出："武帝遗制，汉廷行政运转以中朝为主，外朝为辅，其中霍光又是整个辅政机制的核心，具有最终的决定权。'政事一决于光'等相关记载，实质是这一机制的体现，是武帝遗诏赋予他的职责。刘贺的行为与当时的社会形势及霍光的执政理念发生了不可调和的矛盾，故而旋即被废。霍光十分重'名'，即历史对自己的评价，这对昭宣时期重大政治事件的处理方式及政治走向产生了至关重要的影响。"⑤ 臧知非进一步认为："在讨论霍光与刘贺的权力之争时，不能只着眼于霍光废黜刘贺所表现出来的强权，还要考察权力之争的由来及其对汉政的影响。"⑥

在一定程度上，刘贺立废无论是因霍光专权、刘贺争权还是其他多种原因导致权力斗争的结果，从主观上说，霍光在理论基础、现实需要上都具有一定的依据；从客观上说，当时朝廷权力结构明显偏重于以霍光为首的权臣集团，而刘贺的"行淫乱"便成为其处于权斗下风的一个明显口实，导致其必然失败。这一场斗争反映出西汉中期朝政的一个重要事实，即皇权并非由某个人随心所欲地运用，显然是有某种机制在起作用。换言之，是皇帝制度权力结构中的制衡机制，对刘贺立废起着关键性作用，

---

① 吕宗力：《西汉继体之君正当性论证杂议——以霍光废刘贺为例》，《史学集刊》2017 年第 1 期。

② 符奎、卜宪群：《关于刘贺废立问题的几点看法》，《光明日报》2018 年 5 月 14 日。

③ 卜宪群：《政制、政事与政治：也谈刘贺的立废》，《江西师范大学学报（哲学社会科学版）》2017 年第 2 期。

④ 李志刚、韩伟：《礼制的困境：汉昌邑王废立事件新论》，载罗家祥主编：《华中国学》第十三卷，华中科技大学出版社，2019 年，第 32 - 33 页。

⑤ 符奎：《专制主义视角下的霍光权力与刘贺立废》，《中国社会科学院研究生院学报》2020 年第 6 期。

⑥ 臧知非：《刘贺立、废的历史分析》，《史学月刊》2016 年第 9 期；《刘贺的废立与昭宣政局发覆——兼谈刘贺被废的原因》，载江西师范大学海昏侯历史文化研究中心编：《纵论海昏——"南昌海昏侯墓发掘暨秦汉区域文化"国际学术研讨会论文集》，第 230 - 239 页。

并影响着汉宣帝即位至亲政以后的政治斗争的走向。

二、刘贺的"愚戆"与"乱汉制度"

据《汉书·霍光传》记载，在群臣奏废其帝号得到太后诏"可"时，刘贺即引《孝经》争辩曰："闻天子有争臣七人，虽亡道不失天下。"实际上他已经承认自己"亡道"，但将责任推给霍光。霍光征召刘贺入京后，史书没有明确记载刘贺与霍光之间的互动言行。从逻辑上说，刘贺在长安的 27 天中，作为处于汉室权力核心地位的大臣，霍光不可能没有与皇帝直接沟通的机会。但从刘贺争辩的语气中判断，霍光对于刘贺的种种"罪行"并没有及时提出异议，尽管群臣奏太后曰"臣敞等数进谏，不变更，日以益甚"①，可谓屡教不改，但实际上，在联名上奏的群臣中，只有光禄大夫夏侯胜从维护皇权结构稳定的角度，警告过刘贺有"政变"之迹象，其他谏言者或为昌邑从官龚遂、王吉等，或为宫中太官之流。由此可见，刘贺入京后，他始终被昌邑群臣所包围，没有举行朝会的迹象，当然也就失去了与当朝重臣直接交流的机会。这是造成他"亡道"而"失天下"的一个重要原因。从中可见即位后的刘贺，虽有皇帝之名号，以及具有了行玺、信玺和符节等施行皇帝号令的权力，但在朝官并不尽心辅佐的条件下，难以利用朝廷既有权力结构形成君臣互动的合法施政。

刘贺在正式被废之后，似乎也认可了命运的安排，坦言"愚戆不任汉事"。这一表态值得玩味。尽管可从昌邑群臣出死时号呼"当断不断，反受其乱"中猜到刘贺集团或有除掉霍光势力的预谋，但从刘贺受太后召见时的惊诧和无辜表现来看，他本人或没有与霍光为敌的初衷。从表面上看，是因为"愚昧蠢笨"不能承担汉室大任，潜台词却是"戆直鲁钝"不懂得周旋险恶的权斗环境。由于不了解汉朝中央最高权力的来源和构成，缺乏对皇帝制度赋予有限权力的认知，于是不能正确运用已经取得的皇权，结果在继承皇位的过程中，因个人违背礼制法度的放纵行为，导致朝廷权力结构一度失衡，从而丢掉了皇位宝座。

《霍光传》记载了群臣上奏刘贺的多种罪行，归纳而言，即奏书所说"荒淫迷惑，失帝王礼谊，乱汉制度"三类。此三类罪行在理论上虽有一定的联系，但还有实质层次上的差别。第一类"荒淫迷惑"行为，亦称"淫乱"或称"淫僻"，即指刘贺在居丧期间不改常、乱出令等违背礼法之举。② 如废帝奏书所举，从昌邑到长安奔丧，"服斩缞，亡悲哀之心，废礼谊，居道上不素食，使从官略女子载衣车，内所居传舍。始至谒见，立为皇太子，常私买鸡豚以食""从官更持节，引内昌邑从官驺宰官奴二百余人，常与居禁闼内敖戏。自之符玺取节十六，朝暮临，令从官更持节从。为书曰：'皇帝问侍中君卿：使中御府令高昌奉黄金千斤，赐君卿取十妻。'大行在前殿，发乐府乐

---

① 《汉书》卷六八《霍光金日磾传》，中华书局，1962 年，第 2944 页。
② 何丹：《〈汉书〉关于刘贺帝位被废原因的真实性考察》，《中华文化研究》2020 年春之卷。

器，引内昌邑乐人，击鼓歌吹作俳倡。会下还，上前殿，击钟磬，召内泰壹宗庙乐人
辇道牟首，鼓吹歌舞，悉奏众乐。发长安厨三太牢具祠阁室中，祀已，与从官饮啖。
驾法驾，皮轩鸾旗，驱驰北宫、桂宫，弄彘斗虎。召皇太后御小马车，使官奴骑乘，
游戏掖庭中。与孝昭皇帝宫人蒙等淫乱。""取诸侯王列侯二千石绶及墨绶、黄绶以并
佩昌邑郎官者免奴。变易节上黄旄以赤。发御府金钱刀剑玉器采缯，赏赐所与游戏者。
与从官官奴夜饮，湛沔于酒。诏太官上乘舆食如故。食监奏未释服未可御故食，复诏
太官趣具，无关食监。太官不敢具，即使从官出买鸡豚，诏殿门内，以为常。"等等。
故第一类罪行即"行淫乱"，又与第二类罪行"废礼谊"互为表里，"荒淫迷惑"是
"失帝王礼谊"的具体表现，违背了礼仪制度，但与第三类罪行"乱汉制度"性质似
有不同。刘贺"乱汉制度"有更为严重的表现，即"愚戆不任汉事"导致朝廷权力结
构一度失衡。

　　诚如许多学者所认为，刘贺在理论上违背礼制的罪行，对于帝王而言实在是一个
比较普遍的行为，对皇权的制约并不起主要作用。刘贺所谓"愚戆不任汉事"，当是群
臣废帝奏疏所概括的刘贺的第三类罪行，即"乱汉制度"。废帝奏书还提到刘贺三件
事：其一，"独夜设九宾温室，延见姊夫昌邑关内侯"；其二，"祖宗庙祠未举，为玺书
使使者持节，以三太牢祠昌邑哀王园庙，称嗣子皇帝"。其三，"受玺以来二十七日，
使者旁午，持节诏诸官署征发，凡千一百二十七事"。

　　一是所谓"九宾"，据《汉书·叔孙通传》："大行设九宾，胪句传。"王先谦补注
引刘攽曰："宾，谓传摈之宾。九宾，摈者九人，掌胪句传也。"故九宾当属于西汉朝
会制度的重要仪程安排，应在未央宫前殿的正殿设立，旨在朝会中彰显皇帝高高在上
的威严。然而刘贺不但不举行朝会，却偏偏将极具皇权仪式感的九宾，安排在夜间自
己的住处——温室殿接待"姊夫昌邑关内侯"，形成对朝会制度的极大蔑视。当年叔孙
通等儒生制礼、演礼，使皇权在礼制中得到进一步巩固，也使皇帝个人欲望通过朝会、
朝议等礼仪规定得到一定的抑制。显然，刘贺"独夜设九宾温室，延见姊夫昌邑关内
侯"，严重破坏了皇帝与朝臣之间礼制约定，无论对君还是对臣，都是极大的不尊重。

　　二是根据颜师古所注："时在丧服，故未祠宗庙而私祭昌邑哀王也。"已有许多学
者论述了刘贺未"谒高庙"是其被废的主要原因，"宗庙重于君，陛下未见命高庙，不
可以承天序，奉祖宗庙，子万姓，当废"。当然，也有人怀疑是霍光有意阻挠刘贺"见
命高庙"，迫使他做出"祖宗庙祠未举，为玺书使使者持节，以三太牢祠昌邑哀王园
庙，称嗣子皇帝"的"愚戆"行为。但是，刘贺确实在为昭帝服丧期间，用皇帝的玺
书、符节派使者去生父刘髆园庙祭祀，从而自我否定了昭帝嗣子的身份，破坏了"为
人子者为人后"的孝道继承，导致皇位资格自动丧失，故霍光在废黜刘贺后，谢曰：
"王行自绝于天。"

　　三是刘贺擅自派使者往各处下诏，这更是十分典型的破坏汉朝制度。东汉蔡邕
《独断》载："诏书者，诏诰也，有三品。其文曰'告某官'，官如故事，是为诏书。
群臣有所奏请，尚书令奏之，下有'制曰'。天子答之曰'可'。若下'某官云云'，

亦曰诏书。群臣有所奏请，无尚书令奏'制'之字，则答曰'已奏如书'，本官下所当至，亦曰诏。"也就说，汉代皇帝下诏必须通过一定的法定程序，由大臣拟议或朝议其事，尚书官员成文上奏，经皇帝批准后才能下诏施行。而刘贺在接受皇帝行玺和皇帝信玺后的短短27天中，诏各官署征发之事有1127件，平均每天竟达41件以上，显然大多数都没有经过朝会议决，而是他任意为之，率性而发，打破了皇权法定运行机制，导致朝廷权力失衡，从而引发最高政局动荡。

从权斗的角度固然可以解释刘贺被废事件，然而，如果没有比较完善的汉代皇帝制度，霍光也难以名正言顺地将刘贺拉下皇帝的宝座。正是由于刘贺的"愚戆不任汉事"，破坏了汉初建立起来的受命于天、以孝立国、据礼行政、依法行事的朝廷权力结构，是"乱汉制度"的事实。正如臧知非指出的，"统治集团内部的权力结构一旦失衡，就会引起政局动荡，影响社会稳定。所以，在当时的历史条件下，霍光个人权力和政局稳定是连在一起的"[①]。霍光正是利用这一结构中对皇权约束的制度安排，牢牢占据了理论制高点，既达到了继续把持朝政的目的，又不会背负擅自立废君主的历史恶名，还保证了昭帝以来维护社会稳定的政治、经济等政策的延续性。

三、汉宣帝的"忌惮"与"芒刺在背"

如果说刘贺"愚戆"的实质是"乱汉制度"，导致朝廷权力结构失衡。那么，汉宣帝即位至亲政以后，朝廷权力结构中的力量对比发生了重大改变。

后元二年（前87），刘弗陵即位，根据汉武帝的托孤遗诏，由霍光、金日磾、桑弘羊、上官桀辅政，朝廷权力呈多极结构集体决策态势。然而在次年，金日磾即去世。始元四年（前83），上官桀与霍光联姻的孙女被立为皇后，霍光和上官桀也由辅政权臣兼有外戚之势。元凤元年（前80），霍光以上官桀、桑弘羊勾结燕王旦谋乱，而诛其全族，仅留下上官皇后。这样，四大臣集体辅政转变为霍光专断辅政，霍氏并独有昭帝外戚之势，故能维持皇帝与权臣"共天下"的朝廷权力结构平衡。在昭帝去世时，霍光的身份地位实际上起到了皇权独断的重要作用，并通过上官太后，在法定形式上掌控了最高决策程序。"光与太后共废王贺，立孝宣帝"[②]，这说明在西汉中期的皇帝制度中，外戚和权臣结合成为权力天平的重要一端。

尽管昭宣之际皇帝的立废问题一度在汉朝廷引起惊惧与惶恐，但并未造成政局混乱和影响社会稳定。从事件过程和最终结果而言，朝廷权力结构虽有短暂失衡，但由于霍光处得当，西汉中期既有的权力结构并未发生根本性改变。此时，原本作为昭

---

① 臧知非：《刘贺立、废的历史分析》，《史学月刊》2016年第9期；《刘贺的废立与昭宣政局发覆——兼谈刘贺被废的原因》，载江西师范大学海昏侯历史文化研究中心编：《纵论海昏——"南昌海昏侯墓发掘暨秦汉区域文化"国际学术研讨会论文集》，第230－239页。

② 《汉书》卷九七上《外戚传上》，第3960页。

帝继承人的刘贺，基本上如霍光所说"愿王自爱，臣长不复见左右"①，被囚禁于昌邑故宫无人理睬，实际上游离于权力结构框架之外。宣帝即位以后，在其亲政之前，朝廷基本上维持由权臣霍光辅政，同时以昭帝外戚身份掌权的政治局面，皇权孤弱，故宣帝视霍光如"芒刺在背"。正因宣帝的隐忍与内敛，朝廷权力结构基本上维持着稳定局面。在宣帝立后过程中，霍氏一直打算继续培植下一代外戚，尽管宣帝以"微时故剑"之喻，勉强将感情甚笃的结发妻子许平君立为皇后，而霍显为了让自己的女儿成为皇后，不惜私自毒杀了许后，力图建立新的外戚集团，并收买人心以壮其势，以达到进一步控制宣帝的目的。对此，宣帝心知肚明，"皇后辇驾侍从甚盛，赏赐官属以千万计，与许后时悬绝矣！上亦宠之，颛房燕"②，以表面对霍后的宠幸，实则麻痹霍氏，隐忍不发，保全自己，以待时机。直到地节二年（前68）三月霍光薨，五月汉宣帝亲政，开始通过削夺霍氏兵权、吏民可直接上奏封事，提拔许、史等父母外戚直接参与朝政等措施，逐步在朝廷权力结构中排斥了霍氏，重新恢复武帝盛年时以皇帝为中心的权力平衡。

在宣帝亲政的当月，他即派张敞到昌邑任太守，其主要目的就是进一步监视刘贺，以防刘贺与其他政治势力往来联系，这可以看作宣帝建立新的朝廷权力结构的措施之一。对此，张敞自然心领神会，经常前往昌邑故宫检查，并具体了解软禁中的刘贺现状。地节四年（前66）七月，宣帝以谋反的罪名铲除霍氏集团后，开始考虑进一步处置刘贺的问题。"元康二年（前64）遣使者赐山阳太守张敞玺书曰：'制诏山阳太守：其谨备盗贼，察往来过客。毋下所赐书！'"张敞得到宣帝的指令后，即将探视到的信息详细密报给宣帝。看过张敞的密报，"上由此知贺不足忌"。在宣帝看来，刘贺是因"行淫乱"而被软禁的囚徒，又"清狂不惠"，已经没有地位和能力与己抗衡，从血缘上说毕竟又是皇家宗亲长辈，应予以宽待。然而，汉宣帝对刘贺的处理却是在元康三年（前63）封其为海昏侯，食邑四千户，对外宣示是效法古之圣贤，做足了宅心仁厚的文章。但与此同时，虽然给了刘贺一个列侯的名号，却继续褫夺其皇室宗亲的政治待遇，"不宜得奉宗庙朝聘之礼"，断绝其与长安皇亲贵戚的往来；"就国豫章"，远离汉朝的政治中心。由此，汉宣帝外宽内忌的个性暴露无遗。其表面上"知贺不足忌"，但内心仍有可"忌"之由。

那么，宣帝在朝政已经基本得到控制的情况下还忌惮刘贺什么呢？有些学者对此已经作过一些推测，有的甚至认为："考虑到刘贺在原封地昌邑有盘根错节的关系，根基深厚，怕他一旦遇有机会，招兵买马，扩大势力，威胁到自己的帝位。而将刘贺调离昌邑，贬至海昏，远离祸害……宣帝分封刘贺为海昏侯的真实原因，是进一步打击刘贺，最终消除刘贺的有效实力，直至消亡。宣帝封刘贺为海昏侯其实不过是一种明

---

① 《汉书》卷六八《霍光金日磾传》，第2946页。
② 《汉书》卷九七上《外戚传上》，第3968页。

封暗贬的政治手段而已。"① 此说固然有一定的合理性，然而学者亦指出，宣帝"将刘贺封于豫章海昏的决策，一方面关注到了'骨肉之亲'，对刘贺不是诛杀，而是将其封为列侯。这体现了其'宽仁'的执政理念"，而使其离开故地，将其远封到落后地区，不得奉宗庙朝聘之礼，"又从道德、礼制层面对刘贺的'罪过'给予惩罚"。② 这说明海昏侯"就国豫章"，主要是体现汉宣帝的宽仁与惩戒相结合的措施，并非担心刘贺的"有效实力"。汉宣帝的"忌惮"之心还应从更深层次寻求答案。有学者从汉代天命论的角度，分析了汉宣帝在血统礼法上逊于刘贺，故始终"心内忌贺"。在铲除霍氏集团之后，他为进一步证明自己即位系天命，公开宣示刘贺因"仁德"缺失而遭"天谴"，故将其封为海昏侯。刘贺一死又制造借口除其国。汉宣帝这一系列的举措，"其目的便是要通过这些措施一方面实现正面宣传自己的仁德，增强自己的合法性，另一方面通过否定刘贺的仁德及天意的验证来排除他的合法性，从而从侧面增加自己的合法性。故此，汉宣帝封刘贺为海昏侯的相关史事可以看成是汉宣帝对刘贺发动的一场不公平的'天命之争'"③。这一分析颇为深刻，揭示了宣帝"忌惮"刘贺的主观意图。但从另一个角度，似乎也可以探究其"忌惮"的客观原因：刘贺始终是宣帝朝廷政治权力结构失衡的隐患，不能使其重新进入朝廷权力结构范围之内。

从已公布的南昌海昏侯墓出土的木牍材料可知，刘贺及夫人从元康三年（前63）十月或七月，即"就国豫章"后不久，开始多次上书朝廷。从奏牍残缺文字反映的内容来看，可能主要是希望皇帝或太后能够满足自己恢复宗室权利的诉求，以便能到长安参加"朝祭"或"秋请"。④ 在出土的50多枚木牍中，还有以侯夫人"妾待"的名义单独上太后的奏牍。这也许不是一般礼仪的需要，或有介入朝廷权力结构网络以获得政治利益的企图。这正是汉宣帝一直所"忌惮"的。

刘贺与宣帝是堂叔侄关系，太后即孝昭上官太后，与刘贺则为亲婶侄关系。"妾待"应为刘贺任海昏侯时期有上奏资格的正妻。刘贺在昌邑故宫时有妻16人，一女名"持辔"，其母严罗紨"前为故王妻"。⑤ 既为前妻，可能已经去世，且未必为正妻，与海昏侯"妾待"恐非同一人。刘贺联名"妾待"或由"妾待"单独上奏太后，说明"妾待"比其他妻妾地位更高，或与上官太后有特殊关系。因此，给太后的奏牍与一般列侯上奏皇帝的官样文章相比，具有以晚辈的身份对长辈的尊重之意。究其深意，更

① 黄今言、温乐平：《刘贺废贬的历史考察》，《江西师范大学学报（哲学社会科学版）》2016年第2期；又见江西师范大学海昏侯历史文化研究中心编：《纵论海昏——"南昌海昏侯墓发掘暨秦汉区域文化"国际学术研讨会论文集》，第139-153页。
② 黄今言、钟宇声：《汉廷处置废帝刘贺的决策依据和用意》，《江西社会科学》2021年第3期。
③ 张建文、王小琴：《天命之争：刘贺被封海昏侯史事探微》，《地方文化研究》2021年第2期。
④ 朱凤瀚、柯中华：《海昏简牍初论》，北京大学出版社，2020年，第336页。
⑤ 《汉书》卷六三《武五子传》，第2768页。

可能因为当年上官太后否决大臣"请徙王贺汉中房陵县"的奏言①，并使其"归故国，赐汤沐邑二千户，故王家财物皆与贺"②。刘贺或对此一直心存感念，故在上奏皇帝的同时又多次上书上官太后，也许在表达对太后特别感谢的同时，还幻想太后对他所开之恩能持续发挥，促使朝廷全面恢复其宗室所应有的权利。

尽管太后对刘贺的关照可能是霍光的旨意，但毕竟出于上官太后之口，故刘贺对太后也尊崇有加。刘贺在位之时，曾派昌邑国故相安乐任长乐卫尉。关于这一举措，学术界有不同解释。卢星认为，这不一定是为了控制太后，他让自己的近臣掌长乐宫门卫屯兵，反而有可能是向上官太后表示尊重。③ 这一看法比较中允。从另一个角度来看，刘贺对太后的尊重发自内心。例如，在尚书令选读废帝奏书过程中，太后听到刘贺与昭帝宫人蒙等淫乱时，气愤地插话道："止！为人臣子当悖乱如是耶？"刘贺慌忙"离席伏"④，当即表示服从太后的权威。但他并不了解自己的行为打破了朝廷权力结构的平衡，严重有损于汉室，甚至危及社会的稳定。所以在被废之时，还搞不清楚自己的罪行到底在何处，于是才会引《孝经》予以申辩。这表明他内心与太后，甚至与霍光本来应该是很融洽的。被封为海昏侯之后，刘贺不断给上官太后上奏牍，也是有指望得到她的继续关照的政治目的。

从某种程度上说，刘贺打的确实是"感情牌"⑤，但这一招却可能是一大败笔。因为，上官太后、刘贺夫妇和汉宣帝，在辈分上虽属于三代人，但实际年龄却相差不远。刘贺与宣帝几乎同龄，上官太后比刘贺、宣帝还要小三四岁。宣帝虽尊上官为太皇太后，但在亲缘上，她只是堂祖叔母，论亲疏关系，显然还比不过刘贺。更有甚者，宣帝因"巫蛊之乱"而成为孤儿，"即尊位后，追尊母王夫人谥曰悼后、祖母史良娣曰戾后"，还"数遣使者求外家"，经过多方辨认，最终找到亲生外祖母王媪和两位舅舅，"制诏御史赐外祖母号为博平君，以博平、蠡吾两县户一万一千为汤沐邑。封舅无故为昌平侯，武为乐昌侯，食邑各六千户"。⑥ 也就是说，宣帝十分在意外戚的血缘关系，与其他帝王一样，总希望把自己的嫡系外戚作为皇帝制度权力架构中的重要奥援。孝昭太皇太后对他而言，不过是历史形成的官方身份而已，地位虽然崇高，但并没有深厚的血缘和亲情。所以，当刘贺在上奏牍给皇帝之外，却又给另一位辈分比皇帝高、血缘比皇帝疏远的女人上奏牍，这一讲感情、论私交之举，可能恰恰犯了宣帝的忌讳。对已经亲政数年、大权独揽的宣帝来说，这或被理解为有暗中贬低之义。所以，刘贺

---

① 《汉书》卷六八《霍光金日磾传》，第 2946 页。
② 《汉书》卷六三《武五子传》，第 2765 页。
③ 卢星：《刘贺被废原因辨析》，载赵明、温乐平主编：《畅论海昏——中国秦汉史研究会第十五届年会海昏历史文化研究论集》，江西人民出版社，2020 年，第 260–261 页。
④ 《汉书》卷六八《霍光金日磾传》，第 2946 页。
⑤ 黄今言：《从海昏侯墓出土奏牍看刘贺的举动与失落》，《史学集刊》2018 年第 5 期。
⑥ 《汉书》卷九七上《外戚传上》，第 3961–3962 页。

给太后上奏，不但是一厢情愿，还有可能适得其反，被看作有效法霍氏倚重太后的异心，更会增加宣帝的"忌惮"之心。

再者，上官太后其实早已不具备当年皇权需要的权势和影响，甚至从某种程度上说，上官太后还有可能被视为与霍氏集团有牵连之人。霍光死后，面对宣帝削夺霍家权力，霍氏一方面惴惴不安，一方面依然骄奢无度，并试图依靠原有外戚势力予以顽抗，甚至还企图毒杀许后亲生太子。"而显及诸女，昼夜出入长信宫殿中，亡期度"。师古曰："长信宫，上官太后所居。"① 魏相上奏指出："光夫人显及诸女皆通籍长信宫，或夜诏门出入，骄奢放纵，恐寖不制。"② 这当然是担心霍显借重外孙女上官太后之权位进一步坐大，继续保持霍光生前的权威干预朝政。"而皇太后霍后之姊子，故常辣礼，敬而礼之"③，这也说明太后的确与其外家霍氏之关系格外亲密。正是基于这种外戚关系，居然还有人为霍氏献策，阴谋重演霍光废黜刘贺故事："今丞相与平恩侯用事，可令太夫人言太后，先诛此两人。移徙陛下，在太后耳。"事泄，宣帝竟然不与追究，霍氏愈加惶恐，认为"此县官重太后，故不竟也"。师古曰："重，难也。竟，穷竟其事也。"宣帝因为此事涉及太后，或难为其责，只好不了了之。但最终霍氏阴谋"令太后为博平君置酒，召丞相、平恩侯以下，使范明友、邓广汉承太后制引斩之，因废天子而立禹"。后来"会事发觉"，霍氏集团才被彻底铲除。④ 在这一过程中，霍氏多次想利用上官太后的权位行事，可见其私下关系并不一般。尽管没有直接材料证明太后陷入这一"未遂政变"，或许也因为宣帝顾及全局而未对太后采取措施，所以在铲除霍氏集团时，上官太后没有受到太大的影响，但宣帝对这位与霍氏关系密切的女人，内心态度倾向应加以充分考虑。从根本上来说，汉宣帝"忌惮"的对象虽为刘贺，实则牵连到对太后的态度，担心太后有政治变故。如果上官太后介入霍氏阴谋之中，重演废帝的历史，让在海昏侯国一再上书的刘贺复辟，或为阴谋中一种可能的选项，这比霍氏自立为帝更为棘手。霍氏篡位，没有任何理论基础，得不到天下支持，可直接予以剿灭。但如果刘贺复辟，在朝廷内部，将导致恢复不久的皇帝独断朝纲的结构权力再度出现失衡，故宣帝的"忌惮"不仅仅是针对刘贺个人。以上官太后为代表的昭帝时期的外戚势力，曾经在特殊时期的朝廷权力结构的支点中发挥过重要作用，自然不得不引起宣帝的高度重视。

关于上官太后的地位和作用，袁延胜指出：在刘贺废立、宣帝即位和宣帝初期，"上官太后是最高统治的象征，是皇权的象征""在宣帝初期曾代行皇权""在霍光继续掌权的情况下，"群臣奏事东宫"之制，可能会延续存在。地节二年（前68）霍光去世，"上始亲政事"，可能直到此时，"太后省政"之制才结束。我们注意到，霍光

① 《汉书》卷六八《霍光金日磾传》，第2950页。
② 《汉书》卷七四《魏相丙吉传》，第3135页。
③ 《汉书》卷九七上《外戚传上》，第3968页。
④ 见《汉书》卷六八《霍光金日磾传》，第2955 - 2956页。

去世后，"上及皇太后亲临光丧"，宣帝与皇太后并提，表明上官太后地位的崇高。①这一分析十分中肯。然而，地位的崇高未必是出于真心的拥戴，表面的尊崇掩盖不住内心的"忌惮"。在皇帝制度中，处于权力结构中的重要人物都可能成为制约、平衡皇帝个人力量的潜在因素。宣帝即位时，霍光地位可谓尊崇无比，由其陪同谒高庙。这种崇高的地位源于对权力的恐惧，而不是发自内心的崇拜。故后来有"霍氏之祸，萌于骖乘"之说。

当然，上官太后并不似宣帝背上的"芒刺"，在皇帝制度架构内，其作用不能与霍光相比。她虽然具有崇高地位，但当初也是被霍光安排在权力结构中的一枚棋子，非特殊情况不参与朝政。在宣帝亲政之后，尽管上官太后与霍氏关系非同一般，但由于其祖、父一族都在宫廷斗争中被杀，虽贵为皇后、太后，却丈夫早亡，又没有亲生儿女，孤苦伶仃，只能与外家霍氏亲近，实属人之常情。她既没有自己的政治企图，也未出手帮助或依附其他政治势力，却始终站在朝廷主流势力立场上，以不变应万变，维系朝廷权力结构平衡，故能在位 47 年，历经昭、宣、元三朝而得保全，汉宣帝所"忌惮"的危险局面最终没有出现。

四、结语

昭宣之际的刘贺立废事件，虽然是西汉中期不同政治集团之间矛盾斗争所导致的宫廷政变，但起因是刘贺的"愚戆"，导致以权臣为主导的朝廷权力结构失衡，故霍光被迫牺牲刘贺的帝位，换取既有朝廷权力结构的稳固。而登上皇帝宝座的刘贺自以为拥有至高无上的权力，却不知皇权是以朝廷权力结构所维系，故在权力结构失衡的条件下，他难以把握朝政，最终被废。

汉宣帝在亲政前后，也不得不为自保而努力维系朝廷权力结构的平衡，以外宽内忌的姿态守住既有权力结构中皇帝应有的本分。前有霍光如"芒刺在背"，宣帝只有谨慎周密，极力隐忍或曲折地表达内心所欲；后又"心内忌贺"，宣帝做出封刘贺"就国豫章"之安排，并不是担心其有能力东山再起，而是在宗室、外戚、权臣微妙关系之间，担心朝廷权力结构再次失衡导致皇权失落。基于"忌惮"之心，宣帝以高超的政治智慧，把握住朝廷权力结构的平衡，最终维护了皇权的稳定和刘氏的国运。刘贺之"愚戆"和宣帝之"忌惮"，说明西汉朝廷权力结构的失衡是导致皇权不稳固的重要因素之一。这一历史过程再次证明，皇权统治本质并不是某个人掌握的实际权力大小，也不能通过皇权拥有者的价值评价和道德属性来判断，而是一个"至尊"权力结构在历史过程中的客观体现。

---

① 袁延胜：《海昏侯墓上书太后奏牍探析》，《南方文物》2019 年第 6 期。

葬式与政治：浅析海昏侯刘贺的"头向"问题[*]

陈　昆　　崔梦泽

（重庆师范大学历史与社会学院；德国明斯特大学汉学暨东亚研究所）

摘要： 海昏侯墓中刘贺躯体的葬式为"头南足北"，这一点不符合先秦以来中原地区的历史传统以及在当时盛行的儒家思想中所倡导的"头北足南"葬式。在同时期内，与刘贺墓葬等级相近的王、侯级的高等级墓葬绝大多数遵循了"头北足南"葬式。当然，在刘姓诸侯王或列侯的墓葬中也有采取"头西脚东"或"头南足北"模式的少数个案，前者包括刘贺的父亲刘髆，而后者往往只出现在墓主人非正常死亡的墓葬中。刘贺墓葬采用了与当时王、侯主流葬式甚至与自己父亲都不同的"头南足北"葬式，这说明该类葬式得以出现在王侯一级墓葬中是属于汉政权对刘贺所做出的一种惩罚性行为。这种行为反映了汉政权在皇权政治发展和地方行政体制整合过程中，对具有诸侯王（侯）身份的政治潜在的竞争者存有防范意识。

关键词： 刘贺；头南足北；皇权政治

一、刘贺"头向"的异常情况

海昏侯墓自 2011 年国家文物局同意发掘后，考古工作人员相继在墓中发掘、整理出大量的金器、漆器、青铜器、简牍等珍贵文物。由于刘贺具有西汉时期废帝的政治身份及其特殊的个人命运，因此当海昏侯墓的资料被整理公布后立刻激发起学界极大的研究热情。仅在墓葬发掘报告公布后的 2016 – 2018 年间，学界围绕"刘贺"和"海昏侯"两个关键词开展了对刘贺政治命运、墓葬形制、西汉与地方诸侯国关系等诸多相关问题在内的研究，取得了丰富的研究成果。① 时至今日，仍余热不绝。尽管学界对

＊ 国家社会科学基金重大招标项目"秦汉时期的国家建构、民族认同、社会整合研究"（17ZDA180）阶段性成果。

① 2016 – 2018 年间详细研究动态可参见刘玲娣、温乐平：《海昏侯墓考古发掘及相关问题研究述评》，《中国史研究动态》2018 年第 6 期。

海昏侯墓葬的研究取得了丰硕的成果，但是在一些具体细节问题上仍存在一定的讨论空间，其中便包括刘贺葬式采取"头南足北"这一反常葬式的问题，并且此问题尚未引起学界的广泛注意。

根据海昏侯墓考古发掘报告，刘贺所在的墓（M1）中，"内棺内有墓主人遗骸痕迹，头南足北。头部南侧有数个贴金漆盒，头部被镶玉璧的漆面罩覆盖，保存有牙齿。遗骸上整齐排列数件大小不等的玉璧，腰部有玉具剑、书刀各 1 把以及带钩、佩玉等"①。从上述考古报告记录中可以提炼出两点信息：第一，刘贺躯体的摆放形式是"头南足北"葬式；第二，内棺中刘贺躯干周边的各类陪葬品被整齐有序地叠放着。联系刘贺墓未曾遭遇盗掘的情况，考古报告中的记录应该是能较为准确地反映出 2000 多年前刘贺入葬时棺内的真实场景布置的。但正是这两点信息形成了一个矛盾。首先从第二点来看，各类物品摆放有序说明刘贺入葬时是有着充分的准备，并且是较为严谨、正式地遵循了一定的礼制安排，难以看出当时布置者存在匆忙或失措的情况。这说明出现在第一点中的信息只能是被当时布置者有意识安排而产生的结果，但是这种"头南足北"葬式在当时却属于与中原传统礼仪文化相违背的反常现象，中原地区主流的葬式应为"头北足南"式。本文拟以刘贺葬式中出现的反常"头向"葬式问题为研究对象，探寻这种反常现象背后所含的政治文化因素。故特作拙文，敬请方家指教。

二、先秦时期的"头向"与身份

先秦时期，死者的头、足究竟对应何种具体的方位，这个问题往往与其族群的源流、身份属性、文化认同有关。不同的族群及其所携带的文化因子反映在墓葬文化中，会呈现"头向"的不同。在考古实践中，观察墓葬中死者的头向也是采用文化因素分析法研究的重要观察对象之一。这种现象在新石器时代遗址中便有出现，王仁湘先生较早便曾注意到在一个考古文化区域内、一个墓地中绝大多数死者的头部会集中朝向同一个方向，"我们将这个方向称为墓葬的'主向'，即主体方向之意，符合这个方向的墓就是主向墓"②。葬式中这种"主向"现象之所以会产生，一方面可能是与各族群自身的信仰、文化因素有关，"由于分布在一定地域的某个文化共同体内有共同的信仰和传统，所以在埋葬方向上就有它的惊人的一致性"③；另一方面，"头向"也可能代

---

① 杨军、徐长青：《南昌市西汉海昏侯墓》，《考古》2016 年第 7 期。
② 王仁湘：《我国新石器时代墓葬方向研究》，载田昌五、石兴邦主编：《中国原始文化论集——纪念尹达八十诞辰》，文物出版社，1989 年，第 321 页。
③ 王仁湘：《我国新石器时代墓葬方向研究》，载田昌五、石兴邦主编：《中国原始文化论集——纪念尹达八十诞辰》，第 331 页。

表族群的源流，"墓葬的头向与民族的来向相同，而与其流向相反"①。两周时期，"头北足南"模式逐渐在中原地区居于主流地位，"西周墓葬墓向的北向性不甚明显，而东周墓葬则明显为'北方北首'的葬式"②。甚至在春秋战国时期，"头向"问题俨然成为一种区分"华""夷"文化特征的分界线。按照"头向"，我们可以将当时主要的政治体划分为两类：一类即采用"头北足南"模式，它们集中出现在传统文献中所划定的中原地区，即河南、山西南部等地。这片区域内的中原国家多采用"头北足南"葬式，"发现的战国墓，尽管葬式由传统的仰身直肢葬发展到东周时期普遍出现的屈肢葬式，但无论采用那一种葬式，头向均以朝北为主"③；另一类则是被当时中原诸国所排斥的、位于中原边缘的、被称为"蛮夷之国"的秦、楚等政治体，它们采取了异于中原"头北足南"葬式的其他模式。例如在秦墓中，死者的头向多采用西首，这也是秦墓的重要判别依据之一。有学者曾收集了凤翔、礼县等地春秋早期至战国早期的秦墓资料，发现绝大多数秦墓采用了"头西足东"葬式，其中大夫一级的墓葬中西首比例为三分之二，士一级墓葬和庶民墓葬中西首比例分别为85.3% 和81.3%④；在楚墓中，死者的头向则按照阶层等级出现了分化迹象：在较低规格的墓葬中死者大多头向尚南，而中、高规格的贵族墓葬中死者头向以尚东为主。上述两种情况皆异于中原地区。⑤ 刘贺墓所在的鄱阳湖区域并不是传统历史语境中的中原地区，那么是否代表刘贺葬式中的头向选择是遵循了当地历史文化传统的结果呢？答案显然不是。海昏侯国所在的今江西北部区域，追溯至先秦时期应是楚国政治势力所波及的范围，《史记·货殖列传》便记载"衡山、九江、江南、豫章、长沙，是南楚也"，"豫章"据《正义》解释即"今洪州也"。⑥ 出土的楚国鄂君启舟节上有铭文："逾江，就彭蠡，就松阳"，其中"彭蠡"位于今江西湖口市东。⑦ 另外，在里耶秦简中也曾出现指代县名的"南昌"，"廿八年九月戊戌朔癸亥，贰春乡守舭敢言之：廷下平Ⅰ春君叚舍人南昌平智大夫……"（9－2315）⑧，说明南昌县至迟在秦始皇二十八年（前219）便已设置。据《秦始皇本纪》记载：秦灭楚、占据楚全境时间为秦始皇二十五年（前222）："二十四年，王翦、蒙武攻荆，破荆军，昌平君死，项燕遂自杀。二十五年……王翦遂定荆江

---

① 张正明、张胜琳：《上古墓葬头向与民族关系》，载湖北省考古学会选编：《湖北省考古学会论文选集（一）》，武汉大学学报编辑部，1987年，第195页。

② 朱磊、李楠：《殷周北斗信仰初探》，《中原文物》2014年第2期。

③ 叶小燕：《中原地区战国墓初探》，《考古》1985年第2期。

④ 梁云：《从秦墓葬俗看秦文化的形成》，《考古与文物》2008年第1期。

⑤ 宋公文：《楚墓的头向与葬式》，《考古》1994年第9期。

⑥ 《史记》卷一二九《货殖列传》，中华书局，1959年，第3268页。

⑦ 舟节上"蠡"原释为"弹"字，今从吴良宝先生新释。参见吴良宝：《战国楚简地名辑证》，武汉大学出版社，2010年，第282－283页。

⑧ 陈伟主编：《里耶秦简牍校释（第二卷）》，武汉大学出版社，2018年，第470页。

南地。"① 两者从时间来看非常接近，推测秦简中的"南昌县"为秦继承自楚所置县（邑）的可能性较大。因此，从当地的历史传统来看，刘贺墓即使受到当地历史时期内所遗留下来的文化风俗影响，以刘贺的身份来看也应该是采用跟战国楚地高等级墓葬中"头东足西"相一致的葬式。然而，实际情况却是刘贺墓偏偏采用当地（或楚墓）中、低等级墓葬中盛行的"头南足北"葬式，这说明刘贺葬式中头向的布置不是继承当地故有地域文化传统的结果。

另外，刘贺墓中出土了大量的简牍也值得引起我们重视。出土的简牍包括《悼亡赋》《论语》《易经》《礼记》《孝经》《医书》《五色食胜》等典籍，从内容上看儒家经典类占据多数。尽管学术界目前就刘贺墓葬中出现大量儒家著作和彩绘漆书数百字的"孔子衣镜"等是否能代表、印证刘贺本人具备较强的文化素质这个问题还存在一定讨论空间，但是我们从另外一个角度来看，这些儒家经典能出现在刘贺墓葬中，说明从汉武帝"独尊儒术"以来，儒家思想已经逐渐在西汉中期社会上层的文化意识中居于主导地位。而在儒家经典中对于死者"头向"问题是置于礼制角度进行考量的，并且其所提倡的葬式是商周以来中原地区流行的"头北足南"葬式。例如《礼记》记载："葬于北方北首，三代之达礼也，之幽之故也"②"故死者北首，生者南乡（向），皆从其初。"③《孔子家语》："故生者南向，死者北首，皆从其初也。"④ 无论刘贺是否深入研习儒家经典，单就其墓葬中采取了与儒家思想相左的葬式这一点来看，刘贺"头南足北"葬式的选择显然也不是受当时统治阶层中的主流文化意识影响而产生的结果。

三、西汉诸侯王及列侯墓的"头向"对比研究

前文已叙述刘贺墓葬的葬式不是取自海昏侯国当地的历史传统及当时社会流行的儒家思想观念，那么"头南足北"葬式是否会是当时专属于西汉特定贵族阶层的独特葬式呢？这便需要与同时代王侯级别的墓葬进行对比研究。刘贺虽然是以列侯身份入葬，但是由于其还曾历任诸侯王、皇帝的特殊经历，其墓葬的规格、随葬品的数量和质量因此"不循常制"，不仅逾越了云梦睡虎地 M77 出土的汉简《葬律》中规定的西

---

① 《史记》卷六《秦始皇本纪》，第 234 页。
② 《礼记正义》，[清] 阮元校刻：《十三经注疏》，中华书局，1980 年影印本，第 1302 页。
③ 《礼记正义》，[清] 阮元校刻：《十三经注疏》，第 1415 页。
④ [三国·魏] 王肃注：《孔子家语》，《景印文渊阁四库全书》第 695 册，台湾商务印书馆，1986 年，第 13 页。

汉时期彻（列）侯级别墓葬形式，而且还能比肩当时诸侯王级别墓葬。① 因此，对于刘贺墓葬的葬式，可以选取与之身份相近的西汉时期诸侯王、列侯墓葬作为对比研究的对象。

目前国内出土的西汉时期诸侯王、列侯级别墓葬数量较多，但是由于历史上的盗掘和自然腐朽等不可抗力因素，以及先期部分墓葬发掘时整理者未对死者头向进行专门记载，因此在绝大多数的墓葬资料中我们无法判定死者的头向。例如湖南长沙象鼻嘴1号墓，墓主人为西汉前期某位长沙王，尽管该墓葬保存良好，未遭盗掘，但"棺内尸骨已腐朽无存，其葬式不明"②；江苏泗阳大青墩汉墓，墓主人为西汉某位泗水王，墓葬内"两室均遭严重盗掘，仅在棺外老盗洞及周围遗留一些文物，有漆器、铜器、人骨、金器、玉器、角器等"③。从收集到的各类考古报告来看，诸侯王及列侯墓（不包括王后等单独女性墓葬）中能判断死者头向的墓葬仅有11座，其中"头北足南"有7座，"头西足东"有2座，"头南足北"有2座。说明刘贺墓头向选择不是孤例。

（一）七座"头北足南"墓

广州南越王墓，墓主人为赵眜。"玉衣内墓主人的骨殖大部分已腐朽……但整个骨架形态还可看得出来。葬式为仰身直肢，头北足南。"④

徐州狮子山汉墓，墓主人为西汉某位楚王。考古报告记录墓主人的骨殖散落，例如墓主人葬于E6，但是下颌骨却出现在E6对面的W5处，"W5……与E6东西相对……墓主的下颌骨就出在该室中部"。在E6中，"该室东壁下清理出死者的头骨和肋骨，在南壁下发现股骨和骶骨，经鉴定死者为男性，年龄35－37岁，当为墓主人"⑤。从描述来看，墓主人下半身人骨出现在南壁下，而属于上半身的头骨、肋骨出现在东壁，从骨殖分布依据"南""北"方向的对应视角来看，垂直于北壁与南壁之间的东壁相较于南壁可视为北方，这说明墓主人采取"头北足南"葬式的可能性更大。

大葆台1号汉墓，墓主人为广阳王刘建⑥。棺内有被盗痕迹，"在内棺与第四层外棺之间北部的底板上，留有人骨架，骨骼虽已不全，但部位未乱，头东脚西放置。……在死者颈部发现一段残绳，说明死者被盗墓者从棺内拖出放到此处"⑦，不过在2

①　参见张仲立、刘慧中：《海昏侯刘贺墓逾制几论》，《南方文物》2016年第3期；温乐平：《西汉海昏侯刘贺奢葬僭制问题探讨》，《南昌大学学报（人文社会科学版）》2019年第4期；徐卫民：《海昏侯墓与大云山汉墓比较研究》，载梁安和、徐卫民主编：《秦汉研究》第十三辑，西北大学出版社，2019年，第1－10页；等等。

②　单先进、熊传新：《长沙象鼻嘴一号西汉墓》，《考古学报》1981年第1期。

③　陆建方、欧阳摩一：《泗阳大青墩泗水王陵》，《东南文化》2003年第4期。

④　广州市文物管理委员会等编：《西汉南越王墓（上）》，文物出版社，1991年，第154页。

⑤　王恺、邱永生：《徐州狮子山西汉楚王陵发掘简报》，《文物》1998年第8期。

⑥　大葆台汉墓发掘组：《北京大葆台汉墓》，文物出版社，1989年，第96页。

⑦　北京市古墓发掘办公室：《大葆台西汉木椁墓发掘简报》，《文物》1977年第6期。

号墓中发现的女性墓主骨殖"头北脚南，似为仰身直肢葬"①，考虑到未遭盗掘的中山王刘胜夫妇采用了相同头向的葬式，推测刘建也应同墓中女性一样采取了"头北足南"葬式。

河北定县40号汉墓，墓主人为中山怀王刘修。"内棺中放置一男性尸骨，头北脚南，仰身直肢，身穿金缕玉衣。"②

河北石家庄北郊汉墓，墓主人疑为赵王赵耳，但尚存争议。"在内棺有人骨架一具。骨骼已朽，牙齿尚存。头北足南，仰身直肢。"③

山东五莲张家仲崮M4汉墓，墓主人为东昌侯刘祖。尽管未发现刘祖人骨，但是M4刘祖墓旁另有三座形制较为接近的墓葬。"四座墓均为长方形竖穴土坑墓，形制及修筑方法与山东巨野红土山西汉墓和山东沂水荆山西汉墓相似，时代应相近"，其中M3"内有人骨架一具，已残，头向北"，④故而推测刘祖的葬式也应同为北向。

在西汉晚期某位阳平侯的夫妻合葬墓中，从考古报告中绘制的剖面图可见，两名死者的墓室东西并排，其中西室仅有一头骨在该室入口处，而东室骨架较全，头为北向。⑤

（二）两座"头西足东"墓

河北满城1号汉墓，墓主人为中山王刘胜。"墓主人身着金缕玉衣，'玉衣'内尸骨已全朽，只剩一些灰褐色的骨灰盒牙齿的珐琅质外壳碎片；从'玉衣'的形象观察，其葬式为仰身直肢，两手置于下腹部，头西足东"。在考古报告中还提到刘胜身着的金缕玉衣："出土时，做成腹部形状的上衣前片反面在具有臀部形状的上衣后片之下，这显然是入殓时把上衣的前、后片放倒了；裤筒的开缝处本应朝下，而实际上左、右裤筒的开缝都朝上，这些现象可能是由于入殓时匆卒所致。"⑥但是考虑到在满城2号墓中，其夫人窦绾"人骨架头西脚东，其葬式为仰身直肢"⑦，且其所在的"二号墓营建时间可能稍晚于一号墓"⑧，说明即便是刘胜下葬过程中可能有匆忙失措的迹象，但是这不影响我们对其"头西足东"葬式的判断。

巨野红土山西汉墓，墓主人为武帝后元二年（前87）西汉昌邑王刘髆，即刘贺的父亲。据考古报告，男性墓主人"人骨架仅存粉末状骨渣，据观察为单身直肢葬，头

① 大葆台汉墓发掘组：《北京大葆台汉墓》，第65页。
② 刘来成：《河北定县40号汉墓发掘简报》，《文物》1981年第8期。
③ 石家庄市图书馆文物考古小组：《河北石家庄市北郊西汉墓发掘简报》，《考古》1980年第1期。
④ 曹元启、王学良：《山东五莲张家仲崮汉墓》，《文物》1987年第9期。
⑤ 陈昆麟、孙淮生等：《山东阳谷县吴楼一号汉墓的发掘》，《考古》1999年第11期。
⑥ 中国社会科学院考古研究所编：《满城汉墓发掘报告（上）》，文物出版社，1980年，第36页。
⑦ 中国社会科学院考古研究所编：《满城汉墓发掘报告（上）》，第246页。
⑧ 中国社会科学院考古研究所编：《满城汉墓发掘报告（上）》，第337页。

西脚东，与墓门方向相反"①。

（三）两座"头南足北"墓

山东长清县双乳山1号汉墓，墓主人为武帝时的济北王刘宽，"墓主骨架位于内棺之正中，已朽成粉末，但其轮廓尚较清晰。头向南，与墓道方向相反"②。

徐州西汉宛朐侯刘執墓（《汉书》等文献中作"蓺"，今从墓中出土的龟钮文字），"墓中随葬品的组合及放置情况表明，该墓为单人葬，头南向"③。

（四）小结

综上所述，可以做出下表：

表1

身份/葬式	"头北足南"	"头西足东"	"头南足北"
诸侯王	南越王赵眜 某代楚王 广阳王刘建 中山王刘修 赵王张耳（疑）	中山王刘胜 昌邑王刘髆	济北王刘宽
列侯	东昌侯刘祖 某位阳平侯		宛朐侯刘執

虽然统计样本有限，但是从中仍能看出在西汉诸侯王及列侯墓葬中，"头北足南"模式居于主流地位，这也与中原地区历史传统和儒家思想中所倡导的"北首"观念相吻合。甚至我们可以看到，赵眜墓中尽管保留了异于当时中原风俗的诸如"人殉"等葬俗，但是从赵眜头向葬式来看也是延续了中原地区的历史文化传统。可见即便是来自中原、以"蛮夷大长老"自居的南越统治者在当地建立政治统治的同时，也通过墓葬葬式保留了对中原故乡历史文化因素的记忆。另外，我们也要注意少量墓葬中出现了"头西足东"和"头南足北"这两种模式，两者中前者的出现应该属于正常的文化现象，而后者则应属于非正常的现象。

"头西足东"葬式目前确认的西汉王（侯）墓葬中为刘胜、刘髆所采用，从史料记载来看，两人的命运都较为平淡。史料中关于刘胜的记载较为详细，从中可见刘胜生前选择了"但奢淫，不佐天子拊循百姓"④ 这样一条远离政治风险、追求个体享乐之路，他的最终命运应该属于非政治强制力作用下的正常死亡。从历史上追溯，这种"头西足东"模式也出现在先秦时期的秦国墓葬中，历来讨论"汉承秦制"问题都普遍认为汉帝国继承了许多秦文化的因素，或许这种"头西足东"模式是秦文化残留因子在汉代统治阶层葬俗中的体现。这说明中原"头北足南"葬式在中原统治阶层中成

---

① 山东省菏泽地区汉墓发掘小组：《巨野红土山西汉墓》，《考古学报》1983年第4期。

② 任相宏、崔大庸：《山东长清县双乳山一号汉墓发掘简报》，《考古》1997年第3期。

③ 孟强、耿建军：《徐州西汉宛朐侯刘執墓》，《文物》1997年第2期。

④ 《汉书》卷五三《景十三王传》，中华书局，1962年，第2426页。

为主流的同时，各地区仍有少量相异的个案存在。另外，这里出现的昌邑王刘髆案例也值得注意。刘髆的政治背景颇为特殊：一方面刘髆为汉武帝与李夫人所生。刘髆母亲曾备受汉武帝宠爱，其作为少子也应备受武帝偏爱，"昌邑王以少子爱，上为选师，始昌为太傅"①；另一方面，刘髆舅舅李广利投降匈奴和刘屈氂（与李广利联姻）因罪被处决两件事，或许对武帝与刘髆间的关系产生了一定的负面影响，但影响应该不大。刘髆是在武帝生前去世的②，应该属于正常死亡。证据有二：其一，刘髆谥号为"昌邑哀王"，"哀"字据《谥法解》，"蚤孤短折曰哀，恭仁短折曰哀"③，不应视作恶号；其二，尽管刘髆早卒，但是在他的墓中出土了大量铜臼、铜杵等制药器械，以及大量的成药、药料，说明其在逝世前身体状况确实不佳。④ 既然刘贺父亲属于正常死亡，那么父子却采用了不同的头向葬式，这说明家庭观念因素不是影响刘贺"头向"的主要因素。通过前述我们可以肯定，刘贺葬式中采用的"头南足北"葬式不是遵循了地域历史传统、主流儒家思想观念以及当时王（侯）级墓葬主流葬式的结果，那么从父子相异的头向葬式这点来看，也可以排除家庭因素的影响，这更加凸显出刘贺特殊头向的葬式具有不寻常的特征。如此，要比较刘贺墓的头向问题，只能将其与同样采用"头南足北"葬式的王（侯）墓进行比较。

在采用与刘贺"头南足北"葬式相同的王（侯）墓葬中，目前能确定的只有济北王刘宽和宛朐侯刘埶二人的墓葬。尽管案例样本极少，但是从刘宽和刘埶二人的生平经历中可以找到一个极为引人注目的共同点：即他们生前都曾严重触犯法律，挑战皇权、法律、伦理，个人的结局都是非正常死亡。首先来看济北王刘宽，从史料中可明确其属于犯罪后非正常死亡，并有"祠祭祝诅上"等负面的政治行为。《汉书》记载："十二年，宽坐与父式王后光、姬孝儿奸，悖人伦，又祠祭祝诅上，有司请诛。上遣大鸿胪利召王，王以刀自刭死。国除为北安县，属泰山郡。"⑤ 其次是刘埶，提到他的相关史料主要出现在景帝诏书中。据《史记·孝景本纪》记载，"六月乙亥，赦亡军及楚王子蓺等与谋反者"⑥，《汉书·景帝纪》中记载景帝诏书中有："乃者吴王濞等为逆，起兵相胁……今濞等已灭，吏民当坐濞等及逋逃亡军者，皆赦之。楚元王子蓺等与濞为逆，朕不忍加法，除其籍，毋令污宗室。"⑦ 这些材料透露出作为刘氏宗室成员的刘埶参与了"吴楚之乱"。从两处史料记载来看，刘埶是被汉政权认定为谋反者中除刘濞

①《汉书》卷七五《眭两夏侯京翼李传》，第 3154 页。

②《汉书》卷六《武帝纪》，第 211 页。

③ 黄怀信等：《逸周书汇校集注》卷六《谥法解》，上海书店，1995 年，第 730－731 页。

④ 王东山：《禹梁山昌邑王汉墓的发掘和考证》，载山东省政协文史资料委员会编：《山东重大考古发掘纪实》，齐鲁书社，1998 年，第 229－231 页。

⑤《汉书》卷四四《淮南衡山济北王传第十四》，第 2157 页。

⑥《史记》卷一一《孝景本纪》，第 440 页。

⑦《汉书》卷五《景帝纪》，第 142－143 页。

（刘戊）首恶之外参与叛乱的宗室从犯之首，这说明他在"吴楚之乱"中为叛乱方阵营出力颇多。关于刘执的最终命运，虽然在景帝诏书中透露出对他的赦免之意，但是据《汉书·王子侯表》中记载，其在"（景帝）三年，反，诛"①。该记载获得了出土实物的佐证。考古研究者根据墓葬中刘执骨龄，鉴定为30岁左右，以及该墓相较同时期其他同类型墓葬在墓葬结构、随葬品等方面表现出的特殊性，认为刘执非正常死亡的可能性比较大。② 尽管刘贺的最终政治命运不同于刘宽、刘执那样非正常死亡，但是仅免于"非正常死亡"结局的刘贺在被废立时及之后所遭受到的一系列政治压力及后果，这些都与汉政权处置谋反、乱人伦的诸侯王（侯）相比具有异曲同工之处，乃至更甚。首先，刘贺被废后其政治活动遭到了彻底的否定，"荒淫迷惑，失帝王礼谊，乱汉制度"③；接着，汉宣帝即位伊始便安排当地官员对刘贺进行了极为严密的居住监视，"即位，心内忌贺，元康二年遣使者赐山阳太守张敝玺书曰：'制诏山阳太守：其谨备盗贼，察往来过客。毋下所赐书！'"④；再接下来，宣帝将刘贺爵位由昌邑王贬斥为海昏侯，不仅爵位遭到削减，同时"海昏"二字可能也含有一定的政治贬义在内⑤；最后，汉政权在宗庙祭祀上也将刘贺排除在外，"贺嚚顽放废之人，不宜得奉宗庙朝聘之礼"⑥。宗庙祭祀是西汉政权及统治集团中核心的政治设计之一，其重要性正如汉代人的总结："立庙京师之居，躬亲承事，四海之内各以其职来助祭，尊亲之大义，五帝三王所共，不易之道也。"⑦ 说明宗庙祭祀既是汉代国家祭祀中的重要一环，同时也是刘氏集团维系内部宗法血缘、政治秩序等诸多关系稳定的连接纽带。刘贺被排除在宗庙祭祀之外，这可以看作是汉政权针对其所施行的极为严重的惩罚措施之一。因此就人物的政治经历和结局来说，刘贺与谋反者刘宽和刘执等都处于被汉政权贬斥的宗室成员之列，那么他们墓葬中都具备的与中原传统、儒家思想、西汉诸侯王主流葬俗截然不同的"头南足北"葬式，极有可能是与他们的政治遭遇及后果密切相关。这种设计应是汉政权为了将死者生前的政治惩罚在其死后保持延续的刻意安排的结果。另外，从"头向"葬式中的方位对应关系来看，相较于前述的刘胜、刘髆墓中采用的"头西足东"葬式，刘贺等人墓葬中的"头南足北"可谓是与正常的"头北足南"截然对立

① 《汉书》卷一五上《王子侯表上》，第434页。

② 孟强、耿建军：《徐州西汉宛朐侯刘执墓》，《文物》1997年第2期。

③ 《汉书》卷六八《霍光金日磾传》，第2944页。

④ 《汉书》卷六三《武五子传》，第2767页。

⑤ "海昏"二字含有贬义之说，代表有王子今先生三篇论文，分见《"海昏"名义考》，《中国史研究动态》2016年第2期；《"海昏"名义续考》，《南部学坛》2016年第4期；《"海昏"名义补议》，《南都学坛》2018年第5期。此外学界也有不同的意见，认为"海昏"二字应是具有地理内涵并非政治恶名，参见王泽文：《试说"海昏"》，《中国史研究》2016年第4期；辛德勇：《羹颉侯、东昏家与海昏侯爵号》，《浙江学刊》2017年第2期。

⑥ 《汉书》卷六〇《武五子传》，第2769页。

⑦ 《汉书》卷七三《韦贤传》，第3117页。

的葬式。王仁湘先生称这种与主流头向葬式相反的葬式称为"逆向"埋葬，"在新石器时代中逆向墓葬和特葬的出现，显然是对非正常死亡者的一种特殊埋葬。人们以为他们同正常死亡者灵魂的归宿不同，当然为灵魂指路的头向也就不同，这应当是逆向埋葬的根本起因"①。

最后需要说明的是，前文已提到"头南足北"葬式在先秦时期属于楚地中低规格墓葬中所采用的葬式，尽管在西汉时期该种葬式出现在刘贺等诸侯王（侯）一级墓葬中具有强烈的政治惩罚含义在内，但是并不影响这种葬式在当时传统的楚地范围内继续流行。徐州曾作为项羽政权的国都，是楚文化的重要汇聚地之一，在当地发现的西汉墓葬中多有采取"头南足北"葬式、墓主人身份为官吏的墓葬案例。例如西汉早期后段曾担任过楚国东宫府官员的刘慎，其墓中的"墓主头向南，骨骼已朽，仅存部分腿骨，西侧棺床上保留了 9 枚牙齿"②；徐州拖龙山 M3 西汉墓："洞室偏西部葬一人骨，头南向"③，墓中有包括玉枕、璧、环、璜、龙形佩等玉器在内的丰富随葬品，说明墓主有一定的社会经济地位；大孤山二号西汉中期汉墓，墓主人为王霸及其夫人，"头均南向……在墓道底部有一人陪葬，且随葬器物种类丰富，说明墓主王霸有较高经济、社会地位，应为级别较高的官吏"④。

四、刘贺"头向"问题背后的政治文化因素

由于资料所限，西汉诸侯王（侯）头向葬式的问题是否与当时王（侯）墓形制相关？以及对其中较为独特的"头西足东"葬式的解读，这些还有待进一步的研究进行讨论。"头南足北"葬式在西汉诸侯王（侯）级墓中虽仅见于刘贺、刘宽、刘埶三个案例，但是通过联系他们生前的政治遭遇、当时社会盛行的儒家观念和同期王（侯）级墓中的主流头向葬式三个角度进行综合比较，将其视为汉政权对具有王（侯）身份并且与违法、违制行为的对象所采取的一种惩罚性措施，这是较为合宜的。但是，这项内容是否属于当时诸侯王（侯）墓的形制之一，或者说是有明确的制度性规定，这还需进一步证实。

个人的政治命运既受到微观视野下其所遭遇的偶然因素的影响，也与宏观视野下其所归属的政治群体的整体政治命运紧密联系。通过观察刘贺等三人墓葬中出现"头南足北"葬式这一微小的细节，不仅可以看出汉政权在对违法、违制诸侯王（侯）群

---

① 王仁湘：《我国新石器时代墓葬方向研究》，载田昌五、石兴邦主编：《中国原始文化论集——纪念尹达八十诞辰》，第 330 页。

② 刘尊志、胡望林等：《江苏徐州黑头山西汉刘慎墓发掘简报》，《文物》2010 年第 11 期。

③ 刘尊志、耿建军等：《徐州拖龙山五座西汉墓的发掘》，《考古学报》2010 年第 1 期。

④ 吴公勤：《徐州市大孤山二号汉墓》，载中国考古学会编：《中国考古学年鉴（2005）》，文物出版社，2006 年，第 172－173 页。

体的惩罚问题上所表现出的追求极致的特征，也体现出汉政权在政治演进中对于诸侯王问题的高度重视。① 在西汉时期，特别是前中期，诸侯王群体的政治命运呈现出鲜明的时段特征。在西汉建立初期，刘邦以"以海内初定，子弟少，激秦孤立亡藩辅，故大封同姓，以镇天下"②的思想为基础，在地方行政制度上建立了独特的"郡国并行制"。此时期内诸侯王群体由于可以辅助巩固汉政权，并配合剪除异姓王的分裂威胁，因此在政治上享有很高的地位。然而当异姓诸侯王被剪除之后，作为同姓的诸侯王及其封国由于控制着巨大的政治、军事、经济实力，"大者或五六郡，连城数十，置百官宫观，僭于天子"，在一定程度上形成了与汉政权名义上为一体，而事实上却是"二分天下"的局面。在这一时期内，汉政权虽然可以决定王国建立，但是对王国建立后其内部的运行却缺乏有效的控制。具体表现为：一方面诸侯王可以"得自除内史以下，汉独为置丞相"③，通过王国官员任免从而控制王国内部的行政、法律、军事等各项权力；另一方面，西汉政权在"非刘氏不得王"原则主导下承认这种秩序的同时，对王国的政治法律的干预主要集中在少数王国上层人士身上，即刘氏宗族成员与王国高级官员，如《二年律令·具律》中提到的："吕宣王内孙、外孙、内耳孙玄孙，诸侯王子、内孙耳孙，彻侯子、内孙有罪，如上造、上造妻。八五。"④ 因此，随着诸侯国实力的增长，在文、景时期汉政权内部开始正视并加强了对诸侯国力量和诸侯王群体的重视程度，将其视为汉政权的最大威胁。《新书》曰："窃迹前事，大抵强者先反。淮阴王楚最强，则最先反；韩王信倚胡，则又反；贯高因赵资，则又反；陈豨兵精强，则又反。"⑤ 诸侯王发动的"吴楚之乱"及最终失败的历史加速了汉政权使用强制性政治指令来削弱诸侯国力量和诸侯王权力的步伐，"景帝中五年令诸侯王不得复治国，天子为置吏"⑥，直接剥夺诸侯王的行政权力。在王国运行体制中，早期由诸侯王主导下的"王治"逐渐为在汉郡县通行的"汉法"取代，诸侯王群体的政治命运开始急转直下。"今或无罪，为臣下所侵辱，有司吹毛求疵，笞服其臣，使证其君，多自以侵冤"⑦"自吴楚诛后，稍夺诸侯权。左官附益阿党之法设，其后诸侯唯得衣食租税，贫者或乘牛车"⑧。诸侯王群体最终由掌握王国内部诸多权力的政治实体，演变成"惟得衣食租税，不与政事""贫者或乘牛车"的食税阶层。从汉初至武帝时期的历史可见，诸侯王群体的政治命运走向由汉政权的亲密联姻转变为汉政权所极力防范的对象。至

---

① 刘戊尽管去世时身份为列侯，但是考虑其作为刘氏宗族成员及楚元王之子所拥有的封王资格，并深度参与了诸侯王叛乱事件，因此实质仍然是属于诸侯王问题。
② 《汉书》卷三八《高五王传》，第 2002 页。
③ 《史记》卷五九《五宗世家》，第 2104 页。
④ 《张家山汉墓竹简（二四七号墓）》（释文修订本），文物出版社，2006 年，第 21 页。
⑤ [汉] 贾谊撰，阎振益、钟夏校注：《新书校注》卷一《藩强》，中华书局，2000 年，第 39 页。
⑥ 《汉书》卷一九上《百官公卿表》，第 741 页。
⑦ 《汉书》卷五三《景十三王传》，第 2422 页。
⑧ 《汉书》卷三八《高五王传》，第 2002 页。

刘贺所处的昭、宣时期，虽然诸侯王群体已难以利用各自狭小封国内所掌握的政治、军事、经济等力量单独对抗中央政权，但是伴随着武帝以后皇位继承问题的多次变故，分散在地方上且具有一定合法继承资格的诸侯王群体对中央皇权的觊觎之心仍然高涨。昭帝时期燕王刘旦的谋反事件便是典型的例子，这显示出即便是没有雄厚王国力量支撑的地方诸侯王群体，仍能通过勾结汉政权内部的高级官员及地方豪强势力，进行篡夺汉政权最高权力的阴谋活动。

从西汉前、中期以来汉政权与诸侯国、皇帝与诸侯王之间围绕权力的削弱、控制、整合过程来看，汉政权对包括刘贺在内的违法、违制诸侯王采用包括"头南足北"葬式在内的一系列追求极致的政治打压的方式顺应了西汉中期以来巩固中央集权和皇权政治发展的历史趋势。随着西汉政权大一统国家的政治构建、社会整合进程的完成，即地方行政体制由"郡国并行制"向"郡县单轨制"、"汉法"取代诸侯国"王治"的大历史趋势，以诸侯王为代表的离心力逐渐被汉政权不断削弱。因此，刘贺、刘宽等墓葬中"头南足北"的葬式既是他们生前政治命运在死后继续延续的体现，也是被当时伴随着中央集权及皇权政治发展过程中的政治文化背景所决定的。

西汉海昏侯墓与阜阳双古堆汉墓比较研究*

苗凌毅　谢宇轩　杨司毓

（西北大学文化遗产学院）

摘要：根据文献记载，汉废帝刘贺特殊的人生经历在两汉历史上可以说是独一无二的，这点表现在墓葬中，即为以海昏侯身份修建的墓葬与西汉时期南方地区其他列侯墓葬相比"不循常制"。本文选取西汉早期阜阳双古堆汉墓，即第二代汝阴侯夏侯灶墓与海昏侯墓进行比较，从墓主人身份、墓园制度和随葬品规格等方面切入，对海昏侯墓"不循常制"的相关墓葬因素进行探讨。

关键词：海昏侯墓；双古堆汉墓；墓葬制度；随葬品

自 2011 年 3 月以来，江西省考古工作者和国家文物局专家组开始对西汉海昏侯墓墓园展开考古发掘，发现了两万多件珍贵文物。其中 M1 刘贺墓由于椁室盖板倒塌导致主棺发生严重形变，由现场工作人员对墓棺主体安全运输至设在墓园约 1 公里外的海昏侯文物保护工作用房进行实验室考古清理，并于 2020 年公布了相关简报资料。海昏侯墓园是迄今为止发现的保存最好、结构最完整、功能布局最清晰、拥有最完备祭祀体系的西汉列侯墓园，主墓 M1 中出土了大量西汉时期的精美文物。海昏侯墓的发掘对于研究西汉时期列侯墓葬制度提供了第一手的实物资料，极大促进了西汉高等级墓葬以及汉文化的相关研究。

目前，与海昏侯墓的相关研究已经初步展开，如海昏侯墓与马王堆汉墓[①]、张安世

---

* 国家社会科学基金重大委托项目"海昏侯墓考古发掘与历史文化资源整理研究"（16@ZH022）成果。

　① 苗凌毅：《西汉海昏侯墓与马王堆汉墓比较研究》，载梁安和、徐卫民主编：《秦汉研究2020》，西北大学出版社，2020 年，第 159 – 172 页。

墓①、大云山汉墓②、八角廊汉墓③、天山汉墓④、狮子山汉墓⑤、满城汉墓⑥和南越王墓⑦等的比较都有了相关论文面世。但在这些高等级墓葬中，除了马王堆汉墓与张安世墓外，其余墓葬均为西汉诸侯王级别，与刘贺以列侯身份下葬的相关制度有所差异；其中南方地区仅有马王堆汉墓作为列侯墓与海昏侯墓地理区位接近，因此对于海昏侯墓与南方地区列侯墓葬的比较尚有不足。1977 年在安徽阜阳发掘的双古堆汉墓，被认为是西汉时期第二代汝阴侯夏侯灶夫妇的异穴合葬墓。本文拟根据海昏侯墓刊行资料与双古堆汉墓进行比较研究，对两处南方地区列侯级别的墓葬进行比较，以期对海昏侯刘贺"帝—王—侯"的人生经历与其墓葬的关系进行相关研究。

一、墓主人身份

南昌墎墩山 M1 因其出土有"刘贺"玉印、"海"铜印及带有昌邑国号的器物而被认定为海昏侯刘贺之墓。海昏侯刘贺，昌邑王刘髆之子，武帝之孙。昭帝始元元年（前86）继昌邑王位，在位十三年，因昭帝早夭无后，被大将军霍光迎入长安登基，但即帝位仅二十七天就因"荒淫迷惑，失帝王礼谊，乱汉制度"⑧ 而被废为庶人，"国除，为山阳郡"⑨"赐汤沐邑二千户，故王家财物皆与贺"⑩，仅享有财富却没有政治地位，甚至受到继任皇帝汉宣帝的警惕与监视。元康三年（前63）刘贺被宣帝徙封至边远的豫章郡海昏县，封为海昏侯，食邑四千户，不但远离政治中心，而且"不宜得奉宗庙朝聘之礼"，被剥夺了进京朝贡和祭拜祖先的资格。就国期间，刘贺在言谈中表现出对当时被废黜的不满，被举发后削去了三千食邑。后于神爵三年（前59）去世，其子充国、奉亲先后夭折，海昏侯国后被除名。

阜阳双古堆 M2 中出土有"汝阴家丞"的封泥，并且 M1、M2 中都发现了有"汝阴侯"铭文的漆器和铜器，据此可以判断其为西汉时期某一汝阴侯的墓葬，而其中漆

① 徐卫民：《刘贺墓与张安世墓的比较研究》，载梁安和、徐卫民主编：《秦汉研究》第十二辑，西北大学出版社，2018 年，第 9 – 20 页。

② 徐卫民：《海昏侯墓与大云山汉墓比较研究》，载梁安和、徐卫民主编：《秦汉研究》第十三辑，西北大学出版社，2019 年，第 1 – 10 页。

③ 苗凌毅：《西汉海昏侯墓与定州八角廊汉墓比较研究》，载梁安和、徐卫民主编：《秦汉研究》第十三辑，西北大学出版社，2019 年，第 35 – 47 页。

④ 杨懿：《高邮天山汉墓与海昏侯墓的比较》，载梁安和、徐卫民主编：《秦汉研究》第十三辑，西北大学出版社，2019 年，第 48 – 56 页。

⑤ 赵晶：《徐州狮子山楚王墓与南昌海昏侯墓的比较研究》，河北师范大学 2019 年硕士学位论文。

⑥ 王飘：《南昌西汉海昏侯墓与满城汉墓的比较研究》，河北师范大学 2019 年硕士学位论文。

⑦ 黄允聪：《西汉海昏侯墓与南越王墓比较研究》，广州大学 2018 年硕士学位论文。

⑧ 《汉书》卷六八《霍光传》，中华书局，1962 年，第 2944 页。

⑨ 《汉书》卷六三《武五子传》，第 2765 页。

⑩ 《汉书》卷六三《武五子传》，第 2765 页。

器铭文中纪年数字最高为"十一年"则成为了判断墓主的重要依据。①

中国历史上的年号始于汉武帝刘彻，但《史记·汉兴以来诸侯王年表》中已经将汉文帝的二十三年分为前元十六年，后元七年，景帝的十六年分为前元七年、中元六年和后元三年。而西汉时期一共有四位汝阴侯，第一位夏侯婴死于文帝八年（前172），不可能出现"十一年"的器物，并且文献记载夏侯婴死后葬于汉长安城东都门外，因此排除；第三代夏侯赐、第四代夏侯颇均殁于武帝时期，而简报中提到双古堆汉墓墓葬形制和出土遗物与武帝时期并不接近，因此发掘者认为墓主应是第二代汝阴侯夏侯灶。由于双古堆汉墓发掘年代较早，缺乏与同地区、同时期的列侯墓葬进行比较，发掘者主要是比对出土铭文和文献来进行判断。笔者根据湖南马王堆一号汉墓与1999年发现的沅陵虎溪山汉墓进行比对，可以发现，三座墓葬在墓葬形制与器物风格上有一定的相似之处，后者年代均为西汉早期，因此根据同地区列侯级别墓葬材料的比较，双古堆M1应为西汉早期无疑，其墓主人应是殁于文帝十五年（前165）的第二代汝阴侯夏侯灶。

有关夏侯灶的生平，在汉代文献中记载阙如，仅名字出现于《史记·汉兴以来诸侯王年表》与《汉书·晁错传》中，其中《晁错传》中记载文帝十五年，晁错应对汉文帝诏策时言"平阳侯臣窋、汝阴侯臣灶、颍阴侯臣何、廷尉臣宜昌、陇西太守臣昆邪、所选贤良太子家令臣错昧死再拜言"云云，颜师古注曰"诏列侯九卿及郡守举贤良，故错为窋等所举"②。从这条文献可以看出，作为西汉第一任"功二代"的夏侯灶与曹窋（曹参子）、灌何（灌婴子）在文帝时期承担着举荐贤良的职能，甚至从晁错将夏侯灶置于灌何、公孙昆邪等人之前来看，夏侯灶在几人中的地位甚高，仅次于曹窋。③

但是对于夏侯灶有什么功劳而能位居第二，汉代文献中却只字未提。由于夏侯婴曾经在楚汉战争时期搭救过惠帝刘盈和鲁元公主，汉惠帝即位后，与吕后"德婴之脱孝惠、鲁元于下邑之间也，乃赐婴县北第第一，曰'近我'，以尊异之"④，将其视为

① 王襄天、韩自强：《阜阳双古堆西汉汝阴侯墓发掘简报》，《文物》1978年第8期。

② 《汉书》卷四九《晁错传》，第2291－2292页。

③ 曹窋曾在吕后时期担任过御史大夫，并在剪除诸吕时发挥了重要作用，地位最高。但对于曹窋担任御史大夫一事，《史记》《汉书》的记载却产生了龃龉。《史记·张丞相列传》曰："以平阳侯曹窋为御史大夫。高后崩，不与大臣共诛吕禄等，免，以淮南相张苍为御史大夫。"而《汉书·张苍传》中载："初，任敖免，平阳侯曹窋代敖为御史大夫。高后崩，与大臣共诛诸吕。后坐事免，以淮南相张苍为御史大夫。"两处的记载中对于曹窋剪除诸吕之事态度完全相反，但《史记·吕太后本纪》又记载："平阳侯窋行御史大夫事……具以灌婴与齐楚合从，欲诛诸吕告产，乃趣产急入宫。平阳侯颇闻其语，乃驰告丞相、太尉。"比对之下当是《史记·张丞相列传》错讹。见《史记》卷九六《张丞相列传》，中华书局，1959年，第2680页；《汉书》卷四二《张苍传》，第2098页；《史记》卷九《吕太后本纪》，第409页。

④ 《汉书》卷四一《夏侯婴传》，第2079页。

惠帝、吕后亲党。虽然在代王刘恒进京时"婴以太仆与东牟侯入清宫，废少帝，以天子法驾迎代王代邸，与大臣共立为孝文皇帝"①，但由于身上的吕党烙印难以洗清，因此虽然文帝让夏侯婴继续担任太仆一职，但对其并不信任。文帝八年（前172），夏侯婴去世后，其子夏侯灶继承了汝阴侯的爵位，但汝阴侯一脉直至武帝时期除国，也再未做出值得史书记载的事情，而当时同为举荐诸人的灌何在景帝吴楚七国之乱时担任将军，与陇西太守公孙昆邪在这场战争中立下了功劳，公孙昆邪也因此被封为平曲侯，武帝时担任典属国，其孙公孙贺在武帝时担任过宰相。对比之下，夏侯灶仅在位七年便离开人世，其子嗣也并未在历史上留下记录。

比较刘贺与夏侯灶的生平可以发现，二人均是宫廷政治斗争下的牺牲品，虽然地位崇高，但是缺乏政治实力与话语权。刘贺是汉朝宗室弟子，并且曾任昌邑王长达十三年，虽然被霍光剥夺了政治权利，级别由王降为了侯，但财力方面远高于普通列侯，甚至可以比肩诸侯王；而夏侯灶则是继承了父亲夏侯婴的侯爵，虽然食邑多达六千九百户，远多于海昏侯的四千户（后被削为一千户），但其在位时间短，在朝廷中也仅有举荐贤良的少量话语权，因此可能是被作为厚待吕党降臣而竖起的典型。

二人虽同为政治失意者，但与刘贺相比，仅为功臣子荫封列侯的夏侯灶在政治地位与个人经历上略显普通，这也在二者的墓葬发现中有所体现。

二、墓葬制度

两位墓主下葬年代相差一百余年，因此在墓葬制度上差异极大。虽然二人都有在北方居住的经历，但夏侯婴本是沛县人，自刘邦起兵便一直追随，是"丰沛功臣集团"中的一员，其封地汝阴距离沛县很近，并且双古堆汉墓修建年代为西汉早期，与马王堆汉墓、沅陵虎溪山汉墓年代相近，因此夏侯灶的墓葬中带有浓厚的楚制风格；而海昏侯刘贺虽然葬在豫章郡海昏县，地处南方偏僻之处，但其人生大半是在北方度过的，因此修建于西汉中期的海昏侯墓则带有较为明显的北方汉制风格。

在陵城关系上，两座墓葬都遵循了"城西陵东"的布局方式，墓葬位置布置在县城的西侧。墓主夫妇的分布同样是东西并列，其中海昏侯墓 M1（刘贺墓）位于 M2（夫人墓）西侧，遵循了西汉帝王陵多数为"帝西后东"的制度；而双古堆汉墓 M1（夏侯灶墓）则位于 M2（夫人墓）东侧。四座墓葬均为南北向，墓道位于南侧。

由于双古堆汉墓未发现地面建筑与垣墙，因此本文主要从封土形制、墓室结构比较两座列侯墓葬的差异。

（一）封土形制

海昏侯墓封土高 7 米，呈覆斗状，周围均有排水沟，封土下有方形大型夯土基座。

---

① 《汉书》卷四一《夏侯婴传》，第 2079 页。

封土基座共二层，下层基座和 M2 共用。① 简报中并未记录封土基座的数据，但根据公布的数字地面模型与全景图粗略判断，封土基座的面积是大于封土本身的（图1、图2）。

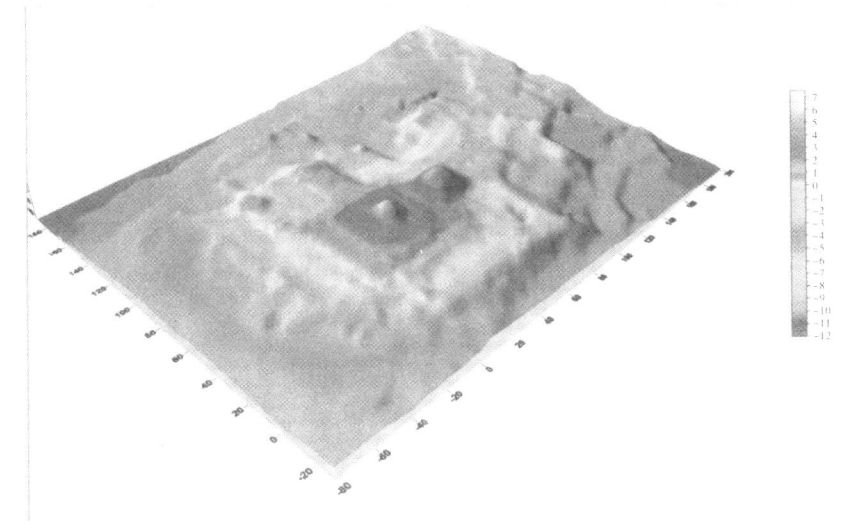

图 1　海昏侯墓墓园数字地面模型图

图 2　海昏侯墓 M1 封土夯土基座全景图（南—北）

双古堆汉墓"原封土高出地面约 20 米，东西长约 10 米，南北宽约 60 – 70 米。封土上原有两个尖顶，所以被称为'双古堆'。1957 年因工程取土，封土仅余 4 米多。封土经过夯筑"②。从简报描述中可以看出，双古堆汉墓与海昏侯墓近似，都是在向下掘挖竖穴墓葬后，在其上修建封土台基，逐层夯实，在封土顶端修建两个尖顶作为"方上"，墓主夫妇共用一个台基。

但双古堆汉墓封土也有其特殊之处，便是它的封土高度远超过一般列侯的封土规格，甚至超过了许多诸侯王墓的高度，如定县八角廊汉墓，墓主人可能为中山孝王刘兴或怀王刘修（封土高约 16 米）③；河北石家庄赵景王张耳墓（封土原高 15 米，现残

①　江西省文物考古研究所等：《南昌市西汉海昏侯墓》，《考古》2016 年第 7 期。

②　王襄天、韩自强：《阜阳双古堆西汉汝阴侯墓发掘简报》，《文物》1978 年第 8 期。

③　刘来成：《河北定县 40 号汉墓发掘简报》，《文物》1981 年第 8 期。

高 8.3 米）①；山东淄博西汉齐王墓（封土高 24 米）② 等，均与列侯级别的双古堆汉墓相当或略低。由于大部分诸侯王墓的封土都遭到不同程度的破坏，具体高度无法复原，因此双古堆汉墓如此巨大规模的封土在列侯墓中可谓是独一无二。

2008 年公布的睡虎地 M77 汉墓中发现有 5 枚《葬律》简牍，其中记载"坟大方十三丈，高三丈"；《周礼·春官·冢人》郑玄注云"《汉律》：列侯坟高四丈，关内侯以下至庶人各有差。"刘瑞认为郑玄注引的《汉律》或是对《葬律》的修改或者抄写讹误。③ 汉代一丈约合今 2.3 米，根据《葬律》简与《汉律》的规定，汉代列侯的封土高度约为今 6.9－9.2 米，海昏侯墓封土高约 7 米，略超《葬律》的规定，在《汉律》的规定范围内；而双古堆汉墓则超过了《汉律》规定最高数值的两倍还多，明显违反了汉代对于列侯的规定。

对于双古堆汉墓的特殊情况，我们要根据时代背景来看待。《汉书·景帝纪》记载：

诸侯王薨、列侯初封及之国，大鸿胪奏谥、诔、策。列侯薨及诸侯太傅初除之官，大行奏谥、诔、策。王薨，遣光禄大夫吊、襚、祠、赠，视丧事，因立嗣子。列侯薨，遣太中大夫吊、祠，视丧事，因立嗣。其葬，国得发民挽丧、穿复土，治坟无过三百人毕事。④

从上可以看出至少在景帝时期，已经开始对王侯即位或薨逝的规格进行规范，并派遣使者"视丧事"，如景帝后元二年（前 142）"（武原侯）不害坐葬过律，国除"⑤。因此，汉景帝中二年令中使者"视丧事"，是监督诸侯王丧葬，使丧葬活动按照应有的礼仪等级进行，减少逾制、违律、违礼的行为。这是景武之际加强制度约束的手段之一。⑥ 但双古堆汉墓至迟于文帝十六年（前 164）修建完成，早于景帝中二年令的颁布，并且汝阴侯国位于豫州刺史部与扬州刺史部交界处，地处僻远，又是文景时期中央政令难以有效管辖的关东地区。根据前文讨论，夏侯灶很可能是汉文帝为了安抚朝臣之心而树立的吕党降臣标杆，虽然在生前不会重用，但在死后给予其葬仪上的殊荣也并非不可能。并且除了封土形制外，在其他方面双古堆汉墓并没有超出一般列侯墓的规格，关于此点下文会继续讨论。

（二）墓室结构

1. 海昏侯墓

海昏侯墓平面呈甲字型，墓道南向，斜向连入墓室（图 3）。墓室面积约 290 平方

---

① 石家庄市图书馆文物考古小组：《河北石家庄市北郊西汉墓发掘简报》，《考古》1980 年第 1 期。
② 徐龙国：《大武西汉齐王墓》，《管子学刊》1990 年第 1 期。
③ 刘瑞：《海昏侯刘贺墓墓园制度初探》，《南方文物》2016 年第 3 期。
④ 《汉书》卷五《景帝纪》，第 145 页。
⑤ 《史记》卷一八《高祖功臣侯者年表》，第 938 页。
⑥ 王泽、苗凌毅：《汉景帝中二年令"视丧事"发微——从双乳山一号墓墓主身份说起》，载梁安和、徐卫民主编：《秦汉研究》第十三辑，西北大学出版社，2019 年，第 57－65 页。

米，总面积达到 400 平方米。采用汉制棺椁，椁室由主椁室、过道、回廊形藏椁和甬道构成。椁室中央为主椁室；周围环绕以回廊形藏椁；主椁室与藏椁之间辟有过道；主椁室和墓道之间由甬道相连接。棺柩位于主椁室的东室东北部，使用内、外两重棺，与主椁室、过道、回廊形藏椁共同构成五重棺椁形式。这种棺椁形制比较接近西汉早中期回廊形室墓，与长沙市象鼻嘴 M1、西安市新安砖厂墓等形制极为类似。并且海昏侯墓在主墓室四周的墓葬空间中，根据随葬品的形制功能对其方位进行了有意识的安排，这种设计方式承继西汉早期间切椁式墓以边箱安置随葬品的做法，通过人为设置徼道的方式在墓内空间中对"内藏"与"外藏"进行了分离，这与长沙象鼻嘴 M1 在回廊中直接隔出小间相比，对墓内空间的划分显得更为成熟。

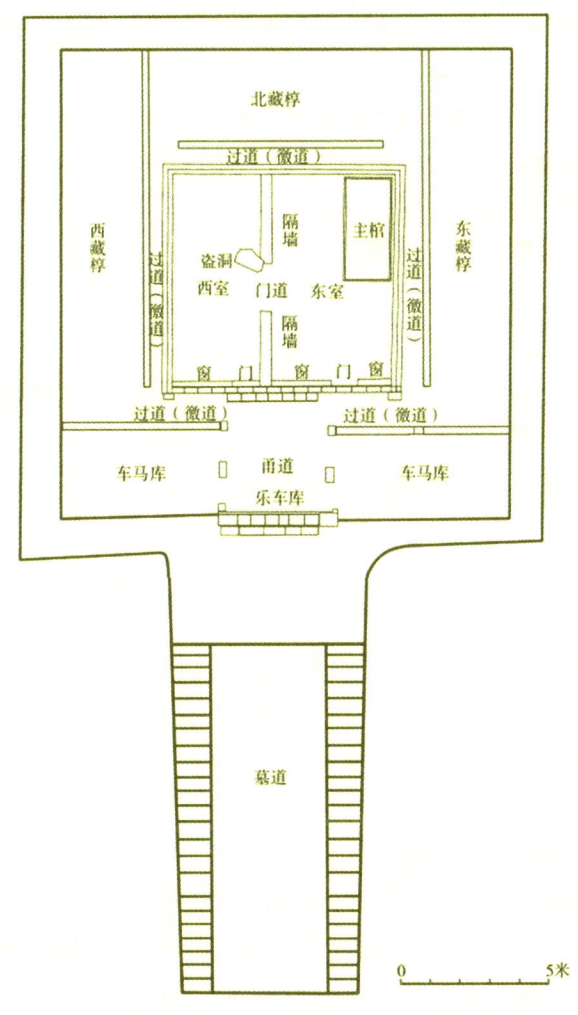

图 3 海昏侯 M1 墓室平面图

而在盛放刘贺内棺的主椁室，以木板作为隔墙将椁室分为东、西两室，中开东西向门道，椁室南侧开有门窗与甬道相连。其中刘贺内棺位于东室一侧，秦汉时期以东为尊，故而东室应为刘贺的寝室，西室则为"前朝后寝"中处理事情的朝室。

根据中国社会科学院考古研究所的简报披露，对刘贺主棺的实验室清理已经初步完成。其中海昏侯墓由一椁两棺组成，外棺遗存主要集中于头箱附近，有装饰有动物图像金箔片的漆盒，盒下放置了两件大型玉璧，最大的一件直径达到 29 厘米，并出土有数量各异的黄金制品，包括马蹄金、麟趾金、金饼、金版等。①

内棺遗存共分四层，第一层为头箱部位 11 件漆木盒（盛放物暂时不明）、墓主头部的夹纻髹漆覆面及墓主颈、胸、腰等部位出土了规格各异的 15 件玉璧；第二层为墓主遗体残骸，头部下方出土了木枕与附属玉器，身体中部左侧出土了青铜质带剑鞘玉具剑，右侧出土了铁质带剑鞘玉具剑，墓主腰间、腹部下端及身体两侧出土了玉质印章、铁质书刀、鞢形玉佩及两件水晶饰件；第三层为金缕编缀的琉璃席，由墓主的头部延伸到脚部；而在最后一层，则是琉璃席下规整排布的 100 枚金饼。

通过简报描述，我们可以大概还原海昏侯墓内棺中的情形：内棺由头箱和殓尸空间组成，头箱内盛放有漆木盒，根据位置推测可能是墓主人生前珍爱的器物；头箱以下即为盛放墓主人尸体的殓尸空间，墓主人仰身直肢平躺在琉璃席上，琉璃席下叠放着布置整齐的 100 枚金饼；墓主腰部以上被玉璧覆盖，左右侧各自佩戴一把带鞘玉具剑，腰间还挂有带有姓名的玉印和玉佩等随身器物，体现出刘贺本人对玉的热衷。

2. 双古堆汉墓

双古堆汉墓平面亦呈甲字型，墓室面积约 70 平方米，仅为海昏侯墓的四分之一；墓道早年毁坏，长度不详，根据墓口位置推断应为南向。墓室由一棺一椁构成，并且在靠近墓道的椁室南壁设置了两处可以开合的单扇门，隔板两侧靠近侧板处也设置了两处单扇门，对墓葬空间进行了分隔。简报中将椁室构造描述为"以隔板和棺床把室内分为几个部分。我们定隔板前为头箱，隔板里棺床东为东边箱，棺床西为西边箱，北为北边箱。边箱内陈放有随葬器物"②。由于墓主人尸骨被彻底破坏，暂时无法判断墓主头向，将头箱称为南边箱或许更为恰当。由于墓内棺床位置发生位移，导致部分遗物同样出现位移，笔者根据简报叙述及随葬品位置，对 M1 椁室结构划分如下（图 4）。

通过图 4 我们可以观察到，双古堆汉墓采用了南方地区西汉早期大型汉墓中常见的以主棺为中心，在椁室内通过隔板分割出数个边箱的方式来放置随葬品的形式，如马王堆汉墓、沅陵虎溪山汉墓等都采用这类结构，黄晓芬将其称为"间切形椁墓"③。不同于战国时期北方流行的竖穴木椁墓，由战国楚墓中箱型椁墓演变而来的间切形椁墓已经通过棺箱分离的方式，开始了由传统木椁墓向西汉中期墓室结构的过渡。与战国楚墓中仅以隔板分离棺箱和侧箱、各箱间并不连通相比，双古堆汉墓不但在靠近墓

---

① 李存信：《江西南昌西汉海昏侯刘贺墓主棺实验室考古发掘》，《文物》2020 年第 6 期。
② 王襄天、韩自强：《阜阳双古堆西汉汝阴侯墓发掘简报》，《文物》1978 年第 8 期。
③ 黄晓芬：《汉墓的考古学研究》，岳麓书社，2003 年，第 71 页。

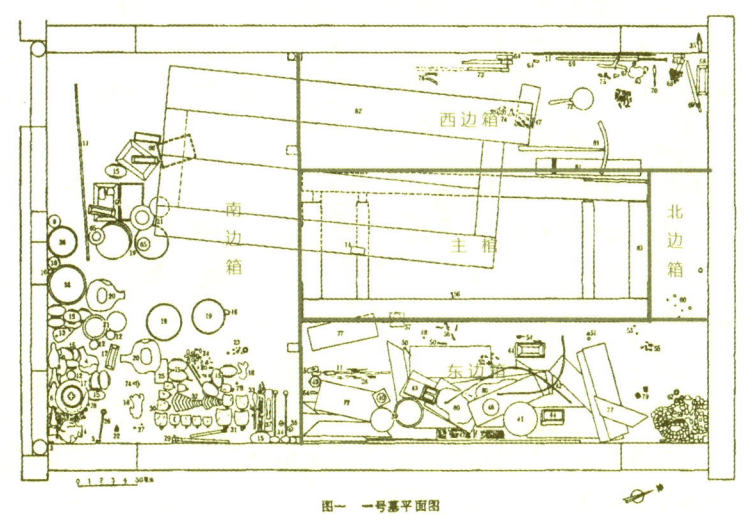

图4 双古堆 M1 椁室结构图

道的椁板上设置可以进出的门扉，以营造出"椁内开通"的状态，更是在侧边箱处设置了联通的门扉，与马王堆汉墓、沅陵虎溪山汉墓相比显得更为开放。与之形制相似的还有西汉早期的长沙曹㜮墓，墓内同样在棺箱与侧箱的隔板上设置门扉，但墓道处并未设置开放的门扉，依然处于"椁内封闭"的状态。①

由于双古堆汉墓中器物位置大多参考其功能进行放置，较有规律，因此笔者参考海昏侯墓外藏椁部分命名方式对双古堆汉墓边箱中随葬品进行再区分如下（图5）：

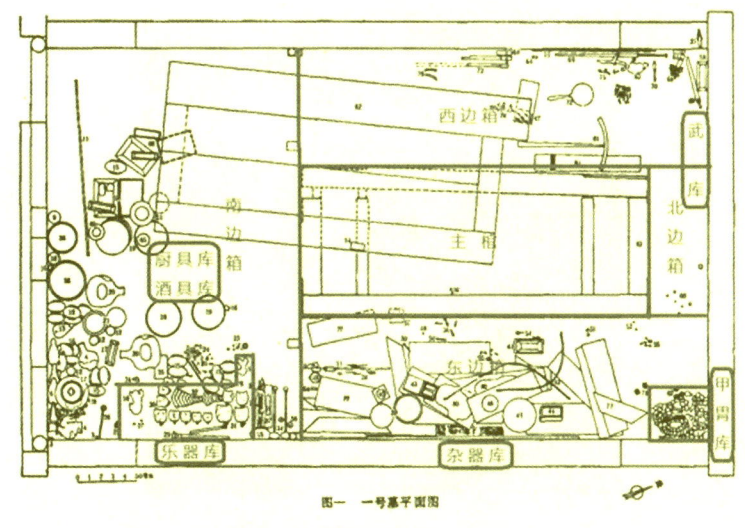

图5 双古堆 M1 椁室分区图

乐器库：在南边箱东侧集中发现数十件陶编镈（30）、陶编钟（31）和陶编磬

---

①　黄晓芬：《汉墓的考古学研究》，第75页。

（32），并发现有2件木兽形座（18），推测可能是大型乐器的底座；而在西边箱与乐器库均发现有瑟弦枘，并且西边箱还发现完整的漆瑟①，或是墓内遗物发生位移时从乐器库散落至西边箱中，抑或者是墓主随葬于主棺中的珍爱器物，在棺床发生位移后散乱于西、南两处。

厨具库、酒具库：南边箱中除部分乐器外，主要发现了大量食器和酒器，如漆壶（4）、漆耳杯（15）、漆圆盘（19）、漆匜（20）、漆勺（26），以及小银扣漆奁（9）、银扣漆三足卮（10）、铜斗（34）等，并在边箱东南角发现有甜瓜子，可能原置于旁边的容器中，倾倒后洒出。

武库：西边箱主要发现有大量兵器，如漆鞘铁剑（11）、铜矛（35）、"T"形木杆（61）、铜镦（64）、铜戈（67）、铜剑（69），还发现了用来安装长柄兵器的木杆（73）等，使用时以中远距离为主。此外在西边箱发现有箭与箭箙（47），东边箱发现有木弓（42），可能原本放置于一处；北边箱中发现有散乱的铅弹丸（60），其用途可能是作为远程攻击的武器，因此笔者推测，这三件器物或许原本都放置于北边箱中，作为远程武器统一随葬，后因棺床的位移变化导致它们的位置发生了改变，分散在三处边箱内。

甲胄库：东边箱的东北角发现铁甲胄，据简报描述，此甲胄原本卷起放置在一件木笥中，发掘者认为同出的铜环、金泡可能是甲胄的附属品，故而推测此处为存放甲胄之处。

杂器库：除甲胄外，东边箱中出土器物包括漆鞘铁剑（11）、铁锤（45）等武器，以及二十八宿圆盘（39）、六壬栻盘（40）、太乙九宫占盘（57）等天文器具和竹简等，种类丰富且无规律，推测可能是和墓主人兴趣有关的天文室和文书档案库组成的杂器库。

图6　海昏侯M1外藏椁分区图

———————————

① 简报中记录在西边箱中发现有"残瑟尼岳"（76）之物，但笔者查阅资料并和简报器物登记表进行比对后，并未发现这两件器物的记录，此处搁置存疑。

通过比较海昏侯墓（图6）与双古堆汉墓的随葬品布局可以看出，囿于年代较早且墓主地位较低，双古堆汉墓中器物种类远少于海昏侯墓，随葬品的划分也较为原始。海昏侯墓通过徼道对主室与外藏椁进行了分离，徼道内的主椁室又可划分为前堂与后室；而双古堆汉墓椁室内的边箱并不具备外藏椁的功能，依旧属于墓主"内藏"的一部分，体现了从西汉早期到中期，列侯级别高等级墓葬形制发生了重大转变，随着"事死如事生"观念的深入，墓内空间的营造越来越注重世俗化，并通过营造门扉和过道的方式将原本封闭的椁室连通起来，成为墓主人死后生活的地下世界。

（三）其他方面

除了墓葬结构外，从海昏侯墓中车马随葬的逾制现象也可对刘贺不平凡的一生管窥一二。根据赵海洲、刘尊志等对西汉时期王侯级别墓葬车马埋葬现象的考证：自西汉中期，车马随葬的现象开始逐渐由墓外转移至墓内耳室或墓道中，并由真车马向木制偶车马转变，且随葬车马多以三套为主，这似乎形成了西汉早中期车马埋葬的一种定式。① 但海昏侯刘贺不但在自己的主墓西部设置了一座面积近75平方米的车马坑，随葬了多达5辆木车（包括安车和辂车）与二十匹真马，并且在自己的墓室前部设置了一处乐车库和两处车马库，其中乐车库中至少发现一辆木制偶车马，其余两处车马库出土情况不明，但三处出土车马相加，推测应不少于西汉墓葬常制的三套，再加上墓园车马坑中出土的等比例木车与随葬真马，海昏侯墓出土车马数量几与诸侯王级别的满城汉墓相当（满城1号墓随葬6车16马，2号墓随葬4车13马），而如双古堆汉墓、马王堆汉墓中则并未发现有车马随葬现象，因此，海昏侯墓的特殊设置在缺少随葬车马传统的南方地区是十分少见的现象。

前文提及刘贺一生主要生活在北方地区，深受北方文化熏陶，因此墓葬中较多表现出北方地区流行的"汉制"风格，以大量车马随葬便是其一。并且刘贺在北方时就喜欢驾车巡游，据《汉书》记载，刘贺登基后，曾"驾法驾，皮轩鸾旗，驱驰北宫、桂宫，弄彘斗虎……"② 从墓中出土黄金数量来看，刘贺生前的物质生活应当较为优渥，有足够的财力将自己的爱好带到死后的世界中，这也是葬于南方地区的刘贺墓"不循常制"的重要表现。

但在汉代王侯墓葬中的"玉柩"使用上，海昏侯墓与双古堆汉墓并无二致。汉代高等级墓葬流行以玉随葬，《礼记·玉藻》曰："古之君子必佩玉……君子无故玉不去身。君子于玉，比德也。"③ 汉代葬玉制度继承了《周礼》中部分要素，以玉璧为主，许多高等级墓葬在棺壁内外镶嵌有玉璧，并以少量的玉圭、玉璜随葬；此外，汉代的葬玉制度创新之处在于，由商周时期的玉覆面发展而来的玉衣成为判断墓葬级别高低

---

① 赵海洲：《东周秦汉时期车马埋葬研究》，科学出版社，2011年，第64页；刘尊志：《西汉诸侯王墓陪葬车马及相关问题探讨》，《华夏考古》2013年第12期。

② 《汉书》卷六八《霍光传》，第2940页。

③ 杨天宇：《礼记译注》，上海古籍出版社，2016年，第469页。

的符号，诸侯王以金缕、银缕、丝缕等编缀玉衣，希冀通过玉衣、九窍塞、玉握等玉器组合，使得逝去的躯体在玉石的包裹下形成自我闭环，以期达到不死不朽的永生目的。而列侯及以下级别的墓葬依旧沿用先秦时期的衣衾之制，若无特殊颁赐，不得以玉衣作为葬具随葬，在双古堆汉墓中就并未发现完整的玉衣或残片。

在目前国内发现的西汉时期列侯墓葬中，仅邢台南郊汉墓出土了金缕玉衣，咸阳杨家湾4号墓、5号墓以及绵阳双包山2号墓出土了银缕玉衣，少数列侯墓采用部分覆盖的方式来体现，如山东临沂刘疵墓的金缕玉套，仅覆盖住头部和脚部；海昏侯刘贺墓，以镶玉漆覆面和玉璧组合覆盖身体的上半部。

关于刘贺身下铺设的琉璃席，庄蕙芷曾对琉璃席的使用情况进行梳理，认为"琉璃席甚至比列侯身份可用的葬具更为低等"①。因此，刘贺墓琉璃席的使用，可能是降礼以葬的反映。由于王侯下葬时，朝廷会派遣官员"视丧事"以监督下葬过程，因此海昏侯刘贺虽有巨量财富，但在下葬时依旧无法使用规格更高的葬具随葬，只得在棺内使用较为低级的琉璃席盛殓尸身。对于如此严厉的监察，海昏侯及其家人也想了其他的办法，如通过在琉璃席下铺设金饼的方式来规避来自中央的检查，在深埋于地下的墓室中无声彰显着汉废帝刘贺的身份和财富。

三、随葬品规格

西汉时期崇尚"事死如事生"，对死者死后世界的构建极为重视，文帝时风气已经到了"咸嘉生而恶死，厚葬以破业，重服以伤生"②的地步，这一点在西汉早中期的高等级墓葬中有着明显的体现。由于刘贺本人"帝—王—侯"的不平凡经历，其墓葬中随葬品不但规格高，而且种类丰富，数量巨大。而双古堆汉墓在发掘时由于遭到盗掘，墓中部分遗物已经遗失。本文仅选取海昏侯墓已公开面世的部分随葬品与双古堆汉墓简报中公布的遗物进行比较。

（一）金银器

海昏侯墓出土了大量的黄金货币和金银饰的车马器，仅金器就有478件，重量约115公斤，无论是数量还是重量，在目前发现的西汉时期王侯墓葬中都名列第一；种类包括金饼、马蹄金、麟趾金、金版等，以及银制当卢和以金银技法（鎏金银、错金银、包金银等）加工的车马器等，近年来有不少学者对这批金银器从定名、成分、工艺、

---

① 庄蕙芷：《西汉琉璃葬具与海昏侯的琉璃席》，《中国美术研究》2018 年第 2 期。
② 《史记》卷一〇《孝文本纪》，第 433 – 434 页。

功能、流通等诸多方面进行了相关研究。①

双古堆汉墓中仅有金泡、银饰件、银鐏、桃形银镶片及银发针等极少数金银制品。究其原因，其一是双古堆汉墓曾经遭到盗掘，墓中文物部分遗失，其中定然包括价值高昂的金银制品；其二，西汉早期南方地区大型汉墓中并不流行随葬金银器，在未经盗掘的马王堆汉墓、虎溪山汉墓中也少见金银器的出土，大多是作为漆器或铜器的附属配件；最后，自古以来南方地区一直是我国出产金银的重要地区，《史记·货殖列传》《汉书·地理志》及《盐铁论》等文献中都有南方盛产黄金的记载，中国最早的黄金容器便是出自湖北曾侯乙墓的金盏；西汉早期这一地区随葬品中黄金制品的缺失，可能与当地人口稀少，缺乏开采黄金的劳动力以及汉初铁器尚未在南方完全普及，矿金开采困难有关。

（二）玉器

海昏侯墓出土玉器 500 余件（套），包含玉璧、玉环、韘形佩、剑饰、印章等，以玉璧、剑饰为主，玉质温润光滑，雕刻工艺精湛，是少见的玉器佳品。通过刘贺内棺中以玉璧覆盖漆覆面和上半身，并比照从海昏侯墓出土的儒家典籍的竹简来看，说明经历武帝罢黜百家、独尊儒术后，受到正统儒家教导的刘贺深受儒家礼仪熏陶，重视玉器作为君子德行的象征意义。而墓中出土了一块直径达 35 厘米的巨大玉璧，尺寸与《周礼》记载用来祭天的"苍璧"形制相当，有学者推测可能代表墓主人刘贺曾经天子的身份。②

由于经历盗掘，双古堆 M1 中仅出土玉柄漆匕一件玉器，同样被盗掘的 M2 中也未见有玉器的发现，因此有被盗墓贼顺走的可能。但同样的现象也发现于未被盗掘的马王堆汉墓与虎溪山汉墓中，故而这种现象不能单以盗掘佚失来简单判断。以上三处墓葬都处于西汉早期的南方地区，这一时期在统治阶级中流行黄老之学，以礼法规范秩序的儒家文化并未占据主流，其中玉器便是儒家制度中规范等级与行为的重要载体。重要的是南方地区缺乏优质的玉料产地，但却盛产漆器，制作工艺也相当发达，因此在当时开发程度较低、朝廷难以管辖的南方地区，造型精美、纹饰瑰丽的漆器要比玉器更加流行。

（三）漆竹木器

这类器物在两座墓葬中都占据了主流。其中海昏侯墓共出土约 3000 件漆木竹器，全部为 M1 出土，其中包括日常生活用器（漆耳杯 610 余件、漆盘 24 件、漆笥 15 件

---

① 详见刘晟宇、张烨亮、黄希：《江西南昌西汉海昏侯刘贺墓出土部分金器的初步研究》，《文物》2020 年第 6 期；赵明：《南昌西汉海昏侯刘贺墓出土蹄型金的定名》，《中国国家博物馆馆刊》2018 年第 11 期；耿庆刚：《海昏侯墓"金板"小考》，《考古与文物》2017 年第 6 期；刘涛：《类型学之外——以海昏侯墓马蹄金与吴晋时期魂瓶为例》，《新闻研究导刊》2016 年第 14 期等。

② 周洪：《有关海昏侯墓葬文物礼制的三个问题》，《南昌师范学院学报》2016 年第 4 期。

等)、乐器(漆瑟 3 件、琴、编钟架、排箫伎乐墓俑等)、盾牌、彩车、模型乐车等。①
出土数量较多,且涉及经济、军事、文化等方方面面。

双古堆汉墓共出土漆器 119 件,种类包括食器、酒器、盛器、武器、服饰、木俑
等,其中最为特殊的当属椁室东边箱杂物库中发现的二十八宿圆盘、六壬栻盘、太乙
九宫占盘。其中栻盘广泛发现于西汉至隋唐时期的墓葬中,如沅陵虎溪山汉墓、武威
磨嘴子汉墓等都发现有栻盘遗存,是古代测天文以定时日的工具,也是一件重要的占
卜用具,甚至还有一定的医学价值。而太乙九宫占盘与二十八宿圆盘都是首次发现,
前者按八卦位置与五行属性进行排列,可以用于授时观象;后者盘刻二十八宿名称和
各宿距度,与《甘石星经》可以互相对应。双古堆汉墓中发现如此数量众多的天文器
具,或许与墓主对天文历法的爱好有关,据推测也有可能是墓主从事天文事业的
徽记②。

先秦两汉时期,墓葬中随葬漆器的传统长期延续,直到魏晋时期瓷器的出现与繁
荣,漆器才逐渐退出了历史的舞台。王仲殊在《汉代考古学概说》中提到,西汉前期
多用木胎漆器,夹纻胎多用于奁、卮等器物,西汉中期以后夹纻胎有所增加。③ 双古堆
汉墓中出土的漆器木胎和夹纻胎数量大致相当,夹纻胎多用于奁、卮等器物,符合
《汉代考古学概说》中对西汉早期漆器的描述;而西汉中期的海昏侯墓出土漆器大多使
用夹纻胎制作而成。比较两座墓葬漆器工艺,可以观察自西汉早期到中期漆器工艺的
发展,夹纻胎兴起并逐渐占据了漆器的主流。

(四)简牍

海昏侯墓与双古堆汉墓中都发现了数量较多的简牍。其中海昏侯墓共出土木牍约
200 版,竹简约 5000 枚,木牍的内容主要包括属遣策类的签牌和奏牍。签牌是系在竹
木笥或漆箱上的标签,奏牍是墓主人上奏皇帝、皇太后的奏章副本。竹简内容从目前
实验室初步清理和保护内容看,包括《悼亡赋》《论语》《易经》《礼记》《孝经》《医
书》《五色食胜》等,其中《论语》发现《知道篇》,可能属于《论语》的《齐论》
版本。《论语》在古代有三个版本,为《古论》《鲁论》《齐论》,而《齐论》在汉魏
时期就失传了,与《古论》《鲁论》相比,《齐论》多了《知道篇》《问王篇》;《易
经》的内容开始是对卦名进行解释,自《象》以下的内容与《日书》相似,其排序与
传世《易经》相同,但内容却有较大的差别;《医书》的内容与养生和房中术有关,
于在马王堆汉墓出土的帛书《天下至道谈》中记述的"八道"增加了"虚""实"而
变成"十道";《五色食胜》记述了以五种颜色代表相应的食物,以比喻相生相克的
内容。④

---

① 江西省文物考古研究所等:《南昌市西汉海昏侯墓》,《考古》2016 年第 7 期。
② 王襄天、韩自强:《阜阳双古堆西汉汝阴侯墓发掘简报》,《文物》1978 年第 8 期。
③ 王仲殊:《汉代考古学概说》,中华书局,1984 年,第 44 页。
④ 江西省文物考古研究所等:《南昌市西汉海昏侯墓》,《考古》2016 年第 7 期。

双古堆汉墓的简牍均出土于东边箱的杂物库内，数量不详，经清理，内容包括《诗经》《仓颉篇》《周易》《年表》《大事记》《杂方》《作务员程》《行气》《相狗经》《刑德》《万物》等，还发现两片《楚辞》与三方木牍，木牍内容包括孔子及其门人故事、春秋战国故事以及少量儒家短句。①

比较两座墓葬中出土的简牍可以发现，二者都有关于西汉早期显学中的道家与儒家的内容，同样出土的还有医书。不同之处在于，双古堆汉墓中有大量辞赋与史书，并有和云梦秦简《为史之道》内容相同的简牍发现；而海昏侯墓中则更多以儒家典籍为主。

目前，在许多西汉高等级墓葬中都有简牍出土，在内容上，除了方技、数术类图书具有共性外，西汉早期的墓葬中出土简牍内容较为庞杂，如马王堆汉墓以黄老和《易经》类著作为主，双古堆汉墓简牍儒、道、辞赋、史书并出，湖南沅陵虎溪山、湖北江陵张家山汉墓多出行政、司法文书；到了西汉中期，随着汉王朝开始独尊儒术，加强集权，对诸侯王与列侯的控制日渐加强，② 因此除临沂银雀山汉墓中多出兵书外，与海昏侯墓近似的河北定县八角廊汉墓同样出土了《论语》《儒家者言》《礼记》等大量儒家典籍。

由于西汉海昏侯墓中出土有孔子衣镜与大量儒家典籍，有学者认为海昏侯刘贺并不像《汉书》中记载的那么荒淫无道，反而可能是文学青年。但有学者指出，当时贵族对子女的教育抓得很紧，因此儒家经典著作在墓葬中发现并非罕事。这些与儒家思想有关系的文物正好印证了在汉武帝"罢黜百家、表章六经"后，西汉上流阶层已经将崇儒作为一种时尚，但并不能代表刘贺一定就是喜欢读书的人，更不宜和墓主的人品结合起来。③ 对于历史文献中有着详细论述的人物形象，仅根据部分墓葬材料便对其生平进行"翻案"的举动，还需要更加审慎的对待。

四、结语

墓葬相互之间的比较是难度很大的事情，加之许多不确定因素，有时很难一概而论。④ 但通过对南方地区西汉列侯墓葬的相互比较，对推进汉代高等级墓葬研究的完善也有一定的帮助。如笔者曾对马王堆汉墓与海昏侯汉墓进行比较，在本文写作过程中也发现了前者与双古堆汉墓同为西汉早期的南方地区列侯墓葬，在墓室结构、随葬品种类方面有着诸多相似之处，如开通墓内空间的间切形椁墓，以大量漆器随葬而缺乏金银器、玉器，与之近似的还有沅陵虎溪山汉墓、长沙曹㜈墓等，应是继承战国以来

① 阜阳汉简整理组：《阜阳汉简简介》，《文物》1983 年第 2 期。
② 邵鸿：《海昏侯墓孔子屏风试探》，《江西师范大学学报（哲学社会科学版）》2016 年第 9 期。
③ 徐卫民：《汉废帝刘贺新论》，《史学月刊》2016 年第 9 期。
④ 张仲立：《海昏侯刘贺墓逾制几论》，《南方文物》2016 年第 1 期。

本地墓葬中楚制的发展形成的墓葬风格。

　　海昏侯墓虽地处南方，且与上述墓葬同属列侯级别，但由于刘贺本人生于、长于北方，深受北方文化熏陶，如墓园中设有车马坑及椁室内设置车马库等现象在南方大型汉墓中极为罕见。并且海昏侯墓年代晚于双古堆汉墓一百余年，随着景、武帝对葬制的规范和王侯权力的剥夺，以及武帝独尊儒术后儒学地位的提升，使得西汉中期以来的高等级墓葬中形成了浓厚的葬玉文化，与儒学相关简牍的数量也大大提升，这也是导致海昏侯墓在南方地区大型汉墓中"格格不入"的重要原因。

　　除以上原因外，我们也不能忽视刘贺人生经历对其墓葬形制的影响。长达十三年的昌邑王生涯使得刘贺在封国内积累了大量的财富，墓中出土大量带有"昌邑国"铭文的器物，说明了这些财富都在刘贺徙封海昏后被带往了南方。此外，由于刘贺在帝位的权力斗争中惨败于霍光，因此其大部分的政治权力被剥夺，一直延续到了宣帝时期，刘贺甚至"不宜得奉宗庙朝聘之礼"，向朝廷上缴的酎金也只能留在自己的墓中。文献记载刘贺的南方生活一直处于愤懑与抑郁之中，墓中发现逾制的大型玉璧，以及低于列侯级别的葬具琉璃席下铺设百枚金饼等，体现出了刘贺希望通过彰显财富来弥补失去政治地位带来的痛苦。

　　刘贺，这位一生经历"帝—王—侯"的皇室宗亲于神爵三年（前59）在豫章海昏为自己的人生画上了句号，只留下了这座沉睡千年的大墓与无数未解的谜团供我们探索与研究。

·秦汉简帛研究·

岳麓秦令刑罚考析[*]

曹旅宁

（华南师范大学法学院）

摘要： 运用岳麓秦令中的新材料考析秦代弃市、徒刑、斩趾、髡、迁、谴、象刑等刑罚，或可揭示秦代刑罚制度之全貌。秦代刑罚行用的许多细节，不曾为以前学界所知。秦代刑徒为终身服役的罪犯奴隶是不争的历史事实。秦代髡刑不仅存在，而且实施的范围非常广泛。秦代弃市刑的真实面貌愈来愈清晰，其与不敬祠罪之间联系紧密。秦代斩趾刑适用的对象及奖赏发放时间更加明确。从关于象刑的记载看，秦律保留了许多相当古老的观念。以上种种史实对深入了解秦代刑罚的具体行用显然是不无裨益的。

关键词： 岳麓秦令；刑罚；徒刑；弃市；斩趾；髡；迁；谴；象刑

睡虎地秦简出土后，刘海年先生参与整理并撰写了《秦律刑罚考析》一文，把秦简所见刑罚分为十二类：死刑、肉刑、徒刑、笞刑、髡耐刑、迁刑、赀、赎刑、废、谇、连坐、收。[①] 笔者二十三年前撰写《秦律新探》一书，收有若干篇探讨秦代刑罚的专题论文，也对秦代刑罚法进行了系统的探讨。近年来，随着岳麓秦简的逐步公布，笔者有幸参加 2017 年 1 月、2019 年 1 月以及 2020 年 11 月举行的岳麓书院藏秦简第五卷、第六卷、第七卷等律令简审订会，这里就读简所得排比分类，撰写成文以就教于学界，以期对刘海年先生等前贤所作有所补充。

一、弃市

岳麓秦简 4 - 324 简文为：

＊ 本文承国家社会科学基金重点课题"新出秦汉令与中国法制文明的形成（17FAX005）"资助。

① 刘海年：《秦律刑罚考析》，载中华书局编辑部编：《云梦秦简研究》，中华书局，1981 年，第 171 - 206 页。

祠焉。廷当：嘉等不敬祠，当……▱ 4 - 324（0467）①

王伟先生指出："当"后二字，现仅存左侧残划。依文义，"当"后应接续"廷（廷尉）"，对"嘉等不敬祠"的犯行提出的"当"（未论决狱事之应论决方案）的具体内容。在岳麓书院藏秦简中，以下两简亦与"祠"有关，其处刑皆为"弃市"。

下邦庙者轵坏，更为庙便地洁清所，弗更而祠焉，皆弃市。各谨明告县
道令丞及吏主 4 - 321（0624）②

令曰：县官所给祠，吏、黔首、徒隶给事祠所，斋者，祠未闋（阕）而敢奸，
若与其妻、婢并□，皆弃市，其□□ 5 - 307（1170 + 1172）③

可见，秦律对与"祠"有关的犯行，多施以死刑"弃市"。由此推断，简 4 - 324 中对"嘉等不敬祠"的处罚可能亦为"弃市"。④

2016 年第 5 期《文物》刊载了湖南省文物考古研究所、益阳市文物处撰写的《湖南益阳兔子山九号井遗址发掘简报》，其中所发表的秦简三二及图版是一条珍贵的有关秦代"弃市"刑罚的宝贵资料。⑤

三. 二：十月巳酉，劾曰女子尊择不取行钱，问辞如劾，鞫审。巳未，益阳
守起、丞章、史完论刑尊市，即弃死市盈十日，令徒徒弃冢间。（图二二）

其一，"弃市"的行刑方式，有斩杀及绞杀的争论。笔者曾根据《左传》中晋国将秦国间谍弃市后八日复苏以及放马滩秦简《墓主记》中弃市后复活的材料，认为"弃市"应为绞杀（《从放马滩秦简看秦代的弃市》，拙撰《秦律新探》，中国社会科学出版社，2002 年）。其后拜读祝总斌先生大作《关于魏晋南北朝"弃市"为绞刑说》（载《黎虎教授古稀纪念中国古代史论丛》，世界知识出版社，2006 年），平添不少说服力。兔子山秦简则提供了弃市的十日期间及尸体的最后处置方式，不许收尸及弃诸乱冢间。最后要说明女子尊涉及致死的罪名为不肯行用秦代法定货币即半两钱，而依照张家山汉简《二年律令》，此罪则刑不致死。

最后，需要向报告执笔人张春龙先生提出一个疑问，从图板二二看，此简内容分属两章，其间如何缀合，报告没有做出交代。是否为爱书所编成的册书？或是刊出图版颠倒所致？

---

① 王伟以为可补"弃市"二字，见王伟：《岳麓书院藏秦简札记（四则）》，武汉大学简帛网2020 年 5 月 7 日。陈松长主编：《岳麓书院藏秦简（肆）》，上海辞书出版社，2015 年，释文图版见第 201 - 204 页，注释见第 226 页。

② 陈松长主编：《岳麓书院藏秦简（肆）》，释文图版见第 201 - 204 页，注释见第 226 页。

③ 陈松长主编：《岳麓书院藏秦简（伍）》，上海辞书出版社，2017 年，释文图版见第 200 页。

④ 陈松长主编：《岳麓书院藏秦简（肆）》，释文图版见第 201 - 204 页，注释见第 226 页。

⑤ 曹旅宁：《湖南益阳兔子山九号井秦简所见一条秦代"弃市"资料》，武汉大学简帛网2016年 10 月 29 日。

二、徒刑①

欧扬《岳麓秦简所见比初探》②所公布的一条秦令引起了我们的注意。其文如下：

0640：县恒以十月郯牒，书署当卖及就食状，寡卒史、属、粪兵，取省以令，令案视。当就食，其亲、所智（知）

0635：者卖之，隶臣妾、城旦、城旦舂司寇、鬼薪白粲及系城旦舂老、癃病、毋赖不能作者，遣就食蜀守。

0526：当就食，其亲、所智（知）欲买，请止，毋令就食。许。其归，罪，不得卖。

0319：东郡守言：东郡多食，食贱，徒隶老、癃病、毋赖，县官当就食者，请止，毋遣就食。它有等比。制曰：可。

秦代刑徒为罪犯奴隶，没有刑期，终身服役③，此已得到里耶秦简的证实。我们注意到，里耶秦简有两处提及"徒隶"。里耶秦简 J1（16）5 云："悉行（第 1 行）城旦舂、隶臣妾、居赀赎责（债）""悉行乘城卒、隶臣妾、城旦舂、鬼薪白粲、居赀赎（第 3 行）责。"李学勤先生通过上下文的对比，明确指出："徒隶就是隶臣妾、城旦舂、鬼薪白粲。这些，从汉代观念看，都是刑徒，其罪名由政府判加，人身为政府所拘管。"④这个论断非常重要。我们可据此推断，张家山汉简《奏谳书》中称刑徒为徒；张家山汉简《二年律令》中"徒隶"一词，又往往"隶臣妾、城旦舂、鬼薪白粲"并举，这两者之间是相通、相同的⑤。

李学勤先生曾引里耶秦简 J1⑧154：

卅三年二月壬寅朔朔日，迁陵守丞都敢言之：令曰："恒以朔日上所买徒隶数。"问之毋当令者，敢言之。

李学勤先生据此秦令指出："这正是奴隶制的法律。要求每月朔日上报买进徒隶数量。"⑥这个论断也十分重要，可见当时奴隶买卖的对象包括隶臣妾、城旦舂、鬼薪白粲等，在奴隶制下，罪犯为奴隶、奴隶为买卖对象是很自然的现象。这确切反映了刑徒的罪犯之奴隶属性。

---

① 曹旅宁《岳麓秦简（四）所见秦刑徒终身服役的新证》，原刊武汉大学简帛网 2015 年 1 月 14 日。
② 欧扬：《岳麓秦简所见秦比行事初探》，载中国文化遗产研究院编：《出土文献研究》第十四辑，中西书局，2016 年，第 70 – 78 页。
③ 高恒：《秦律中的刑徒及刑期问题》，《法学研究》1983 年第 6 期。
④ 李学勤：《初读里耶秦简》，《文物》2003 年第 1 期。
⑤ 拙作《秦刑徒所以终身服役的一种推测》，载《秦律新探》，中国社会科学出版社，2002 年，第 235 – 248 页；拙作《释"徒隶"兼论秦刑徒的身份及刑期问题》，载《秦汉魏晋法制探微》，人民出版社，2013 年，第 135 – 142 页。
⑥ 李学勤：《初读里耶秦简》，《文物》，2003 年第 1 期。

岳麓秦简 0640 等四简可以与里耶秦简 J1⑧154 对读，其中也是"隶臣妾、城旦、城旦舂司寇、鬼薪白粲及系城旦舂"对应"徒隶"，反映岁首官府统计徒隶买卖及就食状况，特别提到徒隶年老疾病、无赖者丧失劳动力后，允许徒隶亲属朋友赎买归乡，没有亲属朋友赎买则遣送蜀地就食。蜀地为秦新开发的边远地区，人口稀少。至于丧失劳动力后的徒隶至蜀地后如何就食，自食其力抑或由国家供养？则律令此法没有明言。东郡守提出变通办法，认为不必遣送这些徒隶至蜀地就食，可就当地食多、食贱之地安置。此法得到朝廷认可，成为全国通行的一条法令。或许编入某部令集，只是令集名称一时无法查明。至于岳麓秦简中的"亲、所智（知）"，睡虎地秦简整理小组解释为"亲属朋友"，应该是正确的。

有学者指出："隶臣妾的身份，学者据睡虎地简立论，分歧甚多，久议不决，张家山简有关材料不少，在几个关键方面都较秦律更为清楚，促使众说有以折衷。"① 现在根据里耶秦简、岳麓秦简中的新证，秦代徒隶也就是刑徒为罪犯奴隶、没有刑期、终身服役已是不争的历史事实。

三、斩趾

睡虎地秦简有斩趾刑。岳麓秦简有令文亦提及斩趾刑。岳麓秦简（五）秦令有云：

176/1596：●吏捕告道徼外来为间及来盗略人、谋反及舍者，皆勿赏。·隶臣捕道

徼外来为间者一人，免为司寇，司寇为

177/2151：庶人。道故塞徼外蛮夷来盗略人而得者，黥劓（劓）斩其左止（趾）以为城旦。前令狱未报者，以此令论之。└斩为城

178/1166：旦者，过百日而不死，乃行捕者赏。县道人不用此令。·廷卒乙廿一②

此条令文规定边境地区蛮夷抢夺人口被捕获者要处以黥劓（劓）斩其左止（趾）以为城旦的重刑。如果百日内不死，才行其赏格。县道人抢夺人口被捕获者不用此令。这里有一些信息是我们以前所不知道的，即斩其左止（趾）有死亡的风险。秦代为何只有斩其左止（趾）而未见如张家山汉简《二年律令·具律》规定"故劓者斩左止，斩左止者斩右止，斩右止者府（腐）之"？其原委不得而知。是否如刘海年先生所说，与当时秦国连续进行战争，打仗和生产都需要大量劳动力有关。③

---

① 李学勤：《张家山汉简研究的几个问题》，《张家山汉简〈二年律令〉汉律价值初探（笔谈）》，《郑州大学学报》2002 年第 3 期。

② 陈松长主编：《岳麓书院藏秦简（伍）》，第 126 – 127 页，释文图版见第 200 页。

③ 陈伟：《秦简牍校读及所见制度考察》第八章"岳麓简所见徒隶生存状态"第二节"斩左止与傅踊"，武汉大学出版社，2017 年，第 185 – 188 页。

四、髡刑①

睡虎地秦简有髡刑，岳麓秦简中亦有关于髡刑的资料：

152/1942： ●吏、黔首非奋为上有求殹（也），而敢以辞（辞）自讼及讼人故而黥（髡）髮负志及黥（髡）髮而不负志者，令戍新地四岁，其

153/1999：已负志而不（髡）髮者，戍二岁。·第十九

154/2000： ▋四谒者令·丙②

此条岳麓秦令是规定擅白辞职并自行髡剃以逃避到新地服务官吏的罚则。

85/C4.1-1-1： ●诸所税取反者、收入而不 髡 者，节（即） 亡，皆驾（加）③

按：此条岳麓秦令规定：反者收人要及时髡剃，否则发生逃亡时监管者要加重处罚。

五、迁④

《岳麓书院藏秦简中的郡名考略》载岳麓秦简865号："诸相与奸乱而迁者，皆别迁之，毋令同郡。其女子当迁者，东郡、叁川、河内、颍川、请（清）河……"这是针对男女犯奸者处迁刑的处罚原则。男女不允许迁往同郡，要分别迁往不同的地方。这是我们以前所不知道的迁刑的行刑原则。

由于睡虎地秦简、龙岗秦简、张家山汉简的出土，秦汉迁刑的实况日益具体，有学者指出，迁刑在当时广泛适用，迁刑较徒刑城旦轻，迁刑与后世的流刑有别。还有学者就迁刑是否存在刑期展开讨论。2004年4月21-22日，在艾兰教授的主持下，美国达慕思大学举行了研讨会，彭浩先生发言指出："M336号的整理工作正在进行，其内容尽管少于M247，但是发现了新的律文和律例。如：诠释流放刑的《迁律》和朝觐礼节的《朝律》。"⑤张家山336号汉墓《迁律》的出土，使已知的秦汉律令又增多了一种新律名。尽管目前其释文及图版尚未公布，但已可为我们理解以下问题提供参证。

第一，《迁律》的出现及时代。我们推测，秦时已有近似的法律，甚至有可能名称也叫《迁律》。岳麓秦简865号有可能为《迁律》的条文。"诸"为古代律条发语词。张家山336号汉墓下葬的年代，发掘简报根据其出土竹简中有"七年质日"历谱，经

---

① 曹旅宁：《释秦律"拔其须眉"及"斩人发结"兼论秦汉的髡刑》，《中国史研究》2001年第1期。

② 陈松长主编：《岳麓书院藏秦简（伍）》，释文图版见第200页。

③ 陈松长主编：《岳麓书院藏秦简（柒）》。上海辞书出版社，2022年，第202页。

④ 曹旅宁：《岳麓秦简865号与秦汉迁刑》，原刊武汉大学简帛网2015年1月14日。

⑤ 余瑾：《达慕思大学楚简研究座谈会侧记》，美国三立大学主办，邢文主编：《国际简帛研究通讯》第四卷第三期（2004年8月）。

考证是汉文帝前元七年（前173），历谱为该墓的断代提供了可靠依据，下葬年代的上限为汉文帝前元七年。文帝刑制改革发生在文帝十三年（前167年），并除去了肉刑。而张家山336号汉墓中的汉律已除去肉刑，这样一来，其墓葬的下限必然在文帝刑制改革以后。当然也有一种可能，刑制改革早在文帝即位初年便在贾谊建议下进行。而《汉书·刑法志》所载文帝改革刑制诏书中却未提及迁刑，从史书反映的实际情况来看，这种刑罚又是存在的，而张家山336号汉墓《迁律》的出土，不仅解决了这个矛盾，也反映出即使到了汉初，刑罚的体系化及法律的法典化远未完成。

第二，如果汉初《迁律》是由《秦律》继承而来，那么，睡虎地秦简《法律答问》中有四条关于迁刑的解释有可能就是对秦《迁律》的解答，本来睡虎地秦简《法律答问》编排并非严格按出土位置及序位而来，而是根据所谓《法经》六篇编排而来，问题可能较多。张家山336号汉墓《迁律》的出土还解决了我们研读睡虎地秦简、龙岗秦简、张家山汉简《二年律令》过程中的疑问，为什么《具律》中每每提及迁罪、赎迁，但适用迁刑的条文数量呈现递减的趋势，是不是迁刑的适用范围越来越小？但这与正史的记载并不一致。现在我们明白，原来是有专门的律篇规范迁刑的适用。

第三，迁刑适用的对象包括官吏与平民，不一定是重罪。迁罪比耐罪为轻。我们从刑罚序列中可知迁罪轻于耐罪，而汉初律中所指刑事犯罪往往只称"耐罪以上"，由此可知，迁罪是比较轻的一种罪。此外，在赎刑中有赎迁。我们注意到，罪犯被处以迁刑时，按照秦律的规定，家属须随同犯人一同迁至流放之地；官员渎职被判迁刑，其妻子可以不受牵连。总的看来，从原则上说，处迁者连坐家属，家属必须随同前往流放地点。邢义田先生根据秦简《司空》"或赎迁，欲入钱者，日八钱"认为："既然迁可以计日入钱，则其有刑期应可推知。"迁刑、赎迁分属不同的刑罚系列，不可混同，按照《司空》的本义，判处赎迁者如果无钱，可以居作的方式偿付，每日工钱按八钱计算。①《二年律令·具律》赎迁为金八两。至于迁刑可以赦归，已见《史记·秦始皇本纪》，但只怕是出于政治考虑的权宜之计，而非可以证明迁刑有固定期限。当然，以上只是一种推测，这个问题的最终解决，还要等待张家山336号汉墓《迁律》的正式公布。

第四，迁刑与后世流刑的区别。刘海年先生指出："秦的迁刑近于后世的流刑，但又和后世的流刑有区别，秦的迁刑在刑罚等级上较徒刑城旦轻。后来各封建王朝的流刑，则是仅次于绞、斩的重刑。"② 这个看法是有见地的。我们以唐代的流刑为例来加以说明："唐律之流刑，包括两方面的内容，一是按一定的里数，强制罪犯移徙远方并勒令其于配处从户口例，终身不得返籍；二是在一定时限内对罪犯进行强制奴役。故

① 邢义田：《从安土重迁论秦汉时代的徙民与迁徙刑》，《秦汉史论稿》，台北东大图书公司，1987年，第422页。

② 刘海年：《秦汉刑罚考析》，载《云梦秦简研究》，中华书局，1982年，第194页。

唐律之流刑与徒刑相同，其实质亦是剥夺罪犯人身自由，属于近代法学所称之自由刑。唯如学者研究所言，流刑以终身强制迁徙为本质之内容，寓有无期徒刑之意，且具有保安处分之性质，故较之徒刑更为严重。"① 我们注意到，张家山汉简所载汉初案例九蜀守谳："采铁山长山私使城旦田、舂女为饎，令内作，佐等诈薄（薄）曰为徒养，疑罪。廷报：为伪书也。"解铁山长用刑徒干私活，被发现后定罪，其手下的佐篡改记录，说此二人是为刑徒做饭的，也被定罪。那么，蜀地刑徒又从何而来呢？案例二一记载今陕西杜县女子涉嫌通奸，拟处以"敫悍，完为城旦舂，铁须其足，输巴县盐"。可见关中的罪犯往往要前往巴蜀服刑，这与唐律中服流刑者境遇相似，而与徙边刑的差别较大；但徙边刑又为终身性质，又与唐代流刑接近；再如是否携带家属、在流放地的生活待遇，徙边刑与后世的流刑可能又有不同，这是我们在类比推论时所要注意的问题。至于迁刑与戍、谪的差别如何？与秦汉之际的徙民以及迁徙六国贵族、豪强至咸阳、长安等举措又有哪些显著的不同？栗劲《秦律通论》："迁是依据法律规定的刑名，其本身就包含有必须发配到边远地区去的含义。而谪则是因为政治上的某种需要而把其他罪名的犯人，发配到边远地区去，其原来的罪名本身并不包含必须到边远地区去的含义。"张家山汉简《二年律令·具律》则有"以爵戍四年"的规定，岳麓秦简0083号"戍衡山郡，居三年以当法"的规定，可见戍亦是有时限的。

秦代迁罪是轻罪，但类似后世流刑的重罪也已经出现。岳麓秦简（五）中有这方面规定的令文。其一为轻罪。其二为流刑的事例。

陈松长先生新近在《岳麓秦简中的令文模式初论》一文中公布了一条秦令：

1017：【·】自今以来有诲传言，以不反为反者，辄以《行詨律》论之，其有不安□者，徙洞庭，洞庭处多田所。·十三[1]②

据此可知秦代有《行詨律》律名及相关令文，专门防范惩办所谓的"妖言"。"妖言"为秦汉罪名，秦汉时妖言事例史不绝书。《史记·秦始皇本纪》："'卢生等吾尊赐之甚厚，今乃诽谤我，以重吾不德也。诸生在咸阳者，吾使人廉问，或为訞言以乱黔首。'于是使御史悉案问诸生，诸生传相告引，乃自除犯禁者四百六十余人，皆坑之咸阳，使天下知之，以惩后。三十六年，荧惑守心。有坠星下东郡，至地为石，黔首或刻其石曰'始皇帝死而地分'。始皇闻之，遣御史逐问，莫服，尽取石旁居人诛之，因燔销其石。秋，使者从关东夜过华阴平舒道，有人持璧遮使者曰：'为吾遗滈池君。'因言曰：'今年祖龙死。'"《史记·孝文本纪》："今法有诽谤妖言之罪，是使群臣不敢尽情，而上无由闻过失也。"《史记·衡山淮南列传》："荧惑百姓，倍畔宗庙，妄作妖言。"《汉书·眭弘传》："妄设妖言惑众，大逆不道。"③

---

① 刘俊文：《唐律疏议笺解》，中华书局，1996年，第41页。

② 陈松长主编：《岳麓书院藏秦简（伍）》，第42-43页。

③ 曹旅宁：《岳麓秦简中一条关于"妖言"的秦律令》，武汉大学简帛网2016年12月11日。

岳麓秦令中关于流刑的规定还包括总则性的规定以及"从人"案的具体适用办法:

009/1110:☑【言及】坐与私邑私家为不善,若为（伪）为不善以有辠者,尽输其收妻子、奴婢材官、左材官作（陈伟作释为令,属下读）,

010/1109:终身作远穷山,毋得去。议:诸隶臣、城旦、城旦司寇、鬼薪坐此物以有辠当收者,其妻子虽隶

011/1022:臣妾、城旦、城旦司寇、舂、白粲殹（也）,皆轮〈输〉材官、左材官作,如令。·九

秦王政时期,先后有嫪毐、吕不韦两大政治集团遭到整肃。其舍人门客及家属分别被迁徙至房县及蜀地。舍人,即私门吏员。《汉书·高帝纪上》颜师古注:"舍人,亲近左右之通称也,后遂以为私属官号。"《王莽传上》注:"舍人,私府吏员也。"由此,这条秦令的颁行年代也可大致推定。秦始皇统一中国,对前六国贵族官员展开大规模整肃。岳麓秦简有关于"从人"专案的秦令。其精神与此前整肃嫪毐、吕不韦两大政治集团舍人门客的办法基本一致。

013/1029:●段（假）正夫言:得近〈从〉人故赵将军乐突弟∟、舍人礿等廿四人,皆当完为城旦,输巴县盐。请:论轮〈输〉礿等

014/1028:【廿四人,故】代、齐从人之妻子、同产、舍人及其子已傅嫁者,比故魏、荆从人。·御史言:巴县盐多人,请

015/0960:令夫轮〈输〉礿【等廿四人,故】代［代］、齐从人之妻子、同产、舍人及其子已傅嫁不当收者,比故魏、荆从人之

016/0921:【妻】子、同产、舍人及子已傅嫁者∟。已论轮〈输〉其完城旦舂洞庭,洞庭守处难亡所苦作,谨将司,令终身

017/0898:毋得免赦,皆盗戒（械）胶致柾传之。其为士五（伍）、庶人者,处苍梧,苍梧守均处少人所。疑亡者,戒（械）胶致柾传

018/1111:之,其夫妻子欲与,皆许之∟。有等比。·十五①

岳麓秦令还规定:曆（迁）输巴蜀有水道漕传、以车传等形式及相关罚则。

317/0589:诸书当传者勿漕,断辠迁（迁）蜀巴者,令独水道漕传②

033/1123:●诸有辠当曆（迁）输蜀巴及恒曆（迁）所者,辠已决,当传而欲有告及行有告,县官皆勿听而亟传诣

034/0966:曆（迁）轮〈输〉所,勿留③

045/1105:●诸取有辠曆（迁）轮〈输〉及处蜀巴及取不当出关为葆庸,及私载出扞关、汉阳关及送道之出蜀巴

---

①　陈松长主编:《岳麓书院藏秦简（伍）》,2017年,第41-44页。
②　陈松长主编:《岳麓书院藏秦简（肆）》,第200页。
③　陈松长主编:《岳麓书院藏秦简（伍）》,第49-50页。

046/1124：界者，其葆庸及所私载、送道者亡及虽不亡，皆以送道亡故徼外律论之。同船食、敦长、将吏

047/0967：见其为之而弗告劾，论与同辠。弗见，赀各二甲。而除其故令。·廿四①

080/1006：之，乃以其奏夬（决）闻。·其已前上奏当而未报者，亦以其当决论之。·其奏决有物故，却而当论者，以

081/0999：后却当更论之。·十六

只是迁徙地域已由此前的房县、蜀、巴扩展到新占领的楚国故地，位于今湖南地区的苍梧、洞庭两郡边远地区。

六、谴

睡虎地秦简中有废官及谇的刑罚。谇是口头谴责但要记录在档案中的一种行政处罚。岳麓秦简（五）中则有"谴"的处分，即下文书问责。《后汉书·虞诩传》："数以此忤权亲戚，遂九遭谴考，三遭刑罚。"传文对举而出，谴考与刑罚区别不大。岳麓秦简所见暨过误失坐官案："暨坐八劾：小犯令一，大误一，坐官小误五。"②

214/J27：●令曰：制所遣（谴）而当论者，皆赀二甲。辠重于遣（谴），以 律令论之。吏所举劾【以闻】及上书者，有言殹（也），其所劾言者，节（即）

215/J52：当治论，皆毋以谴论。·廷甲第廿一③

210/1993：●御史请∠：制所（谴）而当论者，皆赀二甲∠。罪重于（谴），以律论之。·制曰：吏所举劾以闻及上书者，有言殹（也），其

211/J08：所劾言者节（即）当治论皆毋以谴，它如请。·廿三④

按：辠、罪，写法不同。陈伟指出：可以相信秦代用罪字取代辠字⑤。

---

① 陈松长主编：《岳麓书院藏秦简（伍)》，第53－54页。
② 陈松长主编：《岳麓书院藏秦简（壹—叁）释文修订本》，上海辞书出版社，2018年，第149－151页。
③ 陈松长主编：《岳麓书院藏秦简（伍)》，第139页。
④ 按：210/1393—211/1393简有相同简文，见陈松长主编：《岳麓书院藏秦简（陆)》，上海辞书出版社，2020年，第154页。
⑤ 陈伟：《秦简牍校读及所见制度考察》，第24页。

七、象刑

拙作《秦律新探》指出：秦犹有古象刑残余。① 秦时刑徒着赤衣，冬季着裘亦不例外。《岳麓书院藏秦简（肆）》简 167、简 168 记云："其衣裘者，赤其里〔而〕反衣之。"② 1375：司空律曰：城旦舂衣赤衣，冒赤氈，枸櫝杕之。诸当衣赤衣者，其衣物毋（无）大小及表裹尽赤之，其衣 1412：裘者，赤其裹，□杕，衣之，仗城旦勿将司，舂城旦出繇（徭）者，毋敢之市及留舍闉外，当行市中者，回，【勿行】。

原释作"赤其里，□仗，衣之"。仗字笔画残缺，陈伟释为反，古人衣裘与今人不同，是以毛面朝外。《司空律》之所以规定城旦舂裘者"赤其里而反衣之"，当是因为毛面（表）不便染色的缘故③。陈伟先生的见解是正确的。据笔者所知，旧时陕北穿羊皮袄犹是毛面朝外。

岳麓秦简（五）1922（36）：1922：

诸当衣赤衣冒擅（氈）者，枸楑杕及当钳盗戒（械）而擅解衣物以上弗服者，皆以自爵律论之，其皋鬼薪白粲以上，有（又）驾（加）皋一等，以作暑故初及卧、沐浴而解其赤衣擅（氈）者，不用此令，敢为人解去此一物，及吏徒。

岳麓秦简（五）1797（26）：

诸当钳楑櫝杖者，皆以钱（铁）当（锴）戒（械），戒（械）者皆膠致桎梏，不从令，赀二甲。廷戊十七④

我们还在睡虎地秦简与龙岗秦简中找到了若干旁证来论证我们关于"隐官"制度的推论。秦简《司空》中有以下条文引起了我们的注意。这可能是解决问题的关键所在。

公士以下居赎刑罪、死罪者，居于城旦舂，毋赤其衣，勿拘楑櫝杖。鬼薪白粲，群下吏毋耐者，人奴妾居赎赀责（债）于城旦，皆赤其衣，拘楑櫝杖，将司之；其或亡之，有罪。葆子以上居赎刑以上到赎死，居于官府，皆勿将司。所弗问而久毄（系）之，大啬夫、丞及官啬夫有罪。

整理小组注释：公士，秦二十等爵中最低的一级。《汉旧仪》："公士，一爵，赐一级为

---

① 拙作《秦刑徒所以终身服役的一种推测》，载《秦律新探》，中国社会科学出版社，2002 年，第 241 – 243 页。

② 陈松长主编：《岳麓书院藏秦简（肆）》，第 123 页。

③ 陈伟：《秦简牍校读及所见制度考察》，第 183 – 184 页。龚祖培学长现居北美，见小文驰书相告：君等释秦简"反衣之"，《诗经》中"羔裘如膏"正是显证。郝润华学长告知古代北方男子到了冬天都会这样穿的。

④ 陈松长主编：《岳麓书院藏秦简（伍）》，上海辞书出版社，2018 年，第 141 – 142 页。

公士，谓为国君列士也。"① 拘椟櫺杖，均为刑具。秦刑徒服赭衣，参看徐复《秦会要订补》卷二十二。这段律文的意思是：公士以下的人以劳役抵偿赎刑、赎死的罪，要服城旦、舂的劳役，但不必穿红色囚服，不施加木械、黑索和胫钳。鬼薪、白粲，下吏而不加耐刑的人们，私家奴婢被用以抵偿赀赎债务而服城旦劳役的，都穿红色囚服，施加木械、黑索和胫钳，并加监管；如果他们逃亡，监管者有罪。葆子以上用劳役抵偿赎刑以上到赎死的罪，而在官府服劳役的，都不加监管。若不加讯问而长期加以拘禁，则大啬夫、丞和该官府的啬夫有罪。

　　城旦舂衣赤衣，冒赤幒（罪）？拘椟櫺杖之。仗城旦勿将司；其名将司者，将司之。舂城旦出繇（徭）者，毋敢之市及留舍阓外；当行市中者，回，勿行。

这段律文的意思是城旦舂身穿红色囚服，头盖红色毡巾，施加木械、黑索和胫钳。老年的城旦不必监管；有指名须监管的，加以监管。舂城旦外出服役的，不准前往市场和在市场门外停留休息；路经市场中间的，应绕行，不得通过。② 这两条律文曾引起两位学者的注意：吴荣曾先生在《试论先秦刑罚规范中保留的氏族制残余》一文中论及"象刑"，指出："秦汉时属于髡钳城旦之类的罪人要衣赤衣、戴赤帽，仅是象刑消失后所留下的一点斑记。"③ 从刑罚的发展史来看，象刑的出现要早于肉刑，上古时曾用"画衣冠，异章服""不得列于人"的办法来惩罚罪犯，并已得到民族学材料的支持。这说明秦律确实保留了许多相当古老的观念与做法。胡平生在《龙岗秦简》一书中也引用上述律文为龙岗秦简的两条律文作疏证：

　　故罪当完城旦舂以上者，驾（加）其口；男子口口口口（四二）

　　大意：罪犯应判完城旦舂以上者，给他加……男子……

　　校证：公士以下的人赎刑、赎死为城旦舂者，可以不穿红色囚服。不穿赤衣、不戴赤毵也是一种待遇。木简"驾（加）其"下一字磨损，从残画看疑是"冠"字，木简似是对立功的城旦舂的刑徒改变冠服的律文。

　　耐者假将司之，令毋得终身见人口口口口口口口口（四三）

　　大意：……（由）耐刑者代为监管、带领他们，使他们终身不得见（人）……校证：木简可能是限制施肉刑者外出活动的律文④

　　我们特别注意到《司空》律中有对施肉刑者外出活动的规定，如舂城旦外出服役的，不准前往市场和在市场门外停留休息；路经市场中间的，应绕行，不得通过。而《龙岗秦简》中"毋得终身见人"亦体现出这种规范、限制。

　　① ［汉］卫宏：《汉旧仪》，载［清］孙星衍等辑，周天游点校：《汉官六种》，中华书局，1990年，第84页。
　　② 睡虎地秦墓竹简整理小组：《睡虎地秦墓竹简》，文物出版社，1990年，第123页。
　　③ 吴荣曾：《试论先秦刑罚规范中保留的氏族制残余》，《先秦两汉史研究》，中华书局，1995年第12页。
　　④ 中国文物研究所湖北省文物考古研究所编：《龙岗秦简》，中华书局，2001年，第91页。

    我们认为其思想意识根源相当古老。正如我们在论述隐官制度时曾引用日本学者滋贺秀三的见解："放逐刑、肉刑，原来都具有相同的目的。可以说把为恶者驱逐出社会之外，这是中国刑罚的起源……五刑的目的是'无害化'"；因此刑徒不仅强制与社会隔离，他们所穿着的特殊的衣冠章服，也具有要常人避开的警示作用。这也不能不令人联想到在古印度种姓制度下高种姓对低种姓行动的种种限制。正是由于以上原因，隐官由于曾受肉刑，虽然获得平反或立功，但仍然不能重返社会，恢复"市民"（借用罗马法的概念）的权利。隐官尚且如此，那么刑徒更是终身被社会所摈斥的对象，其服劳役的期限自然是终身的。

简牍所见秦代的寡妇家庭及其治理模式探论*

王博凯

（河南大学历史文化学院）

摘要：秦时社会中存在大量的寡妇群体和家庭，该现象的成因除了战争外，还与沉重的徭役、律令习俗对贞节观念的倡导及官府对寡妇改嫁行为的限制等因素有关。该群体的存在致使当时社会中出现寡妇更嫁、立户、家庭财产分割等社会问题，秦政府通过律令强制力与旌表、优抚等手段对寡妇群体及其家庭问题予以调控，基层社会互助亦是与官府相配合协同治理的方式之一，显示出秦地方社会治理"法治为主""综合为治"的特点。

关键词：岳麓秦简；秦代；寡妇群体；家庭治理

关于秦代妇女及其家庭问题的研究，学界已多有讨论。然具体到寡妇群体及其家庭问题，相关成果却并不多见。① 已有成果多是探讨秦汉妇女更嫁、财产继承等问题时涉及寡妇群体，并非专论，且以汉代为主要关注点。新公布的岳麓简及里耶秦简显示，秦时存在大量的寡妇群体和家庭，该现象的存在亦会引发一系列的社会问题，如何对这些问题进行有效治理关乎秦代基层社会秩序的稳定。寡妇家庭是秦代家庭类型中涉及社会问题最普遍、最复杂的家庭类型，故也是窥探秦王朝家庭治理的窗口。通过对该群体及其家庭问题的考察，对认识秦代妇女史、家庭史及家庭治理模式不无裨益。

---

* 本文为国家社会科学基金青年项目"出土律令与秦代地方治安治理研究"（22CZS003）阶段性成果。

① 这方面的研究成果参看彭卫：《汉代婚姻形态》，三秦出版社，1988 年；贾丽英：《秦汉家庭法研究：以出土简牍为中心》，中国社会科学出版社，2015 年；彭卫、杨振红：《中国妇女通史（秦汉卷）》，杭州出版社，2010 年；李欣：《秦汉时期"赘婚"和"女户"的综合考察》，《文博》2010年第 2 期；雷鸣：《战国秦汉招赘婚探析》，载梁安和、徐卫民主编：《秦汉研究》第十辑，陕西人民出版社，2016 年，第 126－132 页；曹冀：《秦汉家庭继承研究》，河南大学 2014 年博士学位论文；程博丽：《秦代妇女再嫁及相关问题研究——以岳麓秦简为中心的考察》，载邬文玲、戴卫红主编：《简帛研究》二〇一八（春夏卷），广西师范大学出版社，2018 年，第 89－100 页；张以静：《秦汉再婚家庭的财产权——以简牍材料为中心》，《河北学刊》2019 年第 4 期。

一、简牍所见秦代的寡妇群体及其生存样态

秦及汉初社会中多寡妇的现象常见载于文献，司马迁在《史记·货殖列传》中所推崇的"巴寡妇清"即是巴蜀地区一位经营丹砂的"穷乡寡妇"。秦简"魏户律"亦有"民或弃邑居灯（野），入人孤寡"，就是说男子离家做了赘婿入于寡妇之家。睡虎地 11 号秦墓出土木牍家信：

> 二月辛巳，黑夫、惊敢再拜问中，母毋恙也？……今书节（即）到，母视安陆丝布贱可以为禅帬、襦者，母必为之，令与钱偕来。其丝布贵，徒操钱来，黑夫自以布此。……惊多问新负（妇）、婴得毋恙也？新负（妇）勉力视瞻丈人，母与□□□。①

对简中人物情况及"丈人"所指，陈伟认为：11 号牍、6 号牍所致均是中、母，黑夫与惊的父亲应已不存。由此推断，6 号简"两老"应非指公婆而是新妇的娘家父母。11 号牍与 6 号牍同样用到"勉力视瞻"，"丈人"也是指新妇父母可能性更大。②我们认为，"丈人"在古代社会中亦可能专指老人、女子。《史记·孔子世家》载：他日，子路行，遇荷蓧丈人。包氏曰："丈人，老者。"③《汉书·苏建列传》云："乃曰：'汉天子我丈人行也。'"师古曰："丈人，尊老之称。"④ 可知，古文献中的"丈人"多为老者之意。另《史记·刺客列传》载"家丈人召使前击筑"，《索隐》引韦昭云："古者男子为丈夫，尊妇妪为丈人，故《汉书·宣元六王传》所云丈人，谓淮阳宪王外王母，即张博母也，故《古诗》曰'三日断五匹，丈人故言迟'是也。"⑤ 可见，古人多尊妇妪为丈人。则简文中的"丈人"应不排除指"黑夫"和"惊"的母亲，也就是"新妇"婆婆的可能。若如是，则此家庭中，黑夫寡母丧夫，独自带领儿媳承担着维系家庭生活的重担。

里耶秦简也多见寡妇及其代户的记录：

> 大夫寡三户 8 - 19
> 南里户人大夫寡茄 8 - 1623⑥
> 东成户人大夫寡晏 9 - 567
> □少内沈逆受高里寡妇胸□9 - 2009⑦

---

① 陈伟：《秦简牍合集（壹）》，武汉大学出版社，2014 年，第 629 页。
② 陈伟：《秦简牍合集（壹）》，第 635 页。
③ 《史记》卷四七《孔子世家》，中华书局，1959 年，第 1929 页。
④ 《汉书》卷五四《苏建列传》，中华书局，1962 年，第 2460 页。
⑤ 《史记》卷八六《刺客列传》，第 2537 页。
⑥ 陈伟主编：《里耶秦简牍校释（第一卷）》，武汉大学出版社，2012 年，第 32、370 页。
⑦ 陈伟主编：《里耶秦简牍校释（第二卷）》，武汉大学出版社，2018 年，第 157、405 页。

其中的"大夫寡""上造寡"这种"爵位＋寡"的书写形式显示了秦代存在寡妇立户的情况，从户数情况看其占比并不低，亦说明秦代寡妇群体的庞大和寡妇代户的普遍。此外，岳麓简《为狱等状四种》"识劫女冤案"中大夫"沛"的妻子"女冤"在沛死后亦守寡，独自抚养四子共同生活。

对于该现象的成因，学界多归因于秦代的战争频仍。诚然，这是重要因素之一，但除了此点外，还应有其他方面的因素。

其一，沉重的徭役。除战争外，繁重的徭役征发亦是一大因素。秦的徭役征发既频繁又规模庞大，劳役征发的对象不仅有黔首还有众多的刑徒。《史记·秦始皇本纪》载："始皇初即位，穿治郦山，及并天下，天下徒送诣七十余万人……尽闭工匠臧者，无复出者。"① 始皇初即位便役使大量黔首、刑徒修建陵墓，且完工后的工匠亦尽困其中而死。考古发现的秦赵背户村刑徒墓即是沉重徭役致人伤亡的例证。秦时还有大量民众被征发谪戍边疆，《秦始皇本纪》："三十三年，发诸尝逋亡人、赘婿、贾人略取陆梁地，为桂林、象郡、南海，以适遣戍。"② 对于谪戍的生存环境，睡虎地秦简载："今遣从军，将军伍勿（恤）视。享（烹）牛食士，赐之参饭而伍勿鼠（予）殽。攻城器用不足，将军以埵豪（壕）。"这里的埵豪（壕）即以人为埵壕，③ 也就是用人去平填敌城的池壕，具有极大危险性。此外，岳麓简中还有针对百姓因公死事者提供棺椁的令文规定，1864 号简载：

> 令曰：诸军人、漕卒及黔首、司寇、隶臣妾有县官事不幸死，死所令县将吏劾〈刻〉其郡名槥及署送书 1864④

所谓"不幸死"为秦汉时习语，"有县官事而不幸死"也就是百姓因公而死。从一方面也说明当时士兵、黔首及刑徒因徭役繁重而死的情况很普遍。因徭役繁重，劳工伤亡现象的普遍，造成社会中寡妇群体的大量出现。

其二，律令习俗对贞节观念的倡导。虽然学界普遍认为秦及汉初女性的"贞节"观念并不强烈，妇女改嫁现象普遍。但在统一初，秦统治者为了家庭秩序的稳定及推进地方治理的需要，对改变此习俗做了一些努力。岳麓简 1026 号简载："女子寡，有子及毋子而欲毋稼（嫁）者，许之。"⑤ 这一令文内容与秦会稽刻石"有子而嫁，倍死不贞"的精神暗合，充分说明秦统治者对寡妇不改嫁的倡导。这必然会在黔首社会中产生一定影响，从而影响寡居女子的贞节观，这也应是社会中寡妇群体大量存在的原因之一。

其三，秦律令对寡妇改嫁行为的限制。秦律令禁止有子寡妇携前夫家财而更嫁，

---

① 《史记》卷六《秦始皇本纪》，第 265 页。
② 《史记》卷六《秦始皇本纪》，第 253 页。
③ 陈伟：《秦简牍合集（壹）》，第 323 页。
④ 陈松长主编：《岳麓书院藏秦简（伍）》，上海辞书出版社，2018 年，第 111 页。
⑤ 陈松长主编：《岳麓书院藏秦简（伍）》，第 41 页。

岳麓简载：

> 毋得相为夫妻，相为夫妻及相与奸者，皆黥为城旦舂。有子者，毋得以其前
> 夫、前夫子之财嫁及入姨夫及予 1107 后夫、后夫子及予所与奸者，犯令及受者，
> 皆与盗同灋。母更嫁，子敢以其财予母之后夫、后夫子者，弃 1108①

这就从财产方面对夫死守寡的寡母更嫁和招赘婚予以限制，这里的"入姨夫"是指寡妇招纳赘婿。秦律令规定寡母不得将亡夫家财产予以转移，即有子寡母在前夫家只有财产使用权而无所有权，若要使用管理前夫家财就只能在夫家寡居。但是对于无子寡妇，秦律没有明确限制，但前文已提到，秦统治者利用律令和刻石提倡寡妇不再嫁的行为已表明无子寡妇的改嫁也应有诸多限制。此外，岳麓简中还有"有后夫者不得告罪其前夫子"②的规定，秦律令维护家长权威，父母告子不孝乃为"公室告"，子告父母则为"非公室告"，官府不予受理。也就是说，秦代家长拥有告子不孝之权，但若寡母更嫁，依上令文官府也就剥夺了改嫁女子作为母亲所拥有的对其前夫子女的"告不孝"之权。

秦代寡妇群体的生活情况较为艰辛，文献对此记载较少，但仍可以从零星的简牍材料中窥见端倪。睡虎地秦简《日书》的《盗》篇载："丙亡，为闲者不寡夫乃寡妇。"对这里的"闲"，刘乐贤认为，"为间私，即为奸私。秦简《日书》乙种称'盗'为'为间者'。"③ 不管是"奸私"还是"盗"，都是不好的行为，秦民众对从事不好行为者持鄙夷态度，如果为奸及盗窃就会成为寡夫或寡妇。可见，在秦民的意识中成为寡夫或寡妇定然不好，这也能从社会意识形态角度反映出寡妇生活地位之低下和艰辛。此外，秦代寡妇还承担着维持家庭生计、负担国家徭役等诸多社会责任。

一是开垦荒地。秦汉时期，土地是百姓赖以生存的生产资料，秦代授田制下还鼓励民众开荒，进行土地开发。寡妇也承担着开垦荒地的社会责任，里耶秦简载：

> 卅五年三月庚寅朔丙辰，贰春乡兹爰书：南里寡妇憨自言：谒狠（垦）草田
> 故枲（桑）地百廿步，在故步北，恒以为枲（桑）田。9－15④

这里，迁陵县南里寡妇憨向官府申报开垦草田六亩，将其开发成桑田。迁陵四周多山地，土地开垦定然不易，且草田本身荒草丛杂，要想开垦成良田自然要费很大力气。有学者认为，简文中寡妇憨之所以仅开垦半亩草田，与迁陵县的自然环境和家中劳动力缺乏有关。⑤ 足见寡妇开垦田地劳作之艰辛。另一方面，秦时政府鼓励垦荒，以增加赋税收入，且将垦田数的申报纳入了律令规范，可见对垦田的重视。《商君书·垦

---

① 陈松长主编：《岳麓书院藏秦简（伍）》，第 39 页。
② 陈松长主编：《岳麓书院藏秦简（伍）》，第 40 页。
③ 刘乐贤：《睡虎地秦简日书研究》，文津出版社，1994 年，第 403 页。
④ 陈伟主编：《里耶秦简牍校释（第二卷）》，第 21 页。
⑤ 王潜：《里耶秦简中三类人群研究》，郑州大学 2019 年硕士学位论文。

令》载："农不败而有余日，则草必垦矣。"① 里耶秦简 9 - 40 号简载："律曰：已狠（垦）田，辄上其数及户数，户婴之。"② 又，里耶秦简 8 - 1763 号简载："当狠（垦）田十六亩，已狠（垦）田十九亩。"③ 说明秦时迁陵县地方官府对黔首垦田有任务量的要求，南里寡妇憗自言垦田，一方面是为了家庭生计的需要，另一方面也是要完成政府规定的垦田工作量。

二是偿还赀钱。秦代"赀钱"现象很普遍，"赀"，睡虎地秦简《金布律》："有责（债）于公，及赀、赎者居它县，辄移居县责之。"整理小组注："赀，有罪而被罚令缴纳财务。"④ 可见，所谓"赀钱"也就是欠官府的钱财。秦简中有不少寡妇欠赀钱的情况。如里耶秦简载：

> ▨元年八月庚午朔戊戌，少内壬入阳里寡妇变赀钱▨
>
> 【令佐】赣监 9 - 86 + 9 - 2043
>
> 【元】年八月庚午朔戊戌，少内壬入阳里寡妇变赀钱▨
>
> 令佐赣监▨ 9 - 720⑤

两枚简内容一致，均是"阳里寡妇变"欠官府赀钱的记录。李超认为，里耶秦简中的"赀多少钱"都是在无法偿还所赀的情况下出现的。这一点在简文中多有体现。里耶秦简 9 - 1 号简载：

> 卅三年四月辛丑朔丙午，司空腾敢言之：阳陵宜居士五毋死有赀余钱八千六十四……已詧其家，家贫弗能入，乃移戍所。报署主责发，敢言之……9 - 1⑥

阳陵士伍毋死，欠赀钱八千六十四，官府已往其家收取，家贫不能够抵偿。这种情况下可能要以居赀的方式即在官府无偿劳作来偿还所欠债务。秦简对于居赀有"日居八钱"的记载，寡妇变应该也要以居赀方式来偿还所欠赀钱，多少也体现了秦代寡妇生活的艰辛。

三是维持家庭生计，承担国家赋役。秦代寡妇群体一方面要维持家庭正常生活，代户寡妇还要承担国家赋役责任。睡虎地秦简家信木牍显示，黑夫和惊的母亲应为寡母，虽未代户，但实际管理着家庭生计和财务开支。信中黑夫让其母亲向前线邮寄衣物及钱财。如 11 号木牍载：

> 黑夫寄乞就书曰：遗黑夫钱，毋操夏衣来。今书即到，母视安陆丝布贱可以为襌裙、襦者，母必为之，令与钱偕来。⑦

① 蒋礼鸿：《商君书锥指》，中华书局，1986 年，第 6 页。
② 陈伟主编：《里耶秦简牍校释（第二卷）》，第 49 页。
③ 陈伟主编：《里耶秦简牍校释（第一卷）》，第 388 页。
④ 睡虎地秦墓竹简整理小组：《睡虎地秦墓竹简》，文物出版社，1990 年，第 38 页。
⑤ 陈伟主编：《里耶秦简牍校释（第二卷）》，第 64、191 页。
⑥ 陈伟主编：《里耶秦简牍校释（第二卷）》，第 1 页。
⑦ 陈伟主编：《秦简牍合集释文注释修订本（壹）》，武汉大学出版社，2016 年。

可见，在前线征战的黑夫向其母索要钱及衣物，说明其寡母是家中财产的实际管理者，维持着家庭生计。又，岳麓简"识劫女冤案"中沛的寡妻"女冤"为其子"义"占家赀，其资产包括所放外债六万八千三百，此外，尚有沛遗留下的市布肆一和舍客室一。占家赀的原因是秦代存在资产税①，也就是要计赀征税。寡妇"女冤"要经营家庭营生，同时需要向国家缴纳各种税收。除了资产税外，秦代还存在户赋②，户赋的征收以户为单位，透过里耶秦简可见，秦代存在较多寡妇代户的现象，如"大夫寡三户""上造寡一户"等，这些代户的寡妇要承担国家户税的重担。

二、存在的社会问题及治理措施

秦代大量寡妇群体及家庭的存在，亦会带来一些社会问题，典型的为寡妇改嫁及寡为女户，下文试作讨论。

（一）寡妇更嫁问题

秦代寡妇群体中有不少更嫁现象，秦会稽刻石载："有子而嫁，倍死不贞。"以刻石的方式昭示黔首社会，政府对有子而嫁的寡妇所持有的不支持态度，也从另一方面显示出当时寡妇有子而嫁现象的普遍性。《史记·陈丞相世家》载：

> 及平长，可娶妻……久之，户牖富人张负，张负女孙五嫁而夫辄死，人莫敢娶。平欲得之。③

陈平所娶户牖人张负之孙女竟是五嫁且夫均死的寡妇，而在夫死之后更嫁六次，足见当时寡妇更嫁相对自由。而当时寡妇更嫁可能会扰乱家庭秩序，引发家庭问题，主要体现在家庭成员间的关系变动和财产的处理上。

一是秦代寡妇更嫁或招赘与家庭成员间关系的变动。家庭关系影响着家庭成员间的和谐相处，家庭关系中比较重要的一组应为父子关系，随着寡母的更嫁或招赘，如何处理前夫子与后夫之间的关系成为必须要面对的问题。秦律仅承认以父系血缘为基础的亲属认定标准，对此岳麓简 1025 号简载：

> ●廿六年十二月戊寅以来，禁毋敢谓母之后夫叚（假）父，不同父者，毋敢相仁（认）为兄、姊、弟∟。犯令者耐隶臣妾而 1025④

秦统一后对寡母更嫁或招赘的后夫之称谓作了变更，不准再称母之后夫为"叚

① 对于秦代是否存在资产税的问题，贾丽英通过对岳麓简该案的分析认为，秦代的确存在资产税，其计赀征税的范围是田、宅室、肆、舍客室、马、债款等。参看贾丽英：《秦简识劫女冤案反映的秦代资产税》，《光明日报》2014 年 9 月 3 日。

② 对于秦代是否存在户赋问题，学术界曾有不同意见，岳麓秦简刊布后陈松长对此作了探讨，确认秦代存在户赋。参看陈松长：《秦代"户赋"新证》，《湖南大学学报（社会科学版）》2016 年第 4 期。

③ 《史记》卷五六《陈丞相世家》，第 2051 页。

④ 陈松长主编：《岳麓书院藏秦简（伍）》，第 39 页。

（假）父"。对于为何变更此称谓，张以静给出两点解释：其一为秦始皇鉴于其母与嫪毐淫乱之事，试图抹去心中阴影和民间对此的谬传；其二为如秦更名方一样整齐称谓。[1] 此说不无道理，但也有两点疑问：一是将国家政令的颁行完全归因于始皇帝的个人心理阴影和民间传说是否恰当；二为对家属称谓的变更，缘何只更"叚（假）父"而对性质类似的"叚（假）母""叚（假）大母"却未见更改，直至汉代依然沿用。这里尝试作一个推测：这或许是秦代强化父系血缘作为亲属划定标准的一种措施。秦代以同父作为划定血缘关系的标准，岳麓简所载"不同父者"，不能相认为兄姊弟，也就是"同产"关系即是明证。睡虎地秦简《法律答问》载：

> 父盗子，不为盗。·今叚（假）父盗叚（假）子，可（何）论？当为盗[2]

秦律对父子法律关系的认定也是如此，因为没有血缘关系，子与父和叚（假）父的法律量刑标准也截然不同。而战国、秦文献中的"叚"字往往取"代理""假借"之意，"叚父"也就是代为父。因为众多家庭关系的判定要以父的标准来衡定，因此"代为父"的内涵可能容易在幼子心理认知上造成混淆，拟或是想将"后父"与亲父在称谓上彻底撇清关系，直接将其"代为父"意涵也永久消除，以进一步明晰父系血缘在家庭中的地位。前文提及岳麓秦简1107号简中有"入姨夫"的说法，"姨夫"的身份应指赘婿。[3] 则"姨夫"与前夫子也属父子关系的一方面，里耶秦简中有一则简文透漏出两者之间的不和谐关系。如9-1421号简载："子忿姨夫有就当以乙丑令。"[4] 其中的"子忿姨夫"，多少透漏出两者间关系的紧张情况。

寡妇更嫁和招赘还带来家庭中母子关系的变化。秦律令维护家长的权威，有所谓"公室告""非公室告"，在秦统一后亦有父母"告不孝"的相应规定。岳麓简1027号简有"有后夫者不得告罪其前夫子"一句，说明寡妇更嫁后其与前夫子之间的母子身份关系发生了变化，令文也随之做出了调整。对此，有学者指出，妇女改嫁后，其与前夫子之间的母子关系旋即解除。[5] 我们认为，从此令内容不能断定这是母子关系的解除，只能说是对寡妇改嫁后其对子女"告不孝"之权的剥夺。

岳麓简中还有一条令文体现了妇和后夫与后夫子间的关系。1179号简载：

> 黔首有子而更取（娶）妻，其子非不孝叚（也），以其后妻故，告杀、迁其

---

① 参看张以静：《秦汉"叚父"称谓及"不同父者"间的关系试探——以〈岳麓书院藏秦简（伍）〉一则令文为中心》，载邬文玲、戴卫红主编：《简帛研究》二〇一九（春夏卷），广西师范大学出版社，2019年，第127页。

② 睡虎地秦墓竹简整理小组：《睡虎地秦墓竹简》，第98页。

③ 参看张以静：《秦汉再婚家庭的财产权——以简牍材料为中心》，《河北学刊》2019年第4期；王博凯：《〈岳麓书院藏秦简（伍）〉研究二题》，载李学勤等编：《出土文献》第十五辑，中西书局，2019年，第264-272页。

④ 湖南省文物考古研究所编著：《里耶秦简（贰）》，文物出版社，2017年，第53页。

⑤ 参看程博丽：《秦代妇女再嫁及相关问题研究——以岳麓秦简为中心的考察》，载邬文玲、戴卫红主编：《简帛研究》2018年春夏卷，第94页。

子。有如此者，尽传其所以告 1179①

从这条令文看，黔首有子而更娶妻，这个"妻"当然包括寡妇再嫁的情况，因此，此令也包含了寡妇与后夫子之间的关系。简文内容是说，有子黔首再娶妻，如果其子并不是"不孝"而是因为后妻的原因，告杀、迁其子，官府要严格审查。其实，此令颁布的目的正是维护父子相继的家庭秩序，而不受后妻也就是继母的影响。可见，寡妇更嫁而成为后夫子的继母，其在家庭中亦不能影响父子之间的关系，律令对此做了防范。这样来看，前文所说"有后夫者不得告罪其前夫子"的原因亦可类比解释，在这条令中，法律也是为了防范后夫影响母子之间的关系，从而使其母做出不当的"告不孝"之举，进而破坏前夫家庭中父子相继的家庭秩序，危害前夫子的权利。

此外，因寡妇更嫁而引起的双方子女间的关系也是一个社会问题。对于秦代寡妇改嫁后"不同父者"间的关系，张以静已有过专门考察，② 这里不再赘述。需要说明的是，因寡妇改嫁或招赘而引起的家庭成员间关系的变化，在一定程度上是破坏家庭秩序的因素，尤其影响父子相继的承继关系。秦律令围绕寡妇更嫁问题所制定的各项政策，归根结底是为了捍卫以父系血缘关系为准则的父子相继秩序。

二是寡妇更嫁或招赘后的家庭财产秩序问题。前引岳麓简中寡妇更嫁不得擅自转移前夫财产的规定，进一步说明秦对家庭财产秩序的重视和管控。秦律令保护前夫家庭的财产权，实行"财不出户"的原则。对于有子寡妇而言，其在前夫家只有财产的管理权和使用权而无所有权。寡母更嫁不得将前夫家财予以转移，且前夫子亦不得将其财产给其母之后夫、后夫子。且前夫子主动分财比其寡母携财更嫁所受处罚严厉，更能说明律令对前夫家财的保护。这样做的目的，一方面是维护财产父子承继的秩序，另一方面也是保护前夫家财不致流失，家庭不至因此而破产。对于无子寡妇是否可以携财更嫁，秦令无明确规定，张以静认为，"在此令文颁行之际，尚未对'毋子寡妇，携前夫家财更嫁'持有同样限定或制约。国家的态度可能是既不鼓励亦不禁止，这也给无子寡妇的财产权带来某种可供缓冲的余地"③。

（二）寡妇立户问题

秦及汉初，"女户"现象很普遍，于琨奇分析其原因时指出，这与秦代的"分异法"及女子承产权有关。④ 没有更嫁的寡妇在夫家立户而成为女户的情况也是存在的。《史记·货殖列传》中在巴蜀经营丹砂致富的"巴寡妇清"，有学者认为即是当时的女户。里耶秦简中有大量寡妇立户的记录，前文述及的"上造寡一户""大夫寡三户"等即为此。岳麓秦简中亦有相关记载：

---

① 陈松长主编：《岳麓书院藏秦简（伍）》，第137页。

② 详见张以静：《秦汉"叚父"称谓及"不同父者"间的关系试探——以〈岳麓书院藏秦简（伍）〉一则令文为中心》，载邬文玲、戴卫红主编：《简帛研究》二〇一九（春夏卷），第123－135页。

③ 张以静：《秦汉再婚家庭的财产权——以简牍材料为中心》，《河北学刊》2019年第4期。

④ 于琨奇：《"赐女子百户牛酒"解——兼论秦汉时期妇女的社会地位》，《中国历史文物》1999年第1期。

●尉卒律曰：黔首将阳及诸亡者，已有奔书及亡毋（无）奔书盈三月者，辄筋〈削〉爵以为士五（伍）1234，有爵寡，以为毋（无）爵寡……1259①

里耶秦简中出现的"上造寡""大夫寡"等"爵位＋寡"的书写形式应是岳麓秦简中"有爵寡"的具体称谓。苏俊林对"有爵寡"做了详细考察，认为"有爵寡"是指"有爵者的寡妇"，而不是"有爵且寡"。并认为这一现象的出现与女户有关。②此说可从。这一类情况属于夫有爵，夫死其寡妻立户比其夫爵享受各种优待。又，里耶秦简 8－237 号简载：

> 南里户人大女子分。
> 子小男子□8－237③

这枚简所载寡妇立户的情形与上述不同，此类女子其夫无爵，故夫死寡妇立户亦无法享受夫爵带来的各项权利。由此可见，秦代女子享有的各项优待多与其夫爵有很大关系，秦律令在两性权益的保障方面，大多以夫权为中心，并不注重保障妇女权益。这一点通过律令中的若干规定和北大秦简《教女》中的记载即可窥一斑。这一现象对探讨秦代妇女地位问题有益，当前学者大多认为秦代女性地位普遍较高，此说还有待于再讨论。因为从本质上而言，秦并不注重对女性地位的提倡，简文中所体现的妇女地位较高的内容，大多着眼于维持家庭秩序或国家利益的需要。

三、治理模式探论

从前文可见，秦政府面对社会中普遍存在的寡妇群体及其引发的社会问题，多诉诸律令强制力予以规范。然除了法制层面的规范外，还采取了多种方式予以治理，以维护基层社会秩序。

（一）旌表

旌表制度作为国家层面的道德教化模式，在秦代已经制度化。岳麓简载：

> ●黔首或事父母孝，事兄姊忠敬，亲弟（悌）兹（慈）爱，居邑里长老（率）黔首为善，有如此者，牒书1165
>
> □别之，（率）之千户毋过上一人，上之必谨以实，当上弗上，不当上而上□□1189＋C4－1－9④

可见，秦代对忠孝慈爱的黔首会定期实施旌表，由居邑里的长、老负责选拔黔首为善者，每千户推荐一人，同时还规定了推举程序和对推举不实者的处罚原则，由此可知秦时旌表已经制度化。该制度在秦的家庭治理中也得到广泛运用。《史记·货殖列传》中的"巴寡妇清"，其以寡妇身份经营祖业，未曾改嫁和坐产招赘，始皇帝以"贞妇"而客之，并为其筑台表彰。这一旌表无疑使其名扬天下，成为天下寡妇效仿的

陈松长主编：《岳麓书院藏秦简（肆）》，上海辞书出版社，2015 年，第 112、113 页。

② 参看苏俊林：《简牍所见秦及汉初"有爵寡"考论》，《中国史研究》2019 年第 2 期。

③ 陈伟主编：《里耶秦简牍校释（第一卷）》，第 120 页。

④ 陈松长主编：《岳麓书院藏秦简（伍）》，第 134 页。

榜样。此旌表的深层原因是统一初期为推行针对寡妇家庭治理政策而实施的，是配合秦政推行的一种有效手段。

（二）优抚

秦官府对寡妇家庭还采取优抚的方式予以资助。前文谈及寡妇代户家庭中存在"有爵寡"身份者，官府对死去的有爵者的妻子（寡妇）赐予其夫爵身份，秦代实行军功爵制，爵位是身份等级的重要标志，而身份又与其所能享受的权利密切相关。因此，秦对因公而亡者的寡妻按照其生前爵位赐给爵位身份，也是从爵位激励的角度给予的社会优待。其目的在于安抚、激励从事县官事者，以保证国家正常运转和社会秩序的安定。

（三）基层互助

岳麓简《为狱等状四种》里有一个案件为"识劫女冤案"，讲述了基层社会中故大夫"沛"的妻子"女冤"在沛死后与其家奴"识"发生家产争执矛盾，识以女冤不为子占家訾为由恐吓女冤的复杂案件。简文中出现了"里单"的记载：

> 颉曰：113 沛有子女冤所四人，不取（娶）妻矣。欲令女冤入宗，出里单赋，与里人通歙（饮）食。快等曰：可。女冤即入宗乚，里 114 人不幸死者出单赋，如它人妻……115①

对于"里单"的性质，目前学界普遍认同其为乡里互助组织的看法。② 其中王彦辉认为，"单"是以宗族血缘为基础，以里为单位组织起来的一种民间组织。其出里单赋即享有结单人的权利和义务，一是"与里人通歙（饮）食"，二是"里人不幸死者出单赋"，均具有互助性质。③ 可见，秦代基层社会中亦有政府外的基层互助组织。寡妇"女冤"通过入宗，交里单赋而成为其中一员，在筹集社祭及丧葬费用等方面得到更多帮助，缓解经济困难和防止家庭破产。

综上，秦时在家庭治理模式上也充分体现了"法治为主""综合为治"的理念。采用多项手段参与家庭问题的调控，尤其是民间自助组织"里单"，在秦代一元政治模式下，显示了地方治理中政府与社会相结合的特征。这种双向互动的协作关系不仅有助于民里抵御贫困、灾害等困难，更重要的为其对后世地方治理中政府与社会二元互动模式的形成产生了重要影响。

---

① 陈松长主编：《岳麓书院藏秦简（壹—叁）释文修订本》，上海辞书出版社，2018 年，第 152 页。

② 关于岳麓秦简中"里单"性质的代表性观点，南玉泉认为，其是一个以里为单位的民间自助组织，参见南玉泉：《从岳麓秦简识劫女冤案看秦国的匿訾罪及其乡里状况》，载中国政法大学法律古籍整理研究所编：《中国古代法律文献研究》第十二辑，社会科学文献出版社，2018 年；日本学者下仓涉认为，"识劫女冤案"中出现的"单"，是与送葬有关的互助组织，详参〔日〕下仓涉著，陈鸣译：《一位女性的告发：岳麓书院藏秦简"识劫女冤案"所见奴隶及"舍人""里单"》，载周东平、朱腾主编：《法律史译评》第五卷，中西书局，2017 年，第 62 页。陶安认为其是乡里的居民组织，参见〔德〕陶安：《岳麓秦简〈为狱等状四种〉释文注释（修订本）》，上海古籍出版社，2021 年，第 117 页。

③ 王彦辉：《秦简"识劫女冤案"发微》，《古代文明》2015 年第 1 期。

从出土简帛看秦汉时期的养马技术

——以《齐民要术》养马技术为线索

司家民

（山东大学历史文化学院）

摘要：养马技术在中国有着悠久的传承，秦汉简帛与《齐民要术》中都有丰富的马匹养殖资料。爬梳秦汉简帛与《齐民要术》中的养马技术，如相马术、马龄鉴定技术、饲养技术等，可以发现二者之间的源流关系。这种源流关系的存在，可为认识简帛资料，尤其是律令简的技术价值提供参考。同时，考虑到秦汉律令的官方背景和《齐民要术》的民间性质，养马技术从官方知识向民间知识的演进历程，也为理解古代技术的推广提供一些有益思考。

关键词：《齐民要术》；养马技术；简帛；马匹饲养

引　言

马匹在冷兵器战争中的作用十分重要，养马技术关乎国家军政，且由于其专业性，养马技术早期的传承相对隐秘，其中细节，文献鲜有记载，即便偶有记述，也多错乱。以《齐民要术》为例，缪启愉先生就曾指出，"《要术》所载相马内容，颇为繁琐、零乱，重复既多，也间有出入，与他篇大不相同"，他甚至怀疑"其中大部分是后人插进去的"。①

实际上，《齐民要术》的资料来源问题一直受到学术界的关注。如石声汉利用《齐民要术》所引古书探索其材料来源②，杨博利用部分出土文献考察其学术渊源③。但是，《齐民要术》的多数内容都是引自各类文献，美国学者白馥兰已经指出，《齐民要

---

① ［北魏］贾思勰著，缪启愉校释：《齐民要术校释》，中国农业出版社，1998 年，第 387 页。
② 石声汉：《从〈齐民要术〉看中国古代的农业科学知识》，农业出版社，1957 年，第 9 – 30 页。
③ 杨博：《出土简牍所见〈齐民要术〉渊源考略》，《农业考古》2019 年第 4 期。

术》时常转引他人的引文，这些引文来自 160 多种文献。① 刘安志进一步认为，贾思勰引文的直接材料来自类书，他以《齐民要术》第十卷为例，论述了类书《华林遍略》在《齐民要术》成书过程中的作用。所谓类书，是将各书的词语或段落进行摘取并按类别编排，一般不对原文进行改动。② 这就是说，类书的资料来源本就十分复杂。因此，《齐民要术》抄撮众书而成，是导致其记载繁琐的重要原因，这也为探讨它的渊源带来了障碍。

不过，《齐民要术》被誉为"中国古代农业百科全书"，考虑到这是一部技术专著，书中的引文本质是各种农业技术的文本形态。一般而言，技术的发展要比文本的流传更为稳定，若从技术角度对《齐民要术》进行溯源，不失为厘清该书源头的一种方案。

简牍资料的大量出现，为进行这项研究提供了契机。秦汉简牍记载了许多农业技术的早期样貌，其中就有关于养马技术的资料，恰可与《齐民要术》中有关养马技术的部分进行比较。有鉴于此，本文将以养马技术为着眼点，为探索《齐民要术》渊源作一尝试，以就方家斧正。

一、养马技术

一般而言，养马技术包括相马术、马龄鉴定、马匹饲养、马病防治、马匹管理等方面，早在商周时期，养马技术就已取得初步发展。甲骨文、金文、传世文献以及考古证据表明，商周时期的马匹鉴别和马匹管理等已经开始萌芽并取得初步发展。如马匹鉴别，商代根据马匹毛色以专字对马匹进行命名；至周代，一种更为直接有效的方式——身高鉴别逐渐成为鉴定马匹优劣的依据。总之，商周养马技术的发展推动了马匹选育等养马环节的进步，是人工干预马匹繁育的初级阶段。

秦汉时期是我国养马技术取得发展的关键时期，尤其是秦代。秦人养马的历史可以追溯到非子时代。"非子邑秦"是秦人早期历史上的重要事件，据《史记·秦本纪》记载：

> 非子居犬丘，好马及畜，善养息之。犬丘人言之周孝王，孝王召使主马于汧渭之间，马大蕃息。孝王欲以为大骆适嗣。申侯之女为大骆妻，生子成为适。申侯乃言孝王曰："昔我先郦山之女，为戎胥轩妻，生中潏，以亲故归周，保西垂，西垂以其故和睦。今我复与大骆妻，生适子成。申骆重婚，西戎皆服，所以为王。王其图之。"于是孝王曰："昔伯翳为舜主畜，畜多息，故有土，赐姓嬴。今其后

---

① 〔美〕白馥兰著，曾雄生译：《齐民要术》，载《法国汉学》丛书编辑委员会编：《法国汉学》第六辑，中华书局，2002 年，第 146 – 171 页。

② 杜泽逊：《文献学概要》，中华书局，2001 年，第 275 页。

世亦为朕息马，朕其分土为附庸。"邑之秦，使复续嬴氏祀，号曰秦嬴。亦不废申侯之女子为骆适者，以和西戎。①

这段文字记载了秦得到周王室的青睐以及建立新城邑的来龙去脉，非子受封及附庸秦邑是秦族发展历史上的转折点，自是之后，秦恢复了姓氏并有了新的立足之地。可以说，秦族取得以上成就的关键即在于善养马匹。

战国时期，随着诸侯国之间战争的加剧，各国马匹需求与日俱增。《商君书·去强》曰："强国知十三数：境内仓口之数，壮男壮女之数，老弱之数，官士之数，以言说取食者之数，利民之数，马牛刍藁之数。"② 这说明马匹数量已成为衡量诸侯国实力的一项指标。秦国是当之无愧的养马大国，秦始皇时期，乌氏县的一个畜牧主倮畜养了大批牛马，后将其变卖，换成珍宝和丝缯等物送给了戎王，于是戎王返还他十倍价值的牲畜，最终使倮的牲畜以山谷为单位衡量，秦始皇对倮大加封赏，致使倮"比封君，以时与列臣朝请"③。

此外，在睡虎地秦简中保存了一种预防马病的方法。据《法律答问》记载："诸侯客来者，以火炎其衡厄（辄），炎之可（何）？当者（诸）侯不治骚马，联马虫皆丽衡厄（轭），鞅、鞲、靷、鞲，是以炎之。"④ "骚马"是一种马匹寄生虫传染病，秦国能防治"骚马"，但其他诸侯国尚且不能，因此有诸侯国车马来，都要用烟熏马具以防止疾病传入。

又如，战国策士们纵论各国实力，往往会将马匹、战车数量纳入衡量标准。按照《战国策》中苏秦所论，秦国、赵国、楚国都有"车千乘，骑万匹"，魏国"车六百乘，骑五千匹"，燕国有"车七百乘，骑六千匹"。虽然苏秦的说法未必准确，但其数量对比，当能体现当时的大致状况。

由此可见，秦人有善养马畜的文化基因，其养马技术能代表战国时期的较高水准。汉承秦制，汉代在养马技术方面也充分继承并发扬了自秦以来的优良成果，以至王夫之曾云："汉唐之所以能张者，皆唯畜牧之胜也。"⑤

秦汉时期养马技术的发展得益于马政制度的建立与完善，马政是国家管理马匹的行政手段，以秦为例，政府颁行的马政主要包括以下三个方面。

第一，厩苑管理。"厩"与"苑"实际上有所差别，但二者都是官方养殖马匹等牲畜的场所。秦汉政府设置专门的畜官来负责厩苑的运作，如据《汉书·百官公卿表》记载："太仆，秦官，掌舆马，有两丞。属官有大厩、未央、家马三令，各五丞一尉

① 《史记》卷五《秦本纪》，中华书局，1959年，第177页。
② 蒋礼鸿：《商君书锥指》，中华书局，1986年，第34页。
③ 《史记》卷五《秦本纪》，第177页。
④ 睡虎地秦墓竹简整理小组：《睡虎地秦墓竹简》，文物出版社，1978年，第227－228页。
⑤ ［清］王夫之：《黄书噩梦》，中华书局，1956年，第12页。

……武帝太初元年更名家马为马挏马，初置路軨。"① 实际上，在地方上还有诸多厩啬夫等基层畜官，各级畜官还要经考课评比，如《里耶秦简》中对畜官的考课就包括"马产子课"等。②

第二，马匹饲养与训练。公家马匹的饲料有着严格的使用规定，一般是统一发放，如秦简记载："乘马服牛禀，过二月弗禀、弗致者，皆止，勿禀、致。"③ 这是说，马和牛的饲料，过期两个月没有领取或发送的，不得再领发。至于马匹，尤其是战马的训练也有相应标准，如《秦律杂抄》规定："蔶马五尺八寸以上，不胜任，奔挚（絷）不如令，县司马赀二甲，令、丞各一甲。"④ 蔶马是供乘骑的军马，如其使用时不听从指挥，相关人员要受惩罚。

第三，马匹保护。秦律规定："诸马牛到所，毋敢穿穽及置它，敢置穽及置它机能害人马牛者，［虽］未有……"⑤ 为避免马牛受伤，秦律禁止在马牛放牧途经之处放置捕兽陷阱。

秦汉时期的马政制度日趋完备，在国家的推动与鼓励之下，养马技术取得了长足的进步，这一时期，将养马技术总结整理的主要是官方，此后，官方编纂各种类书，便将这些技术进行了收录。《齐民要术》的成书背景就是官方类书流传至民间的时代。果如是，则通过简帛资料考察《齐民要术》的渊源，其实是对这一技术流传过程的回溯。

二、相马术

相马术是古代养马技术中的一项关键技术，《汉书·艺文志》记有"《相六畜》三十八卷"，其中就包括相马。在古人的观念里，世间万物都有"相"，相术是他们认识世界的一种方式。李零指出，"古代相术是以目验的方法为特点。它所注意的是观察对象的外部特征（形势、位置、结构、气度等），所以也叫形法。从'象数'的角度讲，它侧重的是'象'。"⑥ 因此，相马术就是通过观察马的外部特征来辨别其优劣。

相马术居相畜之首，是先民在原始牧业时期积累下的宝贵经验。秦简中有一篇祭祀马神的祝文很值得关注，据睡虎地秦简《日书》记载：

马禖：

祝曰：先牧日丙，马禖合神。东乡（向）南乡（向）各一马□□□□□中

① 《汉书》卷一九《百官公卿表》，中华书局，1964年，第736页。
② 陈伟主编：《里耶秦简牍校释》（第一卷），武汉大学出版社，2012年，第168页。
③ 睡虎地秦墓竹简整理小组：《睡虎地秦墓竹简》，第29页。
④ 睡虎地秦墓竹简整理小组：《睡虎地秦墓竹简》，第132页。
⑤ 刘信芳、梁柱主编：《云梦龙岗秦简》，科学出版社，1997年，第36页。
⑥ 李零：《中国方术考》，东方出版社，2001年，第84页。

土，以为马祺，穿壁直中，中三股，四厩行。大夫先？兕席。今日良日，肥豚清酒美白粱，到主君所。主君筍詷马，驱其央（殃），去其不羊（祥），令其口耆（嗜）□，□耆（嗜）（饮），律律弗御自行，弗驱自出，令其鼻能槺（嗅）乡（香），令耳悤（聪）目明，令头为身衡，脊为身刚，（脊）为身刚，尾善驱（驱）□，腹为百草囊，四足善行，主君勉饮勉食。吾岁不敢忘。①

这篇祝文的内容可以分为三部分：第一部分是描述祭祀的场景与步骤，祭祀要选择良辰吉日，祭品要"肥豚清酒美白粱"，可见祭祀马神之隆重；第二部分是祈祷驱除马的疾病与灾害；第三部分是这篇祝文的精华所在，祭祀者向马神提出希望自己养殖的马匹所达到的标准。有学者认为，这篇祝文祭祀者对马神提出的请求反映了祭祀者心目中理想的善马标准，其对马的头部、耳、目、脊、腹、四足、尾等重点部位的祷告基本符合中国古代相马术对良马外形的要求，因此祝文就是当时一部朴素的相马经。② 笔者认为，《相马经》的本质应该是技术手册，因此将秦简《日书》中的祝文等同于《相马经》欠妥，但祝文反映了秦人对于良马的认知观念，值得注意的是，这些观念是通过马的部位描述良马，这种观念跟后世相马术十分相似，因此《日书》祝文可以代表萌芽时期的相马术。

汉代是相马术发展的一个重要时期。东汉名将马援亦善于相马，他请求创制标准模式铜马，其中历数诸多相马名家，马援谓：

> 近世有西河子舆，亦明相法。子舆传西河仪长孺，长孺传茂陵丁君都，君都传成纪杨子阿，臣援尝师事子阿，受相马骨法。考之于行事，辄有验效。臣愚以为传闻不如亲见，视景不如察形。今欲形之于生马，则骨法难备具，又不可传之于后。孝武皇帝时，善相马者东门京铸作铜马法献之，有诏立马于鲁班门外，则更名鲁班门曰金马门。臣谨依仪氏之，中帛氏口齿，谢氏唇䰅，丁氏身中，备此数家骨相以为法。③

这段文字说明汉代相马术已经具有清晰地传承，还出现了不同的相马学派。另外，据李贤注，马援的《铜马相法》区分马匹优劣的标准包括，"水火欲分明，水火在鼻两孔闲也"；"上唇欲急而方，口中欲红而有光"；"目欲满而泽"等。这说明当时的相马术仍以相马部位为主流。

实际上，根据1973年马王堆汉墓中出土的一部帛书抄本《相马经》，我们可以一窥汉代相马术之一斑。帛书《相马经》抄录的并不完整，主要是相马眼及周边部位，据整理者推测，该经属于《吕氏春秋·观表》所载的"子女历"一派相法。谢成侠则

---

① 吴小强：《秦简日书集释》，岳麓书社，2000年，第175页。

② 贺润坤：《中国古代最早的相马经——云梦秦简〈日书〉篇》，《西北农业大学学报》1989年第3期；《从云梦秦简〈日书〉看秦国的六畜饲养业》，《文博》1989年第6期。

③ 《后汉书》卷二四《马援传》，中华书局，1973年，第840页。

认为，该《相马经》是汉初承袭前代相马诸家之说的一部著作。① 无论如何，若从技术用语方面分析，帛书《相马经》与《齐民要术》"相马法"关系较为密切，如下表1所示：

表1 马王堆帛书《相马经》与《齐民要术》"相马法"术语比较②

方眼深视，五色精明	目中五采尽具，五百里，寿九十年
欲得兔之头与其肩	头欲得高峻，如削成。头欲重，宜少肉，如剥兔头
肥不灭，瞿亦不亡	致瘦欲得见其肉，致肥欲得见其骨
其中有细线	目中缕贯瞳子者，五百里；下上彻者，千里；目上白中有横筋，五百里；上下彻者千里。目中白缕者，老马子
其理若斩竹	耳欲得小而促，状如斩竹筒
赤黄如	目睛欲得黄
转而肉，悬而抒	"嗣骨"欲廉如织抒而阔，又欲长
毛上逆	腹下阴前，两边生逆毛入腹带者，行千里

可见，《齐民要术》和马王堆帛书《相马经》比较，"相马法"有许多相同或者相似的术语，由此不难推断，这两种"相马术"之间必定有着较为密切的关系。

此外，敦煌汉简中的一则资料也与相马术相关，将其与《齐民要术》比较，也能反映出其承袭关系的若干实情，简文作：

·肠小所，胃肠小者腹下平。脾小所，胃脾小者，聽耳寙聽。耳欲卑，目欲高，闲本四寸，六百里。2094③

这段文字恰可与《齐民要术》卷六中的"马耳欲得相近而前竖，小而厚……耳欲得小而前竦""马眼欲得高"等文字相印证。

综上所述，从秦汉简帛到《齐民要术》，通过部位区别马匹优劣的观念是一脉相承的，甚至其中的某些用语都极为相似。因此不难看出，秦汉时期相马术中相马部位的方法得到了较快发展，其中许多技术经历曲折流传，被贾思勰采集整理，并编入到了《齐民要术》之中。

---

① 谢成侠：《关于长沙马王堆汉墓帛书〈相马经〉的探讨》，《文物》1977 年第 8 期。
② 参考资料：马王堆汉墓帛书整理小组：《马王堆汉墓帛书〈相马经〉释文》，《文物》1977 年第 8 期；［北魏］贾思勰著，缪启愉校释：《齐民要术校释》，第 280 页。
③ 《中国简牍集成》编委会编：《中国简牍集成》（第 3 册），敦煌文艺出版社，2001 年，第 287 页。

三、马龄鉴定技术

马的年龄是影响其力量和速度的重要因素，[①] 对马匹年龄的判断，会直接反映在对其役使方式、强度等方面。因此，在相马术中，马龄鉴定是一种重要且相对特殊的技术，故而有必要对其进行专门考察。

在一般情况下，马的寿命为 25 – 30 岁，但会因成长环境和个体差异而有所不同，准确判断马匹的年龄，在生产中具有重要意义。现代养马学认为，"准确判断马的年龄，对记载马籍簿、合理使役、调教训练、饲养管理、军马的补充退役、治疗用药等方面都有实际意义"[②]，以上场景在古代也会出现，因此，对古人而言，判断马匹的年龄同样重要。

春秋战国时期，往往以马匹身高作为区分其优劣的依据，如《周礼·夏官·庾人》有云："马八尺以上为龙，七尺以上为騋，六尺以上为马。"[③] 马的身高往往反映其年龄或强壮程度，依靠这种分类方式决定马的用途有一定合理性，但不够准确。不过，秦人发现了马的牙齿与年龄的关系，在《岳麓书院藏秦简（肆）》中载有一条律文，文曰：

> 金布律曰：禁毋敢以牡马、牝马高五尺五寸以上，而齿未盈至四以下，服▩车及狠（垦）田、为人就（僦）载，及禁贾人毋得以牡马、牝马高五尺五寸以上者载以贾市及为人就（僦）载，犯令者，皆赀各二甲，没入马县官。有能捕告者，以马予之。乡亭啬夫吏弗得，赀各一甲；丞、令、令史赀各一盾，马齿盈四以上当服▩车、狠（垦）田、就（僦）载者，令廄啬夫丈齿令、丞前，久（灸）右肩，章曰：当乘。[④]

这条律文强调，禁止身高达到五尺五寸以上，但是牙齿不满四颗的马匹服▩车、垦田以及载人。"▩车"是一种用来载重的车，服车、垦田与载人都是较为繁重的生产作业，如果役使马匹不当，会对它们造成伤害。这段律一上来就否定了依照马匹身高作为当乘和不当乘的分界线，而是以长出四齿作为标准，这实际上涉及马龄鉴定技术，就是通过马齿多少以及磨损程度判断马匹年龄的技术。马龄鉴定技术，是古人在养马实践中探索出的重要技术，缪启愉曾指出，"从齿的换生、磨面形状和齿质的变黄至白等特征来推定马龄，和现代外形学有相似之处"[⑤]。《齐民要术》就记载了这一技术的操作

---

① 参见高荣：《汉代"传驿马名籍"简若干问题考述》，《鲁东大学学报（哲学社会科学版）》2008 年第 6 期。

② 甘肃农业大学编：《养马学》，农业出版社，1981 年，第 50 页。

③ ［清］孙诒让撰，王文锦、陈玉霞点校：《周礼正义》，中华书局，1987 年，第 2629 页。

④ 陈松长主编：《岳麓书院藏秦简（肆）》，上海辞书出版社，2015 年，第 240 – 241 页。

⑤ ［北魏］贾思勰著，缪启愉校释：《齐民要术校释》，第 307 页。

方法：

> （马）一岁，上下生乳齿各二；二岁，上下生齿各四；三岁，上下生齿各六。四岁，上下生成齿二；（成齿，皆背三入四方生也。）五岁，上下著成齿四；六岁，上下著成齿六。（两厢黄，生区，受麻子也。）七岁，上下齿两边黄，各缺区，平受米；八岁，上下尽区如一，受麦。九岁，下中央两齿白，受米；十岁，下中央四齿白；十一岁，下六齿尽白。十二岁，下中央两齿平；十三岁，下中央四齿平；十四岁，下中央六齿平。十五岁，上中央两齿白；十六岁，上中央四齿白；（若看上齿，依下齿次第者。）十七岁，上中央六齿皆白。十八岁，上中央两齿平；十九岁，上中央四齿平；二十岁，上下中央六齿平。二十一岁，下中央两齿黄；二十二岁，下中央四齿黄，二十三岁，下中央六齿尽黄。二十四岁，上中央二齿黄；二十五岁，上中央四齿黄；二十六岁，上中央六齿尽黄。二十七岁，下中二齿白；二十八岁，下中四齿白；二十九岁，下中尽白。三十岁，上中央二齿白；三十一岁，上中央四齿白；三十二岁，上中尽白。[①]

这段文字详细记载了根据马的牙齿状况判断其年龄的方法，较秦律中的记载更为复杂。从秦律到《齐民要术》，马龄鉴定技术从简单到复杂，从"经验"走向"科学"。《齐民要术》不仅考虑了马齿的数量，还增加了对其磨损程度以及颜色的辨识。二者之间的发展演变状况已经难以考察，不过，汉简中的一则材料可以稍作补充，据敦煌汉简记载：

> 伯乐相马自有刑，齿十四五当下平。843[②]

"齿十四五当下平"，是说马到了十四五岁，下齿面已经磨平。马匹十四五岁时，体力达到巅峰状态，此后状态便开始下降，描述马盛年的特征可能是将此作为马匹服役的参照。该条恰可与《齐民要术》相印证，即"（马）十二岁，下中央二齿平；十三岁，下中央四齿平；十四岁下中央六齿平。十五岁，上中央两齿白"。

通过以上分析，我们了解了马龄鉴定技术从萌芽到发展、完善的大致过程，也是对《齐民要术》马龄鉴定技术的回溯过程。

四、马匹饲养技术

饲养是马匹生产的主要过程，也是体现养马技术的重要指标。饲养得法，可以令马匹健壮；饲养不当，马匹会受到伤害。在《吴子·治兵》中时人就曾专门讨论这一问题。"武侯问（吴起）曰：'凡畜卒骑，岂有方乎？'起对曰：'夫马，必安其处所，

---

① ［北魏］贾思勰著，缪启愉校释：《齐民要术校释》，第282－283页。
② 《中国简牍集成》编委会编：《中国简牍集成》（第3册），第109页。

适其水草，节其饥饱。'"① 正如吴起所论，"适其水草"和"节其饥饱"是马匹饲养的两个主要方面，前者强调饲料种类，后者强调喂食时机。

饲料是理解秦汉简帛与《齐民要术》承袭关系的重要角度。一般而言，草料和粮食是喂养马匹的两种饲料，喂食草料称为草饲，喂食粮食称为谷饲。草料的获取较为方便，但谷饲能够令马匹更为肥壮，因此，当马匹进行某些繁重的工作时，一般要用谷饲来保证马匹的营养。如对征马的喂食，《齐民要术》强调：

> 饲征马令硬实法：细锉刍，枚掷扬去叶，专取茎，和谷豆秣之。②

征马是远行之马，若令征马硬朗，要把草料锄的很细，扬去叶子，只取茎秆，还要混合谷、豆等粮食饲料喂马。这种喂食方案与秦简的记载几乎别无二致，睡虎地秦简《秦律十八种·仓律》云：

> 驾传马，一食禾，其顾来有（又）一食禾，皆八马共。其数驾，毋过日一食。
> 驾县马劳，有（又）益壶〈壹〉禾之。仓律③

传马是指驿传驾车用的马，整理者将"县"解释为远，质言之，传马也需要远行，与征马为同一种用途。该条律文是说，每次驾用传马，需要喂饲二次"禾"，回程途中需要加喂饲一次"禾"。

"禾"字引人注目，在《说文》中"禾"意为"嘉谷也"，段注"禾"曰："嘉谷之连稿者曰禾，米曰梁，今俗云小米是也。"又，《说文》释"稼"字曰："稼，禾之秀实为稼，茎节为禾。"段注云："全体为禾，浑言之也……茎节为禾，别于穗而言，析言之也。下文之秸、秆也。"因此，"禾"字其实有两种义项，即指连着秸秆的谷子；又单指茎秆。学术界对该条律文中"禾"字实有不同理解，魏德胜认为，"禾"指茎秆，在古时用以秣马④；冨谷至则将此处"禾"解释为动词，是喂食草料之意⑤，从"草料"一词来看，冨谷至默认"禾"为茎秆。因此，魏德胜与冨谷至理解的"禾"是第二种中的释义。此外，睡虎地秦简的整理者将其释为粮食⑥，但并未详细说明为何种粮食；熊铁基认为该条与喂食传马精细饲料有关，"禾"当即精细饲料⑦；彭浩认为禾指未脱粒的粮食⑧。概言之，整理者等人倾向于认可"禾"字的第一种义项，但都

---

① 管曙光编校：《诸子集成》第二册《吴子·治兵》，长春出版社，1999年，第512页。
② ［北魏］贾思勰著，缪启愉校释：《齐民要术校释》，第285页。
③ 睡虎地秦墓竹简整理小组：《睡虎地秦墓竹简》，第47页。
④ 魏德胜：《睡虎地秦墓竹简词汇研究》，华夏出版社，2003年，第233页。
⑤ ［日］冨谷至主编：《江陵张家山二四七号墓出土汉律令研究（译注篇）》，京都朋友书店，2006年，第154页。
⑥ 睡虎地秦墓竹简整理小组：《睡虎地秦墓竹简》，第31－32页。
⑦ 熊铁基：《秦代的邮传制度——读云梦秦简札记》，《学术研究》1979年第3期，收入《熊铁基学术论著选》，华中师范大学出版社，2012年，第346页。
⑧ 见陈伟主编：《秦简牍合集（壹）》，武汉大学出版社，2014年，第75页。按：睡虎地11号墓秦简法律部分由彭浩撰著。

强调"禾"的谷食部分。

笔者认为，该律文中的"禾"应当理解为第一种义项，"禾"既包含代谷粒，也包含秸秆，此即段注所谓的"全体为禾"。另外，饲"禾"的喂养方法，可以与秦国时期的考古遗迹相联系，在秦始皇陵马厩坑出土的养马陶盆中就曾发现谷子和茎秆①，可为旁证。

秦汉时期，马匹饲料中也有菽等豆类，汉简《二年律令》中曾有明确记载，据简425云："□□马日匹二斗粟、一斗叔（菽）。传马、使马、都厩马日匹叔（菽）一斗半斗。"② 综而论之，秦汉时期对远行马的喂养，已经采取草饲与谷饲结合的方式，这种针对远行马的喂食方式在《齐民要术》中也有体现，如前引"饲征马令硬实法"中所强调的以刍"和谷豆秣之"。

五、结语

秦汉时期，在较为完备的马政制度之下，养马技术得以迅速发展，正因如此，出土简帛资料展现了秦汉养马技术的诸多细节。但也要意识到，载于出土文献的养马技术基本都与国家政令、法律相关。不难想见，养马技术一方面受到国家的扶持，另一方面也受国家垄断，尤其是关乎国家安危的战马调教等技术。

《齐民要术》是民间养马技术的代表，从书名就能看出——"齐民"是指平民百姓，"要术"是重要的方法，这种观念实际在书的序言和正文中就有交代，《齐民要术·序》曰："盖神农为耒耜，以利天下……殷周之盛，《诗》《书》所述，要在安民，富而教之。"③ 可见，全书的立意就是教百姓谋生技巧。因此，秦汉简帛与《齐民要术》之间的源流关系，也从侧面反映出了养马技术从官方到民间的扩展趋势，类书在此过程中扮演了重要作用。同时，这种现象也说明，《齐民要术》对后世的贡献不仅是技术的传承，也在于将技术从官方推广到民间。由此也提示研究者，应关注秦汉简帛关于技术方面的记载，并留意研究时的上下通贯。

附记：本文初稿曾提交"中国科学技术史学会 2020 年学术年会·农学史分会场"（北京，2020 年 11 月）以及"第十一届中华农圣文化国际研讨会暨中国农业历史学会农学思想与《齐民要术》专业委员会学术年会"（潍坊，2021 年 5 月），蒙与会专家提供意见，审稿专家亦多有指点，谨致谢意。

---

① 秦俑考古队：《秦始皇陵东侧马厩坑钻探简报》，《考古与文物》1980 年第 4 期。
② 张家山二四七号汉墓竹简整理小组：《张家山汉墓竹简（二四七号墓）》（释文注释修订本），文物出版社，2006 年，第 66 页。
③ ［北魏］贾思勰著，缪启愉校释：《齐民要术校释》，第 1 页。

·专题研究·

战争环境下的秦民众心态变迁

王绍东

（内蒙古大学历史与旅游文化学院）

　　摘要：长期的战争环境造就了秦人特殊的性格与心态。秦立国前，依靠战争获取生存空间，并赢得中原中央政权的器重，使秦人具有了崇武尚战的性格。商鞅变法，确立斩首计功的军功爵制，造就了秦人的乐战心理。秦兼并六国，新征服地区的民众开始对秦制取观望态度，后因秦严酷与残暴的统治而最终走向反抗之路。秦统一天下后，继续对民众无度地盘剥与压榨，造成了"天下苦秦久矣"的局面，也激发了民众的普遍反抗心理，导致了秦朝骤兴暴亡的局面。

　　关键词：秦；民众；新黔首；心理

　　秦的发展，始终与战争相伴，包括争夺生存空间的战争、兼并战争、统一战争和统一后的扩张战争及镇压反秦起义的战争。秦伴随战争而生，也伴随战争而亡。战争影响着秦民众的社会生活，也影响着他们的心理。

一、尚武与乐战：商鞅变法前后的秦民众心理

　　秦人早期生活于东夷，后来向西北地区迁徙，与周边的戎狄部落杂居相处。在夏、商、西周、东周时期，秦人一面与戎狄抗争，一面竭力向中原政权靠拢，肩负的历史使命十分明确：一是要与戎狄各部争夺生存空间，扩展自己的生存领地；二是为中原王朝承担防御戎狄的任务，并借此获得中原王朝的信任与重视。两种使命，均需通过与戎狄间的战争来完成。长期处于战争环境，靠战争扩展生存空间并提高政治地位，是秦国不同于中原各诸侯国的特殊发展路径，也培育了秦人的尚武精神。

（一）早期秦人的尚武精神

秦人的尚武心态，在《诗经》及其他文献中都有反映。《诗经·秦风》收录10首诗歌，从不同侧面反映了秦地的风土人情、人文习俗及民族特性，其中尚武的风格最为鲜明。

《诗经·秦风》的第一篇是《车邻》。"《车邻》，美秦仲也。秦仲始大，有车马礼乐侍御之好焉。"① 诗中写到："有车邻邻，有马白颠。未见君子，寺人之令。阪有漆，隰有栗。既见君子，并坐鼓瑟。今者不乐，逝者其耋! 阪有桑，隰有杨。既见君子，并坐鼓簧。今者不乐，逝者其亡!"② 秦仲在周宣王时受命攻打西戎，由附庸被任命为大夫，得到周朝赐予的车马、礼乐和服侍的臣子，进一步向中原文明靠近。最终，秦仲死于与西戎作战时，其子庄公继续率秦人征战西戎。《车邻》是对秦仲时期礼乐文明的赞美，实际上是对秦仲尚武征战和牺牲精神的赞美。

秦在襄公时因打击西戎、护送周平王东迁有功，被封为诸侯，秦始建国。《秦风·驷驖》记述了襄公时期通过狩猎训练军队、演习战争的场景。"驷驖孔阜，六辔在手。公之媚子，从公于狩。奉时辰牡，辰牡孔硕。公曰左之，舍拔则获。游于北园，四马既闲。輶车鸾镳，载猃歇骄。"③ 秦人农忙时生产，农闲时举行大规模狩猎活动。驾车骑马，获取猎物，既检验了战争的各种装备，训练了合围、御车、骑射、搏击的本领，也提高了大家协同一致、对抗顽敌的信心和勇气，这无疑是社会尚武心态的表现。

《秦风·小戎》篇："小戎俴收，五楘梁辀。游环胁驱，阴靷鋈续。文茵畅毂，驾我骐馵。言念君子，温其如玉。在其板屋，乱我心曲。四牡孔阜，六辔在手。骐骝是中，騧骊是骖。龙盾之合，鋈以觼軜。言念君子，温其在邑。方何为期? 胡然我念之! 俴驷孔群，厹矛鋈錞。蒙伐有苑，虎韔镂膺。交韔二弓，竹闭绲縢。言念君子，载寝载兴。厌厌良人，秩秩德音。"④ 诗中赞美秦伐西戎，兵甲齐全，士气高昂。秦人为自己车马装备的精良而自豪，妇女则同情、思念出征的丈夫，体现了秦人出征西戎时豪迈的气势与必胜的信念。

《秦风·无衣》则是一首秦人抗击西戎的战歌。"岂曰无衣? 与子同袍。王于兴师，修我戈矛。与子同仇! 岂曰无衣? 与子同泽。王于兴师，修我矛戟。与子偕作! 岂曰无衣? 与子同裳。王于兴师，修我甲兵。与子偕行!"⑤ 这首诗各部分看似重复，实际上是"以重叠之结构，复沓之形式，表现了秦军战士奔赴前线的高昂士气"⑥。面对强

---

① 《毛诗正义》卷六《秦风·车邻》，李学勤主编：《十三经注疏》（标点本），北京大学出版社，1999年，第408页。

② 《毛诗正义》卷六《秦风·车邻》，李学勤主编：《十三经注疏》（标点本），第409－411页。

③ 《毛诗正义》卷六《秦风·驷驖》，李学勤主编：《十三经注疏》（标点本），第411－414页。

④ 《毛诗正义》卷六《秦风·小戎》，李学勤主编：《十三经注疏》（标点本），第414－419页。

⑤ 《毛诗正义》卷六《秦风·无衣》，李学勤主编：《十三经注疏》（标点本），第430－432页。

⑥ 王林飞：《团结御外侮并非刺用兵》，《怀化学院学报》2011年第1期。

敌，秦军战士相互鼓励，相互帮助，团结一心，同仇敌忾。"这首慷慨激昂的从军曲，堪为秦军的军歌。反映了秦军兵士团结友爱、共御强敌的精神，崇高无私、舍生忘死的品质，一往无前、战胜强敌的气概。"①

在其他文献关于秦代的记载中，大多充满着尚武的色彩。崤之战失败后，秦穆公总结战败教训，对军队发布《秦誓》进行检讨，认为嫉贤妒能、不听贤人之言是招致战争失败的主要原因。"人之有技，冒疾以恶之。人之彦圣，而违之，俾不达。是不能容，以不能保我子孙黎民，亦曰殆哉！"② 秦代的《石鼓文》以对田猎的描写为主，几乎所有章节都有对车、马的描述和赞美，其中浓厚的尚武气息是其他国家所不能企及的。《诅楚文》是一篇通过祷告神灵，诅咒楚王，保佑秦国获胜的战前祭祀神灵的文章。出土的秦代文献《不其簋盖铭文》，铭文记述了伯氏与不其奉周王之命讨伐猃狁，大获全胜并立功受赏的过程。"唯九月初吉戊申，伯氏曰：'不其，朔方猃狁广伐西俞，王命我羞追于西，余来归献禽，余命女御追于略，女以我车宕伐猃狁于高陶，汝多折首执讯。戎大同永追汝，汝及戎大敦搏。汝休，弗以我车陷于艰，汝多禽，折首执讯。'伯氏曰：'不其，汝小子，汝肇诲于戎工，赐汝弓一矢束，臣五家，田十田，用永乃事。不其拜稽手休，用作朕皇祖公伯、孟姬尊簋，用匄多福，眉寿无疆，永纯灵终，子子孙孙其永宝用享。"③ 有学者认为，伯是虢季子，是周王任命的统帅，不其是秦仲的儿子秦庄公，当时是虢季子伯手下的大将。铭文记载了不其的战功及受到的丰厚奖赏，显示了秦人奋勇作战、一往无前、杀敌立功的气势和自豪感。

春秋时期秦国的文学作品和历史文献，都反映出浓厚的尚武精神和战斗气息，这与秦人的发展历程与生存环境息息相关。与戎狄的战争，关乎秦人的生存空间和民族自信，也关乎秦人的发展方向及在中央政权中的地位与尊严。在秦的发展历史上，造父、非子、秦仲、庄公、襄公、文公、穆公等一代又一代首领因"善御""养马""征战""霸西戎"而获得周天子的封赏，随之秦国领地扩大，地位提高，自觉地与戎狄相别。不论是秦国贵族还是普通民众，都崇尚在战场上为群体征战厮杀、奋勇牺牲者。这种尚武的心态使秦人具有强大的战斗力和扩张力。秦的尚武之风甚至发展为一种地域文化，并延及后代。《汉书·地理志》在记述秦地风俗时指出："天水、陇西，山多林木，民以板为室屋。及安定、北地、上郡、西河，皆迫近戎狄，修习战备，高上气力，以射猎为先。故《秦诗》曰'在其板屋'；又曰'王于兴师，修我甲兵，与子偕行'。及《车辚》《四（驷）驖》《小戎》之篇，皆言车马田狩之事。"④ 清代学者崔述指出："吾读《秦风》而知秦之必并天下也。"⑤

---

① 王林飞：《团结御外侮并非刺用兵》，《怀化学院学报》2011年第1期。

② 《尚书正义》卷二〇《秦誓》，李学勤主编：《十三经注疏》（标点本），第572页。

③ 王辉：《秦出土文献编年》，台湾新文丰出版公司，2000年，第21页。

④ 《汉书》卷二八下《地理志》，中华书局，1962年，第1644页。

⑤ ［清］崔述：《读风偶识》，中华书局，1985年，第75页。

（二）军功爵制下的秦人乐战心理

商鞅变法的核心是奖励耕战，富国强兵，其最重要的措施是实行军功爵制度。这一制度的推行，将全国上下动员到战争之中，刺激了社会的"乐战"心理。

商鞅变法推行的二十等爵位，不同史料有不同记载。《汉书·百官公卿表》载："爵：一级曰公士，二上造，三簪袅，四不更，五大夫，六官大夫，七公大夫，八公乘，九五大夫，十左庶长，十一右庶长，十二左更，十三中更，十四右更，十五少上造，十六大上造，十七驷车庶长，十八大庶长，十九关内侯，二十彻侯。皆秦制，以赏功劳。"①

斩首计功是获得爵位的最主要途径。商鞅变法规定："能得（爵）［甲］首一者，赏爵一级，益田一顷，益宅九亩，一除庶子一人，乃得入兵官之吏。"② 战士的职责是冲锋陷阵，斩首晋爵，为了鼓励军官专心指挥作战、顾全大局，对他们的爵位晋升另有规定。"其战，百将、屯长不得斩首；得三十三首以上，盈论，百将、屯长赐爵一级。"③ 商鞅推行的军功爵制，既鼓励士兵勇敢作战，杀敌立功，也注重军队团结一致，整体作战。通过这样的制度设计，整个军队可以上下一心，竭尽所能地战胜强敌。

与斩首计功的奖励措施相对应，则是对冒功避战、临阵退逃者的严厉处罚，意在打造秦军的团队精神。"其战也，五人来薄为伍，一人羽而轻其四人，能人得一首则复。"④ 通过这样的规定，将战士们凝聚为荣辱与共的群体。临阵退逃不仅会影响同行战士，而且会影响家庭成员。"强国之民，父遗其子，兄遗其弟，妻遗其夫，皆曰：'不得，无返！'又曰：'失法离令，若死，我死。乡治之。行间无所逃，迁徙无所入。'行间之治，连以五，辨之以章，束之以令。拙无所处，罢无所生。是以三军之众，从令如流，死而不旋踵。"⑤ 战争将战士与家庭连为一体，家属告诉战士：不能斩首立功，就不要回家。如果违背法律和命令，你被处死了，我们也会被处死。乡里官吏治我们的罪，无法逃脱，无处可去。通过什伍制度、连坐制度，人人关心战争，关心杀敌情况，惧怕战士临阵退缩，整个社会都笼罩在战争的氛围之中。

军功爵制背后连接着受爵者的经济利益、社会地位、人格尊严及家庭生活。爵位越高获得的土地越多、房宅越大，社会地位越高。"其狱法，高爵訾下爵级。高爵能，无给有爵人隶仆。爵自二级以上，有刑罪则贬。爵自一级以下，有刑罪则已。"⑥ 诉讼时，爵位高的可以审判爵位低的人；有爵位的人如果犯了罪，可以用爵位赎罪。爵位不同，出差的伙食标准也差异很大。"御史卒人使者，食粺米半斗，酱驷（四）分升

---

① 《汉书》卷一九上《百官公卿表上》，第 739－740 页。
② 高亨注译：《商君书注译·境内第十九》，中华书局，1974 年，第 152 页。
③ 高亨注译：《商君书注译·境内第十九》，第 147 页。
④ 高亨注译：《商君书注译·境内第十九》，第 147 页。
⑤ 高亨注译：《商君书注译·画策第十八》，第 138 页。
⑥ 高亨注译：《商君书注译·境内第十九》，第 152 页。

一，采（菜）羹，给之韭葱。其有爵者，自官大夫以上，爵食之。使者之从者，食糒（粝）米半斗，仆，少半斗。"① 《九章算术》中的一些算题表明，当分配利益时，是从低爵到高爵依次提高的；当承担赋税时，则是从低爵到高爵依次降低的。不仅如此，爵位还与死后待遇挂钩。"小（失）[夫] 死，以上至大夫，其官爵一等，其墓树级一树。"② 爵位越高，墓地上栽种的树木越多。爵位的高低，体现在生活的方方面面，时刻刺激着人们的大脑与神经，获取更高的爵位，成为了社会的普遍追求。

获取爵位的最佳途径是斩首计功，军功爵制度刺激了民众的作战勇气。"民勇者战胜，民不勇者战败。能壹民于战者，民勇；不能壹民于战者，民不勇。圣王见王之致于兵也，故举国而责之于兵。入其国，观其治，兵用者强。奚以知民之见用者也？民之见战也，如饿狼之见肉，则民用矣。"③ 国家努力将社会纳入战争体制，百姓见有战争发生，如同饿狼见到肉一样兴奋，战争几乎成为了一种社会期望。

自商鞅变化后，秦国在扩张和兼并战争中的优势不断扩大。战争的节节胜利使秦国的土地扩张，财富增加，入官为吏的机会变多，爵位所附带的经济、政治利益能够快速兑现。"所谓壹赏者，利禄官爵抟出于兵，无有异施也。夫固知愚、贵贱、勇怯、贤不肖，皆知尽其胸臆之知，竭其股肱之力，出死而为上用也。"④ 在此情况下，民众渴望通过斩首计功提高爵位，社会充斥着"乐战"的情绪。"是父兄、昆弟、知识、婚姻、合同者，皆曰：'务之所加存战而已矣。'夫故当壮者务于战，老弱者务于守，死者不悔，生者务劝，此臣之所谓壹教也。民之欲富贵也，共阖棺而后止。而富贵之门必出于兵。是故民闻战而相贺也，起居饮食所歌谣者，战也。"⑤ 人人关心战争，战争也连接着每一个人的利益。出现了作战死者不悔、生者努力拼杀的场景。每当有战争来临，大家就感觉争取富贵的机会来临，于是"闻战而相贺"。

民众的"乐战"心理，造就了秦军强大的战斗力，对此，战国秦汉时期的典籍多有记载。秦昭王时，荀子所见的秦国军队的士气与战斗力都是山东各国所望尘莫及的。"故齐之技击，不可以遇魏氏之武卒；魏氏之武卒，不可以遇秦之锐士；秦之锐士，不可以当桓、文之节制，不可以敌汤、武之仁义。有遇之者，若以焦熬投石焉。"⑥ 在战场上，秦国车马精良，战士冲锋奋不顾身，不仅在战斗力上，而且在心理上对六国形成了压迫与震慑之势。在秦国扩张的过程中，特别是不断获取土地、人口，能够兑现

---

①　睡虎地秦墓竹简整理小组：《睡虎地秦墓竹简·秦律十八种·传食律》，文物出版社，1990年，第60页。

②　高亨注译：《商君书注译·境内第十九》，第153页。

③　高亨注译：《商君书注译·画策第十八》，第138页。

④　高亨注译：《商君书注译·赏刑第十七》，第127页。

⑤　高亨注译：《商君书注译·赏刑第十七》，第133页。

⑥　[清] 王先谦集解：《荀子集解》卷十《议兵》，《诸子集成》（第三册），河北人民出版社，1986年，第181页。

爵位待遇时，军功爵制对秦军强大战斗力的塑造，对秦社会"乐战"心理的形成，都起到了持续的激励作用。

二、观望与反抗：新黔首的心理

商鞅变法后，秦国不断发动兼并战争，蚕食六国的土地，征服六国的人民。秦在新征服地区曾经采取过不同政策，先是取其地而出其民，注重对土地的掠夺与扩张，随着统一的推进，这一政策显然不适应新形势的需要，于是开始对新征服地区的民众进行统治和管理。新征服地区的民众被称为"新黔首"，对他们的统治政策亦不同于故秦之民。

在关东各国民众的心目中，秦人被冠以"贪戾""虎狼"的称号，持强烈的排斥心理。秦军进攻韩国上党，韩国君主令以上党郡降秦。"其守冯亭与民谋曰：'郑道已绝，韩必不可得为民。秦兵日进，韩不能应，不如以上党归赵。'"① 把上郡交给了赵国，引发了秦赵长平之战。"括军败，卒四十万人降武安君。武安君计曰：'前秦已拔上党，上党民不乐为秦而归赵。赵卒反覆，非尽杀之，恐为乱。'乃挟诈而尽坑杀之，遗其小者二百四十人归赵。前后斩首虏四十五万人。赵人大震。"② 在秦国扩张过程中，始终面临着新征服地区民众的反抗与不满，"民不乐为秦"似乎成为一种普遍的民众心理。

为了巩固在新征服地区的统一，秦国调整统治政策，对"新黔首"进行安抚。"秦在新占领地区，对新黔首进行过爵位普赐，这种普赐爵位的行为更多是处于拉拢新黔首的目的。除了国家赐爵之外，新黔首还可以通过立军功等其他途径获取爵位。"③ 在新征服地区，官吏对民众具有一种优越心理，并利用自己的权威对民众巧取豪夺，为此，秦采取了一系列措施，增加对新地吏的约束。岳麓秦简记载："新地吏及其舍人敢受新黔首钱财酒肉它物，及有卖买叚（假）赁贷于新黔首而故贵赋（贱）其贾（价），皆坐其所受及故为贵赋（贱）之臧（赃）、叚（假）赁费、贷息，与盗同法。"④ 如果新地吏收受贿赂、强买强卖或强行借贷，所获利益与盗窃同样数量的财物同等论罪。睡虎地秦墓竹简的《为吏之道》及岳麓书院藏秦简中的《为吏治官及黔首》都强调官吏的道德操守，并对"良吏"和"恶吏"加以区分。希望通过对官吏的道德教化，改善他们与新征服地区民众的关系，以巩固秦的统治。

尽管秦国想在新征服地区采取一些怀柔手段以笼络民众，但其总体的严酷法律与横征暴敛的政策并未改变。在统一过程中许多战争负担都被加到了"新黔首"身上，

---

① 《史记》卷七三《白起王翦列传》，中华书局，1959 年，第 2332 页。
② 《史记》卷七三《白起王翦列传》，第 2335 页。
③ 李隽莹：《简牍所见秦新地统治政策研究》，吉林大学 2020 年硕士学位论文。
④ 陈松长主编：《岳麓书院藏秦简（伍）》，上海辞书出版社，2018 年，第 51 页。

"新黔首"的反秦斗争也从未停止。在出土的简牍文献中，多有"新黔首"逃亡、暴乱的记录，说明秦对六国的征服并没有取得各国民众心悦诚服的归顺。

在云梦睡虎地秦墓中，发现了两封家书，是兄弟俩黑夫、惊写给哥哥中的。黑夫一家原籍安陆，安陆原为楚地，被秦国攻取后设为南郡。黑夫、惊被派到淮阳征战。在黑夫给中的信中写到："二月辛巳，黑夫、惊敢再拜问中，母毋恙也？黑夫、惊毋恙也。前日黑夫与惊别，今复会矣。黑夫寄益就书曰：遗黑夫钱，母操夏衣来。今书节（即）到，母视安陆丝布贱，可以为禅裙襦者，母必为之，令与钱偕来。其丝布贵，徒〔以〕钱来，黑夫自以布此。黑夫等自佐淮阳，攻反城久。伤未可智（知）也，愿母遗黑夫用勿少。书到皆为报，报必言相家爵来未来，告黑夫其未来状。"① 黑夫一家属于"新黔首"，兄弟三人有两人被征召入伍。参军后还需家里供给衣物和钱财，否则便会面临衣不裹体的窘境，可见"新黔首"的负担之重，一般家庭绝难承受。"反城"是指攻取后又反叛的城邑，并且久攻不下，可见新征服地区民众对秦统治的反抗。

惊新婚后不久就被征召入伍，在他给长兄中的家信中，则透露了更多新地民众反抗秦统治的信息。"惊远家故，衷教诏妌，令毋敢远就若取新（薪），衷令……闻新地城多空不实者，且令故民有为不如令者实……为惊祠祀，若大发（废）毁，以惊居反城中故。惊敢大心问姑姊（姐），姑姊（姐）子产得毋恙……新地人盗，衷唯毋方行新地，急急急。"② 在惊的信中，他担心着新婚的妻子，让哥哥告诫妻子，不要到远处去砍柴草，以免遭遇不测，说明其故乡安陆社会治安状况堪忧。在秦国新征服的地区，城里人口大量逃亡，出现了"城空"的状况，要求故秦地犯法的人充实进去。惊本人所在城市亦发生了反叛，他急切地告诫哥哥中，新地起义造反的"盗"很多，千万不要到新地去。可见新地的民众具有普遍的反秦情绪，反秦斗争亦此起彼伏。在黑夫、惊给哥哥中的家信中，问候了多位家人和亲戚，被问候者以女性为主，说明新地的男人大多因被征发参军或者服役而离开了故乡，其徭役之苦、负担之重可见一斑。

《岳麓书院藏秦简》有很多史料记载出现群盗、逃亡及对这些人进行追捕的情况。如"癸、琐相移谋购案"记载："廿五年六月丙辰朔癸未，州陵守绾、丞敢谳之：乃四月辛酉，校长癸、求盗上造柳、士五（伍）轿、沃诣男子治等八人，女子二人，告群盗杀人。治等曰：群盗杀人。辟，未断，未致购。"③ 谢坤通过对《里耶秦简》相关资料的研究，认为"据里耶秦简来看，由于秦代徭役繁重，逃亡的黔首、徒隶、士卒难以胜计，而仅靠律令的约束很难从根本上杜绝逃亡现象。再加上秦迁陵县地处西南地区，其地理环境复杂，逃亡者一旦亡入山林，即很难被抓捕。"④ 秦国在新征服地区推

---

① 《云梦睡虎地秦墓》编写组：《云梦睡虎地秦墓》，文物出版社，1981年，第25页。
② 《云梦睡虎地秦墓》编写组：《云梦睡虎地秦墓》，第25-26页。
③ 朱汉民、陈松长主编：《岳麓书院藏秦简（叁）》，上海辞书出版社，2013年，第11页。
④ 谢坤：《里耶秦简所见逃亡现象——从"缭可逃亡"文书的复原说起》，《古代文明》2017年第1期。

行秦政，与这里原有的制度与文化传统发生冲突，再加上秦的严刑酷法、横征暴敛，新黔首对秦统治的认同程度不高，他们的反抗心理逐渐积累，由逃亡、群盗逐渐转向了反秦起义。

三、绝望与恐惧：统一后的民众心理

公元前 221 年，秦朝最终灭掉六国，统一了天下。秦朝的统一，是在经历了长期战争之后实现的。自春秋战国以来，人民经历了长期的战争之苦，对分裂割据的局面深恶痛绝，并对统一后的和平安定局面充满了渴望。"秦并海内，兼诸侯，南面称帝，以养四海，天下之士斐然乡风，若是者何也？曰：近古之无王者久矣。周室卑微，五霸既殁，令不行于天下，是以诸侯力政，强侵弱，众暴寡，兵革不休，士民罢敝。今秦南面而王天下，是上有天子也。既元元之民冀得安其性命，莫不虚心而仰上。"① 民众对统一的支持，出自三个方面的原因：一是希望统一后能结束战争，把自己从兵燹之苦中解脱出来；二是希望能够减轻赋税徭役负担，休养生息；三是希望能够专心农业生产，生产更多财富，摆脱极端贫困的生活。民众对统一的秦朝充满了期望。

秦朝统一后，也曾经做过结束战争的尝试。在统一后的第一年，"更名民曰'黔首'。大酺。收天下兵，聚之咸阳，销以为钟鐻，金人十二，重各千石，置宫廷中"②。灭掉六国后，组织民众聚会饮酒，庆祝统一。将天下的武器收集起来，销毁做成乐器，并铸成 12 个金人。大有兵戈入库、马放南山之意。李斯认为，秦朝以郡县制代替分封制，亦在消除战争的因素，秦始皇对此表示赞同。"天下共苦战斗不休，以有侯王。赖宗庙，天下初定，又复立国，是树兵也，而求其宁息，岂不难哉！"③ 秦始皇的琅邪刻辞也写有："皇帝之德，存定四极。诛乱除害，兴利致福。节事以时，诸产繁殖。黔首安宁，不用兵革。"④ 秦朝的统一，使兼并割据的战争已失去了存在的条件，秦朝的宣传，也给民众以极大希望。人人都为摆脱战争之苦而欢欣雀跃，但民众的愿望却很快因为秦始皇发动扩边战争而化为泡影。

对于秦朝来说，统一后的当务之急是休养生息、发展生产，顺应民众追求美好生活的愿望，但秦始皇出于扩大疆域的野心，仍发动了北击匈奴和南平百越的战争。正如晁错所分析的那样："臣闻秦时北攻胡貉，筑塞河上，南攻杨粤，置戍卒焉。其起兵而攻胡、粤者，非以卫边地而救民死也，贪戾而欲广大也，故功未立而天下乱。"⑤

---

① 《史记》卷六《秦始皇本纪》，第 283 页。
② 《史记》卷六《秦始皇本纪》，第 239 页。
③ 《史记》卷六《秦始皇本纪》，第 238 页。
④ 《史记》卷六《秦始皇本纪》，第 245 页。
⑤ 《汉书》卷四九《晁错传》，第 2283 - 2284 页。

与以往的兼并战争不同,对边疆地区发动的战争,更多的是一场消耗战。以北击匈奴为例,秦朝三十万大军深入北方草原作战,沿途得不到军备物资的补充,只能从遥远的内地运送。在原始的交通条件下,长途运输的消耗极大。为了支持前方的战争,"又使天下蜚刍挽粟,起于黄、腄、琅邪负海之郡,转输北河,率三十钟而致一石"①,运输途中的消耗几乎达到了90%以上,以致"男子疾耕不足于粮饷,女子纺绩不足于帷幕。百姓靡弊,孤寡老弱不能相养,道路死者相望,盖天下始畔秦也"②。除了沉重的战争成本外,为了防止匈奴骑兵的快速冲击,秦朝还被迫在北方地区修筑长城,为此投入了巨大的人力、物力和财力。为了征调更多的人员充实边疆战场,正常的徭役征发已经不能满足需要,便大量制造和使用刑徒、谪戍,使秦朝的法律更加严酷。"秦之戍卒不能其水土,戍者死于边,输者偾于路。秦民见行,如往弃市,因以谪发之,名曰'谪戍'。"③对边疆地区的战争,不仅令民众在统一后继续陷入兵燹之苦,而且激化了社会矛盾。"当此之时,外内骚动,百姓靡敝,行者不还,往者(果)〔莫〕反,皆不聊生,亡逃相从,群为盗贼,于是山东之难始兴。此老子所谓'师之所处,荆棘生之'者也。"④

秦朝的工程年年有兴,而且绝大多数工程都是要持续多年累积进行的,民众为此承受了巨大的痛苦和负担。从睡虎地秦简黑夫和惊的家信中可以看出:兄弟三人中有两人被迫参军,长兄在家还需承担各种赋役。国家不能保证参军之人生活,尚需家里提供钱财衣物。两人每次家信问候母亲,但却没有问候父亲,或许父亲亦在外地承担徭役,或许已经亡故。两人问候亲戚、邻居家的多位女性,但涉及的男性只有哥哥"中",可能相熟的男性多被征召,已经离开家乡。再加上修筑骊山陵、阿房宫、楼台殿阁的人员和从事其他劳役的人员,可以想见秦朝的大部分成年男子都在戍守和服役,只能由妇女承担劳动生产的职责。"秦为乱政虐刑以残贼天下,数十年矣。北有长城之役,南有五岭之戍,外内骚动,百姓罢敝,头会箕敛,以供军费,财匮力尽,民不聊生。重之以苛法峻刑,使天下父子不相安。"⑤ 徐兴海先生指出:"秦时全国人口约二千万,常年服役于北征匈奴、南戍五岭、修筑长城、铺设驰道的人数即达二百多万,占到了十分之一。服役生活自是苦不堪言。在以家庭为生产单位的农业自然经济的条件下,一旦主要劳力服役,繁重的农业劳动完全落在了老弱妇女儿童身上,留在家里的日子也不好过。繁重的徭役、艰苦的生活使农民对秦王朝充满了怨恨与仇视,农民

① 《史记》卷一一二《平津侯主父列传》,第2954页。
② 《史记》卷一一二《平津侯主父列传》,第2954页。
③ 《汉书》卷四九《晁错传》,第2284页。
④ 《汉书》卷六四上《严助传》,第2784页。
⑤ 《史记》卷八九《张耳陈余列传》,第2573页。

阶级从亲身感受到秦王朝是自己的敌人。"①

　　秦朝规定，对于逃避赋税者，要给予严厉处罚。秦的《傅律》规定："匿敖童，及占癃（癃）不审，典、老赎耐，百姓不当老，至老时不用请，敢为酢（诈）伪者，赀二甲；典、老弗告，赀各一甲；伍人，户一盾，皆蹬（迁）之。"② 对于隐瞒儿童已经成年的情况，或假冒残疾、年老而逃避徭役的情况，不仅本人受罚，而且基层官吏、邻里都要牵连受罚。对于不按规定期限到达服役地点的，也要予以处罚。"御中发征，乏弗行，赀二甲。失期三日到五日，谇；六日到旬，赀一盾；过旬，赀一甲。"③ 服役者生活苦不堪言，不断发生大量逃亡现象。留在家里的妇孺老幼也生活艰辛，他们不仅要承担繁重的生产劳动，而且要供养服役的家庭成员。国家的横征暴敛，使民众挣扎于死亡线上，看不到丝毫改善的可能，愁苦、绝望成为了普遍的社会心理，"天下苦秦久矣"④，成为了百姓的共同呼声。"秦始皇帝及二世皇帝违背社会规律和人民愿望的倒行逆施，在人民的心理上造成忧虑、哀怨、悲愤和绝望的心态。"⑤

　　无度的剥削与压榨，必然会引起民众的反抗。自商鞅变法以来，秦便制定了严酷的法律来镇压民众，秦统一后，亦呈愈演愈烈之势。对此，史书多有描述。"至于秦始皇，兼吞战国，遂毁灭先王之法，灭礼谊之官，专任刑罚，躬操文墨，昼断狱，夜理书，自程决事，日悬石之一。而奸邪并生，赭衣塞路，囹圄成市，天下愁怨，溃而叛之。"⑥《盐铁论》也描述："昔秦法繁于秋荼，而网密于凝脂。然而上下相遁，奸伪萌生。有司法之，若救烂扑焦，不能禁非。"⑦ 在汉代文学中，秦朝刑法的残忍程度无以复加。"上无德教，下无法则，任刑必诛，劓鼻盈虆，断足盈车，举河以西，不足以受天下之徒。"⑧ 到了秦二世时，法律的严酷程度不但没有好转，反而变本加厉。"二世信赵高之计，渫笃责而任诛断，刑者半道，死者日积。杀民多者为忠，厉民悉者为能。百姓不胜其求，黔首不胜其刑，海内同忧而俱不聊生。"⑨ 近年出土的秦代简牍资料，法律文书占据了其中最重要的部分，说明文献记载虽有夸张，但总体上是符合秦代实际的。

　　秦朝严密的行政执法体系和社会控制体系，将这些严酷的刑法转化为民众难以承受的痛苦和灾难。蒯通曾当面指责秦范阳令："足下为范阳令十年矣，杀人之父，孤人

　　① 徐兴海：《司马迁与秦末起义的社会心理》，《新疆石油教育学院学报》1988 年第 2 期。
　　② 睡虎地秦墓竹简整理小组：《睡虎地秦墓竹简·秦律杂抄·傅律》，第 87 页。
　　③ 睡虎地秦墓竹简整理小组：《睡虎地秦墓竹简·秦律十八种·徭律》，第 47 页。
　　④ 《史记》卷四八《陈涉世家》，第 1950 页。
　　⑤ 张文立：《多元结构的秦人心态》，《文博》1990 年第 5 期。
　　⑥ 《汉书》卷二三《刑法志》，第 1096 页。
　　⑦ ［汉］桓宽：《盐铁论·刑德第五十五》，《诸子集成》（第十一册），第 56 页。
　　⑧ ［汉］桓宽：《盐铁论·诏圣第五十八》，《诸子集成》（第十一册），第 60 页。
　　⑨ ［汉］桓宽：《盐铁论·诏圣第五十八》，《诸子集成》（第十一册），第 60 页。

之子，断人之足，黥人之首，不可胜数。"① 2000 年 4 月，在秦都咸阳渭河南岸宫殿区遗址首次发掘了 7 座秦刑徒墓。"均为竖穴土坑墓，一般长 2 米、宽 1 米左右。7 座墓中最多的葬有 7 人，最少的 2 人，共发掘出 31 具尸骨。这些尸骨有的平放，有的叠压，可以看出大都是扔进墓坑去的。清理中还发现：31 具尸骨中有的头部被击打过，有的没有脚趾，有的腓骨骨折，有的身首异处，显系被杀戮后埋葬；有的俯身作挣扎状，显系活埋。个别的手、足、颈还戴有铁制刑具。"② 秦代刑法的严酷，也可以从出土资料中得到印证。

严酷的刑法将民众置于恐怖之中，绝望心理与恐怖情绪积累蔓延，势必转化为拼死一搏的反抗。陈胜吴广起义的动员过程，就体现了这一点。二世元年（前 209）七月，陈胜、吴广等九百人的"闾左"被征调从军戍守渔阳。"会天大雨，道不通，度已失期。失期，法皆斩。陈胜、吴广乃谋曰：'今亡亦死，举大计亦死，等死，死国可乎？'"③ 对于九百戍卒来说，遇到大雨冲垮了道路，只能绕路而行；绕路行军就错过了规定的期限，按照秦朝的法律，军人延误行程要被处死；如果逃亡被抓回，不仅本人会被处死，而且家人还会受到牵连。在秦朝严酷的法律面前，任何一种选择都指向了死亡。在无限的心理压力和持续的紧张状态之中，陈胜、吴广提出：同样是死，那就干脆起义反抗吧！为了国家大计，干一番轰轰烈烈的事业，即使死也是光荣的。"'闾左'皆为穷苦人，他们的社会地位低下，有共同的阶级意识。现在特殊的遭遇又从外部向他们施加强大的压力，使他们感觉到共同的命运，共同的心理冲突，从而形成了一个群体。同被征发，同处在无法解脱的矛盾中，使来自不同地方的穷苦农民有了交际的机会，对群体的归属感增强了，大家要死同死，要生同生，无一能够逃脱，大家只能彼此一心。"④ 实际上，绝望与恐惧的心理已经蔓延至整个社会，陈胜、吴广首举反秦义旗后，天下一呼百应。"山东郡县少年苦秦吏，皆杀其守尉令丞反，以应陈涉，相立为侯王，合从西乡，名为伐秦，不可胜数也。"⑤

章邯投降项羽，手下士兵还担心如果项羽军队被打败，秦会依据法律处罚投降官兵，并牵连家人。"章将军等诈吾属降诸侯，今能入关破秦，大善；即不能，诸侯虏吾属而东，秦必尽诛吾父母妻子。"⑥ 在严酷的法律面前，民众已经失去了对秦朝的情感，他们甚至担心项羽的军队不能入关破秦，这样的心理变化说明秦朝已经完全失去了人心。

① 《史记》卷八九《张耳陈余列传》，第 2574 页。
② 杨永林：《西安北郊首次发掘出秦刑徒墓》，《光明日报》2000 年 4 月 29 日。
③ 《史记》卷四八《陈涉世家》，第 1950 页。
④ 徐兴海：《司马迁与秦末起义的社会心理》，《新疆石油教育学院学报》1988 年第 2 期。
⑤ 《史记》卷六《秦始皇本纪》，第 269 页。
⑥ 《史记》卷七《项羽本纪》，第 310 页。

　　秦始皇三十六年（前211）发生的一系列事件，给秦始皇造成了巨大的心理负担，迫使他拖着多病的身体走上了最后一次巡游的路程。一是"荧惑守心"① 事件。心星是三颗星连缀，分别代表着皇帝、太子和少子，荧惑是一颗灾星。荧惑星游动到心星附近，预示着皇帝、太子、少子将有灾难发生，这是人们借助天文星象发出的秦朝灭亡的预言。二是陨石刻字事件。"有坠星下东郡，至地为石，黔首或刻其石曰：'始皇帝死而地分。'"② 这是百姓借助流星坠地来表达对秦始皇和秦朝的痛恨。第三件事是夜拦秦使者事件。有人夜晚拦住秦朝回京复命的使者，并送给他一块玉璧，告诉他说："今年祖龙死。"③ 三件事情密集发生，说明了秦末民众对秦朝的痛恨。诅咒秦始皇，盼望秦朝灭亡，已经成了社会的共同愿望。陈胜、吴广起义爆发，点燃了人民复仇的怒火。"家自为怒，人自为斗，各报其怨而攻其仇，县杀其令丞，郡杀其守尉。"④ 历史反复地证明：人心向背是国家兴衰的晴雨表。

---

① 《史记》卷六《秦始皇本纪》，第259页。
② 《史记》卷六《秦始皇本纪》，第259页。
③ 《史记》卷六《秦始皇本纪》，第259页
④ 《史记》卷八九《陈余张耳列传》，第2573页。

秦王朝为何"二世而斩"？

——《淮南子》对"二世暴政"的历史批判与黄老审思*

高　旭

（安徽理工大学楚淮文化研究中心）

摘要： 对秦二世政治的批判反思是《淮南子》"过秦"论的重要组成，也是其反对暴君暴政、推崇民本理念的突出反映。淮南王刘安等人着眼秦末政治发展的历史事实，痛切揭露"二世暴政"纵欲自恣、残民为治的重大弊病，深刻指出"积怨在于民也"是秦王朝"二世而斩"的内在根由。立足黄老道家思想，刘安等人从"兵道""君道""政道""治道"等方面深入论述，揭示出秦二世政治迅速演变成为空前的暴政，实因其强势有为、功利是从的法家"治道"理念及实践所致，由此造成"虐民"政治与"仇君"心态的恶性循环，最终让秦王朝在"君""民"关系极端化的对立冲突中走向崩解覆灭。刘安等人在批判"二世暴政"中所充分阐扬的"民本"理念，是秦汉时代极为可贵的理论成果，仍值得现代中国政治发展予以积极的重视和汲取。

关键词：《淮南子》；秦二世；二世暴政；黄老；治道；帝王之道

　　淮南王刘安与其门下宾客共同撰著的这部《淮南子》，是"有汉一代最具包容性、综合性的'大著作'"，根本上是基于"对西汉王朝大一统政治发展之'道'的深切关注与思考"，力图为"'刘氏'的家国天下而作"。① 因此，《淮南子》一书"是试图把宇宙与人事统一起来的体大旨远的黄老道家著作"②，具有极为鲜明的"帝王之书"的理论特质，是刘安等人在政治思想上"观天地之象，通古今之论，权事而立制，度形

---

　　* 2020 年度安徽省高校人文社会科学研究重大项目"《淮南子》道家性命哲学研究"（SK2020ZD19）；2020 年度安徽省哲学社会科学规划一般项目"《淮南子》道家体育养生思想及现代价值研究"（AHSKY2020D76）；2019 年度安徽省高校人文社会科学研究重点项目"西方汉学视域中的《淮南子》英译研究"（SK2019A0086）。

　　① 高旭：《道治天下——〈淮南子〉思想史论》序，天津人民出版社，2018 年，第 2 页。
　　② 崔大华等：《道家与中国文化精神》，河南人民出版社，2003 年，第 525 页。

而施宜"① 的著述产物。身为西汉统治阶层的核心成员，刘安认为"通古今之论"的关键就在善于"观存亡之迹，见成败之变"②，能充分借鉴与深入汲取前代政治发展的经验得失，以此来推动"刘氏"天下走向长治久安。由于西汉王朝建立在所谓"暴秦"的历史废墟上，是承秦而生，继秦而兴的，故而刘安与淮南宾客们对秦王朝的盛衰兴亡教训有着更为重视的政治态度，始终坚持以"过秦"之论来深化"兴汉"之思，使之成为西汉王朝实现稳定发展的重要的理论基础。正是在此深刻反思中，刘安等人对秦二世胡亥时期的政治统治及其"暴政化"演变给予了特殊的理论关注与探讨，意图通过对"二世暴政"的强烈批判来向西汉王朝的"在位君主提出警示"，使后者充分认识到秦末暴政所"激起的全面反抗"③ 是导致秦王朝最终彻底倾覆于陈胜、吴广起义的根由所在。在很大程度上，秦二世及其统治时期的"秦政"发展被刘安等人在《淮南子》中形塑为"暴君"与"暴政"的反面的历史典型，成为其在鉴"秦"兴"汉"、贬"秦"褒"汉"基础上深入展开汉代黄老"治道"新探索的重要的理论条件。

一、虐民为治：《淮南子》对"二世暴政"的历史纪事

对秦二世及其统治时期的"秦政"发展，刘安与淮南宾客们在《兵略》一篇中有着较为具体的历史纪事。在刘安等人眼中，秦二世时期的秦王朝继承了秦始皇的政治遗产，曾经盛极一时，"人迹所至，舟楫所通，莫不为郡县"，这种"郡县"天下的前所未有的"大一统"政治局面，让秦二世得以"势为天子，富有天下"④。但刘安等人对秦二世时期秦政发展的纪事，重点并不在于夸耀秦二世及其统治，而是在于进一步指出秦末"二世暴政"的产生及发展情况：

> （二世皇帝）兴万乘之驾，而作阿房之宫，发闾左之戍，收太半之赋，百姓之随逮肆刑挽辂首路死者，一旦不知千万之数。天下敖然若焦热，倾然若苦烈，上下不相宁，吏民不相慯。⑤

在刘安等人看来，秦二世的统治实践延续了秦始皇时期赋役繁重、刑法苛酷的历史积弊，如前者一般好大喜功、肆意妄为，甚至变本加厉，更加表现出"纵耳目之欲，穷侈靡之变"的暴政内涵，视民如草芥，毫"不顾百姓之饥寒穷匮也"⑥。因此，"二世

① 何宁：《淮南子集释·要略》，中华书局，1996 年，第 1462 页。何宁认为，"通古今之事"的"事"应为"论"，本文取何氏之说。
② 何宁：《淮南子集释·主术》，第 695 页。
③ 戴黍：《〈淮南子〉治道思想研究》，中山大学出版社，2005 年，第 83 页。
④ 何宁：《淮南子集释·兵略》，第 1062 页。
⑤ 何宁：《淮南子集释·兵略》，第 1062 - 1063 页。
⑥ 何宁：《淮南子集释·兵略》，第 1062 页。

暴政"在"始皇暴政"的基础上，叠加作用，最终造成"天下敖然若焦热，倾然若苦烈，上下不相宁，吏民不相憀"的恶性发展局面，激起"戍卒陈胜兴于大泽，攘臂袒右，称为大楚，而天下响应"的政治剧变，让一场中国古代史上空前的"伐棘枣而为矜，周锥凿而为刃，剡摲篸，奋儋镢，以当修戟强弩"①的农民大起义将自己及秦王朝彻底埋葬。刘安等人对秦二世时期秦政发展的历史纪事，虽然不及司马迁在《史记》中所记的翔实，但在西汉前期的思想论著里，却有一定的代表性，即简要平实，意蕴丰富，特点突出。

与陆贾、贾谊、贾山、晁错相比②，刘安等人的纪事更能被视为秦二世时期的"秦政"发展简史，从二世即位到暴政产生，乃至秦王朝覆灭，有着较为完整的历史记载，是关于秦末政治发展情况的珍贵史料。而且，刘安等人的纪事始终侧重于对秦二世时期"暴政"演变发展的历史关注，而且明确强调了秦二世在此"暴政"产生过程中所发挥出的决定性作用，并非泛泛而记、平平而论。但要指出，刘安等人对"二世暴政"的历史纪事与议论，受到贾谊《过秦论》的深刻影响，二者之间存在紧密的关联性。贾谊在《过秦论》中即云：

> 二世……重以无道，坏宗庙与民，更始作阿房之宫，繁刑严诛，吏治刻深，赏罚不当，赋敛无度。天下多事，吏不能纪，百姓困穷而主弗收恤。然后奸伪并起，而上下相遁，蒙罪者众，刑僇相望于道，而天下苦之。自君卿以下至于众庶，人怀自危之心，亲处穷苦之实，咸不安其位，故易动也。③

贾谊对"二世暴政"的历史认识和论述，无论是从文字表述，还是思想内容，都与刘安等人相近。作为西汉前期极负盛名的政论名篇，贾谊的《过秦论》对刘安等人的"过秦"思想产生了显而易见的影响，成为后者记载和论述"二世暴政"的重要历史资源。

从《兵略》关于秦二世时期秦政发展情况的历史纪事来看，刘安等人始终着重突显出其中"虐民"的"暴政"弊端。因此其所选择的秦政史实主要集中在秦始皇以来至秦二世时期"不顾百姓之饥寒穷匮也"的乱政妄为，包括"兴万乘之驾"的巡游享乐活动、"作阿房之宫"的大型工程建设、"发闾左之戍"的过度征兵举措、"收太半之赋"的沉重赋役政策、"百姓之随逮肆刑"的苛酷司法实践等五个方面。在刘安等人

---

① 何宁：《淮南子集释·兵略》，第 1063 - 1064 页。

② 陆贾《新语》对秦二世政治的历史纪事远没有贾谊、刘安等人精要完整，其主要是着眼于对"二世暴政"的思想批判。贾山在其"言治乱之道，借秦为谕"（《汉书·贾邹枚路传》，中华书局，1962 年，第 2327 页）的《至言》中，虽有较为丰富的秦史纪事，但其所言主要是针对秦始皇，而非秦二世，并未直接突出"二世暴政"的历史内涵。晁错向汉文帝所答"对策"中"以秦事明之"（《汉书·贾邹枚路传》，第 2296 页），论述秦政治乱之由较为深刻，同样也未对秦二世有所着重突出。相比陆贾、贾山、晁错，刘安等人对秦二世政治的纪事与议论，最接近者为贾谊的《过秦论》，受后者影响最为显著。

③ 《史记》卷六《秦始皇本纪》，第 284 页。

看来，以上历史事实能够具体证明秦二世时期政治日趋"暴政化"发展的政治实情，能够充分反映出"二世暴政"所具有的"虐民"为治的消极内涵。因此，从整体上而言，《兵略》中对秦二世时期秦政发展情况的历史纪事，带有鲜明的政治批判指向，是"过秦""贬秦"的思想产物，不同于司马迁《史记》主要从历史客观立场出发进行的史实记载。

刘安等人撰著"出入经传，文义至深""广采百家精粹"①的《淮南子》一书，根本上是为西汉统治阶层提供一部能够发挥实效的"帝王之书""治国宝典"。因此，《兵略》对"二世暴政"的历史纪事实质上既是为西汉统治阶层借鉴秦王朝发展的政治教训而服务，也是为通过贬"秦"褒"汉"来达到证明西汉王朝统治正当性的目的而服务。刘安等人在《兵略》中对"二世暴政"的史实记载，成为西汉前期统治阶层深刻认识秦末政治发展得失的重要资源，对西汉前期统治者从历史反思中"探讨长治久安之道，使汉朝避免重蹈秦朝二世而亡的覆辙"发挥出积极作用，由此也可看出《淮南子》一书对"秦政治文化"有着极为理性的历史镜鉴态度，内在反映出刘安等人作为汉代思想家所具有的"高度的政治责任感与神圣的历史使命感"②。

二、积怨在民：《淮南子》对"二世暴政"的政治批判

刘安等人在《兵略》中对"二世暴政"的历史纪事，并非仅是就史纪事，而是带有强烈的政治批判意识、反思意识，力图揭示与阐明"二世暴政"所以产生、形成、恶性发展的弊病根由，并进而总结其深刻的败亡教训，为西汉统治阶层提供一面充满警示、借鉴意味的历史之"镜"。在刘安等人看来，秦二世时期的秦政发展日益走向"暴政化"③，导致自身彻底陷于"与民为仇"的为治"绝境"，以至难以自拔而覆灭。一言以蔽之，是由于秦王朝统治者们"积怨在于民也"，奉行了一条"纵耳目之欲，穷侈靡之变，不顾百姓之饥寒穷匮也"的畸形的法家政治路线。因此，"积怨"而非

---

① 张严：《淮南子·义》，台南成功大学文学院，1977 年，第 264 页。

② 庞天佑：《论中国古代的历史总结与国家盛衰》，中国社会科学出版社，2012 年，第 66 页。

③ 刘安等人注意到了"二世暴政"的形成有其历史演生过程，但并未言及秦二世初即位时曾有所安抚天下的政治举措。从 2013 年在湖南益阳兔子山 9 号井出土的"秦二世元年诏书"来看，秦二世继始皇而立后，也有过"明至治大功德者"的意识，亦有"元年与黔首更始，尽为解除故罪"的稳定政治局面的做法，甚至明确提出要"自抚天下"，要求地方行政"毋以繇（徭）赋扰黔首，毋以细物苛核县吏"。见陈伟：《秦简牍校读及所见制度考察》，武汉大学出版社，2017 年，第 356 – 362 页。但从秦二世此后的统治实践来看，其元年诏书的"善政"影响十分有限，"惠民的实际效果如何，令人怀疑"，"更麻烦的是，秦二世未能保持政策的稳定性"。见何有祖：《秦二世元年诏书解读》，《文献》2020 年第 1 期。所以"其'更始'新政仅仅停留在诏书上，完全不见付诸实行的蛛丝马迹。秦二世是亡国之君、愚蠢昏暴之君的历史定位未变"。见孙家洲：《兔子山遗址出土〈秦二世元年文书〉与〈史记〉纪事抵牾释解》，《湖南大学学报（社会科学版）》2015 年第 3 期。

"积恩",成为撕裂秦王朝"政制"与"治政"和谐平衡关系的历史关键,促使秦王朝政治发展终在"秦政化法家"的畸变过程里变为空前的"暴政"。① 对此,可从四个方面来分析认识。

(一) 刘安等人对"二世暴政"的批判,突出了"君""民"之间实际的利益冲突,深刻触及"二世暴政"的根本弊病

刘安等人在具体论及"二世暴政"的历史形成过程中,一开始便将"二世"与"百姓"之间的利益突显出来,② 指出前者是"势为天子,富有天下",而后者却是"势位至贱""饥寒穷匮"。这种"君""民"利益在秦政发展中的对立冲突,随着秦二世在位时间的持久,变得愈发严重起来,甚至最终酿成"百姓之随逮肆刑,挽辂首路死者,一旦不知千万之数。天下敖然若焦热,倾然若苦烈"的政治灾难。在刘安等人看来,"势""富"所代表的秦王朝统治者的政治利益的实现,根本上是建立在"百姓"之"贱""穷"的基础上,而且统治者利益的最大化、极端化,是以全然践踏和取消百姓正当的生存发展利益为代价的,毫无"防民之所害,开民之所利"③ 的"民本"内涵。因此,秦二世在政治上愈发得志妄为,也就愈发"积怨于民",愈发破坏"君""民"之间利益共生共存的合理性、可能性、必要性,其历史结果必然是激起"百姓"的愤怒反抗,促发产生"天下为之麋沸蚁动""一人唱而天下应之"的农民大起义。"君""民"争利、"君"利畸形、民"利"丧失,这是刘安等人在《兵略》中对"二世暴政"根本弊病的深刻触及,也是其对"二世暴政"最为现实表象的集中概

---

① 高旭:《秦王朝大一统政治的历史探索、挫败及根由——一种"秦政化法家"的新诠》,《历史教学问题》2016 年第 6 期。

② 刘安等人认为,秦王朝统治者"与民争利"是先秦以来"秦政"的积弊,虽非从秦二世时产生,但却是由其推向极致,演变为空前之暴政。刘安等人在《齐俗》篇末即言:"夫民有余即让,不足则争……故物丰则欲省,求澹则争止。秦王之时,或人菹子,利不足也;刘氏持政,独夫收孤,财有余也。"(何宁:《淮南子集释·齐俗》,第 825 – 826 页)将秦、汉政治在"与民争利"与否上进行历史比较,既对照显示出秦政的非正义性、反人民性,也以此论证"汉代秦立"及"汉政"的合理性、正义性与正当性。由此,刘安等人还提出"立法必须以'利民'为目的",而非相反,"强调政治和法令都是保障民利,为民谋利的","反对繁法苛刑和主张以法律手段发展社会经济,保障国计民生"。见段秋关:《〈淮南子〉与刘安的法律思想》,群众出版社,1986 年,第 84 – 85 页。表现出进步的政治理性,可贵的"民本"精神。

③ 何宁:《淮南子集释·主术》,第 679 页。

括与反映。①

（二）刘安等人对"二世暴政"的批判，突出了"君欲""君治"之间严重的矛盾冲突，深刻揭示"二世暴政"的产生内因

刘安等人从历史现实着眼，指出秦二世即位之后，便得意于自身"势为天子，富有天下"，开始"纵耳目之欲"，不仅将其父秦始皇时期的暴虐之"治"延续下来，毫无更改，而且变本加厉，愈发倒行逆施，进一步严重恶化王朝政治发展的环境，破坏社会秩序，动摇统治根基，彻底造成"天下敖然若焦热，倾然若苦烈，上下不相宁，吏民不相慘"、二世之"治"皆"苦"的暴政局面。"兴万乘之驾，而作阿房之宫，发闾左之戍，收太半之赋，百姓之随逮肆刑"，秦二世以上五个方面的所作所为无一不是"秦始皇起罪恶，胡亥极"②的历史产物。在刘安等人看来，"二世暴政"是"君欲"和"君治"之间根本矛盾冲突的结果，二者存在极端化的对立关系，完全缺失理性平衡的政治内涵。二世之乱"治"是其"纵欲"的必然发展，无论是"欲"，还是"治"，都体现出"肆意极欲""残虐以促期"③的"暴政"特点，殊乏善政良治之意。对"君欲""君治"之间割裂脱节现象的深刻认识，让刘安等人准确把握到"二世暴政"产生的内在根由。

（三）刘安等人对"二世暴政"的批判，突出了"兵""政"之间显著的失衡冲突，深刻阐明"二世暴政"的历史特点

从秦始皇至秦二世，秦王朝最为严重的政治弊端，即是穷兵黩武、好大喜功，给社会各阶层民众带来极其深重的战争灾难。"二世暴政"的重要表现之一，即"发闾左之戍"，是对秦始皇"因发卒五十万，使蒙公、杨翁子将，筑修城，西属流沙，北击辽水，东结朝鲜，中国内郡挽车而饷之……乃使尉屠睢发卒五十万，为五军……乃发适戍以备之"④的好战行为的恶性延续及发展。"闾左""是'黔首'中的贫民，主要靠佣作和佃田为生"⑤，"多是一些依附农民，惨遭地主阶级剥削，但在封建政府的户籍中没有他们的地位，所以他们是'复除者'。在一般的情况下，封建政府是不发闾左服

---

① 刘安等人在《主术》中言："衰世则不然，一日而有天下之富，处人主之势，则竭百姓之力，以奉耳目之欲。志专在宫室台榭，陂池苑囿，猛兽珍怪（此处文字取刘家立之说），玩好珍怪。是故贫民糟糠不接于口，而虎狼熊罴厌刍豢，百姓短褐不完，而宫室衣锦绣。人主急兹无用之功，百姓黎民，憔悴于天下。是故使天下不安其性。"（何宁：《淮南子集释·主术》，第 652 页。）对比《兵略》关于"二世暴政"的论述，可知《主术》对"衰世之政"的批判虽然没有明确指向"秦二世"，但实际上秦二世确为刘安等人所认为的"衰世"之"人主"，其"政"亦是"衰世之政"的历史典型。在刘安等人对所谓"衰世之政"的批判里，显然隐含有对"二世暴政"为代表的"秦政"的历史取鉴之意。

② 《史记》卷六《秦始皇本纪》，第 293 页。

③ 《史记》卷六《秦始皇本纪》，第 292 页。

④ 何宁：《淮南子集释·人间》，第 1288－1290 页。

⑤ 于振波：《简牍与秦汉社会》，湖南大学出版社，2012 年，第 154 页。

徭役的"，秦二世将徭役摊派到"闾左"身上，"说明兵源和劳动力已缺乏到什么程度"了。① 从秦孝公以来，秦"急耕战之赏……倾邻国而雄诸侯"，推行的是在"争霸状态下为'求变图存'而产生"的"一种典型的战时法治"，"而不是常态法治"，② 虽能以"法"为治，因"战"而兴，兼并天下，狼吞六国，但其实现"大一统"的王朝政治后，仍旧奉行"好战"政策，"内兴功作，外攘夷狄，收泰半之赋，发闾左之戍……竭天下之资财以奉其政"，终至民不堪命，社会震荡，"海内愁怨，遂用溃畔"。③ 可以说，秦"兴"于"战"，亦"亡"于"战"，其招致百姓的强烈的仇恨、反抗与"革命"，"几乎全在剥削人民太甚这一点"上。④ "二世暴政"在"兵""政"之间严重的失衡冲突，既反映在秦王朝暴力兼并与统治天下的一面，也表现在秦末农民大起义同秦王朝之间猛烈的对抗碰撞的另一面，二者叠加作用，激荡出"天下为之麋沸蚁动，云彻席卷，方数千里……一人唱而天下应之"的空前变局。穷兵黩武，兴亡由"战"，这是刘安等人对"二世暴政"的历史特点的揭示，也是他们之所以将"二世暴政"作为《兵略》一篇强烈批判"不义之兵"的典型史例的缘由。

（四）刘安等人对"二世暴政"的批判，突出了"核心""整体"之间的割裂冲突，深刻论述"二世暴政"的最终命运

刘安等人一方面指出秦二世"势为天子"的一人专制性，强调其暴虐为治的政治独裁本质，另一方面也指出此"一人"与"百姓"的利益冲突，对"天下"整体利益格局的严重破坏。"上下不相宁，吏民不相憀""敖然若焦热，倾然若苦烈"，"二世暴政"所带来的"苦烈"之害，是秦二世以君主"个体"利益取代"皇族和整个贵族官僚系统"，亦即"整个统治阶级的利益"的消极结果，更是其彻底取消广大普通民众的生存发展利益的恶性产物，其将"政治权力私有"的专制君主政治特点推向历史极致的做法⑤，最终让自身所代表的秦王朝的"统治核心"与整个王朝赖以存在发展的"政治体系"产生难以协调的割裂冲突，成为"大一统"政治实现以来最独裁，也最具破坏性的统治者。秦二世"纵耳目之欲，穷侈靡之变"，行"督责之术"，让"个体"完全凌驾于"整体"之上，让"王朝"沦为满足"个人"欲望的政治机器，这种统治暴行，既显示出专制主义中央集权条件下，"地主阶级的残暴性格"随其"统治农民的力量大大加强"的同时"也变得格外突出"⑥，也暴露出秦二世如其父秦始皇一样，充分"利用法家统治之便"，"为满足自身的无限欲望"而意图将"一时的高压统

---

① 林剑鸣：《秦汉史》，上海人民出版社，2003 年，第 183 页。

② 李国娟：《秦汉之际的儒家思想》，文汇出版社，2011 年，第 26 页。

③ 《汉书》卷二四上《食货志》，第 1126 页。

④ 周谷城：《中国通史》，上海人民出版社，1957 年，第 170 页。

⑤ 葛荃：《中国政治文化教程》，高等教育出版社，2006 年，第 180－184 页。

⑥ 翦伯赞主编：《中国史纲要》，人民出版社，1983 年，第 102 页。

治持久化"①,从而达到个人恣情纵欲的极端自私的目的。"戍卒陈胜,兴于大泽,攘臂袒右,称为大楚,而天下响应",刘安等人认为秦末陈胜起义,"具有内在的正义性",是"二世暴政""积怨在于民也"的必然结果,这也正是"秦王朝一切政治失败的总根源"。②"主者国之心,心治则百节皆安,心扰则百节皆乱"③,刘安等人对"二世暴政"及秦王朝覆灭的历史审视,同其对"大一统"王朝政治发展中"核心"与"整体"关系的深刻反思密不可分,在他们看来,帝王虽"势为天子,富有天下",但却不能"独"有"天下"、"独"占"天下"之"利",因为古之"立君也,所以剬有司,使无专行也"("剬"同"制")④,而"非贪万民之富,而安人主之位也"⑤,更遑论如秦二世一般"极愚""残虐""肆意极欲"⑥。

尽管刘安等人对"二世暴政"的直接论述比较简要,仅在《兵略》里有所集中反映,但是其思想史意蕴却颇为丰富深刻。刘安等人对"二世暴政"所体现出的秦末政治弊端有着充满批判性的理性反思,充分认识到了"秦何以二世而斩"的根由所在。在刘安等人看来,从秦始皇至秦二世,秦王朝统治者长期以来"对人民的压迫剥削太残酷了","人民不能忍受那种严刑苛罚,生产没有发展起来……当然要起来反抗",这种"积怨在于民也"的暴虐统治才是导致秦王朝短命速亡的"最主要的原因"。⑦

三、道义为本:《淮南子》对"二世暴政"的黄老审思

尽管刘安等人在《淮南子》中直接论及秦二世及其"暴政"的仅有《兵略》一篇,但"二世暴政"在《兵略》里的出现,却并非偶然,而是有着极为深刻的思想原由,是刘安等人力图"总结先秦和秦汉以来治乱兴衰的经验教训","为封建大统一帝国的长远统治,提供一个较为完备的学说","向最高统治者贡献治国之道"的理论产物。⑧对"二世暴政"的历史纪事与政治批判,刘安等人始终坚持用汉代黄老道家"道事并重、崇功尚用之撰作宗旨"及理念来予以思想观照,表现出"重视对实际政治与人生事务之讨论而不尚玄虚"的强烈的"经世企图"。⑨如若深细论之,刘安等人这种对"二世暴政"带有显著时代特色的黄老审思,主要反映在"兵道""君道""政

① 江荣海主编:《中国政治思想史九讲》(第二版),北京大学出版社,2012年,第117页。
② 高旭:《记忆 反思 民权——〈淮南子〉视阈中的秦末陈胜起义》,《江南大学学报(人文社会科学版)》2015年第4期。
③ 何宁:《淮南子集释·缪称》,第705页。
④ 何宁:《淮南子集释·主术》,第661页。
⑤ 何宁:《淮南子集释·主术》,第650页。
⑥ 《史记》卷六《秦始皇本纪》,第292页。
⑦ 吕振羽:《中国历史讲稿》,人民出版社,1984年,第142页。
⑧ 牟钟鉴:《〈吕氏春秋〉与〈淮南子〉思想研究》,人民出版社,2013年,第154-155页。
⑨ 陈丽桂:《汉代道家思想》,五南图书出版股份有限公司,2013年,第172-191页。

道""治道"等四个方面，其中前三者为王朝政治发展之外在表象与实际内容，"治道"则为内在根本和理论核心。

（一）着眼汉代黄老"兵道"，刘安等人主张"禁暴讨乱"，反对"用兵不义"

《兵略》是《淮南子》二十一篇里唯一的"军事专论"，"可以说是一部以道家思想为指导的简要兵书"①，也是"研究汉代战争思想和理论的完整的传世文献，是对《孙子兵法》《孙膑兵法》《六韬》等先秦军事思想的继承和发展"②，而且"更多的是结合历史的新鲜经验和教训所得出的最符合历史实际的结论……是对先秦兵学的最优秀的继承和发展"③。刘安等人论"兵"既讲究军事思想的专业性，善于大量地继承"从战国时代流传下来的有关兵家文献，并且将这些兵家文献加以研究，融多家文献之长，根据现实需要加以融会贯通"④，也尤为注重"围绕'政治—战争'的核心命题"进行深刻的理论思考，始终强调战争理应"始终沿着正义的方向"⑤发展，显示出"融兵学于政论，以政论阐明兵道"的思想特点，颇具"秦汉时代'政兵家'之风尚"⑥。刘安等人在《兵略》中对"二世暴政"的批判反思，便紧密结合战争理念与政治思想来进行，一方面从战争灾难出发，痛加贬斥"二世暴政"，认为秦末"发闾左之戍"以兴战的恶政，让天下百姓皆"不相宁""不相憀"，备尝"苦烈"的"人虐"⑦之祸，导致民不聊生，另一方面则从秦末政治发展的日趋"暴政化"出发，揭示出统治者这种"好战"行为所产生的极端的消极性，指出其最终激起农民大起义的历史的必然性。刘安等人生活的时代距离"二世暴政"并不远，其中有些年长者甚至亲身经历过那个"天下敖然若焦热，倾然若苦烈"的痛苦过程。因此他们对"战争"所必须具备的"政治正义性"有着异乎寻常的理论重视，在《兵略》一篇中从始至终就十分强调"夫兵者，所以禁暴讨乱也"⑧的根本理念及精神，并猛烈抨击夏桀、殷纣、晋厉公、宋康王、楚怀王、秦二世等"攻者，非以禁暴除害也，欲以侵地广壤也"⑨的历史上的"暴君"，认为只有"无道之君""无义之君"才好兴起"不义之兵"。在秦汉兵学史上，刘安等人所写《兵略》较其他同时代的兵书对"民本思想更有出色的发挥"，更显"深刻之处"，客观而论，"是在于总结了陈胜起义和楚汉相争的新的历史

---

① 陈一平：《淮南子校注译》，广东人民出版社，1994 年，第 725 页。

② 陈广忠：《淮南子斠诠》，黄山书社，2008 年，第 792 页。

③ 田旭东：《秦汉兵学文化》，三秦出版社，2012 年，第 120 – 121 页。

④ 朱新林：《〈淮南子〉征引先秦诸子文献研究》，浙江大学出版社，2015 年，第 154 页。

⑤ 高旭：《"政"与"兵"的历史辩证——〈淮南子〉战争观新论》，《西华大学学报（哲学社会科学版）》2012 年第 3 期。

⑥ 高旭：《民为兵本，兵胜在政——〈淮南子〉战争观之"民本"意蕴发微》，《船山学刊》2013 年第 4 期。

⑦ 何宁：《淮南子集释·览冥》，第 496 页。

⑧ 何宁：《淮南子集释·兵略》，第 1045 页。

⑨ 何宁：《淮南子集释·兵略》，第 1049 页。

经验，因而把问题讲得更为中肯和明确"①。从先秦以来，中国道家就是"反战争""反暴政"理念的坚定的阐发者，主张"用兵不以逞强，而是匡扶社会正义为己任，以不用兵为上策。军事只是手段，目的在于维护和平，安居乐业"②。因此，不论是老子、庄子，还是战国黄老道家，都深刻批判长期兼并战争对广大民众所造成的空前灾难。在他们看来，"天下有道，却走马以粪。无道，戎马生于郊"③"圣人之用兵也，亡国而不失人心"④"兵不义不可"⑤"世兵道三：有为利者，有为义者，有行忿者……所谓为义者，伐乱禁暴，起贤废不肖，所谓义也"⑥，因而战争无"道"不兴，非"义"不行，必须有利于天下百姓的生产生活，有利于国家社会的良序发展。先秦道家对战争的"政治正义性"的认识，得到刘安等人内在的理论认同和共鸣，并将其作为核心的战争理念充分反映在《兵略》里。《兵略》论"兵"，"构成了以'道'为中心的军事理论体系"⑦，体现出"儒、道、兵相结合的、完整的新道家的军事理论"⑧ 特色，坚持用"道""义"来规范与约束军事行为，虽然从未忽视军事本身的专业性、技术性，重视阐发"用兵之术"，但也从未脱离对战争根本性质的密切关注。

《兵略》这种"道""术"并重，以"政"驭"兵"的理念和做法，成为其能够有力批判、反思"二世暴政"，深刻揭示出秦王朝战争发展"积怨在于民也"的非正义性实质的根本前提。就此而言，刘安等人的政治见识要远高于一般的汉代兵家，《兵略》也无愧于中国古代帝王论"兵"的历史杰作。

（二）着眼汉代黄老"君道"，刘安等人主张"节欲养民"，反对"为君不义"

《兵略》对"二世暴政"的批判反思，表面上是在论述"兵道"问题，实质上有着特定的黄老"君道"意蕴。在刘安等人看来，虽然"兵之胜败，本在于政"⑨，"兵之所以强者，民也"⑩，但是，"德义足以怀天下之民，事业足以当天下之急，选举足以得贤士之心，谋虑足以知强弱之势"⑪ 的实现，却离不开有道之君、贤明之主。换言之，"主埶贤"⑫，即为君者是否具有良好的政治才能及素养，从根本上决定了战争的

① 金春峰：《汉代思想史》（增补第三版），中国社会科学出版社，2006 年，第 208 页。
② 詹石窗、谢清果：《中国道家之精神》，复旦大学出版社，2009 年，第 219 页。
③ 黄克剑：《老子疏解·四十六章》，中华书局，2017 年，第 448 页。
④ ［清］郭庆藩辑，王孝鱼整理：《庄子集释·大宗师第六》，中华书局，1961 年，第 232 页。
⑤ 陈鼓应：《管子四篇诠释——稷下道家代表作解析》，商务印书馆，2006 年，第 194 页。
⑥ 陈鼓应：《黄帝四经今注今译——马王堆汉墓出土帛书》，商务印书馆，2007 年，第 302 - 304 页。
⑦ 刘康德主编：《淮南子鉴赏辞典》（新一版），上海辞书出版社，2018 年，第 165 页。
⑧ 杨有礼：《新道鸿烈——〈淮南子〉与中国文化》，河南大学出版社，2001 年，第 248 - 249 页。
⑨ 何宁：《淮南子集释·兵略》，第 1059 页。
⑩ 何宁：《淮南子集释·兵略》，第 1087 页。
⑪ 何宁：《淮南子集释·兵略》，第 1059 页。
⑫ 何宁：《淮南子集释·兵略》，第 1066 页。

正义与否、政治的良善与否。秦末暴政的产生，是秦王朝统治者长期以来"积怨在于民也"的恶果，尤其因为秦二世"胡亥属于'诈立'，他既缺乏政治资本，又没有政治才干。他的主要亲信赵高又是一个既无政治远略，又无道德情操的人。这就决定了胡亥及赵高的上台势必乱上加乱。夺嫡本身就难免一场祸乱，而胡亥当权则是更大的祸乱"①。在很大程度上，刘安等人认为秦末暴政的最终酿成以及不可挽回，根本缘由就在于秦二世"纵耳目之欲，穷侈靡之变，不顾百姓之饥寒穷匮也"。秦二世的极端自私纵欲，让秦末政治彻底走向崩坏溃败，也让自身成为被广大民众所"怨""仇"、反抗的对象，正所谓"君为无道，民之思兵也"②。刘安等人甚至针对秦二世在内的历史上的暴君们，明确主张："杀无罪之民，而养无义之君，害莫大焉；殚天下之财，而澹一人之欲，祸莫深焉。"③并极富政治勇气地提出：

> 至于攘天下，害百姓，肆一人之邪，而长海内之祸，此大伦之所不取也。所为立君者，以禁暴讨乱也。今乘万民之力，而反为残贼，是为虎傅翼，曷为弗除！夫畜池鱼者必去猵獭，养禽兽者必去豺狼，又况治人乎？④

历史地看，即使在整个中国古代政治思想史上，这也是胆识非凡的政治理念。刘安等人这种反对"暴君"、反抗"暴政"，"主张平民对于暴政者有以武力革命的权利……反对为君主、为富国强兵打侵略战"⑤的进步理念，"是一种由帝王发起或介入的政治批判，其现实品格是：批判前朝政治以论证本朝代兴的合理性，借鉴历史经验教训以指导王朝政治，清理前辈的弊法弊政以改易更革"，尽管其批判的根本目的仍局限于"维护一家一姓的王朝"⑥，但在传统专制君主政治条件下，已然十分闪光，极为可贵，值得充分肯定。一方面，刘安等人在《兵略》中要求为君者"治国有常，而利民为本"⑦，能节欲安民，让"饥者能食之，劳者能息之，有功者能德之"，"养民"为用，以此实现"求民为之劳也，欲民为之死也"⑧的政治意图；另一方面，刘安等人更进一步提出，节制"君欲"如与"因民之欲，乘民之力"⑨紧密结合起来，便能发挥出更为显著的政治效用，因为"明王之用兵也，为天下除害，而与万民共用其利，民之为用，犹子之为父，弟之为兄，威之所加，若崩山决塘，敌孰敢当"⑩。在刘安等人看

① 张分田：《秦始皇传》，人民出版社，2003 年，第 632 页。

② 何宁：《淮南子集释·兵略》，第 1048 页。

③ 何宁：《淮南子集释·兵略》，第 1045 页。

④ 何宁：《淮南子集释·兵略》，第 1045 – 1046 页。

⑤ 李增：《淮南子》，台北东大图书股份有限公司，1992 年，第 311 页。

⑥ 张分田：《中国帝王观念——社会普遍意识中的"尊君—罪君"文化范式》，中国人民大学出版社，2004 年，第 605 页。

⑦ 何宁：《淮南子集释·氾论》，第 921 页。

⑧ 何宁：《淮南子集释·兵略》，第 1090 页。

⑨ 何宁：《淮南子集释·兵略》，第 1053 页。

⑩ 何宁：《淮南子集释·兵略》，第 1055 页。

来，"因民而虑，天下同斗"①"善用兵者，用其自为用也；不能用兵者，用其为己用也。用其自为用，则天下莫不可用也；用其为己用，所得者鲜矣"②，也即是说，这种"君""民"建立在"共利"基础上的"同欲"而战，让"战争"获得了源于"君道"的"合理性"支持，进而也能得到来自民众的"正义性"支持，避免成为"无道之君"发动、广大民众反对的"不义"之"战"。刘安等人认为，秦末政治发展之所以会"积怨在于民也"，与统治者严重缺失"君道"的合理内涵难逃干系，这也导致秦王朝之"兵道"同"君道"严重割裂，难以达到和谐平衡的良好状态，无法实现良性发展。"所为立君者，以禁暴讨乱也。今乘万民之力，而反为残贼，是为虎傅翼，曷为弗除"，在选择"兵道"与"君道"何者为"重"的问题上，刘安等人毫不犹疑地选择了后者，高扬"养民以公"的"民本"精神。③

（三）着眼汉代黄老"政道"，刘安等人主张"慎战宽刑"，反对"治国不义"

刘安等人对"二世暴政"的批判，注重从王朝行政的运行机制出发，对统治者的为政之道及实际举措有所深刻反思。在他们看来，"兴万乘之驾，而作阿房之宫，发闾左之戍，收太半之赋，百姓之随逮肆刑"等"乱政"作为，造成了整个国家行政运行的动荡紊乱，产生出"上下不相宁，吏民不相僇"的系统性障碍。在这种为政之道的严重的实践偏差中，又尤以"穷兵黩武"与"严刑峻法"为致命弊端。秦王朝统治者利用手中掌握的绝对的专制权力，不仅"骄溢纵恣，不顾患祸""嗜欲无极"，而且还"妄赏以随喜意，妄诛以快怒心，法令烦憯，刑罚暴酷，轻绝人命，身自射杀"④，把天下变成了"一面大狱的网"，"刑的严酷与花样之多，恐怕也是古今无两"⑤，"因为'唯刑主义'，君臣民的关系，还原为简单的相压与被压的关系"⑥，表现出"极欲"与"极酷"的双重的消极性。正因如此，"随着统治的日益残暴，社会矛盾就很快激化起来了"，"以地主为主的统治阶级与以农民为主的被统治阶级之间""大地主与中小地主之间、秦统治者与六国旧贵族之间的统治阶级内部矛盾及秦统治者与少数民族之间的民族矛盾"，最终因"更加残暴"，且"昏庸无能""纵情享乐"的秦二世的历史刺激，⑦走向总的大爆发，让秦王朝在农民大起义中土崩瓦解、灰飞烟灭。事实上，"穷兵黩武"与"严刑峻法"随着"二世暴政"的出现已经形成了一种"恶性循环"，叠加演变为严重威胁广大民众生存发展利益的"恶治""暴政"。在刘安等人看来，秦末政治局面产生"天下敖然若焦热，倾然若苦烈"的极端的消极状态，同秦王朝统治者

---

① 何宁：《淮南子集释·兵略》，第 1054 页。
② 何宁：《淮南子集释·兵略》，第 1055 页。
③ 何宁：《淮南子集释·主术》，第 610 页。
④ 《汉书》卷四九《爰盎晁错传》，第 2296 页。
⑤ 郭沫若：《中国古代社会研究》（外二种），河北教育出版社，2004 年，第 814 页。
⑥ 徐复观：《两汉思想史》（二），九州出版社，2013 年，第 93 页。
⑦ 王云度、张文立主编：《秦帝国史》，陕西人民教育出版社，1997 年，第 243 页。

"矜奋自贤""生杀自恣"① 的乱政作为难逃干系。秦二世"积怨"于民、酿成暴政的政治恶果，既是由秦始皇以来秦政发展"不善于转轨""不靠仁义争取民心"② 的原因所致，同样也是缘于其自身严重缺失政治道德及人性情操的根由。受此两方面影响，秦末政治在"穷兵黩武"与"严刑峻法"上突显出极端功利化、反人民性的特点，最终彻底迷失陷落于残民自恣、治国不义的暴政泥淖里。行政理念的根本歧误，施治举措的严重失当，是"二世暴政"造成"挽辂首路死者，一旦不知千万之数"的"人虐"惨剧的直接原因。

（四）着眼汉代黄老"治道"，刘安等人主张"积德行义"，反对"妄为不义"

刘安等人对"二世暴政"的批判反思，既从"兵道""君道""政道"等实际的方面着眼，表达对"帝王之事""治国之事"的高度重视，更从"治道"的方面力求洞察与把握秦汉"大一统"王朝发展的"治乱之机"、根本规律，探寻其内在之"本"。刘安等人强调："本立而道行，本伤而道废。"高诱注释此句时，即言："本立，义立也。本伤，义丧也。故曰道废。"可见，汉人是用"义"来落实"道"，也是用"义"来诠释"本"，将"义"与"道""本"紧密融合，视为王朝实现善政良治的理念根基，③ 将西汉统治者有无"治道"反思视为王朝长治久安的理论前提。在刘安等人看来，秦末"二世暴政"的产生并不偶然，有其深刻的"治道"根由，是先秦以来"秦之立国，一出于刑罚法律"，完全遵奉法家功利路线，日益将"以法治国"理念推向极端化发展的必然结果。④"仁义者，为厚基者也，不益其厚而张其广者毁，不广其基而增其高者覆"，但是，秦王朝发展的现实却是"赵政不增其德而累其高，故灭"⑤。刘安等人认为"秦政"所存在的根本弊端，不在其他，而正在"治道"上。"国主之有民也，犹城之有基，木之有根，根深即本固，基美则上宁"（王念孙、俞樾、杨树达等对该句有不同看法，此处取何宁之说）⑥，"二世暴政"所反映出的历史事实完全与此相背，秦王朝统治者非但毫无"节欲安民""养民以公"的政治实践，反之，却是"纵耳目之欲，穷侈靡之变"，将法家功利化的"尊君"理念在"大一统"的皇权政治中推向"暴政化"的极端，让"专制君主之专制行为最大化"，并进一步"强化体制和扩张体制"，竭力用严刑苛法维护这种甚为畸形的专制君权，从而完全剥夺了广大民众的生存发展权利，"让民众活不下去"，⑦ 只能揭竿而起，"一人唱而天下应之"。基于此，刘安等人反复且透彻地指出：

---

① 《汉书》卷四九《爰盎晁错传》，第 2296 页

② 周桂钿：《秦汉思想研究》，福建教育出版社，2015 年，第 42 页。

③ 何宁：《淮南子集释·本经》，第 604 页。

④ ［宋］高似孙撰，司马朝军校释：《子略校释》，山东人民出版社，2018 年，第 301 页。

⑤ 何宁：《淮南子集释·泰族》，第 1423 页。

⑥ 何宁：《淮南子集释·泰族》，第 1423 页。

⑦ 雷戈：《道术为天子合：后战国思想史论》，河北大学出版社，2008 年，第 16 页。

今若夫申、韩、商鞅之为治也，持拔其根，芜弃其本，而不穷究其所由生。何以至此也？凿五刑，为刻削，乃背道德之本，而争于锥刀之末，斩艾百姓，殚尽太半，而忻忻然常自以为治……①

今商鞅之启塞，申子之三符，韩非之孤愤……皆掇取之权，一切之术也，非治之大本，事之恒常，可博闻而世传者。（何宁认为"非治之大本，事之恒常，可博闻而世传者"，应为"非治之本，事之常，可博内而世传者"，"内"即"纳"字）②

圣人见其所生，则知其所归矣。水浊者鱼噞，令苛者民乱，城峭者必崩，岸崝者必陀。故商鞅立法而支解……故急辔数策者，非千里之御也。（何宁认为"故急辔数策者，非千里之御也"后脱"严刑峻法，非百王之治也"，且"百"应为"伯"字）③

历史地看，秦政"兴也'法治'，败也'法治'。秦的'法治'由于过分强调法律的强制性、暴力性，而忽视道德的教化作用，结果南辕北辙，以至于风俗败坏，这就暴露了法家文化的短处"④，但实际上，秦政之"失"并非"法治"之"失"，而是"法治"背后的"治道"之"失"。"法生于义，义生于众适，众适合于人心，此治之要也。故通于本者，不乱于末，睹于要者，不惑于详"⑤，刘安等人在《淮南子》一书中始终将"法"与"义"有机统一起来对待，认为"府吏守法，君子制义，法而无义，亦府吏也，不足以为政"⑥，强调"国之所以存者，仁义是也……国无义，虽大必亡"（何宁认为"国无义"应为"国无仁义"）⑦。他们的这种以"义"驭"法"的政治见识在很大程度上就源于对"二世暴政"的批判反思，因此带有极强的时代感、现实感。也正由于对"二世暴政"所表现出的"积怨在于民也"的"治道"缺陷有着十分深刻、痛切的历史省察，刘安等人在《兵略》里论及"二世暴政"之后，结合"为政"与"用兵"两个方面反复阐发"积德"为胜的主张，认为"善为政者积其德……德积而民可用"⑧"积恩先施"⑨"内修其政以积其德"⑩"良将之用兵也，常以积德击积怨，以积爱击积憎，何故而不胜"⑪。在他们看来，"积德"与"积怨"是截然相反的两种

---

① 何宁：《淮南子集释·览冥》，第 498 – 499 页。
② 何宁：《淮南子集释·缪称》，第 752 – 753 页。
③ 何宁：《淮南子集释·缪称》，第 1424 页。
④ 闫晓君：《秦汉法律研究》，法律出版社，2012 年，第 57 页。
⑤ 何宁：《淮南子集释·主术》，第 662 页。
⑥ 何宁：《淮南子集释·主术》，第 699 页。
⑦ 何宁：《淮南子集释·主术》，第 702 页。
⑧ 何宁：《淮南子集释·兵略》，第 1065 页。
⑨ 何宁：《淮南子集释·兵略》，第 1088 页。
⑩ 何宁：《淮南子集释·兵略》，第 1088 页。
⑪ 何宁：《淮南子集释·兵略》，第 1090 页。

治国理念及实践路线，其实质即是黄老道家与法家之间根本的"治道"差异。"秦王赵政兼吞天下而亡……商鞅支解，李斯车裂，三代种德而王，齐桓继绝而霸。故树黍者不获稷，树怨者无报德"①，尽管刘安等人严厉批判"二世暴政"，但并没有将批判反思仅仅局限于秦二世一人一时之政，而是深刻洞察了导致产生"二世暴政"的"治道"根源所在。从秦始皇至秦二世，秦政之所以走上了一条"树怨""积怨"的畸形发展道路，归根结底，都是"背道德之本，而争于锥刀之末"的恶性结果。由于"治之大本"在治国理念及实践上极为严重的歧误偏离，最终不但让秦政发展催生出秦二世胡亥这种迷信法家"督责之术"的"遗毒和怪胎"，"使得秦朝统治更加残暴，秦政权政策转变也就失去了最后的契机和可能性"，更是让广大民众陷于水火，深受其害。②一人得志，"行劫"而倒持"太阿"③，天下遭殃，刘安等人对"二世暴政"成因的"治道"反思，确有穿透历史的不凡力度。

在《淮南子》二十一篇中，刘安等人唯独于《兵略》中直接论及秦二世及"二世暴政"，这颇富思想史的深沉意味。作为中国古代"大一统"政治的开创者，"秦朝既是帝国的模范，又是被批判的标靶，集二者于一身"，而"汉朝虽然是秦的继承者，却需要与第一个王朝的崩溃划清界限"，既要吸取它的"做法"，又要"批判它"，并对秦王朝统治者有所政治"丑化"，④ 以此证明自身"代秦而兴"的历史合理性、正当性。作为西汉统治阶层的核心成员之一，淮南王刘安对"秦政"及秦二世的历史审视、政治批判与理论反思，在很大程度上，能够反映出汉王朝的"帝王们"对前代政治兴亡得失最为关切的要害之处，也能够显露出他们试图在充分借鉴中克服前代政治发展弊端，让汉王朝超迈而胜之的信念追求。

四、借秦谕汉：《淮南子》对"二世暴政"的资治意图

刘安等人在《兵略》一篇中对秦二世及其暴政的论述，与《淮南子》一书重在阐明汉代黄老"帝王之道"的理论特点紧密相关。刘安身为西汉著名的地方诸侯王，其与门下宾客"观天地之象，通古今之事"（何宁认为"通古今之事"应为"通古今之论"）⑤，共同精心撰著《淮南子》，根本上是为了"刘氏"的家国天下，意图向统治阶层提供一部既全面总结先秦古典治国学说，又系统反思汉初以来黄老政治经验的"帝王之书"。对秦王朝"大一统"政治发展的历史教训，刘安等人极为重视，始终在

---

① 何宁：《淮南子集释·人间》，第 1255 页。

② 王绍东：《秦朝兴亡的文化探讨》，内蒙古大学出版社，2004 年，第 291－292 页。

③ ［明］李贽评纂：《史纲评要》，中华书局，1974 年，第 92 页。

④ ［美］陆威仪著，王兴亮译：《早期中华帝国：秦与汉》，载〔加〕卜正民主编：《哈佛中国史》（第一卷），中信出版社，2016 年，第 71－72 页。

⑤ 何宁：《淮南子集释·要略》，第 1462 页。

《淮南子》中有着特殊的思想关注与理论观照。在某种程度上，强烈的"过秦"意识及思维，成为刘安等人深入探讨西汉王朝新的"大一统"政治发展之"道"的重要前提。对"二世暴政"的历史纪事和政治批判，既是《淮南子》"过秦"思想的重要构成，也是刘安等人"借秦谕汉"，力图推动西汉王朝实现良治发展的理论表现。

（一）"重秦之失"是刘安等人批判反思"二世暴政"的理论态度

以严厉批判秦政之"失"为主要内容的"过秦"思潮对汉代政治家、思想家有着广泛而深刻的历史影响，刘安等人在《淮南子》一书中对此同样做出了时代性的理论回应，并表现出不同一般的思想特点。批判秦政之"失"，刘安等人不仅重视对秦王朝统治者主体因素的反思，而且更加注重从治国理论渊源与根本治道理念上"穷究其所由生"，深刻探讨秦政之"失"的根由所在。在《淮南子》二十一篇中，涉及对"秦政"批判反思的内容贯穿全书首尾，尤其在作为"《淮南子》一书的序论和提要"[1] 的《要略》里，更是对秦王朝"大一统"政治得以实现的理论与实践的源头有着重要论述，明确揭示出"秦政治文化"所具有的"贪狼强力，寡义而趋利"[2] 的"强调实用"的"急功近利的战时政策性特征"[3]，认为这种文化特性是"秦国之俗"与以秦孝公、商鞅为代表的统治者综合作用的结果。在刘安等人看来，秦政之"失"最大的问题也即在于此。因为迷行"强力""力征"[4]，在国家政治发展中突显出"寡义而趋利"的政策导向，所以在从"秦国"到"秦王朝"的历史演进过程里，秦政始终如一地显露出"凿五刑，为刻削……而争于锥刀之末"的暴力性、虐民性，将"刻削之法""烦苛之事"[5] 推向极致。秦的"法治"从"秦始皇晚年在政治上、文化上亦由原来的比较开明转为极端专制……日益迷信，崇尚'诈力'的法家学说，容不得不同政见"[6] 后，实质上迅速堕落蜕变为极端化的"刑治"了，这为"秦二世尚刑而亡"[7] 埋下了致命的祸根。刘安等人对"二世暴政"的批判焦点之一，就是"百姓之随逮肆刑，挽辂首路死者，一旦不知千万之数"。秦王朝统治者"专任狱吏""乐以刑杀为威"，加之"上不闻过而日骄，下慑伏谩欺以取容"[8]，"惟其好谀也"而"甚于不知人"[9]，最终造成秦二世胡亥、赵高之类的政治投机分子阴谋篡权上位，肆意滥施淫威，残虐天下百姓。"赵高接受的是法家思想中的阴暗一面——'权术'，因此他成为秦王朝灭亡

---

① 熊礼汇：《新译淮南子》，三民书局，2008 年，第 1227 页。
② 何宁：《淮南子集释·要略》，第 1462 页。
③ 赵小雷：《"早熟路径"下的法家与先秦诸子》，中国社会科学出版社，2010 年，第 207 - 208 页。
④ 何宁：《淮南子集释·览冥》，第 496 页。
⑤ 何宁：《淮南子集释·览冥》，第 497 页。
⑥ 王云度：《秦汉史编年》，凤凰出版社，2011 年，第 202 - 203 页。
⑦ 王利器：《新语校注·道基》，中华书局，2012 年，第 34 页。
⑧ 《史记》卷六《秦始皇本纪》，第 258 页。
⑨ ［清］王夫之：《读通鉴论》，北京：中华书局，1975 年，第 3 页。

的始作俑者。胡亥在赵高的引导下歪曲地接受法家，给秦王朝输入毁灭性的负能量，最终直接导致了秦王朝的灭亡。"① 在刘安等人看来，秦之速亡，绝非无因，正是由于秦政的发展长期以来滥用法家治国理念"树怨"而不"积德"的必然结果，秦的"寡义而趋利"的政治文化特性让其自食恶果，"兼吞天下而亡"，其彻底覆灭"若转闭锤"②，不过短短十余年。作为西汉统治阶层的核心成员之一，刘安对秦之速亡确有不同于常人的感触，如何避"秦"之"失"，求"汉"长治久安，这是其撰著《淮南子》这部"刘氏之书"的根本目的。也因此，对"二世暴政"所反映出的秦政之"失"问题，刘安在《兵略》中结合先秦以来的战争发展以及秦末农民大起义的爆发，给予了深刻的理论剖析，力倡"兵之胜败，本在于政"的战争理念和治国思想。"重秦之失"让刘安等人对"二世暴政"有着特殊的重视，后者成为刘安等人探讨"君道""治道"问题时重要的理论参照与底色。

（二）"戒秦之失"是刘安等人批判反思"二世暴政"的政治理性

秦、汉王朝更迭是中国古代政治发展史上前所未有的大事件，对西汉统治阶层来说，没有哪一个政权的经验教训比"秦政"更具有冲击性、警示性，更能引起自身的高度重视。汉初高祖刘邦与陆贾之间的"马上""马下"问对就充分反映出秦政之"失"对这些历史亲历者、参与者、创造者的巨大震动与刺激。陆贾所言"居马上得之，宁可以马上治之乎……秦任刑法不变，卒灭赵氏。乡使秦已并天下，行仁义，法先圣，陛下安得而有之"，刘邦听后"不怿而有惭色"，不怒反说："试为我著秦所以失天下，吾所以得之者何，及古成败之国。"③ 刘安作为刘邦的嫡亲后人，始终有着强烈的"刘氏本位"意识，④"怀有对刘姓之天下的责任感和抱负……著书立说的目的就在于以自身的话语活动对现实政治造成影响"⑤，其与门下宾客共撰《淮南子》这部"帝王之书"，实际上也是在继续深思解答着其祖父刘邦"秦所以失天下，吾所以得之者何"的政治思考。刘安等人曾回顾秦、汉王朝的历史更迭并比较其政治发展之异同：

> 秦之时，高为台榭，大为苑囿，远为驰道，铸金人，发谪戍，入刍稿，头会箕赋，输于少府。丁壮丈夫，西至临洮、狄道，东至会稽、浮石，南至豫章、桂林，北至飞狐、阳原，道路死人以沟量……逮至高皇帝存亡继绝，举天下之大义，身自奋袂执锐，以为百姓请命于皇天……逮至暴乱已胜，海内大定，继文之业，立武之功，履天子之图籍，造刘氏之貌冠，总邹、鲁之儒墨，通先圣之遗教，戴

① 杨玲：《先秦两汉文学与文化研究》，上海古籍出版社，2015 年，第 310 页。
② 何宁：《淮南子集释·道应》，第 894 页。
③ 《史记》卷九七《郦生陆贾列传》，第 2699 页。
④ 高旭：《汉代黄老新"道治"的历史阐说——论〈淮南子〉著述意图、文本结构、思想体系及其政治理想》，《南昌大学学报（人文社会科学版）》2017 年第 5 期。
⑤ 黄悦：《神话叙事与集体记忆：〈淮南子〉的文化阐释》，南方日报出版社，2010 年，第 89 页。

天子之旗……①

从中可见，刘安身为西汉统治阶层的核心成员，对秦政之"失"有着极为深刻的理性反思，充分认识到了"刘氏"天下所以能"得"的根本原因就在于"举天下之大义"而反抗秦之"暴君""暴政"。也即是说，"秦"之"失"天下之处，便是"汉"之"得"天下之处。在《兵略》这篇"以归纳、总结先秦兵学的基本成就为主旨并加以必要发挥的兵学专著"② 中突出论及"二世暴政"，这反映出刘安对秦末政治在"二世"时期走向极端暴政化发展后所产生的恶果有着清醒的政治认识，深知"昏庸骄恣"的秦二世"固当负亡秦之责"③，其在"积怨于民"的"亡秦"之路上起到了最后的加速推动作用。刘安等人在《要略》里反复阐明"经纬人事"④"纪纲王事"⑤"通古今之事"⑥"擘画人事之终始"⑦"揽掇遂事之踪，追观往古之迹，察祸福利害之反"⑧"分别百事之微，敷陈存亡之机"⑨"使君人者，知所以从事"⑩ 的重要性，将"帝王之事""治国之事"放在首要的理论地位来对待，这也让其对"秦政"发展之"事"、之"失"形成内在的重视之意，"包含着某种理性的自觉"，进而深入"总结了秦王朝最高统治者专任己能而流弊万端的教训，其中内含着怎样发挥统治者阶层整体力量和功能的理性思考"⑪，试图用"秦政"之"失"来警戒西汉统治者，促使后者继续奉行汉初以来的黄老治国理念及政策，避免重蹈"亡秦"之辙。正是对秦汉兴亡历史极为严肃认真的反思态度，让刘安等人在论思"二世暴政"时体现出深切有力的政治理性。

（三）"鉴秦之失"是刘安等人批判反思"二世暴政"的思想诉求

刘安等人撰著《淮南子》有着"来自秦汉大一统政治实践的理想促动"与重大"问题轴心"，试图通过探索"西汉王朝的理想发展秩序及模式"来为"刘氏"天下提供一种能够实现长治久安的"政治方略"。⑫ 这让《兵略》对"二世暴政"的批判反思绝不仅仅停留在"兵学"层面上，而是从一开始就带有极其强烈的"政论"色彩，强调"仁义才是用兵的核心目的"，"坚实稳固的政治基础，是兵战制胜的强大后盾和先

---

① 何宁：《淮南子集释·氾论》，第 942 – 944 页。
② 黄朴民：《秦汉统一战略研究》，中国人民大学出版社，2007 年，第 73 页。
③ 萧公权：《中国政治思想史》，辽宁教育出版社，1998 年，第 249 页。
④ 何宁：《淮南子集释·要略》，第 1437 页。
⑤ 何宁：《淮南子集释·要略》，第 1452 页。
⑥ 何宁：《淮南子集释·要略》，第 1462 页。
⑦ 何宁：《淮南子集释·要略》，第 1446 页。
⑧ 何宁：《淮南子集释·要略》，第 1446 页。
⑨ 何宁：《淮南子集释·要略》，第 1451 页。
⑩ 何宁：《淮南子集释·要略》，第 1443 页。
⑪ 丁原明：《黄老学论纲》，山东大学出版社，1997 年，第 280 – 281 页。
⑫ 高旭：《道治天下——〈淮南子〉思想史论》序，第 1 – 10 页。

决条件"①，突显出自身显著的"民本"主义精神。深入来看，《兵略》论及"二世暴政"时，实则将"兵道""君道""政道""治道"四者贯通融合在一起，据此审思与阐明"二世暴政"产生的历史根由及严重危害。在刘安等人看来，秦政之"弊"的最大问题就是统治者长期以来"积怨在于民也"，这是秦王朝政治发展的根本性的"治道"之失。由此，秦政在"兵道""君道""政道"方面表现出肆意妄为、残民而治的极端功利化的畸形实践，造成"君欲"与"民欲"的冲突、"君利"与"民利"的矛盾、"君势"与"民势"的对立、"君权"与"民权"的斗争，最终激起"一人唱而天下应""天下为之麋沸蚁动，云彻席卷"的农民大起义，在"失民"而"民之所以仇也"中土崩瓦解，二世而亡。在刘安等人看来，秦政发展至"二世暴政"时期，已彻底丧失了王朝存在的正义性、合理性，用兵不义、为君不义、施政不义被全面表现出来，根本上否定了"尊道行义"②"人以义爱，党以群强"（此处文字从何宁说）③"义者，人之大本。虽有战胜存亡之功，不如行义之隆"④ 的政治理念。秦政这种"暴政化"的发展趋向及现实，与秦始皇、秦二世"有意"宣传夸饰的"秦德"距离甚远，事实上形成"秦暴"与"秦德"根本对立的严重悖论，让秦政蜕变为一种连用"仁慈的形式"作为遮羞布都毫无可能的赤裸裸的"暴政"。⑤ 对"二世暴政"的严厉批判，促发了刘安等人对秦汉"大一统"政治发展所需"民本"根基的重要性的深刻反思，⑥使之坚定了"穷道通义"⑦"修德行义"⑧ 的"治道"理念，极力主张西汉王朝采用黄老道家的治国模式，避免走上秦王朝"寡义而趋利"的畸形发展、自取灭亡之路。对此，刘安等人在作为《淮南子》"全书的总结"⑨ 的《泰族》中，给予了极为深透的阐明：

① 陈丽桂：《秦汉时期的黄老思想》，台北文津出版社，1997 年，第 124 – 125 页。
② 何宁：《淮南子集释·缪称》，第 746 页。
③ 何宁：《淮南子集释·缪称》，第 747 页。
④ 何宁：《淮南子集释·人间》，第 1268 页。
⑤ 王子今：《秦汉社会意识研究》，商务印书馆，2012 年，第 1 – 25 页。
⑥ 《史记》记载刘安身为淮南王"亦欲以行阴德拊循百姓""行仁义，天下莫不闻""亲行仁义"，见《史记》卷一八《淮南衡山列传》，第 3082、3085 页。这种突出的"仁义"为治的政治行为特征，与其作为西汉统治阶层的核心成员，深刻取鉴"秦政之失"有着紧密的内在关联。《史记》中还详细记载刘安与伍被的一次"东宫对谈"，二人在"夫百年之秦，近世之吴楚，亦足以喻国家之存亡矣"（《史记》卷一八《淮南衡山列传》，第 3086 页）上有着高度的政治认同。刘安对秦政严重缺失"民本"内涵的历史反思，成为其治理淮南国的重要思想基础，使之 43 年为王期间并未有任何纵欲虐民的政治劣迹，相反的其是一位"好读书鼓琴，不喜弋猎狗马驰骋"（《史记》卷一八《淮南衡山列传》，第 3082 页）的"学识渊博的开明侯王"（陈广忠：《刘安评传——集道家之大成》，广西教育出版社，1996 年，第 16 页）。
⑦ 何宁：《淮南子集释·要略》，第 1455 页。
⑧ 何宁：《淮南子集释·要略》，第 1458 页。
⑨ 熊礼汇：《新译淮南子》，第 1149 页。

仁义者，治之本也，今不知事修其本，而务治其末，是释其根而灌其枝也。且法之生也，以辅仁义，今重法而弃仁义，是贵其冠履而忘其头足也。故仁义者，为厚基者也。不益其厚而张其广者毁，不广其基而增其高者覆。①

可见，刘安等人的"鉴秦之失"可谓切中要害，别具卓识。

（四）"矫秦之失"是刘安等人批判反思"二世暴政"的根本意图

在《淮南子》中，刘安等人对"秦始皇""商鞅"的批判要远比对"秦二世"充分深入许多，② 但批判后者却有着不同于前两者的思想史意味。"二世暴政"是秦政"积怨在于民也"的最后政治爆发点，是实现秦、汉王朝更迭的重大历史契机，正如陆贾曾对汉高祖刘邦所言："乡使秦已并天下，行仁义，法先圣，陛下安得而有之。"贾谊亦在《过秦论》中云：

今秦二世立，天下莫不引领而观其政……乡使二世有庸主之行，而任忠贤……建国立君以礼天下，虚囹圄而免刑戮……发仓廪，散财币，以振孤独穷困之士，轻赋少事，以佐百姓之急，约法省刑以持其后，使天下之人皆得自新……即四海之内，皆讙然各自安乐其处，唯恐有变，虽有狡猾之民，无离上之心，则不轨之臣无以饰其智，而暴乱之奸止矣。③

但历史的实际发展却并非如此，秦王朝非但没有因为秦二世走上一条"及时转轨"的良治之路，相反，由于"二世虽然被赵高等人推上帝位，但他仅仅具有当皇帝的意识，既无帝王之器，又无合法的继位身份，因此他无法填补皇帝专制这个真空"④，只能作为"套子里的皇帝"被赵高牵着鼻子走⑤，终至于"愿与妻子为黔首，比诸公子"而不可得，"自杀"于望夷宫⑥。秦二世及其暴政的历史结局，对同样处于"帝王之列"的刘安有着深刻的触动和警醒。通过批判反思"二世暴政"，刘安等人对秦政之"失"的根由形成了极为深刻的历史认识，并进而力图从理论上"矫秦之失"，为西汉统治阶层阐发一种能彻底弥补秦政"寡义""趋利"、"积怨""失民"的政治缺陷的新"治道"。在刘安等人看来，这种新"治道"实质上仍归属于"纪纲道德"⑦ "穷道德之意"⑧ "持以道德"⑨ 的汉代黄老治国理念，其核心内涵也仍是"无为而治"，但这种

---

① 何宁：《淮南子集释·泰族》，第 1422 - 1423 页。
② 参见高旭：《商君之法与亡秦之鉴——〈淮南子〉论"商鞅"及对秦政的汉代黄老治道省察》，《西安财经学院学报》2017 年第 3 期；《〈淮南子〉"秦始皇"观评议》，《西安财经学院学报》2015 年第 1 期。
③ 《史记》卷六《秦始皇本纪》，第 283 - 284 页。
④ 徐卫民、贺润坤：《秦政治思想述略》，陕西人民出版社，1995 年，第 202 页。
⑤ 徐卫民、贺润坤：《秦政治思想述略》，第 198 - 202 页。
⑥ 《史记》卷六《秦始皇本纪》，第 274 页。
⑦ 何宁：《淮南子集释·要略》，第 1437 页。
⑧ 何宁：《淮南子集释·要略》，第 1454 页。
⑨ 何宁：《淮南子集释·览冥》，第 497 页。

"无为"是充满汉代黄老经世精神的"积极无为"，而非先秦老庄带有被动性的"消极无为"，其"实践的意义和理性的意味"要更加突出，"不再意味着无所作为，而成了有条件的行为或恰当的回应"，"不再是高悬于经验界之上的不可言说的神秘之物，而是具体行为中'不先物为'的态度"；同样，"无不为"也"不再是'无所不为''无所不能'的神秘能力，而是切实的'因物之所为'的行为方式"。① 刘安等人正是用"积极无为"的黄老理念及精神，同时大力汲取儒家"仁义"思想为助，在"儒道整合"中"弱化法家的意味"，"反秦暴法"，② 重新阐释了汉代道家"无为而治"的"治道"思想，并进而对"兵道""君道""政道"也有所新诠，以此达到理论上矫秦之失、易秦之辙、借秦谕汉、促汉兴治的根本意图。在刘安等人看来，唯有用黄老道家"无为而治"的治国路线从根本上取代秦政所奉行的极端化的法家治国路线，突显出"大一统"政治所应有的"民本"蕴涵，真正体现"民者国之本也，国者君之本也"③ 的理念精神，才能"积德"于民，而非"积怨"在民，使西汉王朝实现"根深即本固，基美则上宁"的良性发展条件。与此一致，在"兵道"上，刘安等人认为："驱人之牛马，偎人之子女，毁人之宗庙，迁人之重宝，流血千里，暴骸满野，以澹贪主之欲，非兵之所为生也。故兵者所以讨暴，非所以为暴也"（此处文字中"流血千里"取王念孙之说），主张"用兵有术矣，而义为本"④；在"政道"上，反对严刑苛法、残民为治，主张"法令察而不苛"⑤"爱人则无虐刑矣""刑不侵滥，则无暴虐之行矣"⑥，强调"法生于义，义生于众适，众适合于人心"，甚至要求以法"禁君""使无擅断也"，⑦"这个论点是先秦法家所没有的"，是"比先秦法家更为积极的"。⑧"实能补充法家理论之不足"⑨，在一定程度上"表述了限制君权的思想"⑩，试图用法律制度规范和约束统治者的政治所为；在"君道"上，主张"君人之道，处静以修身，俭约以率下"⑪，提出"原天命，治心术，理好憎，适情性，则治道通矣"⑫，并言："为治之本，务在安民；安民之本，在于足用……省事之本，在于节欲；节欲之本，在于

---

① 戴黍：《〈淮南子〉治道思想研究》，第 164 – 165 页。
② 雷健坤：《综合与重构——〈淮南子〉与中国传统文化》，开明出版社，2000 年，第 62 页。
③ 何宁：《淮南子集释·主术》，第 685 页。
④ 何宁：《淮南子集释·本经》，第 603 – 604 页。
⑤ 何宁：《淮南子集释·主术》，第 658 页。
⑥ 何宁：《淮南子集释·泰族》，第 1434 页。
⑦ 何宁：《淮南子集释·主术》，第 661 页。
⑧ 李增：《淮南子哲学思想研究》，台北洪叶文化事业有限公司，1997 年，第 258 页。
⑨ 李增：《淮南子哲学思想研究》，第 241 页。
⑩ 王德有：《道旨论》，齐鲁书社，1987 年，第 71 页。
⑪ 何宁：《淮南子集释·主术》，第 649 页。
⑫ 何宁：《淮南子集释·诠言》，第 996 页。

反性。"① 将"君道"与"治道"紧密融合起来，相辅相成，以此达到内能"治身"，外能"治国"，"身国同治"的根本目的。刘安等人的"矫秦之失"既是对秦王朝"大一统"政治发展教训的系统反思，更是对西汉王朝"大一统"政治发展理论的新的阐发。"二世暴政"作为秦政失败的集中表现，极大地激发了刘安等人对汉代黄老新"帝王之道"的理论思考，促使他们必须更为理性地审视与探讨"君欲""民欲"、"君利""民利"、"君势""民势"、"君权""民权"之间的辩证关系，进而为西汉统治阶层探索出一条克服和超越"秦政之失"的发展新路，推动其在"统天下，理万物，应变化，通殊类"中实现长治久安。

"夫百年之秦……亦足以喻国家之存亡矣"②，刘安曾与门下"以材能称"、号为"冠首"③ 的伍被纵论天下大事，后者即以"秦政"为喻，宽解说服刘安不宜在政治上"逆天道而不知时"的盲动有为，刘安则为伍被所言触动，听后"气怨结而不扬，涕满匡而横流，即起，历阶而去"④。可见，刘安等人对"秦政"发展得失有着重点关注和深入认识，这在《淮南子》中便得到充分体现。⑤ 刘安等人将"二世暴政"视为"秦"之所以"失天下"的直接原因，并结合先秦以来"秦"的历史发展情况，深入剖析秦王朝"大一统"政治在理论与实践上存在的根本弊端，以蕴含"重秦之失""戒秦之失""鉴秦之失""矫秦之失"四方面内容的思想认识来"以秦谕汉"，意图用"秦政"兴亡的典型史例促动西汉统治阶层有所深刻反省，认识到"民心向背对于维护封建王朝统治的决定性作用"⑥，让刚即位的汉武帝接受一种特殊的历史教诲，熏染其政治意识及性格，进而使之继续认同、接受、采纳与奉行汉初以来的黄老治国理念，"将汉初对诸侯王的政策能够坚持下去"，不再"侵夺其权力"，而是"应该给诸侯王更多的权利和自由"，保持刘氏天下的"松散的统一"，⑦ 从而实现中央汉廷与地方诸侯王国的和平相处，共治天下。

五、余论

徐复观先生曾云："中国圣贤，一追溯到政治的根本问题，便首先不能不把作为'权原'的人君加以合理的安顿，而中国过去所谈的治道，归根到底便是君道……在中

---

① 何宁：《淮南子集释·诠言》，第 997 页。
② 《史记》卷一一八《淮南衡山列传》，第 3086 页。
③ 《汉书》卷四五《蒯伍江息夫传》，第 2167 页
④ 《史记》卷一一八《淮南衡山列传》，第 3087 页。
⑤ 高旭：《鉴秦之得失 兴汉之宏业——论〈淮南子〉对秦王朝的政治批判与反思》，《海南师范大学学报（社会科学版）》2012 年第 9 期。
⑥ 吴光：《黄老之学通论》，浙江人民出版社，1985 年，第 213 页。
⑦ 那薇：《汉代道家的政治思想和直觉体悟》，齐鲁书社，1992 年，第 55 页。

国过去，政治中存有一个基本的矛盾问题。政治的理念，民才是主体；而政治的现实，则君又是主体。这种二重的主体性，便是无可调和的对立。对立程度表现得大小，即形成历史上的治乱兴衰。"① 此论如果印证以"秦政之失"，尤其是"二世暴政"，可谓是历史之确论！淮南王刘安及其宾客们虽然无法提出这种现代性的看法，但他们却从"秦汉兴亡"的重大历史教训中深切意识到了"君""民"之间可能存在根本紧张关系，认识到了"积怨在于民也""民之所以仇也"对"大一统"王朝政治发展所产生的致命影响。在他们看来，"秦行暴政导致迅速覆亡的历史事实从反面说明以民为本对于巩固封建统治的极端重要性"，也因此，秦"二世而亡"成为促进刘安等人"民本思想发展的重要契机"，② 成为其明确提出"以法禁君，使无擅断"的光辉观点与进步理念的历史前提。在某种意义上，刘安等人的主张已是传统专制君主政治条件下破解"君""民"二重主体性难题的最为合理也最有可能实践的理论思路。这种思想既是刘安等人批判反思"二世暴政"所代表的"秦政之失"的有益结果，更是秦汉时代"民众的革命斗争打出来的"，因为"没有民众的波澜壮阔的斗争，代表剥削阶级利益的思想家与政治家是不会自觉地产生这种认识的"。③ 刘安等人的"过秦"论是与其"兴汉"论紧密相融的，与此同步，他们所提出的"民本"论也是与其"圣王论"密不可分的。④ 须知，尽管"重民思想在局部问题上与专制君主"有所矛盾，"但从全局看，它不是对专制君主的否定，而是提醒君主注意自己存在的条件"⑤，发挥着促进专制君主政治良性发展的作用。刘安等人立足黄老道家，便是力图为西汉"大一统"王朝政治贡献出一套根本有别于"秦政"、能从"治之大本"上避免"秦政之失"的新的"内圣外王、身国同治"的"帝王之道"，以此缓解、平衡与和谐"君""民"之间二重主体性的历史紧张，推动王朝发展走向"'至治'的理想社会"，一种"用道、法律

---

① 徐复观：《中国思想史论集续编》，上海书店出版社，2004年，第308页。

② 庞天佑：《秦汉历史哲学思想研究》，中国社会科学出版社，2002年，第75页。

③ 刘泽华：《王权思想论》，天津人民出版社，2006年，第105页。

④ 从批判"二世暴政"所代表的"秦政"中，可看出刘安等人对"民本"的重视与强调，根本上是出于对西汉统治阶层长远利益得以实现的政治考量，这种"考量"直接源自秦汉剧变的历史刺激和经验，因为在其而言，"君主只有在承诺或保证'为民'的前提下，其统治才能获得正当性与正义性，而之所以要实行君主制度，根本原因也在于维护一种有利于政治正义实现的政治秩序。政治秩序虽然必不可少，但是只有有利于政治正义实现的政治秩序才是正当的"，参见宋洪兵：《韩非子政治思想再研究》，中国人民大学出版社，2010年，第359页。刘安等人在《主术》《修务》里明确主张"（古之）立君也，所以制有司，使无专行也"（见何宁：《淮南子集释·主术》，第661页），"古之立帝王者，非以奉养其欲也；圣人践位者，非以逸乐其身也。为天下强掩弱，众暴寡，智欺愚（此处文字取何宁之说），勇侵怯，怀知而不以相教，积财而不以相分，故立天子以齐一"（见何宁：《淮南子集释·修务》，第1318页），便是对专制君主政治存在与发展必须具有的内在的"正当性与正义性"的深刻认识。就其实质来说，表达出的是一种在秦汉"大一统"王朝政治条件下，追求构建开明理性的专制君主政治秩序的政治心愿及理念。

⑤ 刘泽华：《中国传统政治思想反思》，生活·读书·新知三联书店，1987年，第117－118页。

和道德等综合的力量和方法建立起来的理想化的共同体"。[①] 虽然"秦汉大一统社会建立后，关于君主权力与民众关系的理论成为空谷足音"[②]，"为民众服务"[③] 的"民本"理念精神日渐被人所忽视、所遗忘，但刘安等人在绝代奇书、旷代道典《淮南子》中所表达出的"法籍礼仪者，所以禁君，使无擅断也""欲事起天下利，而除万民之害"的"民本"思想却是"空谷"中清晰可闻、清听自远的千古"足音"！

---

① 王中江：《根源、制度和秩序：从老子到黄老》，中国人民大学出版社，2018 年，第 227 页。
② 周桂钿主编：《中国传统政治哲学》，河北大学出版社，2007 年，第 345 页。
③ 周桂钿主编：《中国传统政治哲学》，第 368 页。

楚汉之际爵位制度管窥

王 毅

（陕西师范大学历史文化学院）

　　摘要：刘邦早期从楚制，用楚爵，在入关灭秦到汉中就国期间则改楚制，行秦制。战国以来的地域差异和楚汉相争的局面导致刘邦集团采用因地制宜的赐爵制度，大致来说，关内赐秦爵，关外赐楚爵，呈现出秦楚爵制并行格局。这一事实为张家山汉简《奏谳书》新郪信案所印证，此案中新郪信的右庶长爵位表明，刘邦全面改行秦爵是在汉四年（前203）十一月后不久，此后以诏书形式对此予以明确。

　　关键词：楚汉之际；爵制；楚制；秦制；奏谳书

　　关于楚汉之际的爵位制度，多位学者曾有论及。[①] 刘邦曾行楚制可溯至《汉书》郑氏注，在执帛爵名注曰："楚爵也。"[②] 随着张家山汉简的出土，关于这一时期爵制的研究有新的进展。但囿于文献不足，刘邦集团由楚制到秦制的变化过程及时间尚存疑点。笔者不辞固陋，试从地域视角和对汉简《奏谳书》新郪信案的分析来重新审视此问题，不妥之处，还望方家指正。

一、秦楚爵制并行格局

　　关于刘邦集团爵制变化，既往研究多认为汉五年（前202）是刘邦改楚爵行秦爵的

---

　　① 高敏：《论两汉赐爵制度的历史演变》，《文史哲》1978 年第 1 期；朱绍侯：《刘邦施行过楚爵制已有实证》，《南都学坛》1994 年第 2 期；杨剑虹：《汉简〈奏谳书〉所反映的三个问题》，《江汉考古》1994 年第 4 期；卜宪群：《秦制、楚制与汉制》，《中国史研究》1995 年第 1 期；朱绍侯：《〈奏谳书〉新郪信案例爵制释疑》，《史学月刊》2003 年第 12 期；李开元：《汉帝国的建立于刘邦集团：军功受益阶层研究》，生活·读书·新知三联书店，2000 年，第 39 页；〔日〕渡边卓著，秦仙梅译：《墨家的兵技巧书》，载秦始皇兵马俑博物馆《论丛》编委员编：《秦文化论丛》第九辑，西北大学出版社，2002 年，第 207 页；秦铁柱：《汉代列侯爵溯源考》，《山东师范大学学报（人文社会科学版）》2017 年第 6 期；陈直：《汉书新证》，中华书局，2008 年，第 145 页；等等。
　　② 《汉书》卷三九《曹参传》，中华书局，1962 年，第 2014 页。

转折点，两者不存在并行的情况，杨剑虹、朱绍候、李开元等持这一观点。① 但也有学者注意到秦爵、楚爵的同时行用问题，提出了楚汉之际刘邦集团军功爵制存在二元化的现象。②

刘邦早期从楚制，在入关灭秦后，此制度开始发生变化，首先体现在官制上。《史记·淮阴侯列传》曰：

> 羽以为郎中。数以策干项羽，羽不用。汉王入蜀，信亡楚归汉，未得知名，为连傲……汉王以为治粟都尉，上未奇之也。……至拜大将，乃韩信也，一军皆惊。③

已有学者对文中"郎中"④"连傲"⑤ 等属于楚制的职官做了详细考察，但对于后来韩信所任治粟都尉则少有注意，治粟都尉一职不见于《汉书·百官公卿表》，但有类似官职如"治粟内史，秦官""搜粟都尉，武帝军官"⑥。《史记·平准书》《汉书·食货志》都记载"桑弘羊为治粟都尉，领大农"⑦。而据王勇考证："汉代人们对治粟都尉与搜粟都尉的区分是很明确的，二者必定为不同官职""治粟都尉为大司农的另一称号。"⑧ 而大司农是由治粟内史演变而来的，按《史记·高祖功臣侯者年表》：棘丘"以执盾队史，前元年从起砀，破秦，以治粟内史入汉，以上郡守击定西魏，功侯"⑨。棘丘在破秦后至入汉中前曾任治粟内史。治粟内史为秦官，属官有太仓、都内，可以供给军食，刘邦破秦后还军灞上，"秦人大喜，争持牛羊酒食献飨军士。沛公又让不受，曰：'仓粟多，非乏，不欲费人。'"⑩ 所取食仓粟应是治粟内史属官所管理的太仓存粮。这也正好与棘丘任治粟内史的时间吻合。"内史"在秦统一后特指关中京师地

---

① 从楚爵到汉爵的变化过程，大致可分为三个阶段：第一阶段沛公与第二阶段汉王时期均用楚爵，第三阶段汉五年称帝后废除楚爵行汉爵。见杨剑虹：《汉简〈奏谳书〉所反映的三个问题》，《江汉考古》1994 年第 4 期；张家山汉简出土后，朱绍候纠正了他在《军功爵制研究》中认为刘邦入关后就放弃了楚制的观点，见朱绍候：《刘邦施行过楚爵制已有实证》，《南都学坛》1994 年第 2 期；从秦二世元年（前 209）到汉四年（前 203）汉中就国期间，刘邦集团从楚制、用楚爵。汉元年（前 206）四月以后楚爵不再出现，至刘邦建立汉帝国，爵制未有明显改变。见李开元：《汉帝国的建立于刘邦集团：军功受益阶层研究》，第 39 页。

② 周思佟：《楚汉之际刘邦施行军功爵制二元化》，《赤峰学院学报（汉文哲学社会科学版）》2010 年第 8 期。

③ 《史记》卷九二《淮阴侯列传》，中华书局，1959 年，第 2610 页。

④ 《战国策注释》卷十七《楚策四》："朱英谓春申君曰：君先仕臣为郎中。"见何建章注释：《战国策注释》，中华书局，1990 年，第 594 页。

⑤ 张光裕：《曾侯乙墓竹简文字编》，艺文印书馆，1997 年，第 149 页。

⑥ 《汉书》卷一九上《百官公卿表上》，第 731 页。

⑦ 《史记》卷三〇《平准书》，第 1441 页；《汉书》卷二四下《食货志下》，第 1174 页。

⑧ 王勇：《治粟都尉和搜粟都尉与大司农关系考——对〈汉书·百官公卿表〉大司农两处空白记录的思考》，《唐都学刊》2004 年第 4 期。

⑨ 《史记》卷一八《高祖功臣侯者年表》，第 919 页。

⑩ 《史记》卷八《高祖本纪》，第 362 页。

区，韩信在任治粟都尉时，刘邦就国汉中，封地不包括原秦京畿地区，所以入汉中后治粟内史也就变成治粟都尉，二者应该就是同一官职。由此，在入关灭秦后至汉中就国，楚制仍是刘邦集团的主流制度。但从治粟内史一职演变上，可以看出刘邦改用秦制早有征兆，并非进入汉中后骤然变化，秦楚制度同时行用也可窥见一斑。诸侯就国后，楚制为居于关外的项羽及分封诸侯所共同遵行，然而关内却并非如此。无独有偶，关内除刘邦集团不再一从楚制外，章邯则仍用秦制。《绛侯周勃世家》载："攻槐里、好畤，最。击赵贲、内史保于咸阳。"① 此处"内史保"是章邯部下，按《百官公卿表》："内史，周官，秦因之，掌治京师。"② 章邯本是秦人，为秦将，熟悉秦的制度，并且封于关中秦故地，行用秦制也理所应当。

之后发生变化的是爵制。在汉元年（前206）二月到四月这一时期，刘邦受封汉王，拥有封侯的权利。这两个月时间内，刘邦赐封大批的侯爵，最高级爵由君变成侯。此后汉中就国至汉五年（前202），楚制到秦制的转换在这一时期完成。

就现有文献与考古资料来看，战国时期楚国之封君基本上是以封地之名冠以君号，进而直接标明封地所在。③ 据《韩非子·和氏篇》，昔者吴起教楚悼王以楚国之俗，曰："大臣太重，封君太众。若此则上逼主而下虐民，此贫国弱民之道也。"④战国之时的《仪礼·丧服》篇云："君，谓有地者也。"⑤ 据此看来，楚制下君爵特点有二，以封地之名冠君号；在封邑内，经济上享有土地占有权，政治上则行使着广泛的行政权与治民权。

秦制君、侯爵制度的发展可以划分为两个时期。战国秦惠文王时，对宗室是实封，而对异姓大臣则是"特立名号"，使其封号与封邑脱节。秦昭王时授予君、侯称号的主要对象是外戚、宗室，异姓受封的比例很小，显示出两个新特征：一是异姓亦得封侯；二是外戚、宗室子弟受封亦开始采用"特立名号"的办法。至秦庄襄王，君、侯之封的特点为：一是外戚、宗室未有封侯者，所获君号多为"特立名号"；二是异姓封侯的做法有扩展趋势，不过，已采取"特立名号"的办法，不似秦昭王时期应侯范雎的实

---

① 《史记》卷五七《绛侯周勃世家》，第 2067 页。

② 《汉书》卷一九上《百官公卿表上》，第 736 页。

③ 楚惠王时有鲁阳文君、庸夜君、阳城君、养君、析君、徐君；楚悼王时有郙君、阳城君；楚宣王时有江君、彭城君、州侯、安陵君、邸阳君、庸夜君、鄂君子析；楚怀王时有鄂君启、应君；楚顷襄王时有襄成君、州侯、夏侯、寿陵君、鄢陵君、阳文君、阳陵君；楚考烈王时有春申君、中君、临武君、向君。"楚国封君，占战国时期七国封君已知总数的四分之一以上，为各国之冠。"其中见于文献的 16 人，见于考古发掘资料的 15 人，共计 31 人。如加上战国前两年受封的析君公孙宁，应为 32 人。另外考古发掘中还有许多无法释读的封君名号。楚国在整个春秋战国的实际受封者可能要大于此统计数量。参见何浩：《战国时期楚封君初探》，《历史研究》1984 年第 5 期。

④ ［清］王先慎集解，钟哲点校：《韩非子集解》，中华书局，1998 年，第 96 页。

⑤ ［清］阮元校刻：《十三经注疏》卷二十九《礼仪注疏·丧服》，中华书局，2009 年，第 2384 页。

封。秦朝建立后，秦始皇所封的各个列侯，如列侯武城侯、通武侯、伦侯建成侯、昌武侯、武信侯，以各侯的名号观之，不再与封地相关，都是单纯的美号。① 秦在战国时期，封君与封侯的方式在秦国并行使用，但无论"君"还是"侯"，除宗室血亲是实封外，能够拥有封地者均少之又少，至战国晚期，拜封异姓君侯以美号加食邑的模式得到确立。到秦始皇统一后，废分封改郡县，君、侯并行的封爵制度消失，二十级爵位制度成为整个国家统一的制度，侯爵成为秦的最高爵位。并且侯划分为通侯与伦侯两级，无论何种级别，都不再拥有封地而仅有食邑。于是也就不可能再以封地为名，美号加食邑成为了秦朝侯爵的唯一模式。

刘邦为汉王前，因为战事，所以封君只冠以美号②，如宣陵君灌婴、临平君靳歙、贤成君樊哙等。为汉王后，最高爵位提高到侯，之前的封君都升为侯，如樊哙为临武侯、曹参为建成侯、夏侯婴为昭平侯、周勃为威武侯等。但仍封傅宽为共德君，说明还保留有封君这一级爵位。这时君、侯仍然只是美号，除有高低区别外，在其他享有权利上相差无几。汉二年（前205）六月，刘邦还定三秦，据有关中、汉中后，侯爵作为最高爵与君爵出现显著区别。列侯们都获赐食邑，如樊哙赐食邑杜之樊乡，周勃食邑怀德，灌婴食邑杜平乡，曹参食邑于宁秦，夏侯婴食邑沂阳等，封君中仅有傅宽获赐食邑。另外，除沂阳无考外，所赐封食邑全数位于关中秦地。这正与"秦制，列侯乃得食邑"③ 相一致。

综上所述，汉二年后刘邦的封侯模式可以概括为"列侯爵位＋美号＋食邑"，这些列侯只享有封地的租税。这与楚制以封地为号的传统大相径庭，所享有权力也大不一样，此种侯爵制度与秦在战国晚期和秦帝国时的"侯爵＋特立名号＋食邑"的封侯制度基本一致。可以说在最高级爵位上，刘邦承袭秦制；楚爵的君爵得到保留，但使用地域发生了变化。

在出关后，刘邦以为义帝发丧的名义联合诸侯共同讨伐项羽。为争取人心，拉拢山东反项诸侯，他绝无可能用秦爵来赐封这些曾经的反秦人士，所以对于山东之人行用的爵位制度仍是楚爵制，如前所述淮南王英布等。在集团内也同样如此，《奏谳书》所见新郪信案即是明证，此点朱绍侯在《刘邦施行过楚爵制已有实证》一文中已经说明。但在此需要补充的是，苍、信、丙、赘四人作为关东士人效力于刘邦，与早先从入汉中的丰沛集团不同。在汉二年刘邦已经在关中实行秦制，以秦爵赐从入汉中的功臣后，汉三年（前204）荥阳战役这四人因功赐爵得到的仍是楚爵，这反映出在楚汉相争时刘邦施行因地制宜的赐爵制度，具体表现为以地域为划分，即关内赐秦爵，关外赐楚爵的"秦楚爵制并行格局"。

---

① 崔建华：《秦统一进程中的分封制》，《陕西师范大学学报》（哲学社会科学版）2017年第1期。
② 所见美号虽有如临平、信成、临武、建成等载于《地理志》的，但细考可以发现，不仅多为侯国，且不见于《二年律令》之秩律，可见汉初刘邦赐号之时当无此地名，这些赐号应都是美号。
③ 《汉书》卷一上《高帝纪上》，第55页。

对此格局还有一例证，见《汉书·高帝纪》载汉二年赐民爵事：

> 二月癸未，令民除秦社稷，立汉社稷。施恩德，赐民爵。蜀、汉民给军事劳苦，复勿租税二岁。关中卒从军者，复家一岁。举民年五十以上，有修行，能帅众为善，置以为三老，乡一人。择乡三老一人为县三老，与县令、丞、尉以事相教，复勿徭戍。①

学界多把此次赐爵放在汉代赐民爵的系统中进行研究，但是众多研究中对此次赐爵是以何种标准、按哪种制度来进行却少有讨论。前文已经指出，赐民爵是在汉二年二月，此时刘邦对官制进行了更新，高级爵位的秦制化是在汉二年六月后，那这次赐民爵是否为楚爵呢？

按《史记》"（项羽）屠烧咸阳秦宫室，所过无不残破。秦人大失望，然恐，不敢不服耳"②。韩信为刘邦献策提到："三秦王为秦将，将秦子弟数岁矣，所杀亡不可胜计，又欺其众降诸侯，至新安，项王诈坑秦降卒二十余万，独邯、欣、翳得脱，秦父兄怨此三人，痛入骨髓。今楚彊以威王此三人，秦民莫爱也。"③ 项羽在关中的暴行和强立三王引得秦人不满，因此秦人对于关外以项羽为代表的楚系势力也必然呈敌视态度，可见并不具备以楚爵赐民的条件。刘邦本为楚人、楚将，控制着关中、汉中、蜀地等原秦国故地，还定三秦后延续入关以来安定百姓、恢复秩序的作风，就更不可能再强加楚制于秦民，故而此次赐民爵当是以秦制来赐民。后续设置令、丞、尉等秦官也说明刘邦在秦地仍用秦国旧制。这种因地制宜的赐爵策略为刘邦赢得楚汉战争有着重要的作用，汉二年五月荥阳大败后，"汉王屯荥阳，萧何发关中老弱未傅者悉诣军"，关中本不需要从征的老弱都能够被重新征发至前线，除萧何的出色后勤能力外，赐爵对于激发秦民从军热情有着极好效果。战时赐爵还见于长平之战："秦王闻赵食道绝，王自之河内，赐民爵各一级，发年十五以上悉诣长平，遮绝赵救及粮食。"④ 正是这支生力军的加入，彻底断绝了赵括突围的希望。

综上，汉元年（前206）入汉中后刘邦在单一楚制基础上改用秦官制并保留楚爵制。汉二年（前205）还定三秦后用秦爵制以赐功臣和关中百姓。出关与项羽争天下时，对于关外诸侯和新跟从者仍以楚爵作为赐封。刘邦集团大体以函谷关为界，关内用秦制赐爵，关外形成以拉拢诸侯、争取人心的秦楚爵制并行的格局。这一格局一直持续到刘邦全面废楚爵改秦爵。全面变革楚爵后，共敖、黥布、吴芮这些倒向刘邦的项羽封王直至汉初仍旧使用楚制，汉初异姓王国的制度在这段时间内与中央制度并不相同。

---

① 《汉书》卷一上《高帝纪上》，第33页。
② 《史记》卷八《高祖本纪》，第365页。
③ 《史记》卷九二《淮阴侯列传》，第2612页。
④ 《史记》卷七三《王翦白起列传》，第2334页。

二、刘邦废楚制行秦制的时间及契机

以往学者对刘邦废楚爵改秦爵的时间各持己见，高敏将刘邦行秦制的时间确定在公元前202年统一全国后。[1] 柳春藩在《秦汉封国食邑赐爵制》中亦持此种观点。日本学者渡边卓等在《墨家的兵技巧书》中认为："可以认为（刘邦）在起兵后采用秦制，与项梁、项籍合作时则用楚制，而自楚汉对立到汉立国期间则又采用了秦制。"[2] 张家山汉简出土后，朱绍侯在《刘邦施行过楚爵制已有实证》一文中指出刘邦在楚汉之际曾采用楚制，并推断刘邦由楚爵制改行秦二十级军功爵制不会早于汉四年（前203），也不会晚于汉五年（前202）。[3]

张家山汉简《奏谳书》新郪信案：

> 诊问苍、信、丙、赘，皆关内侯。信，诸侯子，居洛阳阳里，故右庶长，以坚守荥阳，赐爵广武君，秩六百石。苍，壮平君，居新邦都隐里；赘，威昌君，居故市里；丙，五大夫，广德里，皆故楚爵，属汉以比士，非诸侯子。鞫之：……爵皆大庶长。[4]

按整理小组注释，新郪信坚守荥阳一事发生在汉三年（前204），这四人籍贯在关外，所属淮阳郡在秦统一前为楚地，到楚汉战争时期仍属楚。而这几人爵位又都是楚爵位，也印证前文关于秦楚爵制并行格局的推论。在刘邦改用秦军功爵制后，这四人就由楚爵改为汉爵，这就是"属汉以比士"的真实含义。[5] 然而，信的封君是楚爵，何以另有秦爵故右庶长？值得讨论。

秦国以及秦帝国时期，右庶长爵位都是较为尊贵的，为二十等爵之十一。《史记》所载秦时曾任右庶长的人物比较少，因此本文以比右庶长低一级的左庶长来作参考。曾在秦国任左庶长的有孝公时卫鞅，昭襄王时白起、王龁。根据《史记》记载，"卫鞅为左庶长，卒定变法之令""而白起为左庶长，将而击韩之新城""左庶长王龁攻韩，取上党"[6]，这几人或为中高级将领，或为实权大臣。另外在汉代，右庶长的爵位至少是"中二千石、诸侯相爵右庶长"[7]，这一等级的官吏才能拥有。如果信在秦亡前就是右庶长，按照秦军功授爵的传统，信大概率是秦的高级将领。而如信这样有高级爵位

---

[1] 高敏，《论两汉赐爵制度的历史演变》，《文史哲》1978年第1期。

[2] 〔日〕渡边卓著，秦仙梅译：《墨家的兵技巧书》，载秦始皇兵马俑博物馆《论丛》编委会编：《秦文化论丛》第九辑，西北大学出版社，2002年，第207页。

[3] 朱绍侯：《刘邦施行过楚爵制已有实证》，《南都学坛》1994年第2期。

[4] 张家山二四七号汉墓竹简整理小组：《张家山汉墓竹简（二四七号墓）·奏谳书》，文物出版社，2006年，第99页。

[5] 朱绍侯：《〈奏谳书〉新郪信案例爵制释疑》，《史学月刊》2003年第12期。

[6] 《史记》卷七三《王翦白起列传》第2229、2331、2333页。

[7] 《史记》卷一一《孝景本纪》，第447页。

并参与楚汉战争之中的秦朝将领，应不会在秦楚战争以及楚汉战争的文献史料中找不到任何记载。另外，假设信右庶长爵是在秦亡前所得这一结论成立，那么依高祖五年（前202）诏"复故爵田宅"原则，信故爵为右庶长，且有功于刘邦，依爵、功所授官职之官秩当不会太低，至少应比六百石县令要高。据此推断，信故右庶长爵应不是在秦亡前所得，只能是在楚汉战争时得到。

那么信这一属于秦爵体系下的右庶长爵又是在什么时候得到的？

前文已经说明，刘邦集团的爵位制度在汉元年（前206）到汉三年（前204）呈现出秦楚爵制并行的格局。此案中的三人是因为在汉三年的荥阳防守战中立功而成为封君，直到汉三年刘邦在关外行用的赐爵制仍是楚制，信得到秦爵只能是在这之后，而刘邦正式废楚爵行秦爵是在高祖五年（前202）击败项羽后，那是否意味着信的右庶长爵是在这一时间得到的？

在此案中，信除君爵和右庶长爵外，和其他二人一样都有过大庶长和关内侯的爵位。在秦爵制下右庶长位十一级，大庶长和关内侯是十八级和十九级，而大庶长爵是在汉五年楚爵改秦爵时，由楚封君置换而来；由大庶长到关内侯，是因为罢兵赐复诏"故大夫以上，赐爵各一级"[1] 的缘故。而从汉三年到汉四年（前203），在楚汉战争即将结束的情况下，信不可能在一年时间内累积大量军功连升七级而由右庶长升迁至大庶长。楚汉战争时期能够凭军功一跃升迁的，只有王翳、杨喜、吕马童、吕胜、杨武。[2]

所以刘邦实行楚爵的下限时间则应该是在汉四年（前203）十一月后不久。理由如下：首先，按《汉书·高帝纪》：汉四年十一月"汉王疾愈，西入关，至栎阳""复如军，军广武。关中兵益出，而彭越、田横居梁地，往来苦楚兵，绝其粮食。韩信已破齐""秋七月，立黥布为淮南王""北貉、燕人来致枭骑助汉"[3]，萧何也"常兴关中卒，辄补缺"[4]。战争天平已经倒向刘邦。刘邦从关中大量增兵，加上之前多次从关中的征兵，关中秦人成为刘邦军队的主体。自汉中时代起，萧何就开始按户籍就地征发徭赋兵员，以为刘邦军之后勤。汉究竟征发了多少关中秦兵，史无明载。由此可知，汉不但尽征关中之兵役适龄者，且更及于未成年者和超龄者，推想其数量，前后或有数十万之众。可以说，从数量上看，在楚汉战争中秦国籍士卒已经构成了汉军的主要部分。[5] 在此局面下，继续在以秦人为主体的军队中实行楚的爵位制度很显然已经不合时宜。爵制由楚改秦成为必然。

其次，我们分析一下信得到右庶长爵位的缘由。在此案件诘问中有这样一段话：

---

① 《汉书》卷一上《高帝纪上》，第54页。
② 《汉书》卷三一《项籍传》，第1820页。
③ 《汉书》卷一上《高帝纪上》，第45页。
④ 《史记》卷五三《萧相国世家》，第2015页。
⑤ 李开元：《汉帝国的建立与刘邦集团：军功受益阶层研究》，第171页。

诘丙、赘、信：信长吏。临一县上所，信恃，不谨奉法以治。①

笔者认为此句句读或有可商榷之处，笔者的意见是：

诘丙、赘、信：信长吏。临一县，上所信恃，不谨奉法以治。

这样断句，全句的意思就是："诘问丙、赘、信：信是一个县的县令。治理着一个县，是皇帝所信任倚重的，不谨慎的依法治事。"这里将"上"解释为皇帝也就是刘邦。联系信坚守荥阳一事，可以推测信在楚汉战争时期应该是受刘邦直辖，所以在汉四年（前203）十一月改楚爵行秦爵时，信受到了优待，获赐秦爵右庶长。这也能解释几人入汉后都是大庶长爵位，但在实际任职上，信做了县令（长）而其他人却是亭级校长、发弩之类的小吏，甚至于同级爵位的苍竟是信的舍人！

整理此案件，四人的爵位变化就很清晰了：汉三年（前204）夏四月，信等人因坚守荥阳有功，按楚爵封君、五大夫；四年（前203）十一月，由于多次大规模从关中征兵，刘邦在军中改行秦爵，信因为是刘邦直辖加上守荥阳有功，得到秦十一级爵右庶长，但刘邦仍未完全废除楚爵，四人都保留自己君号。五年（前202）全面废楚爵改秦爵，四人因为都有君爵，所以改行秦爵时原有君爵转为大庶长，后罢兵赐复诏升一级为关内侯。

三、结语

楚汉之际各方势力相互博弈，所行官爵制度各不相同，虽然种类繁多、变化多样，但也有迹可循。本文对楚汉之际刘邦集团所行用的官爵制度稍作整理，庶几有助于更好理解从楚制到秦制这一变化过程。

刘邦集团在不同的时期选择不同的官爵制度。

具体分为沛公时期的单一楚官爵制。秦亡后，刘邦集团官爵制度逐步向秦制过度。汉元年（前206）到汉二年（前205）平定关中前，秦官制在刘邦集团中得到使用，但楚爵制仍作为赐爵标准。

平定关中后到汉四年（前203）十一月前后，施行因地制宜的赐爵制度。在这一时期，刘邦据有关中秦地，为恢复秩序获取秦民人心，逐步将秦的制度重新推广使用。在高级爵位上，废弃楚国赐爵实封的传统，转而袭用秦在战国的封爵习惯，对于有功之臣按照"列侯爵位＋美号＋食邑"的形式予以封爵；低级爵则是以秦爵赐秦民，在秦地行秦制；汉代赐民爵的传统也由此开始。在关外仍使用楚的封爵制度，新郪信等人便是在这个时期得到"君"爵；同时为奖励军功，封爵变得更加泛滥。这一时期刘邦集团的赐爵制度表现为关内秦爵、关外楚爵的秦楚爵制并行格局。

汉四年（前203），秦制全面使用。这时战争走向明朗，经过多次从关中征兵，新

---

① 张家山二四七号汉墓竹简整理小组：《张家山汉墓竹简（二四七号墓）·奏谳书》，第99页。

入伍的秦人构成了刘邦军队的主体。以此为基础，全面在军中改行秦爵已经时机成熟。借此再重新审视张家山汉简《奏谳书》中的新郪信一案，信的身份、爵位变化也就更加合理。信作为刘邦直辖，在汉三年（前204）荥阳战役中获到楚爵广武君，并且因为刘邦直辖的特殊身份，在废楚爵改秦爵时，信得到特殊优待，赐爵为秦爵右庶长。这就很容易理解为何入汉后信与其他三人同是大庶长爵，待遇却相差巨大。

汉五年（前202）天下平定，刘邦废楚制改秦制。但是楚爵制并没有完全的消失，汉初异姓诸侯王如黥布、吴芮等还在使用楚爵制。

汉代统治者的神化建构

——汉代政权合法性建构的途径之一

徐彦峰

（西北大学丝绸之路研究院）

摘要： 刘邦以布衣身份在短短数年间便登上皇帝之位，这在历史上是没有先例的。加之汉初"布衣将相"的统治集团对论证政权合法性意识不够，造成汉初在此方面的缺乏，从而使得汉初人对于刘邦以布衣身份取天下存在着困惑，也使得政权面临着一定的隐患。所以，对汉朝的政治合法性进行论证成为当时一项重要的现实政治课题，其中，论证的手段之一就是通过神化统治者。汉代人在这方面自西汉至东汉做出了种种努力，逐渐为神化刘氏统治者构建出一套丰富的内容，成为说明汉代政权合法性的一个重要支撑。

关键词： 布衣；政权合法性；神化；汉家尧后

公元前 202 年，刘邦以汉王的身份即皇帝位，成为中国古代布衣取天下的典范。但是刘氏既无尊贵的血统，又无祖辈的政治积累，突然之间登上天下至尊的位置，这在当时人看来是一件很受冲击的事。所以，积极对汉王朝的政权合法性进行论证成为当时统治集团的一项现实政治课题。无疑，从历史事实来看，刘邦最终成为秦末逐鹿的最终胜出者是毫无疑问的，但是其布衣身份确实颠覆了时人的认知，创造了历史。钱穆先生评价刘邦"平民为天子"是"中国历史上一绝大变局"，甚至有甚于"周秦之变"。① 汉王朝的政权合法性论证自西汉至东汉，从礼仪层面至思想层面，绵延不绝。本文试从神化开国统治者刘邦的角度来阐释汉朝在政权合法性建构方面所做的努力。

一

在汉代以前，各个统治王朝的祖先都具有"高贵"的血统，根据《史记》的说法，夏朝与秦朝的祖先是颛顼，商朝与周朝的祖先是帝喾，最终追至黄帝。这样一来，

---

① 钱穆：《秦汉史》，生活·读书·新知三联书店，2005 年，第 39 页。

汉代以前的五帝时期、夏商周秦四个王朝都有着共同的祖先，正如顾颉刚先生所言，"直把'地图'写成了'年表'"①。而且夏商周秦四朝的祖先在大禹治水中都有着突出的贡献，如商之始祖契"长而佐禹治水有功"②，周之始祖后稷在治水的过程中"予众庶难得之食"③，秦之始祖大费"与禹平水土"④。换言之，从当时人的观点来看，在汉代以前，各个王朝的统治者都是黄帝的子孙，黄帝子孙的出身本身就是一个合法性证明的来源。另外，大禹治水作为一项泽被后世的丰功伟业，功德巨大，其中出现的为数不多的主要人物被追为汉以前各朝统治者的祖先，为神化统治者提供了说明。司马迁虽然说这些说法为"儒者或不传"，但他自己毕竟相信，所以收入到了《史记》中。⑤《史记》"本纪"中构建的这一套谱系在当时人看来是对汉以前各朝之所以能获得统治权的一种不可缺少的说明，有利于使人们通过世系理解君权来自于天。

而反观汉朝的开国皇帝刘邦，则没有高贵的血统，纯粹是以平民的身份登上帝位的，其身份的合法性缺乏一定程度的论证。而且刘邦一统天下的速度实在过于太快，这与其之前的王朝形成了鲜明的对比，这段历史在当时是很难令人想象的。甚至到了西汉中期，司马迁仍受到很大的震撼，依然不知道该如何解释这一现象，说：

> 昔虞、夏之兴，积善累功数十年，德洽百姓，摄行政事，考之于天，然后在位。汤、武之王，乃由契、后稷，修仁行义十余世，不期而会盟津八百诸侯，犹以为未可，其后乃放弑。秦起襄公，章于文、缪，献、孝之后，稍以蚕食六国，百有余载，至始皇乃能并冠带之伦。以德若彼，用力如此，盖一统若斯之难也！

> 秦既称帝，患兵革不休，以有诸侯也，于是无尺土之封，堕坏名城，销锋镝，锄豪杰，维万世之安。然王迹之兴，起于闾巷，合从讨伐，轶于三代。乡秦之禁，适足以资贤者为驱除难耳，故奋发其所为天下雄，安在无土不王？此乃传之所谓大圣乎？岂非天哉？岂非天哉？非大圣孰能当此受命而帝者乎？⑥

司马迁依据历史，最终也只能感慨地说刘邦可能是"大圣"，而且从他的语气中可以看出其内心中还是有很大疑惑的，因为无法从当时的历史观中得到一个合理的解答。所以，对于汉朝建立这一历史事实是需要解释的，否则无法合理地让人们从内心深处认可汉朝的统治。在此，对君主的神化是必需的，而且这也符合汉朝统治者的愿望，因为这种神化对汉朝统治者来说有利无害。

根据《史记·高祖本纪》《汉书·高帝纪》，可以看出刘邦本人是带有神异色彩

---

① 顾颉刚：《战国秦汉间人的造伪与辨伪》，载顾颉刚等编：《古史辨》（第七册上编），上海古籍出版社，1982年，第21页。

② 《史记》卷三《殷本纪》，中华书局，1982年，第91页。

③ 《史记》卷二《夏本纪》，第51页。

④ 《史记》卷五《秦本纪》，第173页。

⑤ 顾颉刚：《战国秦汉间人的造伪与辨伪》，载顾颉刚等编：《古史辨》（第七册上编），第20页。

⑥ 《史记》卷一六《秦楚之际月表》，第759–760页。

的。在不违反刘邦一生经历的前提下，在多处设置其神异的经历，如刘邦母刘媪梦与龙遇而感生、刘邦奇特的面貌与身体特征、醉卧时有龙现、醉斩大蛇、秦始皇时盛传"东南有天子气"等。按现在的眼光来看，可以说刘邦的这些经历只是神话传说而已，但是在当时却是对刘邦何以能够成就功业的一个"神圣性"解释。

对于刘邦的神话传说，我们现在的目的不在于考究其事实，而在于考察对刘邦其人的神化构建背景以及构建过程。以上的这些神话说法来自于《史记》，但是否是司马迁的原文还存在着种种争议，有人认为是司马迁迷信以至没有考察就将这些内容采纳进其书①，也有怀疑这些内容是后人篡改的②。我们考之于西汉初期的史料，目前并没有发现神化刘邦的相关论述。如贾谊的《新书》中说："起于布衣而兼有天下，臣万方诸侯，为天下辟，兴利除害，寝天下之兵，天下之至德也。"③ 谈及刘邦的功绩时，并没有谈及其神话。陆贾《新语》里记载了樊哙与陆贾的一段对话，樊哙问："自古人君皆云受命于天，云有瑞应，岂有是乎！"陆贾回答说"有……天下大宝，人君重位，非天命何以得之哉！瑞者，宝也，信也，天以宝为信，应人之德，故曰瑞应。无天命，无宝信，不可以力取也。"④ 这里谈到了"天命"对于人事的影响。但是"天命"这一观念至迟在西周时期已经有了，是当时人的一种思维方式而已，天命对于汉王朝的建立有着重要的影响是一种传统观念在现实社会中的延伸，是当时人为刘氏得天下所寻找到的终极依据。但是陆贾此处并没有进一步论证刘氏统治者与天之间的联系，这需要引进一些神圣性说明，可能陆贾本人也不知道该如何论证。西汉早期的文献中，也仅提到过刘邦的"气"的问题，陆贾的《楚汉春秋》中提到了范增对项羽说："吾使人望沛公，其气冲天，五色相摎，或似龙，或似蛇，或似虎，或似云，或似人，此非人臣之气也，不若杀之。"⑤ 此事在《史记·项羽本纪》中有相同的叙述，可能与当时的一种望气之术有关。关于刘邦的这种叙述与我们现在常说的某人不是一般人的感性经验类似，而且刘邦当时已经进入关中，成为当时各种势力中重要的一支力量，自然不同于一般人。这种"气"的说法较之于刘邦的各种神话显得很平常。所以，刘邦的开国神话，就算不是事后的伪造或后人的增窜，至少在西汉初年，似乎尚未成为政治和历史编纂的主流论述。⑥ 所以，即使认为《史记·高祖本纪》所载刘邦的神话是司马迁所写的话，这一神话就目前的史料来看，最早也出现在西汉中期。

---

① ［清］王先谦：《汉书补注》，中华书局，1983 年，第 27 页。
② 顾颉刚：《五德终始说下的政治和历史》，载顾颉刚等编：《古史辨》（第五册），第 493 页。
③ ［西汉］贾谊：《贾谊集》，上海人民出版社，1976 年，第 182 页。
④ 王利器校注：《新语校注》，中华书局，1986 年，第 180 – 181 页。
⑤ 王利器校注：《新语校注》，第 184 页。
⑥ 吕宗力：《汉代开国之君神话的建构与语境》，《史学集刊》2010 年第 3 期。

二

在西汉早期，对汉王朝的政权合法性的论述相当朴素，主要表现在对汉朝统治集团"人谋"的肯定以及对项羽的否定，而缺乏从神圣性角度的论证。刘邦集团在与项羽进行楚汉战争之时列举了项羽的十大罪状，其文曰：

> 吾始与羽俱受命怀王，曰先定关中者王之。羽负约，王我于蜀汉，罪一也。羽矫杀卿子冠军，自尊，罪二也。羽当以救赵还报，而擅劫诸侯兵入关，罪三也。怀王约入秦无暴掠，羽烧秦宫室，掘始皇帝冢，收私其财，罪四也。又强杀秦降王子婴，罪五也。诈坑秦子弟新安二十万，王其将，罪六也。皆王诸将善地，而徙逐故主，令臣下争畔逆，罪七也。出逐义帝彭城，自都之，夺韩王地，并王梁楚，多自与，罪八也。使人阴杀义帝江南，罪九也。夫为人臣而杀其主，杀其已降，为政不平，主约不信，天下所不容，大逆无道，罪十也。吾以义兵从诸侯诛残贼，使刑余罪人击公，何苦乃与公挑战！①

这段文字对项羽进行了不仁不义的道德指控，使得自己师出有名。在此之前，刘邦虽为项羽所封，但名义上的"共主"却是楚怀王，即"义帝"。刘邦此举将其与项羽之间的册封与受封的实际君臣关系抹去了，而提到了其主乃是义帝，但是项羽却将义帝阴杀，不符合君臣之义。并且他还提到项羽在灭秦战争中所犯下的暴行，否定了项羽有继承秦朝政治遗产的资格。说项羽"为人臣而杀其主，杀其已降，为政不平，主约不信，天下所不容，大逆无道"，其暴虐的行径比之秦朝有过之而无不及。这是通过对项羽的否定来反证自己的政治合法性，使自己从政治舆论上掌握起兵伐项的依据。但是此处也仅是从事实的角度出发，通过否定项羽来说项羽的资格不够，并没有说明刘邦自身的神圣资格。因此，仅仅否定项羽是不够的。刘邦最终能当皇帝，是因为实力的原因，他人如果实力允许的话，一样可以当皇帝。

刘邦自己在谈为什么会获得最终的胜利时说：

> 夫运筹策帷帐之中，决胜于千里之外，吾不如子房。镇国家，抚百姓，给馈饷，不绝粮道，吾不如萧何。连百万之军，战必胜，吾不如韩信。此三者，皆人杰也，吾能用之，此吾所以取天下也。项羽有一范增而不能用，此其所以为我擒也。②

这里是刘邦基于自身的能力而做的总结，似乎他本人也没有表现出对神化自身的兴趣。而刘邦一向不拘小节，有当时人所称的市井无赖的性格。刘邦对待儒生，称其

---

① 《汉书》卷一上《高帝纪上》，中华书局，1962年，第44页。
② 《史记》卷八《高祖本纪》，第381页。

为"竖儒",并"溲溺其冠",言"乃公居马上而得之,安事诗书!"①,对儒生的整体态度是否定的,而刘邦的布衣将相的局面也从侧面反映出其统治集团内没有对其进行神化的人才,况且刘邦本人对此也并不在意。虽然"天命"的观念流传已久,但是刘邦却是从实用主义角度出发来理解天命,"吾以布衣提三尺剑取天下,此非天命乎?"②可以说,在他看来,天命与实力是一回事。

由于没有对开国君主进行神化,加之统治集团出身寒微,礼法缺失,自刘邦在位之时就产生了种种的困扰。正如赵翼所言,"其君既起自布衣,其臣亦自多亡命无赖之徒,立功以取将相",这种局面使得"三代世侯、世卿之遗法始荡然净尽"③。在朝堂之上便表现出"群臣饮争功,醉或妄呼,拔剑击柱"④。刘邦对这一问题很是困扰,为此"深患之",丝毫没有觉得有当皇帝的神圣与威严。在这一背景下,虽然叔孙通对此进行了"起朝仪"的改革,使之在形式上树立了君主的权威。但是深层次的隐患依然存在,即刘邦相信实力,而实力是可以培养的。换句话说,自秦末战争中成长壮大起来的刘邦,对于自身统治的稳定怀有深层次的忧患,因此刘邦自即位以来,便开始进行剪灭异性诸侯王的战争,并和群臣立下"非刘氏而王,天下共击之"⑤的约定,试图借此巩固刘氏的统治地位。在刘邦去世后,吕后对局势也有着深层的忧患,其与审食其密谋诛灭功臣,便说"诸将与帝为编户民,今北面为臣,此常快快,今乃事少主,非尽族是,天下不安"⑥。这揭示了吕后面对这些开国布衣将相的恐慌,因为刘邦本身就是布衣,和这些开国功臣在身份上并没有不同,如果这些功臣在实力上达到了称帝的条件,那么便有资格取而代之。这是一个很严重的问题,危及到了汉朝政权的安危。到了汉文帝之时,此类论述依然存在,"夫秦失其政,诸侯豪杰并起,人人自以为得之者以万数,然卒践天子之位者,刘氏也,天下绝望"⑦。虽然刘氏取得了皇位,使得天下绝望,但是同时也有诸侯豪杰"人人自以为得之",所以天下有心挑战帝位的人还是存在的,这使得政权存在易主的风险。这从侧面也说明需要论证刘邦的神圣形象,否则无法有别于他人。所以,神化刘邦就成为一个必要且紧迫的事情了。

三

本文认为,至少到西汉中期,神化刘邦的建构便已经有了初步的成果,刘邦的相

① 《史记》卷九七《郦生陆贾列传》,第 2699 页。
② 《史记》卷八《高祖本纪》,第 391 页。
③ [清] 赵翼著,王树民校证:《廿二史劄记校证》,中华书局,2013 年,第 37 页。
④ 《汉书》卷四三《叔孙通传》,2126 页。
⑤ 《史记》卷九《吕太后本纪》,第 400 页。
⑥ 《史记》卷八《高祖本纪》,第 392 页。
⑦ 《史记》卷一〇《孝文本纪》,第 413 页。

关神话已经基本定型。关于《史记·高祖本纪》所载的神话，很可能在当时已经有所流传，司马迁对其进行搜集而加进《高祖本纪》。如上所述，刘邦自己自我神化的意识不够，使得汉朝统治者缺乏神圣性的建构，继而危及到汉朝统治的稳定性，这在刘邦之时就已经出现，其去世后吕后面对局势更是忧虑重重，所以对刘邦的身份进行神化建构是合理且紧迫的。

如果考之《高祖本纪》中的各种神话，很容易在历史上找到丰富的思想资源。如感生神话，先秦不少文献中就有关于三代始祖的感生神话，如《诗经·商颂·玄鸟》就有"天命玄鸟，降而生商"①的记载，《竹书纪年》载："帝禹夏后氏，母曰修己，出行，见流星贯昴，梦接意感，既而吞神珠。修己背剖，而生禹于石纽。"② 正如前文所引，司马迁将刘邦称之为"大圣"，便蕴含着其"感生"的内涵，因为"圣人"是古代理想人格的代表，《说文解字》载："古之神圣人。母感天而生子，故称天子。"③刘邦即位为皇帝，自然是天子，为其构建出一个感生神话是非常正常的。

关于刘邦奇异的长相与身体特征，更是非常常见的，在《史记》中，与刘邦同时期的秦始皇、项羽等人都有着奇特的相貌，其中项羽因为其"重瞳子"的特征，还使司马迁怀疑他是舜的后代。所以，作为开国皇帝的刘邦，将其传为一个具有特别的相貌与身体特征的人也是很自然之事。而其"醉酒斩蛇"之事，从现实的角度来讲，并无多少新奇，或许真有其事，但值得注意的是所谓的"赤帝子斩白帝子"，可能是一个政治隐喻，预示着刘邦与秦朝的对立。斩蛇的神话可以被认为是由真实事件而引申出的一种具有神异色彩的解读，并不是没有可能，甚至在刘邦之时已经出现雏形亦未可知。至于所谓秦始皇时"东南有天子气"一说，有可能在秦代已经有这种传说，"客谓高皇帝曰：'时可矣'高帝曰：'待之，圣人当起东南间。'不一年，陈胜吴广发矣"④。所以，"东南有天子气"一说很可能就是当时存在的一则政治谣言，为反对秦朝而做的舆论宣传，而陈胜、吴广、项羽、刘邦等秦末群雄皆出自于东南，后来刘邦称帝，这"天子气"自然便比附到了刘邦身上。而吕后常能找到藏匿于芒、砀山泽岩石之间的刘邦，据说是因为刘邦所居的地方有云气的出现，这可能是后人对于吕后在寻找其时藏匿不定的刘邦之时的一种想象。而且秦汉时期有所谓的望气之术，《史记正义》在这里引用了西汉学者京房的《易飞候》："四方常有大云，五色具而不雨，其下有贤人隐。"⑤ 鉴于刘邦的身份，当时人将这种望气的理论附会到刘邦的经历中，构成了这则传说是很容易理解的。

综上可以看出，《史记·高祖本纪》中对于刘邦神异的描述可以找到相关的一些依

---

① 李学勤主编：《十三经注疏·毛诗正义》，北京大学出版社，1999 年，第 1444 页。
② 方诗铭、王修龄：《古本竹书纪年辑证》，上海古籍出版社，1981 年，第 200 页。
③ ［东汉］许慎撰，［清］段玉裁注：《说文解字注》，凤凰出版社，2007 年，第 1064 页。
④ 《史记》卷一一八《淮南衡山列传》，第 3086 页。
⑤ 《史记》卷八《高祖本纪》，第 349 页。

据，并可以对之进行合理的解读。所以，即使目前关于刘邦的神话在汉初的文献中找不到相关的依据，但是作为关于刘邦的一些神话，在当时出现雏形则是可能的。到了西汉中期，这种神话逐渐定型并被司马迁收集到《史记》之中，反映了当时对汉朝政权合法性来源的一种认识。上文提到了司马迁对于汉朝开国历史的震撼与不解，这种震撼主要是由于汉朝统治者以布衣的身份在一代人短短的数年之间便成就帝业，速度之快是前无古人的，显然用之前的三代之时圣人的历史经验已经无法解释了，所以司马迁将其称为"大圣"。

对于汉朝统治者的神化在西汉中后期并未结束，首先是在此时开始出现的一些纬书中对刘邦的各种神化不绝于屡，更重要的是，至迟自西汉中后期开始，一批学者便积极地为刘氏统治者寻找圣王祖先以构建其显赫出身。由此便出现了著名的"汉家尧后"说。

为统治者找一位圣王做祖先是很有必要的。虽然刘邦的神话在此时逐渐开始建构并成型，但仅有神话而没有显赫的世系会使得政权合法性有所欠缺。"仅靠'神迹'来抬高身价，效果毕竟有限。汉朝统治者要证明自己天生'非凡'，更便捷有效的办法就是装作'世家'。"① 于是，将自身归入黄帝谱系这一大家庭之中，以免自身成为历史的意外，这成为神化统治者的另一条有效路径。汉朝统治者如果能从上古的圣王中找到一位祖先，那么对于说明其政权合法性、稳定政权将具有重要的作用。

关于"汉家尧后"这一刘氏统治者的血缘神圣性命题，在西汉的初期、中期可能对此并没有论证。现在所能找到的文献中最早出现此说的是《汉书·眭弘传》，眭弘说："汉家尧后，有传国之运。"②眭弘说这句话的时间在汉昭帝元凤三年（前78）。学者们因为此句也多将"汉家尧后"一说的来源归于眭弘，如冷德熙主张此说"始发于汉昭帝时的眭弘"③。但也有学者认为这在当时已经成为一种共识，如钱穆认为："眭孟言汉为尧后，不述所本，以事属当时共信，无烦引据也。"④ 但是不管怎么说，可以认为，至迟在汉昭帝元凤三年便出现了这一说法。但是这一说法在汉武帝时期可能并没有出现，首先是司马迁的《史记》中并没有关于这一说法的任何线索，除去神话因素，《高祖本纪》在叙述刘邦的出身时仅言其为"布衣"，"沛丰邑中阳里人，姓刘氏，字季。父曰太公，母曰刘媪"。⑤ 刘邦的父母连名字都用的是当时对老年人的一般通称，连真实姓名都不可考，可见刘邦的出身是非常普通的，和汉代以前那些统治者显赫的家世形成了鲜明的对比，无怪乎司马迁对其成就帝业的惊叹。《史记》成书定稿于汉武帝末期，如果出现此说，或许会解决司马迁的困惑，所以，很显然此说至少在汉武帝

① 杨权：《"汉家尧后"说考论》，《史学月刊》2006 年第 6 期。
② 《汉书》卷七五《眭弘传》，第 3154 页。
③ 冷德熙：《超越神话——纬书政治神话研究》，东方出版社，1996 年，第 94 页。
④ 钱穆：《两汉今古文平议》，商务印书馆，2001 年，第 11 页。
⑤ 《史记》卷八《高祖本纪》，第 341 页。

之时并没有流传。其次从汉武帝时期的大儒董仲舒（眭弘的老师）的思想来看，也可以说明汉武帝之时并没有关于"汉为尧后"的说法。董仲舒对传统的天子观进行了改造，他认为"德侔天地者称皇帝，天佑而子之，号称天子"①。天子具有道德功业，为天所立为天子。天不再是为民生王，而是为民立王。这消解了天子与天的血缘联系，而增加了天子的道德属性。也就是说，董仲舒自己的学说可以为解决汉代统治者的出身问题提供理论依据，所以没有必要使得汉朝统治者与上古圣王产生血缘联系。而且在董仲舒现存的著作中，也没有发现任何关于"汉家尧后"的论述。所以，可以认为在汉武帝时期，"汉家尧后"的说法至少还没有流传，因此这一说法的最初出现的时间也比较容易确定，那就是汉昭帝即位后一年的始元元年（前86）至元凤三年（前78）之间。

自汉昭帝时期出现"汉家尧后"说以来，为刘氏统治者寻找圣王祖先的活动进一步深化，到了西汉末年，当时的学者们已经能够为刘氏统治者寻找到一条详细的谱系了，他们根据《左传》等文献，将刘氏之"刘"追至夏代的御龙氏刘累。于是便形成了陶唐氏（尧）→御龙氏（刘累）→豕韦氏→唐杜氏→范氏→刘氏这样一个链条。并且对于战国以后的刘姓迁徙历程也描述了出来，如《汉书·高帝纪》引刘向云，"战国时，刘氏自秦获于魏，秦灭魏，迁大梁，都于丰，故周市说雍齿曰'丰，故梁徙也'，是以颂高祖云'汉帝本系，出自唐帝，降及于周，在秦作刘，涉魏而东，遂为丰公'"②。这样，自尧到刘氏统治者的一条清晰的谱系便被构建了出来。虽然当时"汉家尧后"说的详细论证和与之相联系的"汉为火德"说有为王莽篡汉自立做政治舆论宣传的目的③，但是毕竟为刘氏统治者寻找到了一位显赫的始祖，解决了刘邦出身寒微与成就显赫之间的矛盾，使之在血缘上获得了神圣性证明。所以，到了东汉时期，这一论述便更为普遍，也得以定型。比如班固通过"把《左传》《竹书纪年》《世本》《史记》所记刘累之事汇集起来，并吸收汉代学者的权威论断，把刘邦的家世联系起来，使刘累为刘姓始祖地位进一步得到巩固"④。在《汉书·高帝纪》的"赞"中，把刘邦的谱系直接从尧至刘累叙述到刘邦。可以说，到了东汉，"汉家尧后"这一说法已经得到了定型并获得了普遍的承认。并且在东汉，对于刘邦之所以能得天下的原因，也与西汉初年的解释大不相同，如班彪在《王命论》中将刘邦成功的原因归于五条："盖在高祖，其兴也有五：一曰帝尧之苗裔，二曰体貌多奇异，三曰神武有徵应，四曰宽明

---

① ［清］苏舆撰，钟哲点校：《春秋繁露义证》，中华书局，1992年，第201页。
② 《汉书》卷一下《高帝纪下》，第81页。
③ 如顾颉刚先生认为，王莽之时，刘歆伪造了相关的史料，以汉为尧后而王莽为舜后，并将刘氏的详细传承谱系勾画了出来，并使王莽为土德而汉为火德，为王莽接受汉的禅让做论据。见顾颉刚：《汉代学术史略》，东方书社，1948年，第136－137页。
④ 朱绍侯：《刘累、鲁山与刘姓的祖源》，《南都学坛》2005年第3期。

而仁恕，五曰知人善任使。"① 其中前三条都展现出了刘邦不同于他人的神圣性，这样的叙事方式对于论证刘氏之兴与刘氏政权的合法性具有重要的作用，并为其构建了神圣性的依据。

四

刘邦以布衣身份取得皇帝之位，一方面创造了历史，同时也对当时人造成了思想冲击。如上所述，汉初的统治集团对于政权合法性的论证意识不够，论证相对来说比较朴素，就连作为皇帝的刘邦也只是认为自己当皇帝是因为实力的原因，而没有从更深层次神化自己的统治，所以其以布衣身份当上了皇帝给当时留下了令人困惑的思想问题，自汉初起也确实造成了实际的政治隐患。所以作为论证政治合法性的手段之一——神化统治者成为当时需要进行的一项现实政治活动。

神化刘邦在汉初之时便已经有了相关的雏形，加之先秦丰富的思想资源，使得对于刘邦的神化至迟在西汉中期便已定型，定型之后还在不断深化，最终在其血缘上也为其上溯到了黄帝。这一场神化刘氏统治者的活动使人们对于汉朝统治合法性的认可也在不断深化。甚至到了王莽时期，人们依然"人心思汉"，也使得东汉王朝在其法统上有理可据。可见，对于刘氏统治者的神化产生了积极的效果。

---

① 《汉书》卷一〇〇上《叙传上》，第 4211 页。

汉代后宫朝谒礼制考

邱 获

（陕西省社会科学院古籍整理研究所）

摘要：汉代后宫朝谒礼制具有定期性、强制性、规范性的特点。时间上，皇后朝太后起初为五日一朝，后来改为十五日一朝；妃子朝皇后，为十五日一朝，一般称"朔望朝谒"。人员上，只有拥有品级的妃嫔才有资格进行朝谒。除后宫妃嫔外，在朝公主也需定期朝谒皇后。后宫朝谒礼仪流程由谒见者行礼和受谒者回礼组成，并有具体实施章程。汉代后宫朝谒与诸侯王、列侯、官僚朝谒皇帝相仿，呈现出"品位对应"的特点；统领后宫的皇后与皇帝共为人主，又以皇帝为尊的礼制设置也体现出"夫妻齐体""阴阳对应"的传统社会观念。

关键词：汉代；后宫；朝谒礼制；五日一朝；朔望朝谒

朝谒，又称"朝请"，《汉书》颜师古注："请，谒也。"[1] 《说文解字注》载："请，谒也。周礼，春朝秋觐。汉改为春朝秋请。谒，白也。"[2] 朝谒礼是汉代重要的礼仪制度，包含朝臣定期谒见皇帝、启奏事务、诸侯王纳贡等事宜，也包含后宫朝谒。后宫，在传统意义上是对皇帝之妻妾，即皇后、妃嫔的统称，而后宫朝谒礼制可分皇后朝太后、妃嫔朝皇后两种情况。

目前汉代朝谒礼制相关研究多集中于官僚群体的政治活动，即朝臣的朝会和诸侯王朝觐礼制，而对后宫朝谒礼制的研究仅就皇后朝谒太后的时间周期等个别问题有所展开。[3] 从总体上来看，现在的研究仍缺乏系统梳理和深入探讨。笔者曾就汉代后宫朝

---

① 《汉书》卷九七下《外戚传下》，中华书局，1962 年，第 3999 页。

② ［汉］许慎撰，［清］段玉裁注：《说文解字注》卷三篇上，中华书局，2013 年，第 90 页。

③ 卫广来提到皇后的职责之一是朔望两天朝谒太后，宣帝后改为五日一朝。见卫广来：《论西汉的宫闱政治》，《文史哲》1995 年第 1 期。彭卫、杨振红对后妃朝谒的时间问题和侍中左右见皇后、婕妤的礼仪问题有少量提及，但只讨论了皇后谒见太后的情况，认为汉代朝谒太后的礼制始于宣帝时期，为五日一朝，但未见提及嫔妃朝谒皇后的相关情况。见彭卫、杨振红：《中国妇女通史（秦汉卷）》，杭州出版社，2010 年，第 65 页。宋杰认为，皇后五日一朝皇太后在汉代仅为特例，而平常制度则为朔望朝谒。见宋杰：《汉代宫廷居住研究》，科学出版社，2020 年，第 20 页。

谒礼制有过研究,① 但还不够细致和深入,部分论述亦值得订正,故有进一步讨论的必要。今笔者考诸文献材料,勾勒出汉代后宫朝谒礼制之大貌,以求正于方家。

一、朝谒时间及人员

(一)朝谒时间

汉代的朝官为五日一常朝,每年岁首举行大朝会。诸侯王因分封各地,故其朝谒之期一般为每五年朝觐一次,至于具体的朝觐时间,汉初为十月,礼制规范后则改为正月朝觐,② 朝谒之期有"春朝秋请"之制,《史记·吴王濞列传》"使人为秋请"一语下孟康注曰:"春曰朝,秋曰请,如古诸侯朝聘也。"③ 又司马贞《索隐》肯定了孟康之说,云:"'使人为秋请',谓使人为此秋请之礼也。"④ 春朝,指诸侯亲自前来觐见。秋请,则指派遣使者代己觐见,并向皇帝请示事务。

后妃之礼,亦可称"朝请",与朝臣、诸侯王之朝谒相较,其在时间上无"春朝秋请"之分。这与后妃居所的远近及后妃所涉事务的繁杂程度有关。就地域而言,诸侯王、列侯等分封各地,而后妃皆居住在皇宫内苑,相隔很近;而就事务繁杂程度而言,妃子无权干政,皇太后、皇后在理论上只能管理后宫事务。故后妃之朝谒的时间间隔比官员们更短,而谒见制度也较官员更加简单。

汉代皇后谒见太后、众妃谒见皇后,均称"朝谒"或"朝请"。其中,皇后朝谒太后起初为五日一朝。汉宣帝的两任皇后许平君和霍成君便是如此,《汉书·外戚传》记载许平君"五日一朝皇太后于长乐宫,亲奉案上食,以妇道共养。及霍后立,亦修许后故事"⑤。至西汉后期成帝时期,皇后朝太后的时间有所变化,改为十五日一朝,《汉书·外戚传》有对汉成帝许皇后谒太后礼的记载,曰:"其孝东宫,毋阙朔望。"⑥ 朔望朝请,⑦ 即指每月的初一和十五前往太后宫中谒见,颜师古有注:"东宫,太后所居也。朔望,朝谒之礼也。"⑧

关于皇后朝谒太后制度开始制定和实行的时间,目前可知汉宣帝许后"五日一朝太后"是现存汉代传世文献中对后宫朝谒最早的记载,且后文描述霍成君时的表述为

---

① 邱荻:《汉代后宫礼制研究》,山东大学 2021 年硕士学位论文。
② 李俊方:《汉代诸侯朝请考述》,《社会科学》2008 年第 2 期。
③ 《史记》卷一〇六《吴王濞列传》,中华书局,1982 年,第 2823 – 2824 页。
④ 《史记》卷一〇六《吴王濞列传》,第 2824 页。
⑤ 《汉书》卷九七上《外戚传上》,第 3968 页。
⑥ 《汉书》卷九七下《外戚传下》,第 3981 页。
⑦ 汉代人常以朔望之期作为谒见、探视等事务的固定时间,在史书中常见类似情况,如东汉名将岑彭,因战功卓然而得光武帝厚赏,派遣大长秋以朔望之期探视其母亲,"有诏过家上冢,大长秋以朔望问太夫人起居"。见《后汉书》卷一七《岑彭传》,中华书局,1965 年,第 659 页。
⑧ 《汉书》卷九七下《外戚传下》,第 3982 页。

"亦修许后故事",可见汉代皇后朝太后的制度至晚从宣帝时开始。但考虑到武帝时期即有皇帝五日一朝太后的定制,那么同一时期与之对应的皇后朝谒也可能存在,故而这项制度的制定时间还有早至武帝时期的可能性。

对于这个问题,学界看法不一。卫广来认为,朝谒太后是皇后的职责之一,起初为朔望朝谒,在宣帝许皇后以后改为五日一朝。① 彭卫、杨振红《中国妇女通史(秦汉卷)》中认为,汉代的皇后朝谒太后制度始于汉宣帝许皇后。② 宋杰在《汉代宫廷居住研究》中认为,许后、霍后的情况似为特例,以表现二人对太后十分恭敬。③ 笔者在《汉代后宫礼制研究》中亦认为许、霍二人情况属于特例,是修史者对她们勤勉品质的特意褒扬。④ 目前来看,以上观点似都有值得商榷之处,故在此略作探讨。其一,前文所提《汉书·外戚传》对成帝许皇后之记载已明确西汉后期每月朔望两次朝谒太后的历史事实;其二,许、霍"五日一朝"的谒见频率在汉代的宫廷礼制中并非特例。"五日一朝"的时间规定,应当是受当时皇帝谒太后制度的影响,皇帝谒太后的制度最晚在汉武帝时期便已经存在,亦是五日一朝。这是以往研究后宫朝谒时鲜有关注到的。《汉书·东方朔传》载:"时(武帝)夜出夕还,后赍五日粮,会朝长信宫。"⑤ 长信宫在两汉时期即为皇太后所居的宫殿,同时也属对皇太后的代称,颜师古在此注云:"五日一朝长信宫,故赍五日粮也。"⑥ 除此之外,汉代许多制度中也用五日为固定期限,如官员上朝奏事、皇太子朝见一般都是五日一朝。《汉书·宣帝纪》载:"五日一听事,自丞相以下各奉职奏事。"⑦《后汉书·班彪传》载:"又旧制,太子食汤沐十县,设周卫交戟,五日一朝,因坐东箱。"⑧《汉旧仪》中对帝后共食共宿制的记载亦为五日一次:"皇后五日一上食。"⑨ 这些时间存在着十分明显的关联性,均为汉代皇族内部的成文定制,而非自发的约定俗成。

因此,许、霍之谒见时间,在汉代的制度传统下可能并非是她们自身勤勉的特例,当时上至皇帝,下至普通朝臣,五日朝谒屡见不鲜,且皇帝谒太后亦用此制,那么皇后的五日一朝也当属于基本的要求。至元成时期,才将朝谒皇太后的时间改成了十五日一朝。

嫔妃朝谒皇后,为十五日一朝,亦称朔望朝请。《后汉书·皇后纪》载有六宫朝谒

① 卫广来:《论西汉的宫闱政治》,《文史哲》1995 年第 1 期。
② 彭卫、杨振红:《中国妇女通史(秦汉卷)》,第 65 页。
③ 宋杰:《汉代宫廷居住研究》,第 20 页。
④ 邱荻:《汉代后宫礼制研究》,山东大学 2021 年硕士学位论文。
⑤ 《汉书》卷六五《东方朔传》,第 2847 页。
⑥ 《汉书》卷六五《东方朔传》,第 2848 页。
⑦ 《汉书》卷八《宣帝纪》,第 247 页。
⑧ 《后汉书》卷四〇《班彪列传》,第 1328 页。
⑨ [汉]卫宏撰:《汉旧仪》卷下,[清]孙星衍辑,周天游点校:《汉官六种》,中华书局,1990 年,第 77 页。

汉明帝马皇后之事，可见其实：

> 朔望诸姬主朝请，望见后袍衣疏粗，反以为绮，就视，乃笑。后辞曰："此缯特宜染色，故用之耳。"六宫莫不叹息。①

除后宫外，"朔望朝"还存在于汉代官员的朝会礼制中，亦是一项重要制度。但二者有本质的不同，综合现有史料记载和学者的研究，只有少数重臣、功臣在得到皇帝的恩荣嘉奖诏令后，才能拥有朝朔望的资格，其性质与朝贺类似。在两汉时期，得以朝朔望的人屈指可数，仅西汉苏武、萧望之、张禹、王莽四人。② 一般的朝臣均为五日一朝。而后宫的"朔望朝"，对诸后妃来说则属常规制度。因此，这两种制度虽然名称一样，在时间上亦均为朔望两天谒见，但其性质、参与人员、政治地位等均截然不同。

后宫朝谒具有强制性的特点。对后妃来说，按时朝谒是一项必须遵循的规矩，如若做不到按时朝谒，会被当时人认为有失妇道。王莽与王太后议废皇后赵飞燕时有诏："皇后自知罪恶深大，朝请希阔，失妇道，无共养之礼。"③ 即赵飞燕罪恶滔天，很少去朝见太后，有失妇道。这份诏书将赵飞燕朝谒太后频率稀少一事与其谋害皇嗣的罪行并列，从侧面反映了不按时朝谒在汉代是一件相当失德的事情。从这样的记载方式也能看出汉代人的价值观念，他们看重孝义，崇尚以孝道治天下，也善于利用孝义的道德理念来进行宣传、施压，从而达到某些政治目的。

（二）朝谒人员

在汉代后宫中，只有拥有正式品级的嫔妃，才有定期朝谒皇后的义务和资格。在京的公主亦需要朔望朝谒皇后。

元帝时期，后妃的等级制度已时发展完备，共分十四品，④ 按照等级从高到低分别为昭仪，婕妤，娙娥，容华，美人，八子，充依，七子，良人，长使，少使，五官，顺常，无涓、共和、娱灵、保林、良使、夜者（后六者为同一品级）。到了东汉，光武帝为俭省朝廷开支，尽废西汉后宫嫔妃诸名目，高阶嫔妃皆称"贵人"，贵人以下，置美人、宫人、采女三等。⑤ 其中，皇后以下只有贵人享有爵秩俸禄，美人、宫人、采女均无爵秩。

---

① 《后汉书》卷一〇《皇后纪》，第409页。

② 《汉书·苏建传》载："数进见，复为右曹典属国。以武着节老臣，令朝朔望，号称祭酒，甚优宠之。"同书《元帝纪》载："赐爵关内侯，食邑八百户，朝朔望。"《张禹传》载："赐安车驷马，黄金百斤，罢就第，以列侯朝朔望，位特进，见礼如丞相。"《元后传》载："以莽为特进，朝朔望。"分见第2468、283、3349、4028页。

③ 《汉书》卷九七《外戚传》，第3999页。

④ 汉初承秦制，后宫名号"爵列八品"，皇帝正妻称皇后，姬妾皆称夫人，夫人以下设美人、良人、八子、七子、长使、少使；汉武帝时期，新加婕妤、娙娥、容华、充依四个品级；汉元帝时，在婕妤之上增加昭仪品级，至此西汉后宫制度发展完全。

⑤ 《后汉书》卷一〇《皇后纪》："及光武中兴，斫雕为朴，六宫称号，唯皇后、贵人。贵人金印紫绶，奉不过粟数十斛。又置美人、宫人、采女三等。"（第400页）

在这些有名号的嫔妃中，西汉之昭仪、婕妤、娙娥，东汉之贵人有明确的朝谒礼仪规定，见于《汉旧仪》：

> 婕妤见，大长秋称"皇后为婕妤下舆"，坐称"起"，礼比丞相。娙娥见，女御长称"谢"，礼比将军、御史大夫。昭仪见，称"谢"，比中二千石。贵人见，称："皇后诏曰可。"礼比二千石。美人无数。①

较低品级的宫人，《汉书·武五子传》如淳注引《汉仪》云："皇后见娙娥以下，长御称谢。"② 此处所述"娙娥以下"人员，没有明确的等级下限。

除嫔妃外，前文所提及东汉明德马皇后接受朝谒的史料"朔望诸姬主朝请"③，此处的"姬主"之称，并非对某一品级的特定称谓，而应当拆分理解，"姬主"并非单指代嫔妃。《汉书·文帝纪》如淳认为"姬"为"众妾之总称"，臣瓒则认为"姬"为汉时后宫的一个品级："汉秩禄令及茂陵书姬并内官也，秩比二千石，位次婕妤下，在八子上。"颜师古肯定如淳之说，而反驳了臣瓒之说："姬者，本周之姓，贵于众国之女，所以妇人美号皆称姬焉……后因总谓众妾为姬。《史记》云'高祖居山东时好美姬'是也，若姬是官号，不应云幸姬戚夫人。且《外戚传》备列后妃诸官，无姬职也。如云众妾总称，则近之……瓒说谬也。"④ 故"姬"代指后宫众嫔妃之总称，而非后妃之号。"主"在汉代除通常含义外，也是皇帝之女、诸侯王之女的称谓，汉时，帝女称公主，帝姊妹称长公主，诸侯王女称翁主。在汉代的日常称谓中，亦可将公主简称作"某某主"，如《史记》载："……召平阳主、南宫主、林虑主三人俱来谒见姊""是时平阳主寡居，当用列侯尚主。主与左右议长安中列侯可为夫者……于是主乃许之。"⑤ 因此，"姬主"乃是众嫔妃和公主的合称，由此可知，朝谒皇后的人员还包括在京的公主。

二、朝谒流程

后宫朝谒礼的流程由两部分组成，其一是谒见人员的行礼，其二是受谒者根据谒见者品级给予的相应回礼。以朝臣见皇帝之礼为例，君臣相见时，臣子须先行拜礼，如《史记·孝文本纪》记载："代王驰至渭桥，群臣拜谒称臣。"⑥ 此处可见臣见君时，应当先行拜礼。皇帝在臣子行过拜礼之后，也应根据臣子的品级予以不同的答礼。朝

---

① ［汉］卫宏撰：《汉旧仪》，［清］孙星衍辑，周天游点校：《汉官六种》，第 76 页。
② 《汉书》卷六三《武五子传》，第 2744 页。
③ 《后汉书》卷一○《皇后纪》，第 409 页。
④ 《汉书》卷四《文帝纪》，第 105 页。以上如淳、臣瓒、颜师古三注，皆出于此。
⑤ 《史记》卷四九《外戚世家》，第 1982、1983 页。
⑥ 《史记》卷一○《孝文本纪》，第 415 页。

谒之礼亦遵循此规则，如《汉书·翟方进传》载："丞相进见圣主，御坐为起，在舆为下。"① 此为汉时君臣拜谒的典例。谒见者的行礼、受谒者的答礼，共同构成一个完整的拜谒礼。

（一）谒见者之行礼

汉代的日常行礼动作主要为拜礼，"拜"与"谒"在史书中常被合称，可见二者之间的密切联系，有"谒"即有"拜"。后妃进行朝谒时，由谒见者先行拜礼。

汉代的拜礼承自先秦时期的古礼，根据《周礼·大祝》记载，拜分九种：稽首、顿首、空首、振动、吉拜、凶拜、奇拜、褒拜、肃拜。② 肃拜为女子和军士专用的礼节，《周礼正义》引段玉裁语："肃拜者，妇人之拜也。"③ 又有唐贾公彦道"妇人亦以肃拜为正"④。肃拜，汉时指撎礼，《索隐》引应劭语："《左传》'晋郤克三肃使者而退'，杜预注'肃，若今撎'。郑众注《周礼》'肃拜'云'但俯下手，今时撎是'。"⑤《说文解字注》载："撎，举首下手也……跪而举其首，惟下其首，是为肃拜。汉人曰撎。"⑥ 段玉裁认为，唐代以前的妇女行拜礼时"跪而举首不俯伏。虽拜君赐亦然。天元时令拜宗庙天台俯伏如男子，可以证常拜之跪而不必俯伏也。至于天后而始不跪"⑦。

汉代的妇女行肃拜之礼时的特点有三：其一为跪，跪是拜礼之必需动作，《周礼正义》引段玉裁云"妇人肃拜亦跪并是也""跪所以拜也，未有不跪坐而可称拜者矣"⑧；其二为拱手，男女的拱手动作有所差别，语见《礼记·内则》所载，"凡男拜，尚左手""凡女拜，尚右手"，⑨ 意为男性行拜礼，拱手时左手在上，女性行拜礼，拱手时右手在上。因此，后妃在作拜时，依照"凡女拜，尚右手"的规制，右手叠在左手之上，手心朝下，拱手至胸前；其三是行礼时，不需要拜头至地，行礼动作中没有低头俯首之举，跪与拱手则均为必要动作。关于这一点，学界已有翔实的考述，⑩ 本文不

---

① 《汉书》卷八四《翟方进传》，第 3414 页。

② ［汉］郑玄注，［唐］贾公彦疏：《周礼注疏》卷二五《大祝》，［清］阮元校刻：《十三经注疏》，中华书局，1980 年，第 808 页。其中，稽首礼属于专门的拜天子礼，《后汉书》注云："稽首，拜天子礼也。"（《后汉书》卷二三《窦融列传》，第 803 页）顿首主要在谢罪、请求等特殊场合出现。吉拜、凶拜均属丧礼中的拜手动作。奇拜、褒拜，描述的是施拜的次数。

③ ［清］孙诒让：《周礼正义》卷四九《春官》，《四部备要》，中华书局，1989 年，第 530 页。

④ ［汉］郑玄注，［唐］贾公彦疏：《周礼注疏》卷二五《大祝》，［清］阮元校刻：《十三经注疏》，第 810 页。

⑤ 《史记》卷五七《绛侯周勃世家》，第 2075 页。

⑥ ［汉］许慎撰，［清］段玉裁注：《说文解字注》卷十二篇上，第 600 页。

⑦ ［汉］许慎撰，［清］段玉裁注：《说文解字注》卷十二篇上，第 600 页。

⑧ ［清］孙诒让：《周礼正义》卷四九《春官》，《四部备要》，第 530 页。

⑨ ［汉］郑玄注，［唐］孔颖达疏：《礼记正义》卷二七《内则第十二》，［清］阮元校刻：《十三经注疏》，第 1471 页。

⑩ 胡新生：《周代拜礼的演进》，《文史哲》2011 年第 3 期；梁满仓：《跪拜礼及其在汉代的应用》，《史学集刊》2017 年第 6 期。

再赘述。

（二）皇后之答礼

汉代的谒见礼制在《汉旧仪》中有比较详细的记载，未涉拜礼，主要为皇帝、皇后接受朝谒时所给予的回应。答礼按照谒见人员的等级分类，可分"高品级""低品级"两类，皇帝、皇后则据此分为两类不同的答礼，其区别便在于是否需要从座中起身回礼。根据《汉旧仪》记载，君臣朝谒时的礼仪流程为：

> 皇帝见诸侯王、列侯起，侍中称曰："皇帝为诸侯王、列侯起！"起立，乃坐。太常赞曰："谨谢行礼。"
>
> 皇帝见丞相起，谒者赞称曰："皇帝为丞相起。"立乃坐。太常赞称："敬谢行礼。"①

从史料中可见，皇帝接见丞相、列侯、诸侯王时，其流程、动作基本一致，均需要皇帝亲自起身相迎，即包含"侍中称起→皇帝起身→皇帝坐→太常赞"几个步骤。

皇后接见后妃时的礼仪流程为：

> 婕妤见，大长秋称"皇后为婕妤下舆"，坐称"起"，礼比丞相。娙娥见，女御长称"谢"，礼比将军、御史大夫。②

从该段文献记载可见，西汉嫔妃朝谒时，以娙娥之品级为界，娙娥品级以上属高位，皇后须如丞相之礼一般，起身以作答礼；娙娥品级及以下则属低位，仅由女御长称"谢"，无须皇后起身，语见《汉书》中如淳注引《汉仪》："皇后见娙娥以下，长御称谢。"③

东汉时期的情况较为特殊，贵人谒见时，礼比二千石，出处同见《汉旧仪》："贵人见，称：'皇后诏曰可。'礼比二千石。"④ 前文曾述及汉光武帝改后宫制之事，贵人在东汉是唯一一个拥有爵秩的嫔妃名号，除皇后外，再无比贵人更高的嫔妃品级。因此，东汉时的皇后在接受后宫众人的朝谒时，事实上已经不需向任何人施以回礼。

后宫朝谒礼的这种变化在一定程度上体现了东汉时期皇后的政治地位和权威相较西汉有很大的提升。造成这种变化的原因，与东汉皇后选纳标准的改变有很大关系。西汉时期，立后原则多遵循"母凭子贵"，皇室倾向于册立育有皇子的嫔妃为皇后，对皇后的家世地位不甚看重，出身高贵但最终因无子被废的皇后屡见不鲜；东汉时期则注重皇后的出身，多立家世显赫的女子为皇后。皇后的地位也更加稳定，较西汉而言，遭遇废黜的风险更小。⑤ 世家大族的崛起，皇后权威的提升，共同推动了东汉外戚势力

---

① ［汉］卫宏撰：《汉旧仪》，［清］孙星衍辑，周天游点校：《汉官六种》，第 66 页。
② ［汉］卫宏撰：《汉旧仪》，［清］孙星衍辑，周天游点校：《汉官六种》，第 76 页。
③ 《汉书》卷六三《武五子传》，第 2744 页。
④ ［汉］卫宏撰：《汉旧仪》，［清］孙星衍辑，周天游点校：《汉官六种》，第 76 页。
⑤ ［日］平松明日香：《东汉时期的太后临朝及其身边势力》，载《东洋史研究》第 72 卷第 2 号，2013 年，转引自白白坤：《汉代后妃问题研究综述》，《中国史研究动态》2016 年第 1 期。

长期把控朝政局面的形成。

（三）昭仪用礼记载之辨误

通过两种礼制的对比，不难看出后宫朝谒礼制中的一个显著特征，即婕妤、娙娥、昭仪觐见时所用的礼节，皆以国家官僚体制中的官职名称对比。据《汉书》记载：

> 昭仪位视丞相，爵比诸侯王。婕妤视上卿，比列侯。娙娥视中二千石，比关内侯。容华视真二千石，比大上造。美人视二千石，比少上造。八子视千石，比中更。充依视千石，比左更。七子视八百石，比右庶长。良人视八百石，比左庶长。长使视六百石，比五大夫。少使视四百石，比公乘。五官视三百石。顺常视二百石。无涓、共和、娱灵、保林、良使、夜者皆视百石。①

由此而论，在西汉后期，后宫等级制度已经趋于完备，共分十四品，亦制定了较为严格的品位对应体系，后妃的品秩皆与朝臣的官职体系对应。

然而，昭仪的谒见礼在两段文献中却出现了较大的差异。在《汉旧仪》中，昭仪见皇后，由女官称谢，礼比中二千石，皇后不作回礼，② 属于低位嫔妃的待遇。但《汉书》明确记载，昭仪的地位位比丞相，爵比诸侯王。《汉书·外戚传》也载：

> 元帝既重傅婕妤，及冯婕妤亦幸，生中山孝王，上欲殊之于后宫，以二人皆有子为王，上尚在，未得称太后，乃更号曰昭仪，赐以印绶，在婕妤上。昭其仪，尊之也。③

显而易见，昭仪位在婕妤之上，且皇帝增设这个品级的目的就是为了彰显自己宠妃的地位。因此，在常规情况下，对待昭仪不应仅用中二千石之礼，此处《汉旧仪》记载的谒见情况显然并不合理，与正史的情况抵牾。此外，汉代官制有官、爵分离的特点，《汉旧仪》中的礼仪依据却官、爵混淆，分类标准不统一，这也给研究增加了难度，故不能直接援引此处所载，而需要与他处进行一定的对照和考证。

自先秦至汉代的官僚体制与后宫体制之间，都一直有品位对应、功能对应的特点，统治者将后宫制度与官僚体制结合，按照品位次序来组建等级秩序，这个特点在国家礼制建设上表现得尤为明显，在史书的文字表达上亦有突出体现。

例如，皇后主持的先蚕礼，其功能、礼仪细节、内在含义便与皇帝的籍田礼对应，文字表达上亦多以排比修辞出现。功能方面，二者分别代表了国家宗庙香火兴隆、生生不息的精神追求，也代表了对丰衣、足食的美好愿景。《春秋穀梁传》载："天子亲耕以共粢盛，王后亲蚕以共祭服。"④ 在礼仪细节上，籍田礼"天子、三公、九卿、诸

---

① 《汉书》卷九七上《外戚传上》，第3935页。

② 《汉旧仪》载："昭仪见，称'谢'，比中二千石。"见［汉］卫宏撰：《汉旧仪》，［清］孙星衍辑，周天游点校：《汉官六种》，第76页。

③ 《汉书》卷九七下《外戚传下》，第4000页。

④ ［晋］范甯注，［唐］杨士勋疏：《春秋穀梁传注疏》卷第四，［清］阮元校刻：《十三经注疏》，第2377页。

侯、百官以次耕"① "天子三推，公五推，卿与诸侯九推"②，皇后亲桑时为"皇后缫三盆茧，公主及诸嫔妃采五，县乡君以下采九"③，每种品位等级所用礼仪动作的数量亦呈一一对应形式。又例如在汉代帝后的出行车驾仪仗中，皇帝出行，"公卿奉引，大将军参乘，太仆御，属车八十一乘，备千乘万骑"④，皇后出行时则为"乘鸾辂，青羽盖，驾四马，龙旗九旒，大将军妻参乘，太仆妻御。前鸾旗车，皮轩戟，雒阳令奉引，亦千乘万骑"⑤。

由此可见，这种对应性不仅仅体现于表面的品位和等级，同时体现在宫廷内各项日常制度上。后妃朝谒礼制也具备这样的特征，例如朝谒时在场的女性礼官女长御，同"女御长"，是后宫女官名，其职位就相当于皇帝身边的侍中之位，《汉书·外戚传》晋灼注引："有女长御，比侍中。"⑥ 女长御的主要职责是掌管皇帝的御幸之事。在朝谒之时，由女长御代替侍中称"谢"，这是官僚、后宫两个系统之间"品位对应"特点的又一典型表现。

因而，在理论上，可将君臣之间的朝谒礼制作为对照，通过品位对应的特点来推导昭仪朝谒皇后时的礼制规定。

据此对照前文所引《汉旧仪》中的后妃谒见礼，⑦ 昭仪依正史所记，"位视丞相，爵比诸侯王"，婕妤"视上卿，比列侯"，⑧ 皇后见昭仪时，则亦当以诸侯王之礼接见，而非中二千石之礼。见婕妤时，以列侯之礼接见。昭仪、婕妤都属于"高品级"一列的嫔妃，在行肃拜礼后，皇后自座中起身，"立乃坐"，予以还礼，与丞相之礼相呼应，以示统治者对朝中高级重臣和后宫高位嫔妃的尊重与礼遇。

（四）道见与宴见

后宫朝谒礼制在汉代作为一项正式而严肃的制度存在，一般在宫殿之内的场合进行。除一般意义上的朝谒礼制外，宫廷内还存在多种不同的谒见场合，包括道见与宴见，但严格来讲此二者均不属于正式的朝谒之礼。

① ［晋］司马彪：《续汉书》志第四《礼仪上》，载《后汉书》，第3106页。

② ［汉］郑玄注，［唐］贾公彦疏：《周礼注疏》卷第四《甸师》，［清］阮元校刻：《十三经注疏》，第662页。

③ 《晋书》卷十九《礼上》，中华书局，1974年，第590页。《汉旧仪》又载："（皇后）手采桑，以缫三盆茧。"见［汉］卫宏撰：《汉旧仪》，［清］孙星衍辑，周天游点校：《汉官六种》，第77页。晋时先蚕循汉制，语见《晋书》："其详依古典，及近代故事，以参今宜，明年施行。"见《晋书》卷十九《礼上》，第590页。又《隋书》载："晋太康六年，武帝杨皇后蚕于西郊，依汉故事。"见《隋书》卷七《礼仪志》，中华书局，1973年，第145页。均可作汉代先蚕礼之参考。

④ ［汉］卫宏撰：《汉官旧仪》二卷补遗一卷，［清］孙星衍辑，周天游点校：《汉官六种》，第23页。

⑤ ［汉］丁孚撰：《汉仪》，［清］孙星衍辑，周天游点校：《汉官六种》，第218页。

⑥ 《汉书》卷九七下《外戚传下》，第3993页。

⑦ ［汉］卫宏撰：《汉旧仪》，［清］孙星衍辑，周天游点校：《汉官六种》，第76页。

⑧ 《汉书》卷九七上《外戚传上》，第3935页。

顾名思义，道见即指在道路上拜谒。与一般性的朝谒礼制相同，根据谒见人员的品级高低来决定皇帝、皇后是否还礼。皇帝在道路上见到丞相，若正坐于车上，则需要下车还礼，《汉书·翟方进传》载："丞相进见圣主，御坐为起，在舆为下。"① 颜师古注引《汉旧仪》云："皇帝在道，丞相迎谒，谒者赞称曰：'皇帝为丞相下舆。'立乃升车。"② 对应至后宫的谒见，西汉时期以娙娥为界，娙娥以上品级的嫔妃，即昭仪、婕妤二品，行礼后皇后需下车，"大长秋称'皇后为婕妤下舆'，坐称'起'，礼比丞相"③。自娙娥及以下的嫔妃以及东汉时期的贵人均属于低位阶，在谒见时，皇后不需要下车进行回礼，只由女长御④称"谢"，其具体程序与一般谒见的礼仪相同。

但道见的情况属于双方在行进路上偶遇时的谒见礼制，它具有较为显著的偶然性和非计划性，而一般意义上的朝谒礼制则表现出强制性、定期性、规范性的特征。因此，无论双方是否遵循五日或朔望的时间规定，在朝谒之前都一定是提前得到消息并做好准备的，故而道见情况或并不属于正式朝谒。

宴见，指在宴会中进行拜谒。宴见礼制在文献中仅见于君臣之间，⑤ 对于后妃的宴见礼仪则没有任何记录。其中原因在于后宫制度和官僚制度在政治功能上有根本性的不同，皇帝宴请大臣，多为国家意义下正式、公开的场合，具有较强的政治意义，而后妃所举办的宴会，多为私人场合。在后宫私人、非正式的宴会上，像君臣朝谒那样正式的宴见礼仪是否存在尚不能详知。因此，后宫的宴见礼制仍需新史料的发掘。

三、结论

后宫朝谒礼制是汉代一项成文的制度。在时间上，皇后朝太后，由宣帝时期的五日一朝，至元成时期更为朔望一朝。妃嫔朝皇后，为朔望朝，即十五日一朝。在人员上，只有拥有品级的嫔妃才有资格和义务朝谒皇后，在朝的公主也需要定期向皇后朝请。在谒见时的礼节程序上，后宫朝谒礼分谒见者行礼、受谒者答礼两个步骤，与朝臣的品级制度之间呈现相互对应的特征。

作为汉代礼制的组成部分，后宫朝谒礼制面向的是女性贵族群体，与男性贵族有一定的相似之处，同时也具有自己独特的特点。传统社会将皇后视为国母，皇后定期

---

① 《汉书》卷八四《翟方进传》，第 3414 页。

② 《汉书》卷八四《翟方进传》，第 3415 页。

③ ［汉］卫宏撰：《汉旧仪》，［清］孙星衍辑，周天游点校：《汉官六种》，第 76 页。

④ 此处史料原文未详写道见皇后时由何人称"谢"，但依据一般性朝谒的情况，此处情形可能仍是由女长御称"谢"。

⑤ 《汉旧仪》曰："宴见，侍中、常侍赞，御史大夫见，皇帝称'谨谢'。将军见，称'谢'。中二千石见，皇帝称：'谢'。二千石见，皇帝称'制曰：可'。太守见，皇帝称'谢'。"见 ［汉］卫宏撰：《汉旧仪》二卷补遗二卷，［清］孙星衍辑，周天游点校：《汉官六种》，第 66 页。

谒见太后，诸嫔妃定期谒见皇后，这能够引导当时的社会妇女作为嫡妻则孝敬舅姑，作为媵妾则服侍正室，具有敦行教化、引领社会风俗的作用，这是其家庭意义。

虽然后宫朝谒具有一定家庭、亲情意味，但统治者似乎更重视家庭秩序与国家统治秩序的结合：其一，皇后作为皇帝的正妻，需定期谒见太后，以尽其孝道，从而彰显汉朝廷"以孝道治天下"的治国理念；其二，其他妃子除谒见太后之外，还要定期向身为正妻的皇后行朝谒之礼，用以体现皇后于后宫之主位，嫡子于庶子之尊位。

从制度史的视角看，后宫朝谒礼制围绕皇太后、皇后展开，与诸侯王、列侯及各级官僚围绕皇帝形成的朝谒礼制相类似，此可称之为"品位对应"。从社会史、性别史的视角看，传统社会往往以阴阳、日月来形容夫妻关系，强调"夫妻齐体"，汉代皇后的地位"与君齐体"①，此可称之为"阴阳对应"②。无论是"品位对应"还是"阴阳对应"，都是我国古代官僚体制等级森严、皇权至高无上的具体体现。

---

① 刘昭注《后汉书》云："皇后之尊，与帝齐体，供奉天地，祗承宗庙，母临天下。"见［汉］司马彪：《续汉书》志第五《礼仪志》，载《后汉书》，第3121页。

② 《毛诗正义》云："阴阳之分，夫妇之位，则日月喻夫妇也。"见《毛诗正义》卷第二《柏舟》，［清］阮元校刻：《十三经注疏》，第297页。

也谈西汉御史大夫寺的外迁问题[*]

丁佳伟

（江苏师范大学历史系）

摘要： 对西汉御史大夫寺处于未央宫内的传统观点，近年来学界提出了新见，认为至西汉后期御史大夫寺已被霍光迁至未央宫外。但仅由御史大夫征辟庶民为掾属、霍氏家奴擅闯御史官署以及御史大夫接见郡国计吏等例证，尚难以有力支撑此观点。相关证据显示，霍光并没有将御史大夫寺迁至宫外的必要，在其病逝多年后，御史大夫寺仍在未央宫内。与御史大夫职掌变动相伴随的，只是御史大夫寺所处政治空间的外化，这与武帝时期"殿中""省中"区域政治功能的强化密切相关。相较于学界颇为强调之官署位置的实际外移，基于空间外化的变相外迁形态，对于考察西汉乃至各王朝中枢更迭、官制演进过程中的诸多问题，同样具有较为普遍的历时性意义。

关键词： 御史大夫寺；西汉；未央宫；霍光；外迁

御史大夫寺是西汉御史大夫的官署。据《汉官旧仪》："御史大夫寺在司马门内，门无塾，门署用梓板，不起郭邑，题曰御史大夫寺。"^② 所谓"司马门"，《三辅黄图》言："司马门，凡言司马者，宫垣之内，兵卫所在，司马主武事，故谓宫之外门为司马门。"^③ 学界多据此认为西汉御史大夫寺处于皇帝居住的未央宫内。^④ 近年来，学者们对此提出了新的见解，认为御史大夫寺在西汉中期曾被迁至未央宫外。廖伯源首先提

---

　*　本文为国家社科基金青年项目"秦汉诏令文书整理与政治文化建构研究"（22CZS007）阶段性成果。

② ［汉］卫宏撰：《汉官旧仪》卷上，［清］孙星衍等辑，周天游点校：《汉官六种》，中华书局，1990年，第41页。

③ 何清谷：《三辅黄图校释》卷二，中华书局，2005年，第146页。

④ 代表性论述如严耕望：《中国地方行政制度史——秦汉地方行政制度》，上海古籍出版社，2007年，第271页；魏向东：《西汉御史大夫二丞考辨》，《徐州师范学院学报》1988年第3期；祝总斌：《两汉魏晋南北朝宰相制度研究》，北京大学出版社，2017年，第29 – 30页；熊伟：《秦汉监察制度史研究》，天津人民出版社，2011年，第46 – 48页。

出"御史大夫府终西汉之世都在宫内，抑是中叶以后迁出宫外，不得而知"①的疑问。侯旭东从汉代宫省门籍制度入手，对御史大夫寺的外迁进行了系统论证，认为到西汉后期"御史大夫寺已经不在皇帝居住的未央宫内，且名称也改为御史府"②。代国玺则结合御史大夫寺的外迁，进一步探讨了御史大夫在西汉中期的职能转变。③然仔细爬梳文献，深感相关认识似有未安之处。现就西汉御史大夫寺外迁与否及官署外迁与职掌变动之关系等问题再做考察，希望能够推进相关认识。不当之处，敬请斧正。

一、御史大夫寺外迁说再审视

对西汉御史大夫寺外迁的系统考察，以侯旭东《西汉御史大夫寺位置的变迁：兼论御史大夫的职掌》一文最为翔实，其所列举的主要证据大致有如下三条。第一条来自《汉书·酷吏传》：

> 宣帝初即位，（严）延年劾奏（霍）光……后复劾大司农田延年持兵干属车，大司农自讼不干属车。事下御史中丞，谴责延年何以不移书宫殿门禁止大司农，而令得出入宫。于是覆劾延年阑内罪人，法至死。延年亡命。会赦出，丞相御史府征书同日到，延年以御史书先至，诣御史府，复为掾。宣帝识之，拜为平陵令，坐杀不辜，去官。④

严延年所逢大赦在"（本始四年）三月乙卯"⑤，御史府征辟严延年当在本始四年（前70）三月之后。侯先生据此认为："严延年在遭到御史中丞的覆劾，并畏罪亡命后，自然会从出入宫殿的引籍中除名。二年后，依赦令免罪为庶人，因无官职且无入宫资格，亦不会恢复其籍。此种情况下，如果御史府仍在宫中，他是无法进入的，只有御史府迁到宫外，才可以顺利应征入府为掾。"认为本始四年三月之前御史大夫寺已迁至未央宫外。问题在于，首先，征辟之制本较少受到层级限制，"从乡举里选循序而进者，选举也；以高才重名躐等而升者，辟召也"⑥。因而征辟对象自然包括了大量来自地方的郡县属吏甚至是布衣庶民，如孙宝"以明经为郡吏。御史大夫张忠辟宝为属"⑦；薛广

---

① 廖伯源：《汉代官吏之休假及宿舍若干问题之辨析》，载《秦汉史论丛》（增订本），中华书局，2008年，第297页。

② 侯旭东：《西汉御史大夫寺位置的变迁：兼论御史大夫的职掌》，《中华文史论丛》2015年第1期。以下凡引此文，不再注明。作者在新著《宠：信—任型君臣关系与西汉历史的展开》（北京师范大学出版社，2018年，第171-172、200页）中也延续了这一观点。

③ 代国玺：《说"制诏御史"》，《史学月刊》2017年第7期。

④ 《汉书》卷九〇《酷吏传·严延年》，中华书局，1962年，第3667页。

⑤ 《汉书》卷八《宣帝纪》，第245页。

⑥ ［宋］马端临撰：《文献通考》卷三九《选举一二》，中华书局，1986年，第367页下栏。

⑦ 《汉书》卷七七《孙宝传》，第3257页。

德为布衣，"萧望之为御史大夫，除广德为属"①。这些来自地方的郡县属吏或布衣庶民事先不可能"通籍"于远在长安城的未央宫司马门，御史大夫既然征辟他们为掾属，自然安排了出入未央宫司马门的相应办法，否则此举便失去了征辟"躐等而升"的本意。

其次，"两汉公府自丞相（或司徒）、御史大夫（司空）、太尉（司马）、大将军以至九卿如光禄勋、太常，皆可自辟掾属"②。西汉九卿中尚有少府、卫尉和郎中令（武帝太初元年［前104］更名光禄勋）的官署处于未央宫内。据未央宫遗址考古发掘资料显示，少府官署处于未央宫前殿以北、椒房殿以西的区域。③《汉官旧仪》称："御史、卫尉寺在宫中，亦不鼓。"④ 在未央宫西南角楼建筑遗址中出土了涂朱的"卫"字瓦当，应是卫尉寺的建筑遗存。⑤ 有关郎中令官署的具体位置，史籍中也有明确记载。《汉书·高后纪》云："（刘章）逐（吕）产，杀之郎中府吏舍厕中。"注引如淳曰："《百官表》郎中令掌宫殿门户，故其府在宫中。"⑥ 少府、卫尉和郎中令或负责皇家内务，或职掌宫殿宿卫，是以其官署皆在未央宫内，笔者目力所及未见涉及其官署外迁的记载。据《汉书·王嘉传》："王嘉字公仲，平陵人也。以明经射策甲科为郎，坐户殿门失阑免。光禄勋于永除为掾，察廉为南陵丞……"⑦ 王嘉以明经射策甲科任郎官，掌守殿门，因"坐户殿门失阑"罪而遭免官。被免官之后的王嘉，其身份当为庶民，自然会从出入宫殿的引籍中除名。但王嘉却可以应光禄勋于永的征辟，进入处于未央宫内的光禄勋官署担任掾属。由此可见，官署处于未央宫内的公卿大臣，其征辟掾属并不受限于是否"通籍"司马门。

基于以上两点，由严延年未"通籍"司马门却可"诣御史府，复为掾"尚难以论证此时御史大夫寺已迁至未央宫外。合理的解释是，御史府下发给严延年的"征书"本身便是一种凭信，应征者持"征书"谒司马门，在核实信息后，由公车司马等相关机构发给出入未央宫的符传，或将其"著籍"于司马门，即《汉官仪》所谓"公车司马掌殿司马门……天下上事及阙下凡所征召皆总领之……"⑧

第二条证据出自《汉书·霍光传》：

光薨，上始躬亲朝政，御史大夫魏相给事中。（霍光夫人）显谓禹、云、山：

---

① 《汉书》卷七一《薛广德传》，第3046－3047页。

② 安作璋、熊铁基：《秦汉官制史稿》，齐鲁书社，2007年，第821页；另可参黄留珠：《秦汉仕进制度》，西北大学出版社，1998年，第200－203页。

③ 中国社会科学院考古研究所汉城工作队：《汉长安城未央宫第四号建筑遗址发掘简报》，《考古》1993年第11期。

④ ［汉］卫宏撰：《汉官旧仪》卷上，［清］孙星衍等辑，周天游点校：《汉官六种》，第39页。

⑤ 参见中国社会科学院考古研究所汉长安城工作队：《汉长安城未央宫西南角楼遗址发掘简报》，《考古》1996年第3期。

⑥ 《汉书》卷三《高后纪》，第102－103页。

⑦ 《汉书》卷八六《王嘉传》，第3488页。

⑧ 《汉书》卷一九《百官公卿表上》"卫尉"条颜师古注引《汉官仪》，第728－729页。

"女曹不务奉大将军余业，今大夫给事中，他人壹间，女能复自救邪？"后两家奴争道，霍氏奴入御史府，欲踏大夫门，御史为叩口头谢，乃去。人以谓霍氏，显等始知忧。①

霍氏家奴与魏相家奴因"争道"发生纠纷，霍氏家奴擅闯御史府，欲践踏御史府的大门。此事发生在霍光死后，即宣帝地节二年（前68）三月之后。侯先生认为，"依时制，此事应发生在宫外"，原因是"大臣的家奴一类人通常不应有资格入宫"，由此推断"至晚此时御史大夫府已在宫外无疑"。就一般情况来看，公卿大臣的家奴确实不能擅入未央宫，更不可能离开主人自行入宫。但侯先生在注释中也指出，"个别情况下亦会例外"，其中也包括霍氏家奴擅入未央宫的另一事例：

> （霍）云当朝请，数称病私出，多从宾客，张围猎黄山范中，使苍头奴上朝谒，莫敢遣者。而（霍光夫人）显及诸女，昼夜出入长信宫殿中，亡期度。②

霍氏苍头奴擅入未央宫虽为霍云所使，但从"莫敢遣者"来看，其行为本身亦不符合规制。在严格的宫廷宿卫和门籍制度下，霍氏苍头奴得以"上朝谒"当与有司迫于霍氏的权势有关。值得注意的是，此时"掌宫门卫屯兵"③，并以公车司马为属官的卫尉一职恰由霍氏亲属担任。"自昭帝时，光子禹及兄孙云皆为中郎将……光两女婿为东西宫卫尉"，直到霍氏毒杀许皇后事发，"（宣帝）乃徙光女婿度辽将军未央卫尉平陵侯范明友为光禄勋……复徙光长女婿长乐卫尉邓广汉为少府……诸领胡越骑、羽林及两宫卫将屯兵，悉易以所亲信许、史子弟代之"④。可见，此时担任未央卫尉、长乐卫尉的正是霍光的女婿范明友和邓广汉。或许正因为如此，"显及诸女"才可以"昼夜出入长信宫殿中，亡期度"。在霍氏子弟遍布朝野，且霍光女婿直接担任未央卫尉的特殊时期，霍氏家奴依仗主人的权势，擅闯未央宫"入御史府，欲踏大夫门"的事件完全有可能发生。以霍氏家奴不得擅入未央宫来推论御史大夫寺已迁至未央宫外，其说服力亦有所不足。

此外，据"御史大夫魏相给事中"一事，侯先生认为："御史大夫原为皇帝身边的近臣，就在宫中办公，无须再靠加官获得出入宫禁的资格，而魏相这时却被授予'给事中'的加官，亦是其已不在皇帝身边的明证。"但据《汉旧仪补遗》卷上："诸给事中日上朝谒，平尚书奏事，分为左右曹。以有事殿中，故曰给事中。"⑤给事中因"日上朝谒，平尚书奏事"而获得出入殿中的资格。御史大夫魏相获得给事中加官仅仅意

---

①《汉书》卷六八《霍光传》，第2951页。

②《汉书》卷六八《霍光传》，第2950页。

③《汉书》卷一九上《百官公卿表上》，第728页。又《汉旧仪》卷上："司马掖门殿门屯卫士，皆属卫尉。"见〔汉〕卫宏撰：《汉旧仪》卷上，〔清〕孙星衍等辑，周天游点校：《汉官六种》，第65页。

④《汉书》卷六八《霍光传》，第2948、2952页。

⑤〔汉〕卫宏撰：《汉旧仪补遗》卷上，〔清〕孙星衍等辑，周天游点校：《汉官六种》，第93页。

味着他本人可以自由出入"殿中"。汉代的宫省宿卫体系是多层次的，宫内和"殿中"的空间概念并不相同。① 无论官署是否在未央宫内，御史大夫都需要获得给事中一类的加官才能具备出入"殿中"区域的资格，这与御史大夫寺是否处在未央宫内无直接关联。

第三条证据出自敦煌悬泉置遗址出土的一件宣帝时期的文书：

> 甘露三年十一月辛巳朔乙巳，敦煌大守千秋、长史奉憙、丞破胡谓过所县河津：遣助府佐杨永视事上甘露三年计最丞相御史府，乘用马一匹，当舍传舍，从者如律令。十一月丙辰东　　　　　　　　　　　　Ⅱ0213②：139②

该文书是敦煌太守为前往长安上计的属吏签发的公文凭信。侯先生认为："当时全国一百多个郡国，年底都要派遣官吏到长安上计。这些临时到京的各地计吏有数百人之多，显然不会在宫门的引籍上留有姓名。因此，若如此文书所言，他们要到御史府上计的话，此时御史府一定已经迁到宫外。"但据《汉旧仪》，御史大夫接见郡国计吏皆在未央宫司马门之外——"大夫见孝廉、上计丞、长史，皆于宫司马门外，比丞相掾史白录"③。侯先生认为这则材料反映的是"御史大夫的办公地点迁到宫外之前的做法"。但从另一个角度来看，御史大夫于司马门外接见郡国计吏，恰恰可以解决大量计吏因没有"注籍"司马门而无法进入未央宫的问题。在时间因素无法确认的情况下，对这则材料的解读便可能存在较大的主观性。

二、霍光与御史大夫寺的外迁

在"最晚从宣帝本始四年（前70）起，御史大夫寺已经自未央宫内迁到宫外"的论断基础上，侯先生进一步推测御史大夫寺的外迁与御史大夫桑弘羊卷入燕王旦、盖主以及上官桀父子的谋反事件有关，认为"平息此事后，霍光借机将御史大夫寺迁到宫外"。笔者在《霍光未将御史大夫寺迁出未央宫考辨》一文中曾列举反例一条④，但限于篇幅，对霍光将御史大夫寺迁出未央宫的非必要性未及展开，现详述如下。

虽然侯先生从汉武帝死后的政治形势、御史大夫桑弘羊和霍光在治国方针上的分歧、霍光对谋反事件的穷尽式追查等多个方面进行了长篇幅论证，但问题的关键在于，谋反事件发生后，霍光是否有必要将御史大夫寺迁出未央宫。我们认为，这完全取决于桑弘羊在谋反事件中是否利用官署处于未央宫内的空间优势，对霍光构成了重大威胁。侯先生也提及"此次谋反为内外勾结，居中者多长期活动于宫中"，并列举了鄂邑

---

① 参见杨鸿年：《汉魏制度丛考》，武汉大学出版社，1985年，第1-11页；曲柄睿：《汉代宫省宿卫的四重体系研究》，《古代文明》2012年第3期。

② 引自张俊民：《敦煌悬泉置出土汉简所见人名综述（一）》，《陇右文博》2006年第2期。

③ ［汉］卫宏撰：《汉旧仪》卷上，［清］孙星衍等辑，周天游点校：《汉官六种》，第73页。

④ 参见丁佳伟：《霍光未将御史大夫寺迁出未央宫考辨》，《江海学刊》2021年第6期。

长公主"居禁中，共养帝"、上官桀父子可以出入宫省、桑弘羊"出入宫中也已经七年"等事实，但对于御史大夫桑弘羊在谋反事件中可以发挥的作用仍有所忽略。

有关桑弘羊是否参与谋反①，本文暂不讨论。此处重点关注的是，御史大夫寺与谋反事件之间的关联。翻检史籍，对御史大夫桑弘羊"参与"谋反的具体记述大致有以下三条，现摘录如下：

> 元凤元年……冬十月，诏曰："左将军安阳侯桀、票骑将军桑乐侯安、御史大夫弘羊皆数以邪枉干辅政，大将军不听，而怀怨望，与燕王通谋，置驿往来相约结……"②

> 上官桀及御史大夫桑弘羊等皆与交通，数记疏光过失与（燕王）旦，令上书告之。桀欲从中下其章。③

> 燕王旦自以昭帝兄，常怀怨望。及御史大夫桑弘羊建造酒榷盐铁，为国兴利，伐其功，欲为子弟得官，亦怨恨光。于是盖主、上官桀、安及桑弘羊皆与燕王旦通谋，诈令人为燕王上书，言："光出都肆郎羽林，道上称跸，太官先置。又引苏武前使匈奴，拘留二十年不降，还乃为典属国，而大将军长史（杨）敞亡功为搜粟都尉。又擅调益莫府校尉。光专权自恣，疑有非常。臣旦愿归符玺，入宿卫，察奸臣变。"候司（霍）光出沐日奏之。桀欲从中下其事，桑弘羊当与诸大臣共执退光。④

归纳而言，桑弘羊的罪状主要有两点：一是与燕王通谋，将霍光的过失密告燕王，"与燕王通谋，置驿往来相约结"或"数记疏光过失与旦"；二是令人伪造燕王上书，欲与"诸大臣共执退光"。

首先，桑弘羊将霍光的过失密告燕王，所告过失在伪造的燕王上书中有所反映，包括霍光检阅羽林郎时僭用天子仪仗、破格提拔亲信杨敞以及擅自增加将军莫府的守卫等。显然，这些过失并不需要桑弘羊借助御史大夫寺位于宫中的空间优势才能侦知。

其次，盖主、上官桀等伪造燕王上书，希望趁霍光出宫休沐之日，由辅助霍光处理尚书事务的上官桀将燕王上书下发群臣讨论。换言之，只有当上官桀将告发霍光的上书下发大臣讨论后，御史大夫桑弘羊才有可能与群臣共同提出罢免霍光的主张，即"桀欲从中下其事，桑弘羊当与诸大臣共执退光"。在这一过程中，我们几乎看不到桑弘羊凭借官署空间优势对霍光构成的重大威胁，桑弘羊能够发挥的作用与所谓的"诸大臣"并无本质差别。实际上，在这一过程中，对霍光构成重大威胁的是协助其处理尚书事务的上官桀。据《汉书·魏相传》：

> 故事诸上书者皆为二封，署其一曰副，领尚书者先发副封，所言不善，屏去

---

① 参见晋文：《桑弘羊"谋反"案考实》，《河南科技大学学报》2007 年第 1 期。
② 《汉书》卷七《昭帝纪》，第 226 页。
③ 《汉书》卷六三《武五子传》，第 2754 页。
④ 《汉书》卷六八《霍光传》，第 2935 页。

不奏。（魏）相复因许伯白，去副封以防雍蔽。宣帝善之，诏相给事中，皆从其议。霍氏杀许后之谋始得上闻。①

在霍光"领尚书"时，一切对其不利的上书皆可"屏去不奏"，这是霍光避免政敌攻击的关键所在。当霍光出宫休沐时，则由上官桀负责尚书事务，"代光决事"②。此时告发霍光的上书才有可能经上官桀之手，下发群臣讨论，并启动罢免机制。也正因为如此，当御史大夫魏相获得给事中的加官，得以"日上朝谒，平尚书奏事"③ 时，霍光夫人才产生了"今大夫给事中，他人壹间，女能复自救邪"④ 的忧虑。果然，不久之后，霍氏毒杀许皇后的阴谋"始得上闻"，霍氏由此覆败。这也足以说明霍氏对于真正的威胁所在有着清晰的认识。

从罢免霍光所需的行政程序来看，桑弘羊能够发挥的作用较为有限，难以凭借御史大夫寺位于宫中的特殊空间优势对霍光构成重大威胁。在诛杀上官桀、桑弘羊，安排素来谨慎持重之张安世协助处理尚书事务⑤，并接连任用亲信王䜣、杨敞、蔡义担任御史大夫的情况下，霍光并没有将御史大夫寺迁至未央宫外的必要理由。

《汉书·杜延年传》载："五凤中，（杜延年）征入为御史大夫。延年居父官府，不敢当旧位，坐卧皆易其处。"⑥ 而据《汉书·百官公卿表》，杜周于武帝天汉三年（前98）至太始二年（前95）任御史大夫，其子杜延年于宣帝五凤三年（前55）任御史大夫。由杜延年"居父官府，不敢当旧位，坐卧皆易其处"可以说明，至少在武帝太始二年（前95）到宣帝五凤三年（前55）之间，御史大夫寺的实际位置并无变动。而谋反事件发生在昭帝元凤元年（前80），霍光死于宣帝地节二年（前68）。杜延年任御史大夫上距霍光病逝已有十四年。结合上文所论，侯先生对这则材料的解读——"因当时人颇为重视房屋的方向与开门的位置……即便在杜周死后御史大夫府外迁，新建府第的方向、布局亦应该与旧府无差，故能使杜延年触景生情"，不免牵强。

三、官署外迁形态与职掌变动

日本学者渡辺信一郎指出："前近代中国专制国家中皇帝权力的政治结构，最为象征的表现于首都的政治空间配置上。"⑦ 对御史大夫寺外迁问题，或者说御史大夫寺所

---

① 《汉书》卷七四《魏相传》，第3135页。
② 《汉书》卷六八《霍光传》，第2934页。
③ ［汉］卫宏撰：《汉旧仪补遗》卷上，孙星衍等辑，周天游点校：《汉官六种》，第93页。
④ 《汉书》卷六八《霍光传》，第2951页。
⑤ "会左将军上官桀父子及御史大夫桑弘羊皆与燕王、盖主谋反诛，光以朝无旧臣，白用安世为右将军光禄勋，以自副焉。"见《汉书》卷五九《张汤传附子安世传》，第2647页。
⑥ 《汉书》卷六〇《杜周传附子延年传》，第2666页。
⑦ 〔日〕渡辺信一郎著，徐冲译：《中国古代的王权与天下秩序——从日中比较史的视角出发》，中华书局，2002年，第97页。

处空间位置的探讨，也可回归到西汉皇权体制下御史大夫的权力变动上。侯先生指出：
"西汉时期御史大夫职掌的变化，与其办公地点的改变直接关联""御史府的外迁是其
外朝官化的起点，这进一步使之成为丞相的辅佐，参与日常事务的处理，留在宫中的
中丞与侍御史则转为以监察为主。"代国玺先生也认为："审查章奏的权力实际上掌握
在御史大夫的手中……而到西汉中期，御史大夫寺移出宫外，侍御史和御史中丞既无
束缚，遂切实拥有审查章奏之权。"① 二者皆将御史大夫寺的外迁与西汉中期御史大夫
的职掌变动相联系。下文将从御史大夫寺所处空间位置入手，对官署外迁的具体形态
及其与御史大夫职掌变动之关系再做考察。

相关研究表明，中国古代是以皇帝为核心、以宫省为基点由内而外呈放射式状设
官分职的，中央官吏可大致划分为如下三类：

> 一类是在禁省中工作或居住在禁省中的官吏和官署；二类是设在皇宫内或宫
> 内有关系的官吏和官署；三类是设在宫外的百官。②

他们所处的政治空间主要包括宫外、宫内和禁省中三部分。西汉都城的政治空间布局
与此大致相同，但在皇帝居住的未央宫内还存在着"省中""殿中"等不同政治区域。
如王莽摄政，礼制比照皇帝，群臣奏请以"安汉公庐为摄省，府为摄殿，第为摄
宫"③。"摄省""摄殿""摄宫"便是分别比照"省中""殿中"和未央宫而设立的。
根据陈苏镇先生的研究，"'殿中'区域以前殿、宣室殿、承明殿等建筑为中心，有殿
墙环绕，由'殿门'出入。温室殿则是皇帝寝殿，位于承明殿北，在'禁门'内，称
'省中'"④ 可知，"殿中"是未央宫内诸多殿阁组成的一个特殊区域，"省中"位于
"殿中"之内。由御史大夫魏相需要获得给事中加官才能进入"殿中"区域可知，御
史大夫寺处于未央宫"殿中"以外的其他区域，我们暂且将其称为"宫中"区域。

"宫中""殿中"和"省中"区域自外而内成同心圆状分布，由不同的宿卫武装守
护，官员出入各区域需要获得相应的许可，《汉旧仪》曰：

> 皇帝起居仪宫司马内，百官案籍出入，营卫周庐，昼夜谁何。殿外门署属卫
> 尉，殿内郎署属光禄勋，黄门、钩盾署属少府。⑤

两相对照可知，殿外即"宫中"的宿卫武装由卫尉统领，而"殿中""省中"分别由
光禄勋和少府负责。官员进入"宫中"区域需要在司马门案验门籍，无门籍或未"注
籍"于司马门者，不得入内。魏其侯窦婴就曾拂逆窦太后而被除去门籍，不得入宫。⑥
进入"殿中"区域也需要获得相应的许可，御史大夫魏相只有获得给事中加官才能自

---

① 代国玺：《说"制诏御史"》，《史学月刊》2017 年第 7 期。

② 郑海峰：《中国古代官制研究》，天津人民出版社，2007 年，第 28 页。另可参杨鸿年：《汉
魏制度丛考》，第 1–11 页。

③ 《汉书》卷九九上《王莽传》，第 4086 页。

④ 陈苏镇：《汉未央宫"殿中"考》，《文史》2016 年第 2 辑。

⑤ ［汉］卫宏撰：《汉旧仪》卷上，［清］孙星衍等辑，周天游点校：《汉官六种》，第 61 页。

⑥ 《史记》卷一〇七《魏其武安侯列传》，第 2839 页。

由出入"殿中"。"省中"更是皇帝的核心生活区域,其私密性更强,"非侍御之臣不得妄入"①。

在"殿中""省中"政治功能并不显著的汉初,相较于官署位于宫外的丞相等②,官署位于"宫中"区域的御史大夫被视为皇帝的近臣。据《汉书·季布传》:文帝欲以季布为御史大夫,"人又言其勇,使酒难近。至,留邸一月,见罢",颜师古注曰:"近谓附近天子为大臣也。"③ 御史大夫可以不受空间限制,径入"省中"奏事,如御史大夫周昌"尝燕时入奏事",而其时"高帝方拥戚姬"。④"高帝拥戚姬"之处当在较为私密的"省中"区域。⑤ 此时御史大夫的具体职掌也多与其近臣身份相关:

> 御史大夫的职能主要有两项:一是充当皇帝的秘书长,协助皇帝处理政务。
大臣的奏章一般要通过御史大夫转达皇帝,皇帝的诏令也由御史大夫传达于大臣。这是因为御史是君主的秘书,御史大夫是皇帝的秘书长的缘故。二是掌握对百官的监察。这也是因为御史是皇帝的近臣的原因。⑥

有学者也指出,汉初御史大夫"从性质上说,属于一种宫官职务"⑦。由此可见,汉初御史大夫与皇帝在政治空间上并不因"省中""殿中"政治区域的存在而产生阻隔,御史大夫的职掌与其近臣身份密切相关。

但汉武帝以来内朝的逐步形成以及诸如侍中、给事中、诸吏等加官的出现,使得"殿中""省中"区域的政治功能日益强化。武帝时,严助、朱买臣、主父偃等文学宾客"并在左右",作为重要决策的参谋、顾问,可以自由"出入禁门"。他们大多被授予中大夫职位,值宿于承明殿庐舍,以备皇帝及时召见、咨询。⑧ 昭帝时,大司马大将军霍光、左将军上官桀等直接入值"殿中"处理政务。⑨ 此外,加官的出现也使部分亲近官员得以脱离原官署所在区域,自由出入"殿中"甚至是"省中"区域。⑩《汉官旧仪》言:"侍中,无员。或列侯、将军、卫尉、光禄、大夫、郎为之,得举非法,白请及出省户休沐,往来过直事。"⑪ 其中,列侯无固定官署;卫尉负责殿外宿卫,其官署在"宫中";而诸将军的莫府更在未央宫外。他们在获得侍中等加官后,便可自由出入"殿中""省中"区域。相反,没有获得侍中一类加官的官员则无法自由出入。到

---

① 《汉书》卷七《昭帝纪》"共养省中"条颜师古注引伏俨曰,第 217–218 页。
② 可参宋杰:《西汉长安的丞相府》,《中国史研究》2010 年第 3 期。
③ 《汉书》卷三七《季布传》,第 1977 页。
④ 《史记》卷九六《张丞相列传》,第 2677 页。
⑤ 可参阎爱民:《汉代外戚侍帷幄制考述》,收入氏著《汉晋家族研究》,上海人民出版社,2005 年,第 130、137 页。
⑥ 陈长琦:《中国古代国家与政治》,文物出版社,2002 年,第 45 页。
⑦ 李玉福:《秦汉制度史论》,山东大学出版社,2002 年,第 120 页。
⑧ 参见《汉书》卷六四《严助传》,第 2790 页。
⑨ 参见《汉书》卷六八《霍光传》,第 2933 页。
⑩ 参见孙闻博:《西汉加官考》,《史林》2012 年第 5 期。
⑪ [汉]卫宏撰:《汉官旧仪》卷上,[清]孙星衍等辑,周天游点校:《汉官六种》,第 32 页。

宣帝时，御史大夫魏相只有获得给事中加官，才能自由出入"殿中"，而"省中"更在"殿中"之内。在未获加官之前，魏相的上书需要借助"径出入省中"①的平恩侯许伯才能送达御前。此时"省中""殿中"区域已然成为皇帝和御史大夫在政治空间上的阻隔。换言之，在御史大夫寺的实际位置不发生任何变动的情况下，随着"殿中""省中"政治功能的强化，处于"宫中"区域的御史大夫寺也已然变相地远离了权力的核心——皇帝。如日本学者渡邉将智所论："皇帝的执政场所、生活空间与官员的执政场所间的'空间距离'，应该正是皇帝和官员间'政治距离'的投影。"② 相较于官署位置的实际外移，这种基于空间外化的变相外迁形态，同样甚至更加能够反映皇帝与御史大夫"政治距离"的微妙变化。而这恰恰是御史大夫桑弘羊难以对深居"殿中""领尚书事"之霍光构成严重威胁的关键所在。

与之相应，御史大夫"协助皇帝处理政务"的秘书长角色也渐为内朝所取代，其具体职掌与丞相日益趋同，昭宣之时多以"两府"并称。如杜延年"常与两府及廷尉分章"，颜师古引如淳曰："两府，丞相、御史府也。"③ 御史大夫职掌向丞相的靠拢，既有侯先生所谓"制定律令的任务逐渐弱化"等因素，同时也应该与汉武帝开疆拓土带来之帝国政务的日渐繁重、丞相需要有力的协助者密切相关。御史大夫官署名称由"寺"到"府"的改变，应主要与其职掌变动相关，不宜将其视为官署外迁的表现或辅证。

基于以上分析，对西汉御史大夫官署空间位置的探讨，既不宜依循传统观点，简单或笼统地认定终西汉一代御史大夫寺的空间位置始终如一，也不能过度强调御史大夫职掌变动背景下官署外迁之必然性，毋宁说与职掌变动相伴随的，只是御史大夫寺所属政治空间的外化。

日本学者和田清先生较早提出中国古代官制演进之"波纹式的循环发生"说，认为："天子个人左右的微臣逐渐获得权力，压倒了政府的大臣，最终取而代之。但取而代之后，其中又别有私臣变为实权者，再来取代现有的政府大臣。如此后浪推前浪式的往复不已。"④ 中国学者也认为，"纵观宰相制度的历史演变……反映出一种基本规律，即后期宰相机构及宰相名称，几乎全部是从前期皇帝身边的宦官、侍从、秘书发

① 《汉书》卷六八《霍光传》，第 2951 页。

② 〔日〕渡邉将智：《东汉洛阳城内皇帝与官员的政治空间》，收入北京大学中国古代史研究中心等编：《中国中古史研究：中国中古史青年学者联谊会会刊》（第三卷），中华书局，2013 年，第61 页。

③ 《汉书》卷六〇《杜周传附子延年传》，第 2664 页。

④ 〔日〕和田清编著：《支那官制发达史（上）——特に中央集権と地方分権との消長を中心として》，中央大学出版部，1942 年，第 1–14 页。

展演变而成的"①"由内及外的外朝化是中国古代'近官'嬗变的基本过程与主要特征"②。需要进一步思考的是，在由近臣到宰辅的转变过程中，其官署究竟呈现出怎样的外迁形态。结合上文所论，我们认为至少应该包括如下两类：一是官署位置的实际外迁，它更多适用于跨王朝的官署位置变更，如西汉御史大夫寺处于未央宫内，而西汉末三公制确立后，到东汉，大司空府则已迁出洛阳南北宫③。这种外迁形态往往伴随王朝更替背景下的新都城营造。二是基于空间外化的变相外迁，它往往适用于某一王朝统治时期内的官署空间位置变更。为确保皇帝统治的安全无虞，历代皇权体制下宫省宿卫体系或政治空间的逐步多层次化——"汉兴以来，深考古义，惟万变之备……故司马殿省门闼，至五六重，周卫击刁斗"④，为这种变相外迁形态提供了可行性。从这个意义上来讲，这种基于空间外化的变相外迁形态，不仅深刻反映了皇帝与御史大夫"政治距离"由近到远的微妙变化，同时亦可为武帝以来内、外朝官的转化等乃至此后各王朝内部中枢机构的权力更迭、官制演进中的诸多问题提供新的研究视角。

四、结论

综上所述，仅由御史大夫征辟庶民为掾属、霍氏家奴擅闯御史大夫寺以及御史大夫接见郡国计吏等例证，尚难以有力支撑西汉中期御史大夫寺已迁至未央宫外的观点。从罢免霍光所需经历的行政程序来看，御史大夫桑弘羊能够发挥的作用较为有限，且并未凭借官署处于未央宫内的空间优势对霍光构成重大威胁。有证据显示，在霍光病逝多年后，御史大夫寺仍在未央宫内。就现有文献而言，既不宜依循传统观点，简单或笼统认定终西汉一代御史大夫寺的空间位置始终如一，也不能过度强调职掌变动背景下御史大夫寺外迁的必然性。实际上与御史大夫职掌变动相伴随的，只是御史大夫寺所处"宫中"政治区域的空间外化。促成空间外化的直接原因，是武帝时期内朝的形成以及侍中、给事中等大量加官出现带动"殿中""省中"区域政治功能的加强。相较于学界颇为强调的官署位置的实际外移，这种基于空间外化的变相外迁形态，不仅深刻反映了皇帝与御史大夫"政治距离"由近到远的微妙变化，同时对于考察汉武帝以来内、外朝官的转化乃至此后历代中枢机构的权力更迭、官制演进中的诸多问题，也具有较为普遍的历时性意义。

---

① 曾小华：《中国政治制度史论简编》，中国广播电视出版社，1991 年，第 106 页。

② 史云贵：《外朝化、边缘化与平民化——帝制中国"近官"嬗变研究》，上海人民出版社，2009 年，第 43 页。

③ 东汉司空府的具体位置，可参张鸣华：《东汉南宫考》，《中国史研究》2004 年第 2 期。

④ ［宋］李昉等：《太平御览》卷三五四《兵部八十五》引《汉名臣奏》，中华书局，1960 年，第 1629 页。

"存社稷罗英雄者"：《黄石公三略》的历史哲学发微

郑先兴

（广州商学院岭南文化研究所）

摘要：《黄石公三略》讨论了军政制度的变迁、治军理政之策，蕴含着丰富的历史哲学，可为现实治军理政提供借鉴。作为皇帝治军理政的指导书，其学术渊源一是吸收了先秦以来的道家、儒家与法家等诸子思想，是先秦以来军政问题论述的集大成者；二是考察治军理政及策略的演变，总结经验教训，并予以绅绎、凝练，上升为具有指导意义的警言名句。其创作时代当为东汉灵帝时期的鸿都门学开班期间，是士人响应灵帝之令的产物。

关键词：《黄石公三略》；历史哲学；治军理政；谋略；东汉灵帝时期

《黄石公三略》作为古代的兵学著作，备受历代学者的重视。查阅学者们的研究，其着眼点主要为以下三点。

第一，《黄石公三略》的作者、年代及版本问题。如何清谷先生认为，其作者"很可能就是授书张良的圯上老人"，其年代为秦代。① 张家栋先生说：《三略》"深深打着楚汉战争的历史烙印，是刘邦及其谋臣们对这次战争的历史经验总结""真正编撰者是张良"。黄石老人授书传说，是政治神话，其受益者是刘邦与张良。② 胡晓文考察传世文献，发现最早出现《黄石公三略》的文献记载，与东汉初年的刘秀、吴汉有关，"在东汉末年至魏晋时期的古籍中出现了量级般增长的记载次数"，并由此认为，其成书年代当在西汉末年至东汉末年之间，而"西汉末年的说法更为有说服力"。③ 黄朴民先生说，汉魏之际陈琳的《武军赋》和《魏书》提到了《三略》，《三略》的主导思想是黄老，且自称为"衰世之作"，由此对照历史，只能是东汉末年。④ 许炳杰接受了这一观点，说："《三略》当为东汉后期的兵学著作，作者为通晓军事政治、谙熟韬略、兼杂

① 何清谷：《〈黄石公三略〉考辨》，载秦始皇兵马俑博物馆《论丛》编委会编：《秦文化论丛》第十九辑，三秦出版社，1999年，第458 – 470页。

② 张家栋：《〈黄石公三略〉作者试探》，《工程兵工程学院学报》1987年第4期。

③ 胡晓文：《〈三略〉成书年代考辨》，《孙子研究》2020年第1期。

④ 黄朴民：《大一统兵学的奠基者：〈黄石公三略〉导读》，军事科学出版社，2001年，第2 – 17页。

儒道法思想的一位隐士。"① 此外，还有先秦姜太公说、战国中后期的隐士说等等。②
至于版本方面，当属敦煌、西夏文本的发现了。③

　　第二，《黄石公三略》的军事思想及其渊源研究。如许宝林梳理了《三略》军事
思想的要点："重视人民群众在战争中的作用""强调将帅的优良品质和广博的知识"，
"提出了控制战略要地的作战思想""主张选拔将帅任人唯贤，因人而用""朴素的军
事辩证法思想"。④ 颜吾芟进一步分析说，在《上略》方面，"重视收揽人心，强调
'民本''兵本'思想"；将战略要地的控制看作是"克敌制胜的军事战略原则"；把将
帅与士兵的"同甘苦、共患难""赏罚分明"与严明号令、确立自己权威等看作是
"统兵治军的原则"；提出任用将帅的"八德"条件。在《中略》方面，主要讲君主与
将帅的关系，如"将在外，君命有所不受"，君主要树立"德""威"，战争结束"君
要收回兵权"。在《下略》方面，将选贤用贤，"反对超出国界的远征""反对不义战
争"。⑤ 孙建民分析说："天下安""久而安"构成了《黄石公三略》的大战略思想，
又说其"军事思想主要包括'大一统'的战争观和'六合同''天下宁'的战略思想，
体现了'守柔'的道兵家特色"；并分析其思想基础是道家，"成功地将儒、兵、墨、
阴阳等家的思想进行有机整合，形成了完整的兵学体系"。⑥ 田照军分析说，《三略》
经国理军的政治策略与军事谋略，根源于儒、道、法、墨等思想，其内容为"用兵的
目的是诛暴讨乱，不得随意发动战争，民众是战争胜利的根本，主张收揽民心"；"主
张举贤任能、崇礼重禄、严明赏罚"；"主张知彼知己、因敌而胜，柔弱刚强、兼而制
宜"；"运用朴素的辩证思维方式来分析、认识和指导军事实践"。⑦ 郭海燕将《三略》
与《孙子兵法》进行了比较，其相同点为："都强调用兵要知彼知己、因敌制胜、速战
速决，都重视将帅的作用，强调君主要给予将帅独立指挥、临机决断之权等等"；《三
略》的深化发展点为："倡导'义战'"，"更加重视民众在治国、战争中的重要性"，
"提出了'夺其威、废其权'等处理君将关系的思想"。⑧ 王爱民则别出心裁地说，《黄
石公三略》的思想主旨是儒家而非道家，如其"重视道德的感化作用，强调德治和人
道，由此生发出的'贤人政治'思想，显示出儒家思想的精髓"；其"佚政"思想，

　　① 徐炳杰：《〈黄石公三略〉整理研究述要》，《孔子研究》2015 年第 2 期。
　　② 白璐、白珍：《〈三略〉成书综述》，《长江丛刊》2019 年第 15 期。
　　③ 刘景云：《西凉刘昞注〈黄石公三略〉的发现研究》，《敦煌研究》2009 年第 2 期。钟焙；
《〈黄石公三略〉西夏译本正文的文献特征》，《民族研究》2005 年第 6 期；钟焙：《〈黄石公三略〉西
夏本注释与〈长短经〉本注释的比较研究》，《宁夏社会科学》2006 年第 1 期。
　　④ 许宝林：《〈三略〉的军事思想》，《军事历史》1984 年第 2 期。
　　⑤ 颜吾芟；《〈黄石公三略〉战略思想初探》，《求是学刊》1996 年第 4 期。
　　⑥ 孙建民：《论〈黄石公三略〉大战略观念》，《滨州学院学报》2010 年第 2 期；《〈黄石公三
略〉军事思想述要》，《滨州学院学报》2013 年第 5 期。
　　⑦ 田照军：《〈三略〉兵学思想浅论》，《天中学刊》2011 年第 6 期；《〈黄石公三略〉军事辩证
思想探要》，《滨州学院学报》2013 年第 5 期。
　　⑧ 郭海燕：《〈三略〉对〈孙子兵法〉的继承与发展》，《滨州学院学报》2018 年第 5 期。

即"立足社会现实，使人民休养生息，安居乐业"，与儒家"仁政"思想相通。①

第三，《黄石公三略》的今注今译。众多学者热衷于将《三略》翻译为白话文，试图推广普及。如向撰、卢元骏《黄石公三略今注今译》（商务印书馆 1979 年）；王庆山《黄石公三略》（新疆青少年出版社 2009 年）；黄朴民先生的《三略六韬》（岳麓书社版本），从 1991 年至今，已经先后印制了三个版本。

由上所述，学者们对《黄石公三略》作者、年代及其思想的论析、文字的整理与今注今译的出版，为人们进一步了解其思想内涵提供了基础。在这里，仅以历史哲学的视域，予以论析解读，敬请同好雅正。

一、治军理政及其策略：历史学的研究旨趣

作为古代著名的谋略学专著，《黄石公三略》在讨论谋略的起源、发展及功用时，其题外寓意，也是对历史学研究旨趣的论述。据此，可以梳理其历史学的研究对象及目的和基本观点。《中略》：

> 故圣王御世，观盛衰，度得失，而为之制。故诸侯二师，方伯三师，天子六师。世乱，则叛逆生；王泽竭，则盟誓相诛伐。德同势敌，无以相倾，乃揽英雄之心，与众同好恶，然后加之以权变。故非计策，无以决嫌定疑；非谲奇，无以破奸息寇；非阴谋，无以成功。圣人体天，贤者法地，智者师古。②

圣明的帝王治军理政，考究历史上繁荣与衰败的过程及缘由，评估执政策略的得失成败，从而来制订相应（军事）的制度和策略。所以，西周时代，就规定诸侯可以有两个师的编制，方伯可以有三个师的编制，而天子可以有六个师的编制。东周时代，世道混乱，涌现了叛逆的霸主；诸侯王血缘恩情断绝了，于是相互间或盟誓，或诛伐。既出自同姓姬氏，又势力相同，谁也灭不了谁，于是开始延揽英雄豪杰，又对下属的百姓实施仁义，再辅之以计谋策略。所以，如没有计谋，就没有办法弄清楚人的嫌疑；没有诡谲的计谋，也就没有办法歼灭来寇；没有秘密的计谋，就没有可能获得军事的成功。总起来看，计谋策略的运用，圣人是天赋的，贤者是感悟的，智者却是从历史的研读中了解的。

在这里，《中略》讲了三点：第一，军政制度是圣明帝王考察、领悟历史发展的规律而制订的；第二，考察周代治军理政的历史进展，指出其发展特征是由军事编制转变为笼络人心，再到计谋权变；第三，明确强调历史研究才是智谋的源泉。由此，《中略》的这段话，实际上说明了历史学的研究对象是治军理政及策略的发生发展，其目的是揭示其基本规律，从而为现实的治军理政提供借鉴。据此，以现代学科规范而言，历史学的研究，当与政治学、军事战略学相关联，具有跨学科性质。

---

① 王爱民：《〈黄石公三略〉的儒家思想基调》，《滨州学院学报》2013 年第 5 期。
② 《黄石公三略》，《武经七书》卷六，[明] 陆深旧藏（明嘉靖刊本），第 8 页 a 面。

　　历史学研究治军理政及策略的演变，其功用在于为治理国家提供经验教训。如上述，圣明的帝王治军理政需要历史知识，这是治军理政的关键，即将帅本人需要有丰富的历史知识，因为将帅只有掌握历史知识，才能做出正确的决策。

　　　　故曰：仁贤之智，圣明之虑，负薪之言，廊庙之语，兴衰之事，将所宜闻。①

　　将帅所应具备的人文素质，除了具有仁人贤士的智谋、圣明君主的国家担当、普通民众的生活诉求之外，还需要具备历史知识，即肩负祖宗的嘱托（历史使命），通晓治军理政的盛衰过程及其规律（历史经验）。那么，将帅怎样通过学习历史知识来提升自己的素质呢？《黄石公三略·上略》予以非常详细的说明：

　　　　夫将者，国之命也。将能制胜，则国家安定。②

　　　　《军谶》曰：将能清，能静；能平，能整；能受谏，能听讼；能纳人，能采言；能知国俗，能图山川；能表险难，能制军权。③

　　　　将者，能思士如渴，则策从焉。夫将，拒谏，则英雄散；策不从，则谋士叛。善恶同，则功臣倦。专己，则下归咎；自伐，则下少功。信谗，则众离心；贪财，则奸不禁；内顾，则士卒淫。将有一，则众不服；有二，则军无式；有三，则下奔北；有四，则祸及国。④

　　将帅是掌控着国家命运的，只要将帅具有克敌制胜的谋略，那么国家就安全稳定。

　　将帅职能的实现，也就是成功的历史经验，正如《军谶》所说，个人必须做到：既清廉又静守，既平和又严肃，既接受不同意见又公平地处理争讼，既容纳各类人才又听取各种建议，既了解国家的人文知识又熟悉自然山川，既坚守险阻要塞又掌控军事权力。

　　将帅的职能没有实现的，也就是历史教训。一是如果不能吸纳贤士并及时提出计策，拒绝接受正确的规劝和计策，那么，其他英雄会离散，谋士会背叛；二是分不清是非善恶，赏罚不明，那么，就会使建功立业的人心灰意冷；三是不知将帅的引领职责，而是固执己见，贪功求名，那么，会将过错归咎于下属，使下属无法建树功业；四是听信谗言，贪财好色，这样会降低将士对将帅的信任，使违法乱纪与奸淫邪恶的事经常发生。作为将帅，如果触犯上述的一条，那么众将士中会有不信服的；触犯两条，那么军纪紊乱，没有规矩；触犯三条，那么众将士会在战场上逃命败降；触犯四条，那么祸乱不仅会在军队内部产生，而且会祸及国家安全。

　　不仅是帝王与将帅需要历史知识，参与历史活动的个人，也需要历史知识的温养。《黄石公三略·下略》：

　　　　夫圣人君子，明盛衰之源，通成败之端，审治乱之机，知去就之节。虽穷，不处亡国之位；虽贫，不食乱邦之禄。潜名抱道者，时至而动，则极人臣之位；

①　《黄石公三略》，《武经七书》卷六，[明] 陆深旧藏（明嘉靖刊本），第4页b面。
②　《黄石公三略》，《武经七书》卷六，[明] 陆深旧藏（明嘉靖刊本），第4页a面。
③　《黄石公三略》，《武经七书》卷六，[明] 陆深旧藏（明嘉靖刊本），第4页a面、b面。
④　《黄石公三略》，《武经七书》卷六，[明] 陆深旧藏（明嘉靖刊本），第4页b面。

德合于己，则建殊绝之功。故其道高，而名扬于后世。①

圣人君子只有研究历史，才可明白繁盛与衰落的缘由，通晓治军理政的成败得失，了解国家治乱的发展大势，从而主动地创造历史。即使没有身份，也不要接任没有前途的国家的官职；即使清贫如洗，也不接受祸乱国家的俸禄。隐姓埋名、精通历史规律的人，时机一到便积极参与，于是就能够实现自己身居高位的梦想；君主的治军理政目标与自己一致，那么就可以建立丰硕的历史功绩。由此，精通历史规律，就可以扬名立万，彪炳青史。这样，《黄石公三略》从个人修养、成长及其历史贡献的角度，再次论述了历史学的研究对象在于治军理政及策略的演变，其目的是等待时机，把握创新历史发展的际遇，将自己的人生理想融入到历史发展的规律之中，从而展现自己的人生价值。

也许是后来的注释窜入正文，也许是编撰者有意识地明志传意，总之，《中略》将《三略》内容作了介绍，由此再一次强调了历史学的性质及功用：

> 是故《三略》为衰世作："上略"设礼赏，别奸雄，著成败；"中略"差德行，审权变；"下略"陈道德，察安危，明贼贤之咎。故人主深晓"上略"，则能任贤擒敌；深晓"中略"，则能御将统众；深晓"下略"，则能明盛衰之源，审治国之纪。人臣深晓"中略"，则能全功保身……存社稷罗英雄者，"中略"之势也；故势主秘焉。②

《三略》是根据东周及其以后的军政策略史而编撰的策略专著。其中，"上略"讲策略的内容及其职能，如军队治理的制度及奖惩法令，奸佞小人与英雄豪杰的辨识方式，战争成败的机关掌控；"中略"讲策略的历史及特征，即将帅德行的培育，军事计策的谋划；"下略"讲策略的实施及效能，如陈述军政发展的规律，揭示治军理政的成败得失，确定奸贼与贤能的执政好坏。总之，《三略》专门讲述治军理政的策略，其价值之大可说是难以估量的。对于君主来说，如读懂了"上略"，即可选拔贤能人士做将军，擒获敌首，赢得胜利；读懂了"中略"，即可率领将士，统军数万；读懂了"下略"，即可掌握军政发展的命脉，制订国家治理的纲纪。如果臣属读懂了"中略"，即可成全功业，安全身退……可见，既能保全国家，又能汇聚英雄豪杰，这就是"中略"策略的势能。所以，作为君王应该悄悄掌控。

二、"夫为国之道，恃贤与民"：历史发展的本质论

读《武经七书》可知，作为谋略学经典，因为主题的不同，不同篇章的历史观也有所不同。《孙子兵法》的主题是战争，所以将历史看作是战争及其发展；《六韬》的主题是夺取政权，所以将历史看作是动员各方力量一起颠覆传统，从而重构新社会秩

---

① 《黄石公三略》，《武经七书》卷六，［明］陆深旧藏（明嘉靖刊本），第11页a面。
② 《黄石公三略》，《武经七书》卷六，［明］陆深旧藏（明嘉靖刊本），第8页a面、b面。

序的革命；《黄石公三略》的主题是治军理政，所以将历史看作是治军理政及策略的演变。由此，在《黄石公三略》看来，一部历史，其实就是由帝王与臣属及其谋略一起创造的。《黄石公三略·上略》：

> 夫为国之道，恃贤与民。信贤如腹心，使民如四肢，则策无遗。所适如支体相随，骨节相救；天道自然，其巧无间。①

治理国家的原则，就是倚仗贤士与民众。信任贤士如同自己的心脏，驱使民众就像驱使自己的四肢，那么其政令策略的实施就没有纰漏了。所到之处正像自己肢体的紧密相随，骨节的密切配合，一切自然天成，巧妙无间。

《黄石公三略·上略》：

> 《军谶》曰："贤者所适，其前无敌。"故士可下而不可骄，将可乐而不可忧，谋可深而不可疑。士骄则下不顺，将忧则内外不相信，谋疑则敌国奋。以此攻伐则致乱。②

《军谶》说：贤能者所归顺的国家，将会所向无敌。所以说，对待贤士可以尊崇而不可以骄横，对待将帅可以让其生活舒适安定而不可以使其有所忧虑，对待谋略可以深思熟虑而不可迟疑不决。对待贤士骄横则其臣属就不会服从，将帅有所忧虑就会使君主与将帅之间产生不信任，谋略的迟疑不决就会给敌方提供奋起的机会。如果派遣这样的军队外出征伐，那么只能导致混乱。很显然，这段话是讲给君主或皇帝听的。换句话说，在《黄石公三略》看来，贤士、将帅与谋略，三者不仅是治军理政的事项，而且与君主一起，构成了历史发展的基本元素，成为推进历史发展的决定性因素。与《孙子兵法》《六韬》相比，《黄石公三略》的历史观，已经由个人主义的英雄史观逐渐演变为以君主为核心的英雄团体史观。

那么，君主怎样协同贤士、将帅共创辉煌历史呢？

其一，君主的执政策略，要求从过去的为家族即"亲亲"转变为时下的为庶民即"下下"。

《黄石公三略·上略》：

> 世能祖祖，鲜能下下；祖祖为亲，下下为君。下下者，务耕桑，不夺其时；薄赋敛，不匮其财；罕徭役，不使其劳；则国富而家娱，然后选士以司牧之。夫所谓士者，英雄也。故曰：罗其英雄则敌国穷。英雄者，国之干；庶民者，国之本。得其干，收其本，则政行而无怨。③

历史上的君主都能敬奉祖先，却很少能爱护百姓的。敬奉祖先属于家族管理的亲亲办法，爱护百姓是国家治理的君主办法。爱护百姓的君主，支持百姓务农耕桑，不会让他们错过农时；征收微薄的赋敛，不会让他们缺乏财物；派遣少量的徭役，不会

---

① 《黄石公三略》，《武经七书》卷六，[明]陆深旧藏（明嘉靖刊本），第1页b面。
② 《黄石公三略》，《武经七书》卷六，[明]陆深旧藏（明嘉靖刊本），第4页a面。
③ 《黄石公三略》，《武经七书》卷六，[明]陆深旧藏（明嘉靖刊本），第2页b面。

使他们过度劳烦。这样，才能使国家富有而家家欢喜，然后再选用贤能的人士参与管理。那些贤士，就是英雄。所以说，召集英雄那么敌方的国家就会困穷。英雄是国家的骨干力量，庶民是国家的根本。君主如能得到骨干力量即英雄，收复根本力量即百姓，那么，其政令就可以畅行而没有怨言。

其二，君主要有恩泽社会的业绩与策略，才能吸引贤士、将帅，共同推进历史发展。

《黄石公三略·下略》：

> 夫能扶天下之危者，则据天下之安；能除天下之忧者，则享天下之乐；能救天下之祸者，则获天下之福。故泽及于民，则贤人归之；泽及昆虫，则圣人归之。贤人所归，则其国强；圣人所归，则六合同。求贤以德，致圣以道。贤去，则国微；圣去，则国乖。微者危之阶，乖者亡之征。贤人之政，降人以体；圣人之政，降人以心。体降可以图始，心降可以保终。降体以礼，降心以乐。所谓乐者，非金石丝竹也；谓人乐其家，谓人乐其族，谓人乐其业，谓人乐其都邑，谓人乐其政令，谓人乐其道德。如此君人者，乃作乐以节之，使不失其和。故有德之君，以乐乐人；无德之君，以乐乐身。乐人者，久而长；乐身者，不久而亡。[①]

能够匡扶社会动荡的，才能够承受社会的稳定；能够解除社会忧患的，才能够享有社会的快乐；能够解救社会祸乱的，才能收获社会的福祉。所以说，恩泽惠及百姓，那么贤人才归附；恩泽惠及昆虫，那么，圣人才归附。贤人归附，国家就会强大；圣人归附，整个社会就会和谐。使贤人归附靠的是修德（即能与人共患难），使圣人归附靠的是说道（即能与人同信仰）。贤人离开，国家将会衰弱；圣人离开，国家将会动乱。一旦衰弱就踏上了危险的路，一番动乱就会产生灭亡的兆头。贤人处理事务是劝说人们让其身体力行，圣人处理事务则使人心服口服。身体的行动当是创业的开端，心里的行动则可以坚守完成。让身体行动靠的是礼教，让心里信服靠的是乐教。这里所说的乐教，不是通常人们说的金石丝竹乐器的技能，而是指教育人们要喜爱自己的家庭，喜爱自己的家族，喜爱自己的职业，喜爱自己所居住的家乡，爱戴自己的君主并听其召唤，喜爱人生的真理与品德。这样治理国家的君主，才能制造音乐来抒发人们的情感，节制人们的情欲，使其不丧失和谐。所以说，修德的君主，总是以乐教使人们快乐；而无德的君主，却是以乐教愉悦自己。使人们快乐的，国家长治久安；使自己快乐的，国家很快会灭亡。

很显然，上引这段话有两个意思：一个是说贤人、圣人在国家治理中的地位与作用。在这里，贤人当是指具有创造物质财富能力的人，其作用是使国家富有强大；圣人则是指具有创造精神财富能力的人，其作用是使国家安稳归顺；另一个意思是说君主欲团结贤人、圣人共创历史辉煌，自己一定要做到：一是要有创新历史发展的业绩，即匡扶动乱、解除忧患、解救祸乱，使民众生活在安定、快乐与幸福之中。二是要有

---

① 《黄石公三略》，《武经七书》卷六，［明］陆深旧藏（明嘉靖刊本），第9页a面、b面。

俘获贤士、皈依将帅的策略，即礼。如说："清白之士，不可以爵禄得；节义之士，不可以威刑胁。故明君求贤，必观其所以而致焉。致清白之士，修其礼；致节义之士，修其道。然后士可致，而名可保。"① 廉洁的贤人，是不能拿爵禄招揽的；有节操的贤人，是不能用酷刑威胁屈服的。所以，圣明的君主招揽贤士，一定观察其理想信念。招揽廉洁的贤人，当遵守礼制；招揽有节操的贤人，当讲究理想信念。这样做，才能汇集贤人，才能实现好的政绩。

其三，君主要以爵禄制度吸引、奖赏贤人、将帅，从而共同创新历史发展。

《黄石公三略·上略》：

> 夫主将之法，务揽英雄之心，赏禄有功，通志于众。故与众同好，靡不成；与众同恶，靡不倾。治国安家，得人也；亡国破家，失人也。含气之类，咸愿得其志。②

主管将帅的办法，就是必须使英雄发自内心的信服，把爵禄赏赐给创建功业的，把理想信念通告给普通的百姓。所以，与百姓的利益诉求一致，那就没有办不成的事业；但是如与百姓的利益诉求相违背，那就必有倾覆毁坏的事业。国家治理之所以实现，是因为获取了民心；国家呈现破败，是因为丧失了民心。人民拼搏奋斗都是为实现自己的理想信念。

> 夫用兵之要，在崇礼而重禄。礼崇，则智士至；禄重，则义士轻死。故禄贤不爱财，赏功不逾时，则下力并而敌国削。夫用人之道，尊以爵，赡以财，则士自来；接以礼，励以义，则士死之。③

军事管理的关键，在于尊崇礼制，重赏爵禄。尊崇礼制，那么智能人士就会归顺；爵禄厚重，那么勇士就不怕死。所以，俸给爵禄就不要吝啬，奖赏功劳就不要超过时效。这样，下属们会同仇敌忾，削弱敌方实力。选用人才的原则，就是用爵禄给予尊崇，用财富给予赡养，那么，贤士就主动投奔而来；用礼节予以招待，用义气予以鼓励，那么，勇士就会为之拼命。

> 《军谶》曰：军无财，士不来；军无赏，士不往。

> 《军谶》曰："香饵之下，必有悬鱼；重赏之下，必有死夫。"故礼者，士之所归；赏者，士之所死。招其所归，示其所死，则求者至。故礼而后悔者，士不止；赏而后悔者，士不使。礼赏不倦，则士争死。④

《军谶》说，治军如没有大量的财富，贤士是不会追随的；治军如没有大量的奖赏，勇士是不会拼杀的。又说，喷香的鱼饵，才能钓来鱼儿；重赏之下，必有勇夫。所以，礼制实施，贤士才会归附；奖赏落实，才有勇士的视死如归。用礼制招揽讲究礼节者，用奖赏招揽求奖赏的勇士，那么，需要的人才都会纷至沓来。如果用礼制招

① 《黄石公三略》，《武经七书》卷六，[明] 陆深旧藏（明嘉靖刊本），第11页a面。
② 《黄石公三略》，《武经七书》卷六，[明] 陆深旧藏（明嘉靖刊本），第1页a面。
③ 《黄石公三略》，《武经七书》卷六，[明] 陆深旧藏（明嘉靖刊本），第2页b面。
④ 《黄石公三略》，《武经七书》卷六，[明] 陆深旧藏（明嘉靖刊本），第5页a面。

来贤人，不久又后悔的，那么，贤士就不会驻留；赏赐奖励了将士，不久又后悔的，将士就不会杀敌了。礼制与奖赏经常实施的，将士就争相拼死。

其四，君主应该牢牢掌握权力，选用真正贤能的人士，才能推进历史发展。

《黄石公三略·下略》：

> 豪杰秉职，国威乃弱；杀生在豪杰，国势乃竭；豪杰低首，国乃可久。杀生在君，国乃可安。

> 贤臣内，则邪臣外；邪臣内，则贤臣毙。内外失宜，祸乱传世……伤贤者，殃及三世；蔽贤者，身受其害；嫉贤者，其名不全。进贤者，福流子孙，故君子急于进贤，而美名彰焉。①

豪强把持朝廷的政权，那么国家的威望就会削弱；生杀权力交给豪强，国家的势力就会枯竭；豪强俯首称臣，国家之力才可以长久。生杀权力只有掌握在君主手里，国家才能实现长治久安。贤良臣属吸纳进朝廷，那么，邪恶的臣属就会被疏远；邪恶的臣属吸纳进朝廷，贤良的臣属就会被置于死地。朝廷内外的臣属安排不妥，那就会造成社会的祸害和动乱。伤害贤良的人，将会祸及其三代；隐蔽不报贤良的人，将会伤及自身；嫉妒贤良的人，将会损害其名声。只有那些举荐贤良的人，福荫其子孙后代。所以，君子着急的是举荐贤良，从而彰显自己的美名。

《黄石公三略·上略》：

> 《军谶》曰：善善不进，恶恶不退；贤者隐蔽，不肖在位；国受其害。②

> 故主察异言，乃睹其萌；主聘儒贤，奸雄乃遁；主任旧齿，万事乃理；主聘岩穴，士乃得实；谋及负薪，功乃可述；不失人心，德乃洋溢。③

《军谶》说，喜欢善良却不予以重用，讨厌邪恶却不拒斥，贤能的人退隐山林，不肖者却重用在朝廷。国家深受其害。

因此，君主要洞察诡异的议论，从中看出隐含的事端。君主聘请儒生贤士，那些奸佞小人就会逃离。君主重用年高德劭的人，那么各种事情都将梳理清楚。君主聘请那些隐逸人士，那就回得到真正的治军理政的贤才。君主的谋略能够考虑百姓的利益，那么，其功劳可以写进青史；如果能够顺民意、得民心，那么，其美德将会传扬四方。

综上所述，《黄石公三略》所讲的君主协同贤士、将帅共创历史辉煌的策略，总结来说，就是以民众发展为中心，以自己的恩泽与业绩为凝聚力，以爵禄的奖赏制为激励，以选用真正的贤能为抓手，从而来创新历史发展。因此，《黄石公三略》的核心是治军理政的策略。正如黄朴民先生所指出的："《黄石公三略》所论的政治战略，是以安治天下为根本，以治国御军为内容，以收揽人心为手段的国家大战略。"④

① 《黄石公三略》，《武经七书》卷六，[明] 陆深旧藏（明嘉靖刊本），第 1 页 b 面。
② 《黄石公三略》，《武经七书》卷六，[明] 陆深旧藏（明嘉靖刊本），第 6 页 a 面。
③ 《黄石公三略》，《武经七书》卷六，[明] 陆深旧藏（明嘉靖刊本），第 6 页 b 面。
④ 《〈三略〉〈六韬〉》，黄朴民译，岳麓书社，2020 年，第 29 页。

三、"动应事机"与"能柔能刚"：历史的认识论与方法论

在历史认识论上，《黄石公三略》与《孙子兵法》一样，明确肯定了历史认识的价值。

《黄石公三略·上略》：

> 端末未见，人莫能知。天地神明，与物推移。变动无常，因敌转化。不为事先，动而辄随。故能图制无疆，扶成天威，匡正八极，密定九夷。如此谋者，为帝王师。①

事物的开端与末尾都没显现出来，人们是不能够认知的。自然规律能够显露的，皆因为由着事物的发展变化。事物发展变动的紊乱固然难以认识，但却是向其敌对、相反的方向转化的，由此是可以认识的。所以，认识事物，不一定在事前，但是只要顺其发展即可把握其规律，由此就能够做出应对的策略，从而辅佐君主成就帝业，一统天下，安定四方。只要有这样的认识与谋略，就可以做帝王的老师了。

这段话有三个意思：第一，历史认识的展开，只能是已经发生的，或正在发展中的事物。第二，历史发展的规律性是在事物发展变化中显现的，只要理解、把握了事物发展的特点，即可掌握其发展规律性。第三，历史认识一旦达到历史规律性即真理性的认识，即可做出正确的对策，实现自己的政治抱负。由此，《黄石公三略》同《孙子兵法》一样，也是将历史认识论的精通与否看作是事业成败的关键因素。

《黄石公三略·中略》指出，有了正确的历史认识及策略，一定要避免错误的认识及言论的干扰。

> 《军势》曰：无使辩士谈说敌美，为其惑众；无使仁者主财，为其多施而附于下。②

> 《军势》曰：禁巫祝，不得为吏士卜问军之吉凶。③

这就是说，君主要防备一些说客在自己臣属面前鼓吹敌方的好处，从而迷惑自己的臣民；还有就是不要让仁者主管财物，因为他们会经常施舍给属下，博取人心。最后，就是严禁巫祝的预言误导，不允许官吏、将士请他们占卜吉凶。不言而喻，这段话的意思，就是加强君主专制的权威，杜绝任何不同认识势力的发生，从而纯洁意识形态的建设。而其历史认识论的寓意在于，强调历史认识的真理性、唯一性与合法性。

在历史方法论上，《黄石公三略》与《孙子兵法》一样，强调辩证分析法。

《黄石公三略·上略》：

> 《军谶》曰："柔能制刚，弱能制强。"柔者，德也；刚者，贼也。弱者人之

---

① 《黄石公三略》，《武经七书》卷六，[明]陆深旧藏（明嘉靖刊本），第1页a面、b面。
② 《黄石公三略》，《武经七书》卷六，[明]陆深旧藏（明嘉靖刊本），第7页b面。
③ 《黄石公三略》，《武经七书》卷六，[明]陆深旧藏（明嘉靖刊本），第7页b面。

所助，强者怨（人？）之所攻。柔有所设，刚有所施；弱有所用，强用所加；兼此四者，而制其宜。①

《军谶》曰：能柔能刚，其国弥光；能弱能强，其国弥彰；纯柔纯弱，其国必削；纯刚纯强，其国必亡。②

故曰：莫不贪强，鲜能守微。若能守微，乃保其生。圣人存之，动应事机，舒之弥四海，卷之不盈杯；居之不以室宅，守之不以城郭；藏之胸臆，而敌国服。③

《军谶》说，柔软的往往能制服刚硬的，贫弱的往往能制服富强的。这是因为，柔弱是一种美德，刚强则容易招致祸患。柔弱的人，人们愿意伸手帮助；刚强的人，常会招致怨恨嫉妒。柔软有所设防，刚强有所施舍，贫弱有其使用的地方，富强有其张扬的资本。君主的使命就是统领四者，各发扬其所长。又说，总结历史上治军理政的情况，概括地说，既能柔软又能刚硬的君主，其国家就有着光明的前途；既能贫弱又能富强的君主，其国家就会走向昌盛；如果是单纯的柔软懦弱的君主，其国家势力会越来越弱；如果是单纯、刚硬、富强的君主，其国家最后会走向灭亡。所以，从历史上看，没有哪个君主不贪图富强，很少能耐得住微弱的欲望。如果能耐得住微弱的欲望，就能保住其生命。圣明的人深谙这一历史发展的规律，于是能顺应事物发展的契机，大到社会生活的各个方面，小到个人心情的悲喜，不用住室来存放，也不用城郭来守护，雪藏于自己的内心深处，就能使敌对势力屈服归顺。

由此，辩证法作为历史方法论，其主要特征，一方面，是从发展变化的角度看待事物，其柔软贫弱，定将会走向强大富有；其强大富有，就会走向柔软贫弱。另一方面，是以积极主动、开拓创新的态度面对暂时出现的困难问题，牢牢把握住历史发展的规律，识机察微，筹谋策划，及时实施，从而推进历史的发展变化。总之，《黄石公三略》所讲的治军理政谋略，其实就是将辩证法运用到治军理政之中而已。

《黄石公三略·上略》：

军国之要，察众心，施百务。危者安之，惧者欢之，叛者还之，怨者原之，诉者察之，卑者贵之，强者抑之，敌者残之，贪者丰之，欲者使之，畏者隐之，谋者近之，谗者覆之，毁者复之，反者废之，横者挫之，满者损之，归者招之，服者居之，降者脱之。获固守之，获阨塞之，获难屯之，获城割之，获地裂之，获财散之。敌动伺之，敌近备之，敌强下之，敌佚去之，敌陵待之，敌暴绥之，敌悖义之，敌睦携之。顺举挫之，因势破之，放言过之，四网罗之。④

治军理政的要义，就是调查民心所向，以采取各种合适的措施。如安置那些遭遇危险的，安慰怀有恐惧心理的，遣还那些叛逃的，昭雪那些被冤枉的，明察那些被举

① 《黄石公三略》，《武经七书》卷六，［明］陆深旧藏（明嘉靖刊本），第1页a面。
② 《黄石公三略》，《武经七书》卷六，［明］陆深旧藏（明嘉靖刊本），第1页b面。
③ 《黄石公三略》，《武经七书》卷六，［明］陆深旧藏（明嘉靖刊本），第1页b面。
④ 《黄石公三略》，《武经七书》卷六，［明］陆深旧藏（明嘉靖刊本），第1页b面、第2页a面。

报的，提拔那些卑贱的，抑制那些强暴的，毁灭那些与我为敌的，多赏给那些贪财的，驱使那些贪图功名的，雪藏那些不愿出名的，亲近那些有谋略的，颠覆那些谗害的，察验那些毁谤的，废掉那些谋反的，挫败那些骄横的，损伤那些自满的，安抚那些愿意归附的，安置那些被迫服从的，宽恕那些投降的。驻守那些占领的坚固阵地，堵塞那些占领的要道，屯兵那些险难的地方，割让那些占领的城市，分赏那些占领的土地，散财给那些聚集财富的将士。窥伺敌人的行动，防备敌人的进攻，示弱强硬的敌人，避开战力充沛的敌人，防备来犯的敌人，平定敌人的暴乱，以正义应对敌人的悖逆，以分化应对敌人的团结。顺应敌人的举动来挫败敌人，顺应敌人发展的情势来破坏，播放流言诱导敌人的过错，四面张开歼灭敌人的大网。

由此，以辩证法所能应对的问题，其中民众方面有 20 个，军事阵地方面有 6 个，敌人方面有 12 个。可见，《黄石公三略》是将辩证法看作是治军理政的法宝，是分析历史的根本方法。

四、"霸者之略"：《黄石公三略》的编纂初衷及其时代

众所周知，《六韬》是谋取商政的，《孙子兵法》是战争求胜的。与之相比，《黄石公三略》所说的治军理政，其话题不是外在的，而是内在的，是个人（包括君主及其臣属，即贤士、将帅）要充实自己的知识，增添智慧，以便在繁乱复杂的历史生活中谋取自己的一席之地。对于君主来说，已如上述，要求其精通历史上的军政发展及制度变迁，从而作出合乎实际的谋略，即所谓"任贤擒敌""御将统众"[①]"存社稷罗英雄者"[②]。对于臣属来说，则是要求其精通历史发展的规律，择时选君，或出或隐，从而成就自己的人生，留取青史有名，即所谓"能全功保身"[③]。

《黄石公三略·中略》：

> 夫高鸟死，良弓藏；敌国灭，谋臣亡。亡者，非丧其身也，谓夺其威，废其权也。封之于朝，极人臣之位，以显其功。中州善国，以富其家；美色珍玩，以说其心。夫人众一合而不可卒离，威权一与而不可卒移。还师罢军，存亡之阶。故弱之以位，夺之以国，是谓霸者之略。故霸者之作，其论驳也。[④]

高飞的鸟儿死掉了，射鸟的好弓箭就可以搁置起来；敌对的国家灭亡了，谋取的臣属就可以消亡了。这里所说的"消亡"，不是说要灭掉其身体，而是指拿掉他谋臣的威望，废除其所执掌的军政权力。进而封官爵于朝廷，使其在臣属中享有最高的地位，凸显其丰功伟绩。中州是一个非常富饶的地方，让其安家于此，并使其殷实富足，再赏赐给其美女珍玩，使其心身愉悦。因为军队一旦聚集就很难仓促之间解散，威权一

---

① 《黄石公三略》，《武经七书》卷六，[明] 陆深旧藏（明嘉靖刊本），第 8 页 a 面。
② 《黄石公三略》，《武经七书》卷六，[明] 陆深旧藏（明嘉靖刊本），第 8 页 b 面。
③ 《黄石公三略》，《武经七书》卷六，[明] 陆深旧藏（明嘉靖刊本），第 8 页 b 面。
④ 《黄石公三略》，《武经七书》卷六，[明] 陆深旧藏（明嘉靖刊本），第 8 页 b 面。

旦授予就不可以随意移除。当将帅凯旋班师，这个时候就是君主权威受到威胁的生死存亡关头。如果能通过以封赏高官厚禄削弱其军事实力，以风尚给富饶土地的剥夺其军事权力，这就是称雄称霸的策略。因此，这部书稿是为霸主类的君主所编制的作品，其议论观点显得驳杂。

据此可知，《黄石公三略》是一部为皇帝而编制的，是皇帝治军理政及谋略的指导书，其学术渊源当有两个方面，一方面理论渊源，即选摘圣人学者的相关言论。《黄石公三略》中直接引用的典籍，其《上略》引《军谶》24 条，《中略》引《军势》5 条。此外，与先秦至汉代相关的诸子思想，兵家的自毋庸赘言，尚有来自诸子的。

来自道家黄老思想的，《上略》："得而勿有，居而勿守，拔而勿久，立而勿取。为者则己，有者则上。焉知利之所在？彼为诸侯，己在天子。①"《下略》："夫兵者，不祥之器，天道恶之，不得已而用之，是天道也。"②

来自儒家思想的，《下略》："道、德、仁、义、礼，五者一体也。"③

来自法家思想的，《下略》："废一善，则众善衰。赏一恶，则众恶归。善者得其祐，恶者受其诛，则国安而众善至。"④

来自墨家的，如何清谷先生所说，其"'求贤''恃贤''信贤''进贤'，显然吸收了墨家的《尚贤》思想"。⑤

由此，先秦至汉有关军政论述的诸子思想，《三略》几乎都予以了总结吸收，可说是先秦以来军政问题论述的集大成者。何清谷先生指出："《三略》作为兵家著作，企图摘取自认为是各家精华的一部分，用来阐明自己的军事思想。该书说杂又不杂，是采儒墨之善，撮法家之要，一以道家之学为依归。统贯全书的是道家思想。"又说："《三略》就是以黄老思想为主旨写成的兵书。"⑥ 黄朴民先生也说："《黄石公三略》是中国古代第一部以专讲战略为特色的兵学理论著作"；但从其所论内容看，"它既是一部兵书，更是一部政论书。它关于政治战略的阐述，远远要多于对军事战略的阐述"⑦。

另一方面，是历史事实渊源，即考察治军理政及策略的演变，总结经验教训，并予以抽绎、凝练，上升为具有指导意义的警言名句。由此，《黄石公三略》表面谈的是兵家谋略，实际上是先秦至汉时期的历史，其所提出的重要观点、思想，都是有历史事实为依据的。如上述《中略》提出的，给予功臣以高官厚禄、肥沃土地、美女珍玩，

---

① 《黄石公三略》，《武经七书》卷六，［明］陆深旧藏（明嘉靖刊本），第 2 页 a 面、b 面。
② 《黄石公三略》，《武经七书》卷六，［明］陆深旧藏（明嘉靖刊本），第 11 页 a 面。
③ 《黄石公三略》，《武经七书》卷六，［明］陆深旧藏（明嘉靖刊本），第 10 页 a 面、b 面。
④ 《黄石公三略》，《武经七书》卷六，［明］陆深旧藏（明嘉靖刊本），第 10 页 a 面、b 面。
⑤ 何清谷：《〈黄石公三略〉考辨》，载秦始皇兵马俑博物馆《论丛》编委会编：《秦文化论丛》第十九辑，第 458－470 页。
⑥ 何清谷：《〈黄石公三略〉考辨》，载秦始皇兵马俑博物馆《论丛》编委会编：《秦文化论丛》第十九辑，第 458－470 页。
⑦ 《〈三略〉〈六韬〉》，黄朴民译，第 28、29 页。

以换取其军政权柄，既能守住江山社稷，又能保住功臣性命。这样的总结，只能是赞美已经这样做的汉光武帝刘秀。再如，《下略》："千里迎贤，其路远；致不肖，其路近。是以明王舍近而取远，故能全功尚人，而下尽力。"① 这里的"千里""路远"，当不是指空间的距离，而是指皇帝选拔官员的标准，任人唯贤，当然距离就远，因为贤人在民间；任人唯亲，当然就近，因为亲人就在身边。由此，这句话，隐晦批评了东汉桓灵时期的外戚、宦官受到重用，轮换执政的局面。再如，《上略》引用《军谶》：

　　群吏朋党，各进所亲；招举奸枉，抑挫仁贤；背公立私，同位相讪，是谓乱源。②

　　强宗聚奸，无位而尊，威无不震；葛藟相连，种德立恩，夺在位权；侵侮下民，国内哗喧，臣蔽不言；是谓乱根。③

　　世世作奸，侵盗县官，进退求便，委曲弄文，以危其君；是谓国奸。④

这里批评结党营私，排斥贤士，侵害皇帝主权的，是国家治理的"乱源""乱根""国奸"。对照历史，可以说，正是对桓帝时期外戚梁冀、宦官专权的揭露和谴责。再联系到夸赞说"圣人君子"精通治军理政及策略的变迁，警告君主和弄臣"伤贤者，殃及三世"，可以推测，这是对桓灵时期党锢事件的隐晦批评。

据此，《黄石公三略》的创作时代问题，可以说是呼之欲出，即当为东汉灵帝时期。《后汉书·蔡邕传》：

　　初，帝好学，自造《皇羲篇》五十章，因引诸生能为文赋者，本颇以经学相招，后诸为尺牍及工书鸟篆者，皆加引召，遂至数十人。侍中祭酒乐松、贾护，多引无行趣执之徒，并待制鸿都门下，憙陈方俗闾里小事，帝甚悦之，待以不次之位……光和元年，遂置鸿都门学，画孔子及七十二弟子像。其诸生皆敕州郡三公举用辟召，或出为刺史、太守，入为尚书、侍中，乃有封侯赐爵者。士君子皆耻与为列焉。⑤

据此，东汉灵帝在执政中，曾经以开办鸿都门学的形式，以整理古代典籍、文字为名，组建另立于宦官、党人之外的行政班子。这个班子以讨论古典文化，搜集民间传说为旨趣，一旦被灵帝所看中，则选派到各级政府中任职。由此，有士人借助这个机会，就将曾经传说的，或者是自己所传承的残本《黄石公三略》予以加工整理，删削重编，而后贡献给了朝廷。至于具体是谁，以及东汉灵帝接受的情况，都不得而知。但是，这部书应该是在鸿都门学开班期间，是士人响应灵帝之令的产物。

① 《黄石公三略》，《武经七书》卷六，[明] 陆深旧藏（明嘉靖刊本），第 10 页 a 面。
② 《黄石公三略》，《武经七书》卷六，[明] 陆深旧藏（明嘉靖刊本），第 6 页 a 面。
③ 《黄石公三略》，《武经七书》卷六，[明] 陆深旧藏（明嘉靖刊本），第 6 页 a 面。
④ 《黄石公三略》，《武经七书》卷六，[明] 陆深旧藏（明嘉靖刊本），第 6 页 a 面。
⑤ 《后汉书》卷六〇《蔡邕传》，中华书局，1965 年，第 1991–1992 页、第 1998 页。

论西汉元凤三年正月诸异象的出现与昭帝政局

刘啸虎　　张煊威

（湘潭大学碧泉书院哲学与历史文化学院）

摘要：西汉昭帝元凤三年（前78）正月，泰山、昌邑与上林苑等地异象层出迭现，其背后应存在人为鼓噪的因素。在统治阶层内部，面对因昭帝无子而引发的皇位继承问题，拥戴刘贺与皇曾孙的势力分别鼓噪出昌邑异象与上林苑异象，借此强化二人的继体正当性，以争夺皇位继承人资格。而作为武帝长期奉行事功政策与政策转向不及时的余弊，昭帝时期民间仍存有对汉朝统治的强烈不满，其中以齐地泰山、琅邪郡人民尤甚。当地人民遂鼓噪泰山异象，表达推翻汉朝的强烈意愿。诸异象的出现，深刻反映出昭帝时期政治局势的诡谲复杂，体现出昭帝政局中"后武帝时代"的鲜明特征。

关键词：《汉书·五行志》；汉武帝；汉昭帝；汉宣帝；刘贺；异象

《易》云："天垂象，见吉凶，圣人象之。"① 汉代重"天人感应"，认为天垂之象预示人事的祸福吉凶。汉人对异象尤为关注，《汉书》中有《五行志》，专记各类阴阳灾异。据《汉书》载，孝昭元凤三年（前78）正月，关东泰山、昌邑与京畿上林苑三地皆有异象出现，其事格外引人注目。各地多种异象于短时间内层出迭现，在西汉一朝实属罕见。这在当时造成了极大的人心骚动，甚至引发了"眭弘议禅"这一西汉历史上重大政治事件。考虑到昭帝统治时期的各种尖锐矛盾与各派政治势力的激烈斗争，以及泰山、昌邑和上林苑三地的特殊地位，这些异象出现的背后似另有隐情。本文拟对元凤三年正月诸异象做较为系统的考察，以期在前辈学者研究的基础上，进一步探究诸异象的出现所反映的昭帝时期诡谲复杂的政治局势。试抒管见，祈请斧正。

一、元凤三年正月诸异象的出现

《汉书》关于元凤三年正月诸异象的记载，散见于《昭帝纪》《五行志》及《眭两

---

① ［唐］孔颖达：《周易正义》卷七《系辞上》，［清］阮元校刻：《十三经注疏》，中华书局，1980年，第82页。

夏侯京翼李传》等篇章，其中以《眭两夏侯京翼李传》最为完整详尽。现录如下：

> 孝昭元凤三年正月，泰山莱芜山南匄匄有数千人声，民视之，有大石自立，高丈五尺，大四十八围，入地深八尺，三石为足。石立后有白乌数千下集其旁。是时昌邑有枯社木卧复生，又上林苑中大柳树断枯卧地，亦自立生，有虫食树叶成文字，曰"公孙病已立"，孟推春秋之意，以为"石柳皆阴类，下民之象，（而）泰山者岱宗之岳，王者易姓告代之处。今大石自立，僵柳复起，非人力所为，此当有从匹夫为天子者。枯社木复生，故废之家公孙氏当复兴者也。"孟意亦不知其所在，即说曰："先师董仲舒有言，虽有继体守文之君，不害圣人之受命。汉家尧后，有传国之运。汉帝宜谁差天下，求索贤人，禅以帝位，而退自封百里，如殷周二王后，以承顺天命。"孟使友人内官长赐上此书。时，昭帝幼，大将军霍光秉政，恶之，下其书廷尉。奏赐、孟妄设祅言惑众，大逆不道，皆伏诛。[1]

据上述记载，元凤三年正月各地异象层出迭现，按地理位置大致可分为三组：泰山郡莱芜山南有巨石自然立起，且有数千白乌聚集其旁，是为"泰山异象"；昌邑国社有枯死卧地之树复生枝叶，是为"昌邑异象"；上林苑中也出现大柳树枯倒后复起再生枝叶的情况，并有虫类啃食柳叶形成"公孙病已立"之文字谶语，是为"上林苑异象"。旬月之内异象频出，引起了儒生眭弘的关注。眭弘援引其先师董仲舒的《春秋》公羊学理论解释异象，推理得出汉帝当求贤禅让的结论，并以此上书朝廷，最终被霍光以"祅言惑众，大逆不道"之罪诛杀。

汉代"天人感应"观念盛行，神学氛围浓厚。难以解释的异常现象，往往被视为"天意"在人间的显现和对人事的预言。实际上所谓异象产生无外乎两种情况：其一是某些自然形成的巧合；其二则是别有用心者出于某种特殊目的，人为制造怪异之事，秦末陈涉起事前"鱼腹藏书""篝火狐鸣"[2] 即属此类。顾颉刚指出，"古代人最喜欢作豫言"，将古代谶语预言的产生皆视为人为造作的结果，并认为元凤三年正月诸异象即属人为造作的谶语预言之一。[3] 亦有学者认为，元凤三年正月诸异象的产生属自然巧合而非人为。如孙家洲在分析"公孙病已立"谶言时提出："虫咬柳叶竟成语句，实为不可思议之事，且从史籍寻觅，又不见人为编造之迹。对此，我们如不愿以'神秘'相释，只能推断为虫咬痕迹与文字笔画的偶然巧合。"[4] 张小锋则认为，无论异象如何产生，它的发现与宣扬、声张总离不开人为暗中鼓噪的因素。[5] 此说恰中肯綮。试想以汉帝国疆域之广，旬月之间在全国范围内难免会有一些怪异之事发生。但这些异象何以能为世人所知，并被上报朝廷，最终见载于史书，颇值得深思。《汉书》所见在元凤

---

① 《汉书》卷七五《眭两夏侯京翼李传》，中华书局，1962年，第3153－3154页。
② 《史记》卷四八《陈涉世家》，中华书局，2014年，第2366页。
③ 顾颉刚：《秦汉的方士与儒生》，上海古籍出版社，2005年，第88－89页。
④ 孙家洲：《汉代"应验"谶言例释》，《中国哲学史》1997年第2期。
⑤ 张小锋：《西汉中后期政局演变探微》，天津古籍出版社，2007年，第53页。

三年正月诸异象的层出迭现，应正是别有用心者人为鼓噪的结果。

二、昌邑、上林苑异象的出现与皇位继承问题

在元凤三年正月诸异象中，昌邑异象与上林苑异象皆属"草妖"，在《汉书·五行志》中载于一处：

> 昭帝时，上林苑中大柳树断仆地，一朝起立，生枝叶，有虫食其叶，成文字，曰"公孙病已立"。又昌邑王国社有枯树复生枝叶。眭孟以为木阴类，下民象，当有故废之家公孙氏从民间受命为天子者。昭帝富于春秋，霍光秉政，以孟妖言，诛之。后昭帝崩，无子，征昌邑王贺嗣位，狂乱失道，光废之，更立昭帝兄卫太子之孙，是为宣帝。帝本名病已。①

眭弘认为，木属阴，象征庶民，昌邑、上林苑二地皆有"枯木复生"异象，意味着当有来自"故废之家"的庶人起于民间，终成天子。加之上林苑有"公孙病已立"谶言出现，故眭弘认定此人姓公孙氏。至于这位"公孙"具体所指，眭弘"意亦不知其所在"。

相比于身处其时的眭弘，班固作为后汉史家，以后世眼光观之，对昌邑、上林苑异象所表达的内容有更为清晰准确的解读。在前揭《汉书·五行志》记载中，班固在叙述完昌邑、上林苑异象与眭弘被诛一事后，还附上了一段有关昭宣之际皇位更迭的文字。此处绝非闲笔，而是有意将原本被眭弘混为一谈的昌邑异象与上林苑异象分而视之，并分别与嗣昭帝而立的昌邑王刘贺、宣帝刘病已二人相联系。这种联系并非班固凭空臆造。刘贺与刘病已二人的家族及先世都曾于武帝晚年遭遇劫难，受到严酷的政治打压，暗合枯木、枯柳所指"故废之家"。枯木复生的异象出现于昌邑国社内，彼时刘贺正为昌邑王。刘病已为戾太子之孙，可称"公孙"；又一度沦为庶人、流落民间，与"公孙病已立"之谶和阴类柳木的"下民"之象若合符契。班固笔法较为隐晦，后世史家在注疏时则明示了这种联系与对应关系。如王先谦《汉书补注》中以昌邑"枯社木卧复生"为"昌邑嗣立之应"。② 胡三省注《资治通鉴·汉纪》，以"公孙病已立"的谶言为"宣帝兴于民间之符"。③ 后世史家对昌邑、上林苑异象的解读，显然在眭弘的基础上更进了一步。

但古人对异象的认识毕竟受时代局限，难以洞悉实质。无论是儒生眭弘还是班固等史家，都将昌邑、上林苑异象视为天降的符印预言。实际上，这些异象的出现应是人为鼓噪的结果。而这种人为鼓噪，与刘贺、刘病已二人有着千丝万缕的联系，并与

---

① 《汉书》卷二七《五行志》，第1412页。
② ［清］王先谦：《汉书补注》，上海古籍出版社，2008年，第4870页。
③ ［北宋］司马光：《资治通鉴》卷二三《汉纪十五》，中华书局，1956年，第767页。

昭帝无子所引发的皇位继承危机密切相关。

《汉书·武五子传》载:"孝武皇帝六男。卫皇后生戾太子,赵婕妤生孝昭帝,王夫人生齐怀王闳,李姬生燕刺王旦、广陵厉王胥,李夫人生昌邑哀王髆。"① 戾太子名据,又以其母为卫皇后故称卫太子,出生时甚得武帝喜爱,七岁便被立为皇太子,为储三十余年。然而征和二年(前 91)巫蛊事发,刘据于"巫蛊之祸"中丧生,储贰之位于是空悬。武帝其余五子,齐怀王刘闳早逝,昌邑哀王刘髆薨于后元元年(前 88),燕刺王刘旦、广陵厉王刘胥则因多有过失而不称武帝之意。经再三权衡,武帝暮年选定"壮大多知"② 且与己相类的幼子刘弗陵为皇太子,由霍光等人辅政。后元二年(前 87)武帝崩,年仅八岁的刘弗陵即位,是为昭帝,霍光秉政,"政事壹决于光"③。昭帝即位后,对皇位觊觎已久的燕王刘旦"常怀怨望"④,始元元年(前 86)便露反迹,元凤元年(前 80)又参与针对昭帝与霍光的"燕盖之乱"。该叛乱被霍光先发制人平定,刘旦本人于事后自绞。

昭帝年幼继位,又长期体弱多病,"即世而无嗣"⑤,汉家出现严重的皇位继承危机。一旦宫车晏驾,新皇必将在武帝一系宗室中产生。各派觊觎皇位的势力遂开始蠢蠢欲动。元凤元年"燕盖之乱"后,武帝诸子除昭帝外便仅余刘胥一人。史载刘胥"见上年少无子,有觊觎心"⑥,并使女巫祝诅昭帝,以期自己能早日入继大统。除了刘胥,武帝之胤中还有两位强有力的皇位竞争者,即昌邑王刘贺与后来的宣帝——时称皇曾孙的刘病已。

刘贺为武帝之孙,昌邑哀王刘髆之子。刘髆于天汉四年(前 97)被立为昌邑王,后元元年(前 88)薨,子刘贺继为昌邑王。昌邑王父子长期经营昌邑国,不断培植势力,至刘贺时势力已颇为可观,有内外臣属两百余人。⑦ 后来的历史证明,这支拥戴刘贺的政治势力颇具野心。昭帝崩后,刘贺受征入嗣时,这两百余人基本皆随从刘贺至长安,史称"引内昌邑从官驺宰官奴二百余人"⑧。关于刘贺继位二十七日旋即见废,廖伯源指出,"实则昌邑王贺见废之原因,是其与霍光之权力斗争"⑨。刘贺甫一即位,昌邑群臣就与"党亲连体,根据于朝廷"⑩ 的霍光势力展开激烈的权力争夺;落败被

① 《汉书》卷六三《武五子传》,第 2741 页。

② 《汉书》卷九七《外戚传》,第 3956 页。

③ 《汉书》卷六八《霍光金日磾传》,第 2932 页。

④ 《汉书》卷六八《霍光金日磾传》,第 2935 页。

⑤ 《汉书》卷五一《贾邹枚路传》,第 2368 页。

⑥ 《汉书》卷六三《武五子传》,第 2760 页。

⑦ 秦铁柱:《西汉昌邑王刘贺案释疑》,《南开学报(哲学社会科学版)》2017 年第 6 期。

⑧ 《汉书》卷六八《霍光金日磾传》,第 2940 页。

⑨ 廖伯源:《昌邑王废黜考》,《秦汉史论丛》(增订本),中华书局,2008 年,第 24 页。

⑩ 《汉书》卷六八《霍光金日磾传》,第 2948 页。

杀前，这两百余人仍然高声疾呼"当断不断，反受其乱"①，其政治野心可见一斑。

刘病已为武帝曾孙，故称"皇曾孙"，祖父为戾太子刘据。刘据为太子时，武帝曾为其修建博望苑，"使通宾客，从其所好"②。通过交通宾客，戾太子周围逐渐集结了一股强大的势力，规模至少有数万人。③"巫蛊之祸"后戾太子宾客基本被诛，但难免有所孑余。如张贺"本卫太子家吏"④，因其弟张安世说情而幸免于难，仅受腐刑，后又出任掖庭令。更重要的是，戾太子死后"天下闻而悲之"⑤，社会舆论普遍哀怜戾太子，许多人都对戾太子的遭遇深表同情。如"巫蛊之祸"后，壶关三老茂、田千秋皆上书武帝讼戾太子之冤，丙吉亦"心知太子无事实"⑥。皇曾孙早年受"巫蛊之祸"波及，命途颇为坎坷，有赖丙吉、张贺等人的呵护与养育方得以顺利成长。可以想见，戾太子的残余势力及同情者怀着为戾太子"延续胤嗣的使命感"⑦，围绕皇曾孙进行活动，形成了拥戴皇曾孙的势力。此外，皇曾孙遇赦后，曾被丙吉送至祖母史良娣之兄史恭家，由史良娣母贞君抚养。皇曾孙成人后，张贺又为他娶许广汉女许平君为妻。显然，外家史、许二氏亦是皇曾孙势力的重要成员，故史书称"曾孙因依倚广汉兄弟及祖母家史氏"⑧。

值此昭帝无子无嗣、储位虚悬之际，各自拥戴刘贺与皇曾孙的势力不可能无所作为。《汉书·宣帝纪》载，宣帝微时"数有征怪"，如"望气者言长安狱中有天子气"；"身足下有毛，卧居数有光耀"；"每买饼，所从买家辄大雠"云云。⑨ 陈苏镇指出，这些所谓"征怪"皆为戾太子残余势力及同情者所作，目的在于"向世人暗示皇曾孙是真命天子"，并进而认为"公孙病已立"之谶"很可能是同情太子的人们编造出来的又一'征怪'"，与前述"征怪"具有同样的性质。⑩ 张小锋亦认为，"公孙病已立"谶言的出现"是当时心慕和追随武帝戾太子的残存势力暗中鼓噪的结果"，"反映了昭帝元凤年间戾太子残存势力的复苏和人们思慕戾太子思潮的回笼"，并进一步指出，正是昭帝无嗣和"时体不安"，助长了"公孙病已立"谶言的出现。⑪ 但其将戾太子势力鼓噪异象的动机更多归结于对"昭帝即位后既未给卫太子本人平反，亦未恢复其残余

① 《汉书》卷六八《霍光金日磾传》，第2946页。
② 《汉书》卷六三《武五子传》，第2741页。
③ 张小锋：《西汉中后期政局演变探微》，第57页。
④ 《汉书》卷九七《外戚传》，第3964页。
⑤ 《汉书》卷六三《武五子传》，第2747页。
⑥ 《汉书》卷七四《魏相丙吉传》，第3142页。
⑦ 李峰：《政治博弈视域下汉宣帝微时史事辨析》，《贵州社会科学》2015年第10期。
⑧ 《汉书》卷八《宣帝纪》，第236—237页。
⑨ 《汉书》卷八《宣帝纪》，第236—237页。
⑩ 陈苏镇：《〈春秋〉与"汉道"：两汉政治与政治文化研究》，中华书局，2020年，第377—378页。
⑪ 张小锋：《西汉中后期政局演变探微》，第56页、第60页、第62页。

势力的应有地位"① 的不满，并未充分关注到异象的出现与昭帝皇位继承问题之间的联系。拥戴皇曾孙的势力中，丙吉一度为光禄大夫给事中，张贺时任掖庭令，许广汉为暴室啬夫，皆供职于宫中。皇曾孙本人亦活动于京师长安附近，史称其"数上下诸陵，周遍三辅，常困于莲勺卤中。尤乐杜、鄂之间，率常在下杜"②。不难推测，京畿一带应是皇曾孙势力汇聚之地。上林苑作为京师长安附近著名的皇家苑囿，皇曾孙势力于此鼓噪异象完全合乎情理。且上林苑地位特殊，更易引起人们对异象的关注。

既然上林苑异象为拥戴皇曾孙的势力所鼓噪，目的在于向世人暗示皇曾孙是真命天子，以此类推，昌邑国社中出现的异象便极有可能是拥戴刘贺的昌邑群臣所鼓噪，而目的就在于向世人暗示昌邑王刘贺才是真命天子。《礼记·祭法》云："诸侯为百姓立社，曰国社。"孔颖达疏："诸侯国社亦在公宫之右。"③《史记·三王世家》载："诸侯王始封者必受土于天子之社，归立之以为国社，以岁时祠之。"④ 依礼，昌邑国社应位于昌邑王宫右近，为昌邑王率群臣岁时祭祀的重要场所。而供奉的对象，是当初武帝分封刘髆为昌邑王时于"赐茅授土"仪式上赐给刘髆的太社之土，这是昌邑王国建立和存在的重要法理依据。昌邑国社作为昌邑国内规格较高的神权建筑，地位特殊，又是刘贺势力的活跃之处，昌邑群臣于此鼓噪异象也就不足为奇。

如上所述，昌邑异象与上林苑异象的出现，应分别是拥戴刘贺与皇曾孙的势力所鼓噪的结果，体现出昭帝皇位继承危机下两股政治势力围绕储君资格的暗中博弈。而刘贺势力与皇曾孙势力之所以皆采取鼓噪异象这种特殊方式，或与二人因"继体血统"的疏远而致继体正当性脆弱有关。

元平元年（前74）昭帝崩，霍光召集群臣议立新君，结果群臣"咸持广陵王"⑤。广陵王刘胥"好倡乐逸游"且"动作无法度"⑥，却受如此推崇，显然并非因在宗室中德高望重，而仅是以"武帝六男独有广陵王胥在"⑦ 之故。《史记·外戚世家》云："自古受命帝王及继体守文之君，非独内德茂也，盖亦有外戚之助焉。"⑧ 司马贞《索隐》："继体谓非创业之主，而是嫡子继先帝之正体而立者也。"⑨ 西汉诸帝中，创业之主高祖为"受命之君"，继立为帝者皆"继体守文之君"。吕宗力指出："所谓'继体'，本义是指嫡系血统，所以天然拥有受命于先帝的资格。汉代继体之君的资格，首

① 张小锋：《西汉中后期政局演变探微》，第 59 – 60 页。
② 《汉书》卷八《宣帝纪》，第 237 页。
③ ［唐］孔颖达：《礼记正义》卷四六《祭法》，［清］阮元校刻：《十三经注疏》，第 1589 – 1590 页。
④ 《史记》卷六〇《三王世家》，第 2572 页。
⑤ 《汉书》卷六八《霍光金日磾传》，第 2937 页。
⑥ 《汉书》卷六三《武五子传》，第 2760 页。
⑦ 《汉书》卷六八《霍光金日磾传》，第 2937 页。
⑧ 《史记》卷四九《外戚世家》，第 2387 页。
⑨ 《史记》卷四九《外戚世家》，第 2388 页。

重血统的纯正，即嫡系（大宗）之子。"按照大宗血统继体原则，继体的正当性由强至弱依次为：先帝嫡子、庶子、嫡系其他后代（嫡孙、曾孙等）、兄弟、旁枝宗室（侄、侄孙、堂弟等）。① 昭帝无子便无所谓嫡庶，继承人首推兄弟，而后是旁枝宗室。"燕盖之乱"后，昭帝的兄弟仅余刘胥一人，于是刘胥便顺理成章地成为群臣眼中继承皇位的优先人选。相比于刘胥，身为昭帝旁枝宗室的刘贺与皇曾孙则在"继体血统"上较为疏远，导致二人的继体正当性天然较为脆弱，相对缺乏继承昭帝皇位的资格。

但是，除了"大宗嫡系的继体血统"，继体的正当性还有赖于"敬天崇祖的守文之德"和"反映在符瑞灾异中的天意验证"。② 刘贺与皇曾孙因"继体血统"疏远而脆弱的继体正当性，可以通过"守文之德"与"天意验证"来弥补和强化。龚遂见刘贺"久与驺奴宰人游戏饮食，赏赐亡度"③，便进谏刘贺，请求"选郎通经术有行义者与王起居，坐则诵诗书，立则习礼容"④。张贺曾向其弟张安世提及皇曾孙，并"称其材美"⑤；丙吉也曾向霍光赞扬皇曾孙，称其"通经术，有美材，行安而节和"⑥。无论是龚遂匡正刘贺之德行，还是张贺、丙吉称述皇曾孙之德行，其目的皆在于争取"守文之德"这一强化继体正当性的重要筹码。

至于昌邑异象与上林苑异象的鼓噪，则是为了给刘贺与皇曾孙二人提供所谓的"天意验证"。"在西汉的政治文化语境中，上天的认可与否是通过符瑞和灾异来展示的。"⑦ 昌邑异象与上林苑异象的出现，表明刘贺与皇曾孙获得了来自上天的认可，极大强化了刘贺与皇曾孙的继体正当性，使二人更加具备继承昭帝皇位的资格。因此，刘贺势力与皇曾孙势力鼓噪昌邑异象与上林苑异象的深层原因，就是要通过"天意验证"强化刘贺与皇曾孙二人因"继体血统"疏远而脆弱的继体正当性，从而使二人能够在对昭帝皇位继承人资格的争夺中更具优势。

史载群臣议立刘贺时，"皆以昌邑尊亲，援而立之"⑧；议立宣帝时，群臣亦是"咸称述焉"⑨。群臣之所以能达成如此一致的共识，与昌邑、上林苑异象为二人提供的"天意验证"不无关系。张小锋认为，"公孙病已立"的谶言与昌邑王刘贺被废后刘病已的继立，"绝不是偶然的巧合"。霍光拥立宣帝的一个重要原因，就是"宣帝有当为天子的谶言征兆"⑩。事实上，刘贺势力与皇曾孙势力鼓噪昌邑异象与上林苑异象

① 吕宗力：《西汉继体之君正当性论证杂议——以霍光废刘贺为例》，《史学集刊》2017 年第 1 期。
② 吕宗力：《西汉继体之君正当性论证杂议——以霍光废刘贺为例》，《史学集刊》2017 年第 1 期。
③ 《汉书》卷八九《循吏传》，第 3637 页。
④ 《汉书》卷八九《循吏传》，第 3638 页。
⑤ 《汉书》卷五九《张汤传》，第 2651 页。
⑥ 《汉书》卷七四《魏相丙吉传》，第 3143 页。
⑦ 吕宗力：《西汉继体之君正当性论证杂议——以霍光废刘贺为例》，《史学集刊》2017 年第 1 期。
⑧ 《汉书》卷五一《贾邹枚路传》，第 2368 页。
⑨ 《汉书》卷六八《霍光金日磾传》，第 2947 页。
⑩ 张小锋：《西汉中后期政局演变探微》，第 63 页。

之目的，就是要人为制造这种"当为天子的谶言征兆"。刘贺与宣帝的顺利继位，则标志着他们的政治目的最终达成。

三、泰山异象的出现与政策转向问题

泰山异象属"石妖"，《汉书·五行志》载：

> 孝昭元凤三年正月，泰山莱芜山南匈匈有数千人声。民视之，有大石自立，高丈五尺，大四十八围，入地深八尺，三石为足。石立处，有白乌数千集其旁。眭孟以为石阴类，下民象，泰山岱宗之岳，王者易姓告代之处，当有庶人为天子者。孟坐伏诛。①

眭弘认为石亦属阴，象征庶民，"大石自立"表明当有庶人为天子，这一点与昌邑、上林苑异象颇有类似之处。但异象出现之地，即作为"岱宗之岳"的泰山，地位极为特殊，被视为"王者易姓告代之处"。眭弘据此认为汉运已终，当有新圣人受命改朝换代，遂提出"汉帝宜谁差天下，求索贤人，禅以帝位"，请昭帝求贤禅让。由此观之，泰山异象有着与昌邑、上林苑异象完全不同的性质。其所要表达的内容，不是王朝内部的皇位更迭，而是"易姓告代"，即朝代的更迭。泰山异象的出现严重威胁到汉家王朝统治的合法性，也表明泰山异象的鼓噪者昭然有颠覆汉家政权之意。在昭帝统治时期，"轻繇薄赋，与民休息"②，有"中兴"之美誉，地方上却依然存在要推翻汉家王朝的声音，这应与武帝时期政策转向的不及时有关。

武帝"雄材大略"③，在漫长的统治期间奉行"开边、兴利、改制、用法和擅赋"④ 的事功政策，建立了超迈往古的丰功伟业，为汉世诸帝皆所不及。但是如田余庆言，武帝"竭天下民力资财以奉其政，数十载无宁日，加之以重刑罚，穷奢丽，弄鬼神，终使民怨沸腾，社会后果极其严重。文武之道，一张一弛。汉武帝要保存所取得的积极成果，必须及时地在政策上实现转折，使社会安定下来，使人民得以休养生息"⑤。元封四年（前107），关东出现"流民二百万口，无名数者四十万"⑥，引发了政局的动荡。田余庆指出，"汉武帝在元封年间（前110－前105）已经完成了历史赋予他的使命，从此着手实行政策的转折，应当说正是时候"；而流民问题的严重则表明，"武帝在元封年间改变政策以安百姓，也完全是形势所必需的"⑦。但由于种种原

---

① 《汉书》卷二七《五行志》，第1400页。
② 《汉书》卷七《昭帝纪》，第233页。
③ 《汉书》卷六《武帝纪》，第212页。
④ 田余庆：《论轮台诏》，载《秦汉魏晋史探微》（重订本），中华书局，2011年，第49页。
⑤ 田余庆：《论轮台诏》，载《秦汉魏晋史探微》（重订本），第30页。
⑥ 《汉书》卷四六《万石卫直周张传》，第2197页。
⑦ 田余庆：《论轮台诏》，载《秦汉魏晋史探微》（重订本），第32－33页。

因，武帝最终丧失了在元封年间实现政策转向的时机，"延误了转折，从而加深了人民的苦难和政局的动乱"①。

及至天汉年间（前100－前97），事态愈发严峻。百姓对武帝的事功政策强烈不满，关东大规模的农民武装起义随之爆发。天汉二年（前99），"郡国盗贼群起"②，史载："南阳有梅免、白政，楚有殷中、杜少，齐有徐勃，燕赵之间有坚卢、范生之属。大群至数千人，擅自号，攻城邑，取库兵，释死罪，缚辱郡太守、都尉，杀二千石，为檄告县趣具食；小群以百数，掠卤乡里者不可胜数也。"③ 司马光评价武帝末年"百姓疲敝，起为盗贼"的景况，称"其所以异于秦始皇者无几矣"。④ 可见武帝末年统治危机之深重，宛然有"亡秦之迹"⑤ 再现之感。

在上述天汉二年关东各地的起义浪潮之中，齐地的徐勃起义情况较为特殊。《汉书·武帝纪》记武帝一朝军国大政，却仅见徐勃起义的记载，而不见其他"东方群盗"⑥。这极有可能反映出，齐地徐勃起义在"东方群盗"中规模与影响最大、程度最为激烈。《汉书·武帝纪》载："泰山、琅邪群盗徐等阻山攻城，道路不通。"⑦ 可知齐地群盗聚集与活动的中心，在相互毗邻的泰山郡与琅邪郡。由此观之，该地人民对朝廷的不满情绪应异常强烈。究其原因，大概是元封元年（前110）以来，武帝频繁巡幸泰山、大兴土木，并举行封禅、祭祀和求仙等活动，给当地人民造成了极为沉重的负担，导致了阶级矛盾的尖锐化。安作璋指出："汉武帝为了满足他的统治欲望，又听信齐人公孙卿等制造的'封禅可以成神仙'的谎话，多次封禅泰山。山东人民常常被迫放弃生产，为封禅预治宫室、修筑驰道；而一切人夫车马等的费用，自然也要由山东人民来负担。"⑧ 按《汉书·地理志》，泰山郡奉高县有明堂，琅邪郡不其县有太一、仙人祠九所及明堂，皆武帝时所作。⑨ 可见武帝封禅泰山时的兴作与活动场所主要就集中于泰山、琅邪二郡。显而易见，泰山、琅邪郡人民应负担最重。

针对以徐勃起义为代表的关东各地起义，武帝最初"使御史中丞、丞相长史督之"⑩ 而不克，后又派出直指绣衣使者暴胜之、范昆、张德等人持节以虎符发兵镇压。在血腥镇压之下，官军"斩首大部或至万余级，及以法诛通饮食，坐连诸郡，甚者数

① 田余庆：《论轮台诏》，载《秦汉魏晋史探微》（重订本），第31页。

② 《汉书》卷七一《隽疏于薛平彭传》，第3035页。

③ 《史记》卷一二二《酷吏列传》，第3824页。

④ ［北宋］司马光：《资治通鉴》卷二二《汉纪十四》，第747页。

⑤ ［北宋］司马光：《资治通鉴》卷二二《汉纪十四》，第726页。

⑥ 《汉书》卷六《武帝纪》，第204页。

⑦ 《汉书》卷六《武帝纪》，第204页。

⑧ 安作璋：《两汉时期山东的社会经济和农民起义》，《山东师范大学学报（人文社会科学版）》1979年第4期。

⑨ 《汉书》卷二八《地理志》，第1581、1585页。

⑩ 《史记》卷一二二《酷吏列传》，第3824页。

千人"①。齐地徐勃起义于关东各地起义中最为猛烈，所受镇压也最为残酷。关东各地的农民起义虽陆续被镇压，余部却散而复聚，占据各处山川险要，"往往而群居"，连朝廷都"无可奈何"。② 而在齐地泰山、琅邪郡，这种情况应尤为严重。按《汉书·武帝纪》，徐勃起义后，武帝曾于天汉三年（前98）三月、太始三年（前94）二月至次年五月、征和四年（前89）正月至六月三次行幸齐地。其中，天汉三年三月、太始四年（前93）三月、征和四年三月三次至泰山，太始三年二月、太始四年（前93）四月两次至琅邪。③ 林剑鸣在论述秦始皇巡游全国的行为时指出，秦始皇五次巡行之共同目的就在于"到各处耀武扬威，加强对各地的控制""防范人民反抗"。④ 武帝行事多法始皇，其三次巡幸齐地虽目的各不相同，但实际都暗含了镇压徐勃起义的残余势力，防范齐地人民——尤其是泰山、琅邪郡人民复起反抗之意。武帝在人生最后十余年中还多次巡幸齐地泰山、琅邪等郡，可能正反映出该地在徐勃起义之后仍长期动荡，义军残余势力大量存在，人民对朝廷的不满极为强烈。至于武帝的种种镇压行为，非但于事无补，反而只会更加激化原本已十分尖锐的阶级矛盾，进一步加剧齐地泰山、琅邪郡人民对朝廷的仇视。

征和四年（前89），有鉴于统治危机的加重与"亡秦之迹"的不断展现，武帝决心利用汉军对匈奴作战失利之机改弦易辙，向"守文"转向，因而颁布了《轮台诏》，申明"当今务在禁苛暴，止擅赋，力农本"⑤。但如田余庆所言："轮台之诏的颁布，不能说是及时的。"⑥ 本应于元封年间实现的政策转向被拖延至征和四年，这意味着：

---

① 《史记》卷一二二《酷吏列传》，第 3824 页。
② 《史记》卷一二二《酷吏列传》，第 3824 页。
③ 《汉书》卷六《武帝纪》，第 204、206 – 207、210 页。
④ 林剑鸣：《秦汉史》，上海人民出版社，2019 年，第 165 – 166 页。
⑤ 田余庆：《论轮台诏》，载《秦汉魏晋史探微》（重订本），第 49 – 51 页。对于武帝末年的政策转向问题，学界素有争论。传统观点认为，以征和四年《轮台诏》的颁布为标志，武帝实现了政治路线的重大转变。参见〔日〕市村瓒次郎：《东洋史统》，东京富山房，1943 年；唐长孺：《秦汉三国史》，收入氏著《讲义三种》，中华书局，2011 年；田余庆：《论轮台诏》，收入氏著《秦汉魏晋史探微》，中华书局，2011 年等。但亦有学者对此观点提出质疑，认为《轮台诏》的颁布不具备整体性政策转向的意义，武帝末年的政策调整只是一时权宜。参见陈苏镇：《〈春秋〉与"汉道"：两汉政治与政治文化研究》，中华书局，2020 年；陈金霞：《汉武帝〈轮台诏〉并非罪己诏》，《河南师范大学学报（哲学社会科学版）》2008 年第 6 期；吴涛：《"术""学"纷争背景下的西汉〈春秋〉学》，中国社会科学出版社，2011 年；辛德勇：《制造汉武帝：由汉武帝晚年政治形象的塑造看〈资治通鉴〉的历史构建》，生活·读书·新知三联书店，2018 年；杨勇：《再论汉武帝晚年政治取向——一种政治史与思想史的联合考察》，《清华大学学报（哲学社会科学版）》2016 年第 2 期等。后又有学者对上述观点进行反驳，重申了传统的政策转向观点。参见李浩：《"司马光重构汉武帝晚年政治取向"说献疑——与辛德勇先生商榷》，《中南大学学报（社会科学版）》2015 年第 6 期；李峰：《〈制造汉武帝〉的历史公案》，河南人民出版社，2021 年等。总体而言，武帝末年存在政策转向，仍然是当前学界普遍接受的主流观点。
⑥ 田余庆：《论轮台诏》，载《秦汉魏晋史探微》（重订本），第 31 页。

一方面，长期的事功政策有巨大的政策惯性，为维持汉帝国的正常运转，一些长期贯彻的政策措施如兴利、用法之类难以在短时间内全面取消；另一方面，事功政策带来的灾难性后果将更加严重，而弥补所需的时间也更长。《汉书·昭帝纪·赞》曰："（昭帝）承孝武奢侈余敝师旅之后，海内虚耗，户口减半。"[1] 同书《循吏传》亦云："孝昭幼冲，霍光秉政，承奢侈师旅之后，海内虚耗。"[2] 可见至昭帝时，事功政策留下的灾难印记依然深刻。直至始元四年（前 83）七月，朝廷发布的诏书中仍然有"流庸未尽还"[3] 之语。杜延年正是有鉴于此，才建议霍光举贤良文学，召开"盐铁会议"，探讨"民所疾苦，教化之要"[4]。即便如此，到元凤二年（前 79）六月，也就是"泰山异象"出现的前一年，"百姓未赡"[5] 依然是朝野上下的一致共识，亦是大赦天下的直接原因。事实证明，武帝末年政策转向姗姗来迟，事功政策所带来的伤痕在昭帝即位后很长一段时间内仍难以弥合，人民的生存状况短期内未能得到根本性的好转。因此，政策转向问题依旧是昭帝时期所要面临的首要政治问题，贯彻"守文"政策的任务长期而艰巨。

既然人民的生存状况难以在短期内得到根本性的改善，尖锐的阶级矛盾便无法迅速消弭，人民的不满情绪也将继续存在。尤其齐地泰山、琅邪郡人民，对武帝末年有着极为痛苦的历史记忆，残存的对朝廷的不满情绪尤为浓烈。但昭帝时期的统治局面与形势毕竟不同于武帝末年，再度举兵起义显然不现实。于是该地人民便利用泰山为"王者易姓告代之处"的特殊地位，鼓噪"大石自立"等异象，以这种较为隐晦的方式，借"天意"挑战汉家政权的合法性，宣泄对汉家王朝统治的不满。陈苏镇指出："所谓天意不过是民意在天国的折射，是民意的一种表达方式而已。"[6] 代表了"天意"的泰山异象所反映的，正是齐地泰山、琅邪郡人民想要推翻汉家王朝的强烈"民意"。

四、结语

综上所述，元凤三年正月诸异象的层出迭现，应是别有用心者人为鼓噪的结果，其与昭帝时期承武帝而来的皇位继承、政策转向两大政治问题密切相关。武帝晚年因"巫蛊之祸"、戾太子之死而更换继嗣，结果年幼多病的昭帝继位。昭帝长期无子无嗣，皇位继承问题随之出现，武帝子孙及其势力遂开始蠢蠢欲动。为强化原本脆弱的继体正当性，争夺昭帝的皇位继承人资格，拥戴刘贺与皇曾孙的势力分别鼓噪出昌邑异象

---

① 《汉书》卷七《昭帝纪》，第 233 页。
② 《汉书》卷八九《循吏传》，第 3624 页。
③ 《汉书》卷七《昭帝纪》，第 221 页。
④ 《汉书》卷二四《食货志》，第 1176 页。
⑤ 《汉书》卷七《昭帝纪》，第 228 页。
⑥ 陈苏镇：《〈春秋〉与"汉道"：两汉政治与政治文化研究》，第 372 页。

与上林苑异象，这属于统治阶层内部的权力争夺。武帝长期奉行事功政策，且未能及时实现向"守文"的转向，给底层人民带来了深重的苦难，导致了尖锐的阶级矛盾。及至昭帝时期，矛盾仍难以迅速消弭，各地人民对朝廷的不满情绪依旧浓烈，其中以齐地泰山、琅邪郡人民尤甚。他们鼓噪出泰山异象，表达推翻汉家王朝的强烈意愿，这是深受压迫的底层人民对统治阶层不满情绪的宣泄。元凤三年正月诸异象层出迭现，深刻反映出这一时期各种矛盾的交织与各派政治势力的争斗，可见彼时政局之诡谲复杂。

昭帝继武帝而立，昭帝政局实际是武帝末年政局的延续。皇位继承问题与政策转向问题，皆是武帝末年的政治遗留问题。其所暗含的各种矛盾，皆于武帝末年埋下伏笔。其所关涉的各派政治势力，亦皆于武帝末年基本形成。这些矛盾和势力不断酝酿，延续至昭帝时期，直接导致了元凤三年正月诸异象的出现。因此，元凤三年正月诸异象的出现所真正体现的，实际正是武昭政治的继承性与连续性，或曰体现出昭帝政局中"后武帝时代"的鲜明特征。

通关凭证中"传"与"过所"源流考辨

张　悦　张　健

（西北大学丝绸之路研究院历史地理研究中心）

摘要：学界普遍认为，随着汉代通关制度的完善，"过所"逐渐取代"传"成为新的通行凭证，不过，对于"过所"和"传"的意涵变更及意涵具体变更时间仍存在较大分歧。通过对先秦、两汉出土资料与传世文献的爬梳考据，可知"传"与"过所"在不同历史时期的意涵基本相同，"传"通关凭证之意始于先秦时期；"过所"一词的指代更加精细化，而通关凭证指代用语的意涵变化侧面反映出中央政府管理能力的不断提升。"传"与"过所"意涵变更时间大致在新莽时期至东汉初年，以往对二词意涵变更时间的讨论，或对文书与文献资料的解读有偏差，或忽视了类书对二者含义的总结归纳。

关键词：传；过所；通关凭证；王莽改制

一、引言

近年来，随着两汉时期简牍与文书的大量出土，学界对于出土文献中所涉及的各项制度讨论也逐步增多。古代通关制度作为控制人口流动与维护领土安全的基础制度之一，一直受到学界颇多瞩目。作为秦汉时期的重要通关凭证，"传"与"过所"之间的涵义流变与名称更迭等问题也取得了一定的研究成果①。然而，对于其中一些具体问题，学界仍争议不断：有学者认为二者名称替代时间大约是在东汉年间，也有认为是在西汉武帝时期。其中很多研究聚焦于出土资料本身，鲜少提及同时代的传世文献。因此，需要在重新对相关史料进行爬梳与考辨的基础上，思考"传"与"过所"两者

---

① 张艳云：《唐代过所制度略述》，《史学月刊》1996 年第 4 期；唐晓军：《汉简所见关传与过所的关系》，《西北史地》1994 年第 3 期；薛英群：《居延汉简通论》，甘肃教育出版社，1991 年，第 410－444 页；李均明：《汉简所见出入符、传与出入名籍》，载中华书局编辑部编：《文史》第十九辑，中华书局，1983 年，第 20－35 页；王仲荦：《试释吐鲁番出土的几件有关过所的唐代文书》，《文物》1975 年第 7 期；陈直：《汉晋过所通考》，《历史研究》1962 年第 6 期；程喜霖：《敦煌汉简所见关传向过所演变》，《敦煌研究》1992 年第 2 期。

的涵义与变迁线索，并在厘清二者之间关系的同时，研究制度变迁的影响因素问题提供进一步支撑和参考。

二、"传"与"过所"释义考释

（一）"传"

从现存文献来看，"传"最开始获得其独立的名词意义，是在战国诸侯争霸时期。"传"的涵义和所指在当时非常广泛，对于早期文献中"传"的涵义，唐晓军先生①与薛英群先生②分别在其文章中提到"晋侯以传召伯宗③"和"鸱夷子皮负传而从④"两段先秦史料，并将这两段史料中记载的"传"都解读为一种代表使者身份与使命的信物，以此作为反例来推论"传"在先秦时期主要代指信物，其在秦汉时期才逐渐演变为特定格式的吏民出入证。然而通过考证可发现，《左传》中晋侯召伯宗的"传"应理解为"传车"，即古代官方驿站专用车辆，常被用以传递君主命令，并非指信物本身；而《韩非子》中提到的鸱夷子皮所负之"传"，结合上下文来看应当解释为物品行李，和信物更是毫无关联。

根据对史料的考证，先秦时期文献中记载的"传"既有作为通行凭证的涵义，有时也指用来递送消息及君主指令的快车和快马。如《墨子》中即提到"诸城门若亭，谨候视往来行者符。符传疑若无符，皆诣县廷言，请问其所使；其有符传者，善舍官府"⑤，即墨子的门徒将"符传"作为一种"守城之法"记述在其著作中，通过符传来控制进出城的流动人口，起到出入凭证的作用。而《韩非子》中提到的"不载奇兵，非传非遽"和"周公旦从鲁闻之发急传而问之"⑥ 中的"传"则是第二种涵义。到秦、西汉两朝建立了统一的封建国家后，尤其是由中央到地方统一的官僚制度的出现，"传"作为通行凭证逐渐被制度化，关于这方面的记载也逐渐增多。在秦汉时期，"传"则经常与"棨""繻""符"一并被提起，日本学者大庭脩认为，棨、繻、符都是不同类型的通关凭证的称呼，具体主要以凭证的载体和使用条件作为区分，而"传"则是它们的总称。⑦ 同时，"传"一词也逐渐与接待通关旅人的传舍和召见臣子与外宾的传车马关系密切，这代表着通关凭证制度逐渐变得成熟，而"传"的涵义也随之丰

---

① 唐晓军：《汉简所见关传与过所的关系》，《西北史地》1994 年第 3 期。
② 薛英群：《居延汉简通论》，第 410 – 444 页。
③ 杨伯峻编著：《春秋左传注》（修订本），中华书局，1990 年，第 822 页。
④ ［清］王先慎撰，钟哲点校：《韩非子集解》，中华书局，2016 年，第 186 页。
⑤ ［清］孙诒让撰：《墨子间诂》，上海书店出版社，1986 年，第 355 页。
⑥ ［清］王先慎撰，钟哲点校：《韩非子集解》，第 28 页。
⑦ 〔日〕大庭脩著，林剑鸣等译：《秦汉法制史研究》，上海人民出版社，1991 年，第 468 – 499 页。

富。如张家山汉墓出土的西汉初年颁布的《津关令》①，就对"越塞阑关"的律令进行了详细的规定，并且拟定了在各种具体情况下当如何应对。

总而言之，"传"在先秦时期就有了通关凭证、物品行李、车马等涵义，在秦汉两朝建立了从中央到地方的官僚体系后，关津体系与通关凭证也形成了统一的制度。"传"一词所囊括的涵义不仅更加庞杂，且出现了一定程度的类型细分，主要是以其书写载体和功用被冠以棨、符、繻等不同称呼。

（二）"过所"

"过，为度、经过之谓；所，为处所"②，"过所"即所经过的地方。"过所"一词最早见于史料记载是在东汉，东汉训诂学家刘熙在《释名·释书契》里写道："传，转也，转移所在执以为信也，亦曰过所，过所到关津以示之也。"其后的西晋学者崔豹也在其所著《古今注》中提到，"凡传皆以木为之，长五寸，书符信于上，又以一板封之，皆封以御史印章，所以为信，如今之过所也"。东汉、两晋学者记载中的"过所"已然成为了一个特指的专有名词，且可以看出这些学者基本上认为"过所"与"传"的涵义相同，且被用以指代同一物，其中有替代演变的意味，这一观点历代基本都没有争议。"传"与"过所"实质上是指同一种东西，只是由于时代不同而有了不同的称谓，在时间上有着先后继承性。"过所"一词原意为所经过之处，即汉代通关文书上出现的"移过所""谓过所"等内容所指之涵义③，是一种格式化的官文内容。而"过所"字面上取自于"传"的文书内容，在更迭过程中又逐渐获得"传"的涵义，其与"传"之间的同义继承性是非常明显的。

李均明先生对于这一点提出了另一个较为可信的说法，即由出土汉简可见，汉代的通关文书的封检会署明文件接受机构，对于颁发给旅行者的"传"来说，封检内容即持通关凭证的旅行者在旅途中经过的关隘名称，而由于存在不少经过地点不确定的情况，后逐渐简化为只署"过所"，人们也因此习惯于以"过所"代称原本的"传"一词。④

相比于"传"，"过所"的涵义是清晰且稳定的。从东汉末年郑玄、张晏等人的注疏开始，到三国两晋时期及唐代，"过所"大量见于法律文书和大臣奏章⑤。《三国志》

---

① 张家山二四七号汉墓竹简整理小组：《张家山汉墓竹简（二四七号墓）》，文物出版社，2001年，第205－210页。

② ［清］段玉裁：《说文解字注》，上海古籍出版社，1988年。

③ 李银良：《汉代通关凭证——"传"与"过所"关系考辨》，《殷都学刊》2015年第1期。

④ 李均明：《汉简所见出入符、传与出入名籍》，载中华书局编辑部编：《文史》第十九辑，中华书局，1983年，第20－35页。

⑤ 《汉书·文帝纪》曰：文帝十三年，除关无用传。郑玄注曰"传如今移过所文书"，张晏注曰"传，信也。若今过所"，李奇曰"传，柴也"，颜师古曰"或用柴，用缯帛。柴者，刻木为合符"；《三国志·魏略》曰：仓慈为敦煌太守，胡欲诣国家，为封过所；《旧唐书·廷尉决事》曰：廷尉上广平赵礼诣雒治病。博士弟子张策门人李臧赍过所诣洛。还，责礼冒名渡津。平裴谅议礼一岁半刑，策半岁刑；《晋令》曰：诸渡关及乘船筏上下经津者，皆有所写一通，付关吏。

中就有仓慈作为太守为胡人"封过所"的记载，《唐律疏议》对于"过所"的使用作了非常详细的记载，到了宋初仍能见"过所"一词出现于《刑统·卫禁律》。在数百年的时间推移中，"过所"始终被用以代指通关凭证，并随着时间推移愈加成熟，到唐朝"过所"已有固定的格式规定与严格的申请流程，最终在五代十国时期被申请手续更便捷的"公验"逐步替代。①

（三）"传"与"过所"涵义流变

从"传"与"过所"两个词先后出现的更迭过程来看，"传"这一称谓出现于先秦时期，除特指通关文书之外，在各类史料中也可见其被用以指代信物、车马、兵符甚至为官凭证等他物。而相比于涵义庞杂的"传"这一称呼，在其后出现于东汉的新称呼"过所"则是一个涵义所指清晰的专有名词，其在所指内容上仅指通关凭证一物，但又仅以一词就能概括棨、符、繻等不同的具体类型，既是革新也是总结。"过所"与"传"虽指同一物，但相对精准而言，其涵义并非完全等同，"过所"更精确地指代了"传"广泛的涵义中代表通关凭证的部分，并且同时囊括了通关凭证涵义中所有的分类。棨、符、繻和涵义边界模糊的"传"消失了，取而代之的是更加精确、易于辨识的新词。而后人逐渐习惯用"过所"来替代涵义庞杂的"传"一词，并在某个时间点，这一习惯逐渐成为官方所确认的新规范，正式取代了旧的称呼。这不仅意味着出入关津所使用凭信的制度随着朝代更迭变得更加完善，也从侧面显示了封建王朝管理能力的提升，而影响这些变化的因素是值得更多深入思考的。

三、通关凭证更迭时间考辨

"传"与"过所"的涵义与两者关系问题现已基本清晰，但关于两个不同称谓的更迭时间段，学界虽然进行了颇多讨论，却暂时还没有共识性的观点。张艳云先生引《释名》内容，认为其时间大约是东汉时期；李均明先生引郑玄、张晏之注同样认为变迁时间点是在东汉。而陈直先生和程喜霖先生都引用《汉书·匈奴传》的内容，并加以对出土汉简的解读，认为"过所"制度出现在西汉武帝太始时期。综合学界观点和两汉魏晋时期的史料文书来看，可以大体上确定一个讨论区间。西汉初期是讨论区间的起点，张家山汉墓竹简二四七号墓所出土的《津关令》是吕后二年（前186）以制诏形式颁发的法律，其488、489、490、491号简牍明确记载了西汉初期的津关管理办法，并仍称津关出入凭证为符传。

（1）一、御史言，越塞阑关，论未有□请阑出入塞之津关，黥为城旦舂；越塞，斩左止（趾）为城旦；吏卒主者弗赎耐；令，[488]

（2）丞、令史罚金四两。智（知）其请（情）而出入之，及假予人符传，

---

① 赵彦昌、毛杰：《唐代过所及其管理研究》，《档案》2019年第4期。

令以阑出入者，与同罪。非其所□当为□而擅为传出入津关，以 [489]

（3）假传令阑令论，及所为传者。县邑传塞，及备塞都尉、关吏、官属人、军吏卒乘塞者□其□□□□日□□牧□□ [490]

（4）塞邮、门亭行书者得以符出入。·制曰：可。[491]①

而讨论区间的终止点则是东汉末年，张晏和郑玄在他们的批注上明确写出了"传"一词在当时已经被"过所"替代，不再流通使用。

由上述有较强可信性、含义明确的资料，可以推断出一个清晰的讨论区间，即西汉初年到东汉末年之间。而《汉书》成书于东汉建初年间，其作为我国历史上第一部断代史，记载了上起西汉高祖下至王莽地皇四年（23）的历史，是探讨两汉变迁之际相关问题的重要史料。

于是在此区间内，本文选择以《汉书》作为主要参考资料，并认为以下三个重要时间点值得重新探讨：一是《汉书·文帝纪》提到的文帝十二年（前168）"除关无用传"，二是陈直先生和程喜霖先生所引用的《汉书·匈奴传》"汉遣车骑都尉韩昌迎，发过所七郡"，三是《汉书·王莽传》"大司空士夜过奉常亭，亭长苛之，告以官名，亭长醉曰：'宁有符传邪？'"

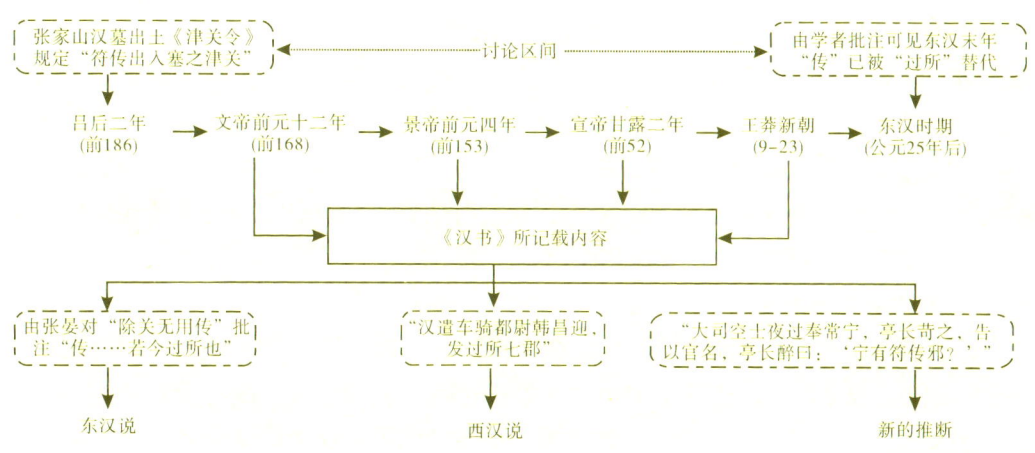

图1　"传"与"过所"名称更迭时间商榷②

（一）"发过所七郡"

在"传"与"过所"名称更迭时间的讨论中，陈直先生最先提出其变迁时间大约在西汉武帝一朝的观点，并认为具体的时间点是汉武帝太初年间，而后程喜霖先生顺着陈氏思路进行了进一步完善，认为"过所"的出现应在西汉武帝元鼎年间，且西汉时期应当是"传"与"过所"二者并行。上文提到的《汉书·匈奴传》，则是二位先生论证"传与过所之变迁在西汉武帝"时期的关键点，也是传世史料中最早关于"过

---

① 张家山二四七号汉墓竹简整理小组：《张家山汉墓竹简（二四七号墓）》，文物出版社，2001年，第205－210页。

② 作者参考《汉书》、张家山汉墓出土《津关令》等文献绘制。

所”的记载所在。颜师古在其对《汉书》注释中认为此处“过所”应取“所过之所”的释义，即“发/过所七郡”，“过所七郡”是指匈奴单于款塞来长安所经过的七郡。而陈与程二位先生认为此处应为“发过所/七郡”，即将通知文书——“过所”发往单于将经过的七个郡县，进行先行通知。结合汉书中的内容来看，宣帝派遣车骑都尉韩昌去迎接前来款塞的呼韩邪单于，“发过所七郡，郡二千骑，为陈道上”，颜师古注曰“谓所过之郡各发二千骑，陈列于道，以示宠卫”。可见宣帝是为向单于表示恩宠和关照，命各郡县派两千骑士兵在单于经过时进行护卫，此处的“发”不当作派发通知的释义，应该解释为征发士兵。

此处颜师古的观点更确凿可信，原因有二：一是在《宣帝纪》中提到，在宣帝本始四年（前70）曾颁布诏令，“丞相以下至都官令丞上书入谷，输长安仓，助贷贫民。民以车船载谷入关者，得毋用传”①，表明平时吏民仍使用“传”出入关津，且“传”依旧是官方诏书和命令中通用的名称；二是胡宏起在《汉代兵力论考》中提出，在武帝末年和宣帝年间，西汉的边防常备军总数已下降为2万人左右，边塞沿途七郡县各出两千骑士兵对于边防军来说已经是一个庞大到接近极限的数字（且总兵力中骑兵数量显然应另当别论），仅靠一纸公文就抽调几乎全部边防兵力来迎接护卫匈奴单于显然不够现实，故而需要在边塞常备军之外另行从各郡征发地方的郡国兵。② 另一方面，陈、程二位先生分别以居延汉简和疏勒河流域出土汉简作为证明其结论的第二个关键点，虽然确实在大量出土的西汉前期简牍中出现了“过所”一词，但结合其前所冠“谓”“告”等词和后缀地名分析，简牍中的“过所”应为所过之处，而不能解释为通关文书。③ 另外，《汉书·终军传》中提到武帝时期终军在游历时需使用的通关凭证仍被称作“传”，也可以作为反面例子加以佐证。

（二）“除关无用传”

而在西汉说之后，逐渐流行的观点是“传”与“过所”名称更迭的时间点在东汉一朝，或说东汉末年，由于其引用史料与推论过程都较为相似，故将其归纳为一类观点。上文提及的《汉书·文帝纪》的内容，许多国内外秦汉简牍研究者都将其视为一个重要的研究点。汉文帝曾在前元十二年（前168）三月发布召令废止“传”的使用，即官吏和民众出入关隘无需通关凭证，人口流通不再受到限制。但从政策持续时间来看，这仅仅是一个临时性的措施。日本学者池田雄一便在其著作中花费较多篇幅写到了这一点。④ 文帝的“除关无用传”本质上是希望通过放宽对流动人口的限制，来促进经济与商业的发展，与文景时期“休养生息”的执政方针是相符的。直到景帝初年，

---

① 《汉书》卷八《宣帝纪》，中华书局，1962年，第245页。
② 胡宏起：《汉代兵力论考》，《历史研究》1996年第3期。
③ 朱湘蓉：《从敦煌汉简看里耶简文书词语的训释》，《敦煌学辑刊》2006年第3期。
④ 〔日〕池田雄一著，郑威译：《中国古代的聚落与地方行政》，复旦大学出版社，2017年，第114 – 115页。

西汉仍在沿用这一革新政策，"是以富商大贾周流天下，交易之物莫不通，得其所欲"，使得汉代经济渐渐走向繁荣。而到了景帝前元四年（前153），也就是"除关无用传"的召令实行了十五年后，由于先前七国之乱余波初平，景帝为了维持治安和统治稳定，诏令"复置诸关，用传出入"①，重新启用津关制度来控制地区人口流动。故西汉文帝十二年并非是"传"停止使用的时间节点，相反，它反而证明了"传"这一称呼在当时仍未被替代。

除了《文帝纪》本身的内容之外，历代史学家对这句话的批注也反复在相关研究中被提及，颜师古注《汉书》时在此条中引用了张晏所注："传，信也，若今过所也。"这一批注常与郑玄注《周礼》中的"传，如今移过所文书"一并被引用，将其作为"传"与"过所"名称之变迁在东汉一代的证据。但郑、张的批注所提供的并非是一个具体的名称变化节点，他们二人在批注中虽对"传"进行释义并说明此物如今已被称为"过所"，也仅能说明此时"传"这一称呼已不再流通，而非"传"恰好在此时被"过所"替代。我们并不能借此武断地将"传"的变迁归在东汉时期，而且应当将其视作一个辅助判断材料、一个讨论区间的截止点。

（三）通关凭证制度更迭时间节点界定

"传"与"过所"的更迭，不仅代表着通关文书称呼的变换，更重要的是其背后的人口流通制度的变化。《汉书》所呈现的最后一个关键点是《王莽传》中记载的内容，即亭长拦住过路的士人向其询问是否持有符传。王莽在登位之后实行新的经济制度并改变许多原本的地名、官名，但由于新朝政府管理混乱、执行力较弱且持续时间短暂，很多新朝设置的地名和官名并未普及，"吏民不能纪，每下诏书，辄系其故名"，亭长作为基层官吏仍使用旧的称呼也符合情理，故而也无法根据上述记载内容断定"符传"这一制度并未更名，甚至反而两汉变迁之际最有可能是"传"的名称变迁的时间段。王莽在其改制活动中将全国划分为九州、一百二十五郡、两千二百零三县，且州设州牧。② 与此同时，王莽的更名与对行政管理区域重新设置并非全然随心所欲，而是有一定目的性与规划性的，归纳其规律可见，大体上是以西都长安和东都洛阳为中心向外辐射的。③ 同时，通关凭证制度又与关津设置、流动人口控制政策的关系密切。王子今在对张家山汉简《津关令》研究后提出，由秦到西汉之间对于"关中"地理概念认知已经产生了变化，而这一变化则可以从西汉所用的通关凭证"传"中体现出来。④ 在王莽对地方行政区划进行大规模改动的同时，很有可能也进行了对于通关凭证制度的改革。显而易见，王莽的一系列改革中带有很强的政治色彩，他希望通过这

① 《汉书》卷五《景帝纪》，第143页。
② 刘德增：《王莽官制述论》，《山东师大学报（哲学社会科学版）》1985年第4期。
③ 谭其骧：《新莽职方考》，载《长水集》上册，人民出版社，1987年，第48—90页。
④ 王子今、刘华祝：《说张家山汉简〈二年律令·津关令〉所见五关》，《中国历史文物》2003年第1期。

样的更改典章制度、官职地名来建立新朝新的制度，证明其权力的正统性。而西汉一代的政治制度承于秦制，虽在武帝时期受儒学思想影响进行了一些职官革新，但其改革并未像新朝一样进行大量的名称变动，加之上文的史料佐证，可见终西汉一朝通关凭证的名称并未发生变动，由此推断"传"的更名至少是在西汉之后。

东汉王朝初立，其政权合法性来自于刘氏宗族的血缘相传和光武帝的征伐功勋，东汉政权并没有像王莽政权一样迫切需要证明自身的正统地位，故而光武帝政府选择在继承西汉制度的基础上进行"中兴"，而非全盘推翻。王莽新朝短暂性与频繁改制造成了很多名称和管理上的混乱，东汉建国之后为了解决这一混乱局面，在重新继承西汉制度的同时又进行了一些新的改革，在恢复西汉地名的同时将全国划分为十三州，并扩大了刺史的职权。① 另一方面，流民问题贯穿了整个东汉，从五一广场出土的东汉早中期的简牍中也可见到大量关于流民与客民的内容，而这些流动人口也依然处于政府的管辖之下，"津关县道等机构对所经过的人口进行详细登记，为官府掌握流动人口提供了可能性。登录内容包括姓名、籍贯、年龄、长相、肤色等"②，可见东汉依旧继承了西汉的通关凭证制度。由于"传"可以指代的内容过于广泛，在这样正本清源的改革之中，将人们已逐渐习惯的封检过程所署之"过所"作为替代"传"的更精确的称呼，似乎比在东汉年间封建官僚政府的正常运转时，在没有体系改革的情况下突兀更名，更加具有可能性。

另外，值得一提的是，东汉永元年间蔡伦对西汉已有的造纸术进行了革新，使得纸得以规模化生产并推广使用，而后逐渐取代帛与竹简、木简等书写载体。③ 然而从出土简牍和史料记载可知，"传"这一名称本身就与木简、竹简和缯帛等载体紧密相关，棨、繻等因其书写载体而得名的通关凭证之称谓，可能正是在纸的推广和使用下，被呼为"过所"。

四、结语

本文在此前学者研究的基础上，爬梳了"传"与"过所"二者涵义以及关系，总结了关于"传"与"过所"这两个名称替代更迭时间的一些不同观点，并分别以史料作为支撑重新分析了前人观点。在推敲二者的更迭时间时，本文大量参考了《汉书》与各朝类书中的内容。类书作为一种资料性书籍往往"述而不作"，详细从各种历史材料中摘录各项内容并分门别类加以整理。但纵观历史上出现的不同类书——不仅是

---

① 朱绍侯主编：《中国古代史》上册，福建人民出版社，2010年，第252-253页。

② 蒋丹丹：《五一广场东汉简牍所见流民及客——兼论东汉时期长沙地区流动人口管理》，载邬文玲主编：《简帛研究》二〇一七（秋冬卷），广西师范大学出版社，2018年，第229-238页。

③ 朱玫、辛水：《纸的改良及书的产生——从兰州伏龙坪东汉墓出土的墨书纸谈起》，《兰州学刊》1995年第2期。

《太平御览》，还有包括宋代的《册府元龟》《容斋随笔》、明代的《文通》以及清代的《十七史商榷》等，可以看出历代的类书编纂者与史学家在整理辑录古代典籍的同时，虽自己不立新意，但非常注重其收录条目和所摘内容。综合整体来看，历代史学家在其著作记录和引用上所做的选择，我们能看出一种明显的趋势，即这些类书和历史笔记选择所记载的内容，多是当时已逐渐式微的内容，如张晏注曰："传，信也，若今过所。"① 很明显地是为了做古今对比解释。洪迈也提到："然'过所'二字，读者多不晓，盖若今时公凭引据之类，故哀其事于此。"② 即为了令当时读者知晓所以将其记录在此。类书的记录与内容演变过程往往揭示了一种文献的传承关系，类书中收录记载了许多当时已不在"流通领域"的概念。在这样类书记录内容的变迁里，我们可以看出一种粗略的规律："传"最初出现在先秦思想家的理论论述里，在西汉初年又作为一种法律条文被记录在《津关令》中，到了东汉末年则变成不再通行的制度被大儒写在批注中。而关于"过所"的记载最早出现于东汉，到三国两晋及唐代，"过所"大量见于法律文书和大臣奏章，《唐律疏议》中就有关于"过所"使用细则规定的记载，宋初仍能见"过所"一词出现于《刑统·卫禁律》，而到南宋则慢慢转移到史学类书和笔记的记载里，慢慢退出通用词领域，与"传棨符"这一称呼在东汉末年所经历的过程如出一辙。"传"作为通关凭信的涵义，在先秦时期就已经出现，先秦时期的"传"虽无统一概念和制度，但已能见通关凭证之雏形，后为秦汉所继承发展，至东汉始被称为"过所"。"传"与"过所"的变迁时间点最有可能在两汉交替时期或东汉初年，西汉时"传"仍在通行使用，而东汉末年"传"已逐渐被新的名称所替代。

本文对于通关凭证更迭时间与动机作了新的推论，但由于缺乏足够的史料与出土文献的支撑，结论仍略显单薄。且通关凭证制度的发展变化应当是由多种因素共同影响形成的，本文在这方面只做了浅显的假设，未能深入探讨，期待能有其他学者更详尽地讨论这一问题。

---

① 《史记》卷一一《孝景本纪》，中华书局，1959年，第442页。
② [南宋]洪迈著，夏祖尧、周洪武点校：《容斋随笔》，岳麓书社，2006年，第576页。

咸阳原上汉代居民墓分布研究

朱瑛培

（陕西省考古研究院）

摘要： 咸阳原上分布着众多历史文化遗迹，其中包括历年来发掘的大量汉代居民墓葬。经充分收集并梳理考古资料，可从宏观视角深化对该地墓葬布局的认识。咸阳原上西汉居民墓葬呈现大分散、小聚集的特征，且从东至西，总体墓葬时代也渐晚。东汉时期，居民墓距县城较西汉时期为远。咸阳原上两汉墓葬分布特征的不同应是当时人们活动空间变化所致。

关键词： 咸阳原；居民墓；分布特征；聚落

咸阳原西起漆水河畔，东至泾渭交汇处，地势高亢、黄土堆积丰厚。历史上建有秦都咸阳、西汉五陵邑等城址；从战国起被作为帝王陵区，多位帝王及众多达官显贵葬于此；更有秦汉至隋唐、明清各时期居民墓葬杂沓错置。长期以来，许多学者前辈一直致力于都城、帝王陵的探索和研究，取得了丰硕的研究成果，但对咸阳原上居民墓葬的研究较为有限。鉴于此，本文在梳理有关考古发现的基础上，对咸阳原上汉代居民墓葬分布进行初步探讨，不当之处，请方家指正。

一、汉代居民墓的考古发现

咸阳原上的汉代居民墓涉及两个概念：一是咸阳原的地理范围，前文已述；二是居民墓的界定，即帝陵、诸侯王、列侯墓以外的墓葬。特别需要指出的是，本文收集的资料主要包括已发表资料和已知陕西省考古研究院发掘材料，难免使一些可能包含有汉墓的墓地未被录入。然而，近年来有赖于该区域基本建设考古和抢救性发掘，在比较广泛的范围内清理了数量庞大的墓葬，大大减小了墓葬发掘的随机性及所引起的墓葬分布偏差。因此，笔者认为尽管本文收录的资料不完善，但基本能反映咸阳原上汉代居民墓分布的部分特点。还需说明的是，文章所涉及的墓地名称以发掘者命名为主，如只提到基本建设项目，本文则以项目所处位置附近的村名或小地名进行命名。

根据目前的发掘资料，咸阳原上已发掘的汉代墓地从东到西主要包括米家崖墓地①、聂冯墓地②、大堡子墓地③、金田玉墓地④、阜下墓地⑤、东史墓地⑥、黄家寨墓地⑦、咀王墓地⑧、北舍墓地⑨、怡魏墓地⑩、兴隆墓地⑪、韩家湾墓地⑫、秦宫墓地⑬、张闫墓地⑭、聂家沟墓地⑮、瓦刘墓地⑯、成任－岳家墓地⑰、龙枣墓地⑱、布里墓地⑲、孙家墓地⑳、蒲家寨墓地㉑、南郭墓地㉒、底张墓地㉓、岩村墓地㉔、摆旗寨墓地㉕、大石头墓地㉖、龚东墓地㉗、北贺墓地㉘、卓邢墓地㉙、费家墓地㉚、贺北墓地㉛、陵照墓

---

① 2015 年陕西省考古研究院发掘，时间为西汉晚期至东汉初期。

② 陕西省考古研究所阳陵考古队：《汉景帝阳陵考古新发现（1996 年－1998 年）》，《文博》1999 年第 6 期；陕西省考古研究所：《陕西高陵县宝诗佳公司汉墓发掘简报》，《华夏考古》2007 年第 3 期；2005－2006 年陕西省考古研究院发掘汉墓 500 余座，其中大墓时间为西汉早中期，小墓时间为西汉晚期到东汉晚期。

③ 2020－2021 年陕西省考古研究院发掘 1500 余座西汉早期至晚期墓葬，笔者参与发掘。

④ 2020 年陕西省考古研究院发掘汉墓近 200 座，西汉早中期墓葬居多。

⑤ 2020 年陕西省考古研究院发掘汉墓近 300 座，西汉早中期墓葬居多。

⑥ 2020 年陕西省考古研究院发掘汉墓 50 余座，时间为新莽时期至东汉早中期。

⑦ 2016 年、2018 年陕西省考古研究院发掘汉墓近 200 座，西汉墓居多。

⑧ 2021－2022 年陕西省考古研究院发掘近 200 座西汉晚期至东汉墓葬，笔者参与发掘。

⑨ 2018 年陕西省考古研究院发掘汉墓近 10 座，为东汉墓葬。

⑩ 2017 年陕西省考古研究院发掘汉墓近 100 座，为西汉早中期墓葬。

⑪ 2020 年陕西省考古研究院发掘汉墓 50 余座，东汉中晚期墓葬居多。

⑫ 2019 年陕西省考古研究院发掘 4 座东汉墓。

⑬ 咸阳秦都考古工作站：《秦都咸阳汉墓清理简报》，《考古与文物》1986 年第 6 期。

⑭ 陕西省考古研究院：《咸阳市渭城区张闫遗址古墓葬发掘简报》，《文博》2017 年第 4 期。

⑮ 陕西省考古研究院：《咸阳市渭城区聂家沟西汉墓发掘简报》，《文博》2017 年第 6 期。

⑯ 2021 年陕西省考古研究院发掘，为东汉墓葬。

⑰ 2021 年陕西省考古研究院发掘汉墓 100 余座，为东汉墓葬。

⑱ 2015 年、2020 年陕西省考古研究院发掘汉墓 100 余座，西汉中晚期墓葬居多。

⑲ 2020－2021 年陕西省考古研究院发掘，为东汉墓葬。

⑳ 2020－2021 年陕西省考古研究院发掘，为东汉墓葬。

㉑ 2022 年陕西省考古研究院发掘汉墓 100 余座，西汉早中期墓葬居多，笔者参与发掘。

㉒ 2018 年陕西省考古研究院发掘汉墓近 30 座，为西汉墓葬。

㉓ 2021 年陕西省考古研究院发掘汉墓 10 余座，为东汉墓葬。

㉔ 2019 年陕西省考古研究院发掘汉墓 10 余座，为东汉墓葬。

㉕ 2017－2018 年陕西省考古研究院发掘汉墓 60 余座，为西汉晚期至东汉墓葬。

㉖ 2015 年陕西省考古研究院发掘汉墓 10 余座，为西汉中晚期墓葬。

㉗ 2020 年陕西省考古研究院发掘汉墓 150 余座，西汉晚期至东汉早中期墓葬居多。

㉘ 2014 年陕西省考古研究院发掘汉墓 10 余座，为西汉晚期至东汉时期墓葬。

㉙ 2018 年陕西省考古研究院发掘汉墓 50 余座，东汉墓葬居多。

㉚ 2016 年陕西省考古研究院发掘汉墓 10 余座，东汉中期至晚期墓葬。

㉛ 2020 年陕西省考古研究院发掘汉墓 100 余座，东汉墓葬居多。

地①、李家寨墓地②、羊过墓地③、杜家堡墓地④、张家堡墓地⑤、塔尔坡墓地⑥、东石羊墓地⑦、石羊庙墓地⑧、西石羊墓地⑨、崔家墓地⑩、西石墓地⑪、东石墓地⑫、彩虹墓地⑬、姜家墓地⑭、马泉墓地⑮、齐家坡墓地⑯、北吴墓地⑰、留位墓地⑱、陈王墓地⑲等 50 处，其中西汉墓地 28 处，东汉墓地 22 处，墓葬近 5000 座。这些墓地的具体位置⑳和年代㉑详见咸阳原汉代居民墓葬分布示意图（图 1）。

———————————————

① 马志军，孙铁山：《咸阳机场陵照导航台基建工地秦汉墓葬清理简报》，《考古与文物》1992 年第 2 期。

② 2017 年陕西省考古研究院发掘汉墓 20 余座，西汉晚期墓葬居多。

③ 咸阳市文物考古研究所：《西藏民族大学新校区墓葬发掘简报》，《西藏民族大学学报（哲学社会科学版）》2015 年第 36 期。

④ 陕西省考古研究所配合基建考古队：《陕西省 185 煤田地质队咸阳基地筹建处东汉墓发掘简报》，《考古与文物》1993 年第 5 期；咸阳市文物考古研究所：《陕西咸阳市北郊杜家堡新莽墓发掘简报》，《考古与文物》2004 年第 3 期；咸阳市文物考古研究所：《陕西咸阳杜家堡东汉墓清理简报》，《文物》2005 年第 4 期；陕西省考古研究院：《陕西咸阳渭城区民生工程汉墓发掘简报》，《考古与文物》2017 年第 2 期。

⑤ 咸阳市文物考古研究所：《陕西咸阳二〇二所西汉墓葬发掘简报》，《考古与文物》2006 年第 1 期。

⑥ 咸阳市文管会、咸阳市博物馆：《咸阳市空心砖汉墓清理简报》，《考古》1982 年第 3 期；张蕴、叶延瑞：《咸阳塔尔坡汉墓清理简记》，《考古与文物》1987 年第 1 期。

⑦ 2018 年陕西省考古研究院发掘 2 座西汉晚期墓葬。

⑧ 2015 年陕西省考古研究院发掘 10 余座西汉晚期至新莽时期汉墓。

⑨ 2016 年陕西省考古研究院发掘近 150 座西汉墓，西汉中晚期至新莽时期墓葬居多。

⑩ 咸阳市文物考古研究所：《咸阳崔家村汉墓发掘简报》，《文博》2016 年第 4 期。

⑪ 2017 年陕西省考古研究院发掘 10 余座西汉晚期至东汉墓葬。

⑫ 2017 年陕西省考古研究院发掘 5 座西汉中晚期墓葬。

⑬ 谢高文：《咸阳清理五座东汉墓》，《中国文物报》1998 年 8 月 26 日。

⑭ 谢高文、岳明：《陕西咸阳姜家村西汉墓群考古发掘取得重要收获》，《中国文物报》2021 年 4 月 3 日。

⑮ 解峰、陈秋歌：《陕西第二针织厂汉墓清理简报》，《文博》1999 年第 3 期；咸阳市文物考古研究所：《咸阳马泉镇西汉空心砖墓清理报告》，《文博》2000 年第 6 期。

⑯ 孙德润、贺雅宜：《咸阳织布厂汉墓清理简报》，《考古与文物》1995 年第 4 期。

⑰ 2010 年陕西省考古研究院发掘近 80 座西汉早期至新莽时期墓葬。

⑱ 2010 年陕西省考古研究院发掘 10 余座西汉晚期墓葬。

⑲ 2010 年、2018 年陕西省考古研究院发掘近 50 座西汉墓葬。

⑳ 漆水河以东、陈王墓地往西有大片区域开展的考古发掘工作较少，故图 1 中未表示。

㉑ 墓葬年代判断以发掘者认识为准，以此为据，为便于图示，图 1 中西汉墓地包括西汉早期至新莽时期墓葬，部分东汉墓地包括西汉晚期至东汉墓葬。

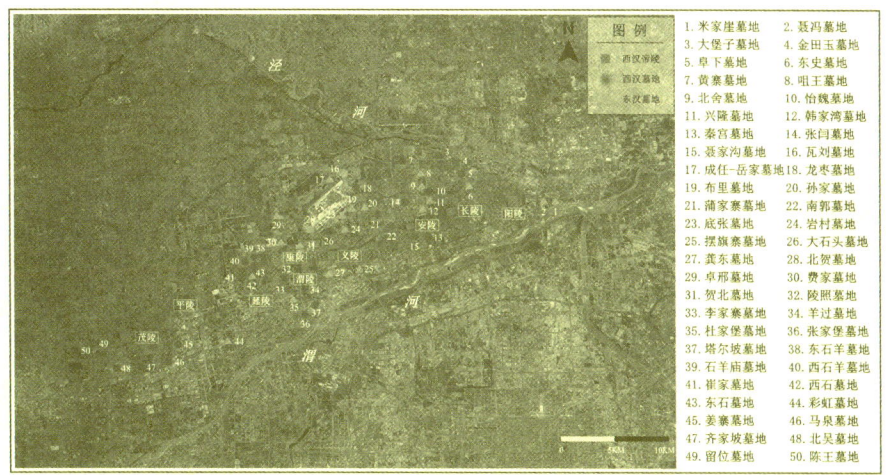

图例	1. 米家崖墓地	2. 聂冯墓地

1. 米家崖墓地　2. 聂冯墓地
3. 大堡子墓地　4. 金田玉墓地
5. 卓下墓地　6. 东史墓地
7. 黄寨墓地　8. 叫王墓地
9. 北舍墓地　10. 怡魏墓地
11. 兴隆墓地　12. 韩家湾墓地
13. 秦宫墓地　14. 张白墓地
15. 聂家沟墓地　16. 瓦刘墓地
17. 成任-岳家墓地18. 龙枣墓地
19. 布里墓地　20. 孙家墓地
21. 蒲家寨墓地　22. 南郭墓地
23. 底张墓地　24. 岩村墓地
25. 摆旗寨墓地　26. 大石头墓地
27. 龚东墓地　28. 北贺墓地
29. 卓邢墓地　30. 费家墓地
31. 贺北墓地　32. 陵照墓地
33. 李家寨墓地　34. 羊过墓地
35. 杜家堡墓地　36. 张家堡墓地
37. 塔尔坡墓地　38. 东石羊墓地
39. 石羊庙墓地　40. 西石羊墓地
41. 崔家墓地　42. 西石墓地
43. 东石墓地　44. 彩虹墓地
45. 姜寨墓地　46. 马泉墓地
47. 齐家坡墓地　48. 北吴墓地
49. 留位墓地　50. 陈王墓地

图1　咸阳原汉代居民墓葬分布示意图①

二、汉代居民墓的分布特征

基于上述考古成果的梳理，可以明显发现墓地的一些分布特征。

首先，在空间分布上，纵观咸阳原，西汉墓葬散布各处，似无规律。但将其与聚落遗址整体分析可以看出墓葬基本以县城为中心分布，呈现大分散、小聚集的特征（图2）。根据相关文献，汉代咸阳原上设有长陵邑、安陵邑等五处陵邑和渭城县、槐里县、好畤县及漆县四处县城（图3），由于漆县、好畤县周围发掘工作开展较少，本文将着重分述其他七处县邑。

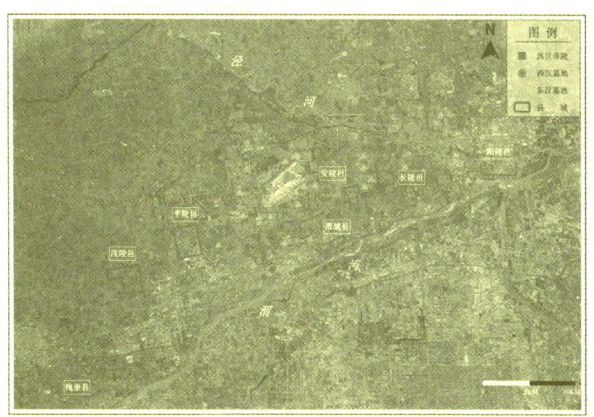

图2　咸阳原汉代居民墓葬和县邑布局示意图②

---

① 该图为笔者根据所搜集考古及文献资料绘制。
② 该图为笔者根据所搜集考古及文献资料绘制。

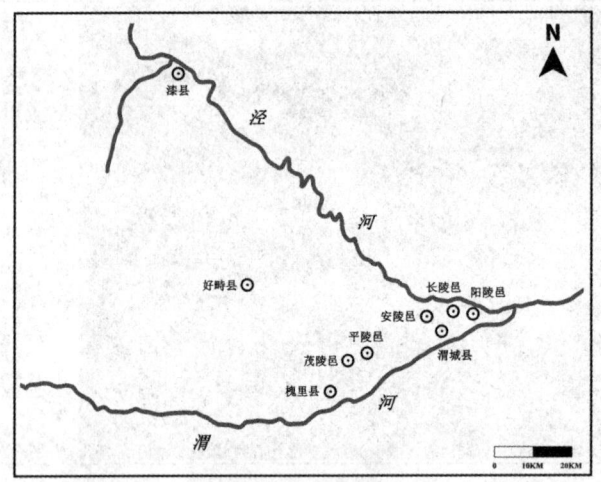

图 3　咸阳原汉代县邑分布示意图①

长陵邑：高祖置，高后六年（前182）修建城垣。"秩长陵令两千石。六月，城长陵。"② 主要居民来源为关东移民，"汉兴，立都长安，徙齐诸田，楚昭、屈、景及诸功臣家于长陵"③。调查勘探显示，长陵邑位于长陵陵园北部怡魏村、彭王村和马家堡一带。城址平面呈长方形，西、南、北三面有夯筑邑墙，其中南墙与陵园北墙重合，东面未发现筑墙痕迹。城内发现多处遗址，包括众多的灰坑和个别陶窑，包含有大量的绳纹瓦片、砖块和陶器残片等。④

安陵邑：惠帝置。居民墓葬里有相当一部分关东艺人，据《长安志》引《关中记》，"徙关东倡优乐人五千户，以为陵邑。善为啁戏，故俗称安陵啁也"⑤。安陵邑位于渭城区白庙村（现属秦汉新城），紧邻陵园北部，平面略呈"凸"字形。四面夯筑垣墙，东墙、东北角和西北角墙体保存较好，南墙即陵园北墙。勘探推测陵邑内东部应为居住区。⑥

阳陵邑：故弋阳，景帝更弋阳为阳陵。推测阳陵并未沿用弋阳旧址，而是在其境内另择新地建城。⑦ 遗址位于阳陵东部的高陵泾渭街道（原马家湾乡），北部紧邻泾河。陵邑内钻探发现南北向和东西向街道数条，组成200多个里坊。北部建筑规模较大且内涵丰富，应为官署区；南部遗存规模较小且简单，应为居民区。陵邑内经过发

---

① 该图为笔者据谭图绘制，参见谭其骧主编：《中国历史地图集》（第二册），中国地图出版社，1996年，第15–16页。

② 《汉书》卷三《高后纪》，中华书局，1962年，第99页。

③ 《汉书》卷二八下《地理志下》，第1642页。

④ 咸阳市文物考古研究所编著：《西汉帝陵钻探调查报告》，文物出版社，2010年，第10页。

⑤ ［宋］宋敏求：《长安志》卷第十三，三秦出版社，2013年，第413页。

⑥ 咸阳市文物考古研究所编著：《西汉帝陵钻探调查报告》，第24页。

⑦ 杨武站、王东：《西汉陵邑营建相关问题研究》，《文博》2014年第6期。

掘出土了大量砖、瓦、井圈等建筑材料。[①]

茂陵邑：武帝建元二年（前 139）置邑。"（建元三年）赐徙茂陵者户钱二十万，田二顷。初作便门桥"[②]。之后武帝多次往茂陵邑移民，直至汉末茂陵邑人口为诸陵邑最多。茂陵邑遗址位于茂陵东北侧、东司马道北部、平陵以西，包括今道常村的北部、井王村、陈仟村、宇家庄的广大区域。经勘探陵邑平面呈曲尺形，四周绕有沟渠。茂陵邑被巧妙地安排在司马道北侧陪葬区中，与陪葬墓、建筑遗址等统一协调地分布于茂陵陵区内。[③]

平陵邑：昭帝置。宣帝本始元年（前 73），"募郡国吏、民訾百万以上徙平陵"。本始二年（前 72）春，"以水衡钱为平陵徙民起第宅"[④]。平陵邑遗址位于平陵东北部，延陵以西。西起庞西村西部，东至富羊村，中心区域在庞村和李都村。陵邑四周有夯墙环绕。陵邑内曾发现绳纹瓦片、陶器残片、王莽时期"货布"残陶范以及丰富的烧骨堆积等。[⑤]

渭城县：秦都咸阳改置，汉属右扶风。《史记·曹相国世家》："（曹参）东取咸阳，更名曰新城。"[⑥]《汉书·地理志》："渭城，故咸阳，高帝元年更名新城，七年罢，属长安。武帝元鼎三年更名渭城。"[⑦] 汉渭城县遗址在安陵西南，长陵车站以南，长兴村、滩毛村一带。

槐里县：通常认为是汉县，属右扶风所辖。《汉书·地理志》："槐里，周曰犬丘，懿王都之。秦更名废丘。高祖三年更名。"[⑧] 但有学者认为秦时已有槐里一名，秦末废丘因灌水而废，汉合秦槐里、废丘二县为槐里县，故云"高祖三年更名"。[⑨] 治今兴平市东南。

西汉时的政策支持，这些县城得以多次徙民，人口稠密。当然，并非所有居民都生活在城中，也有一部分住在城外的乡、聚、里等基层聚居空间。阳陵邑出土的"泾乡""渭乡""南乡"等封泥[⑩]；渭北发现星罗棋布的聚落，尤其在陵邑、县城之间与周围分布有许多非城聚落如后排遗址等都实证这些基层聚落的存在。[⑪]

其次，在时代特征上，咸阳原西汉墓地从东往西有越来越晚的趋势。具体而言，

① 咸阳市文物考古研究所编著：《西汉帝陵钻探调查报告》，第 43 页。

② 《汉书》卷六《武帝纪》，第 158 页。

③ 刘卫鹏、岳起：《茂陵邑的探索》，《考古与文物》2008 年第 1 期。

④ 《汉书》卷八《宣帝纪》，第 242 页。

⑤ 咸阳市文物考古研究所编著：《西汉帝陵钻探调查报告》，第 76 页。

⑥ 《史记》卷五四《曹相国世家》，中华书局，1959 年，第 2459 页。

⑦ 《汉书》卷二八上《地理志上》，第 1546 页。

⑧ 《汉书》卷二八上《地理志上》，第 1546 页。

⑨ 后晓荣：《秦代政区地理》，社会科学文献出版社，2008 年，第 140 页。

⑩ 杨武站：《汉阳陵出土封泥考》，《考古与文物》2011 年第 4 期。

⑪ 程嘉芬：《汉代司隶地区聚落体系的考古学研究》，吉林大学 2015 年博士学位论文。

咸阳原东部的阜下、金田玉、大堡子、蒲家寨等墓地有较多的西汉早中期墓葬，往西以西石羊、崔家、姜家等墓地为代表多见西汉中晚期至新莽时期墓葬。这些墓地基本与县城，特别是陵邑的始建和使用年代吻合。因此，从时空角度综合分析，我们认为咸阳原西汉墓地墓主应为县城及其周围聚落的居民。

同时，值得注意的是这些西汉居民墓葬离帝陵陪葬区较远。具体表现为长陵陪葬区即陵东徐家寨至费家新庄一带和安陵陪葬区跃进村至狼家沟范围内不见西汉墓地，但在其周围发现了东汉墓地，如东史墓地、兴隆墓地等。同样，由于茂陵邑东、西有陪葬墓，目前发掘的居民墓皆在陵邑以南或者距离茂陵较远的西侧。平陵东部、西部以及南侧等陪葬墓区亦为西汉居民墓的"真空"地带。不仅如此，在秦都咸阳核心区及西部的秦居民墓葬区也未发现大型西汉墓地。上文提到的塔尔坡墓地，更为学界所熟知的是同其东侧的任家咀墓地、黄家沟墓地一起构成秦咸阳宫殿区以西的规模较大的秦人墓地①，其中仅有少量汉墓。秦宫墓地虽在宫殿区，但下葬时间在西汉中期以后，且墓地规模较小，可见秦咸阳核心区在西汉中期以前不作为茔地，此后亦非首选。

需要指出的是，为配合基本建设，聂冯墓地经过多次发掘。1997－1998年，发掘汉墓280座；2000年发掘汉墓2座；2005－2006年发掘汉墓400余座。历次发掘点皆处于阳陵东部陪葬区内。发掘墓葬内涵表现为：西汉早期墓为紧邻司马道的大型墓，明确为阳陵陪葬墓，该阶段未发现中小型墓葬；距离司马道较远的较小墓葬处于西汉中晚期，可能部分为陪葬墓；距离司马道最远的墓葬年代在西汉晚期到东汉晚期，墓主应为普通居民。② 由此可知，陵邑西侧虽存在居民墓葬，但时代较晚。那么，阳陵邑西汉早中期居民墓地位置值得探讨。陵邑南侧靠近渭河的狭长地带发现多处战国时期遗迹③，陵邑以东空间范围有限，北侧临近渭河。故笔者推测阳陵邑西汉早中期的居民应葬于阳陵西北部，即金田玉墓地、阜下墓地所处区域。虽然此处距离陵邑较远，但碍于战国遗迹、帝陵建设以及局促的地理空间，选择阳陵西北部较远之地可能是居民的无奈之举。

最后，咸阳原上的东汉居民墓相较西汉时期距离县城较远。并且集中在平陵邑以东、安陵邑往西的范围内，即后来埋葬大量北周、隋、唐皇亲国戚、高官显贵的洪渎原，但整体分布呈现出较为零散的态势。

三、墓葬分布的相关讨论

通过以上分析，大致可以勾勒出汉代咸阳原上居民墓地的基本布局。从史前社会

---

① 咸阳市文物考古研究所编著：《塔儿坡秦墓》，三秦出版社，1998年，第229页。

② 陕西省考古研究所阳陵考古队：《汉景帝阳陵考古新发现（1996年－1998年)》，《文博》1999年第6期。

③ 杨武站、王东：《西汉陵邑营建相关问题研究》，《文博》2014年第6期。

开始，中小型墓葬一般选择在聚落附近，两者关系密切。以此为前提，金秉骏①、程嘉芬②等学者利用墓葬材料对汉代聚落的一些基本属性已进行多方面的有益探讨。因此，我们判断咸阳原上两汉墓葬分布特征的不同应是人们活动空间变化所致。

西汉地方行政组织基本内容包括郡、县、乡、里四级，县作为地缘行政体系之下国家统治的据点，强制大部分聚落在县城内或附近，促使居民生活以县城为中心，以便行政管理更好地渗透，实现层层管辖。与聚落联系紧密的西汉墓葬自然也就以各大县邑为中心，聚集在其周围。

东汉时墓葬离已知县城较远，在洪渎原散布，暗示此时在该区域应有新聚落形成。东汉基层管理制度继承西汉，但皇权式微，地方宗族势力迅速发展，基层行政整体控制能力较西汉弱。③ 国家权力对居民的离散无能为力，一方面豪强大族在远离县城的地方自主建设庄园，另一方面普通居民在豪强贵族占有大量土地和战乱造成的流离失所的压力下离开原有聚落形成新的聚落。④

渭北咸阳原县城密集，东有阳陵邑、长陵邑、安陵邑和渭城县，西有平陵邑、茂陵邑及槐里县。其中茂陵邑人口到汉末达二十万以上，长陵邑亦有十几万，人口密度居全国之冠。⑤ 随着人口的增长和农业的发展，土地开发殆尽。同时，为鼓励移民，皇帝一般要赐田宅、赐钱，西汉前后正式移民七次，随之而来的是大片土地被赏以至无田宅可赐。多种原因导致的无地可用应是元帝下诏废罢陵邑，成帝放弃咸阳原另择新丰戏乡试为陵邑的重要因素之一。西汉一朝，平陵邑与安陵邑之间一直未设大型县邑，拥有广大的未开发区域，是西汉晚期到东汉时期人们开发新地区，形成新聚落的理想之地。

此外，值得一提的是，经过对墓葬数量的初步统计，咸阳原上已发掘西汉墓近4000座，东汉墓1000余座，数量悬殊。两汉之际在自然灾害和社会动荡的双重打击下，人口伤亡惨重，长安"民饥饿相食，死者数十万，长安为虚，城中无人行"⑥；东汉中期以后，外敌屡犯关中，战乱不止，大批人民丧生。⑦ 另一方面，由于战争和政治中心东移，大量人口流散外地。西汉末年，关中的关东移民后裔几乎占三辅人口一半。由于居住集中，陵县中移民后裔所占比例更高。⑧ 随着西汉王朝灭亡，政治约束力弱

① 金秉骏：《汉代聚落分布的变化——以墓葬与县城距离的分析为线索》，《考古学报》2015年第1期。
② 程嘉芬：《汉代司隶地区聚落体系的考古学研究》，吉林大学2015年博士学位论文。
③ 张信通：《秦汉里治研究》，河南大学2013年博士学位论文。
④ 金秉骏：《汉代聚落分布的变化——以墓葬与县城距离的分析为线索》，《考古学报》2015年第1期。
⑤ 葛剑雄：《西汉人口地理》，商务印书馆，2014年，第172页。
⑥ 《汉书》卷九九下《王莽传下》，第4193页。
⑦ 薛平拴：《陕西历史人口地理研究》，陕西师范大学2000年博士学位论文。
⑧ 葛剑雄：《西汉人口地理》，第186页。

化，关东移民更容易返回故土。正如蔡邕作《樊陵颂》云："前汉户五万，口有十七万，王莽后十不存一。永初元年，羌戎作虐。至光和，领户不盈四千。园陵蕃卫粢盛之供，百役出焉。民用匮乏，不堪其事。"[1] 长陵如此，其他陵邑亦可作此推测。政治中心东移和战乱饥荒导致的咸阳原上人口锐减在东汉墓葬数量上得到了最直观的体现。

四、余论

两汉尤其西汉时期，渭北咸阳原上以诸陵邑为首的城市群是长安城都市圈的重要组成，分担了京师的部分城市功能，共同形成了有机整体。但受到种种因素影响，该区域的遗址考古工作较为缺乏，除秦都咸阳遗址外，其他城址基本未见系统发掘，多仅限于文物普查、田野调查或勘探。与田野工作类似，研究工作开展得亦不平衡。与之相对的是咸阳原上历年来发掘了大量汉墓，其中不乏规模大、分布集中、特征明显的墓地。因此，本文在梳理墓地材料的基础上，不局限于单个墓地的内涵认识，从更宏观的视角考察该区域内墓地布局特征，以期对研究和合理推测与其相关的聚落及社会情况进行一些探讨。当然，要完全理出咸阳原居民墓葬的分布规律还需要不断补充资料，尤其是考虑到咸阳原北部和西部区域因考古工作较少，几乎属于认识空白区域，而对咸阳原上汉代聚落情况的讨论如有田野资料特别是考古发掘材料支撑将大有裨益。相信不断开展的科学发掘工作和资料的陆续发表会对这一区域汉代墓葬和聚落研究起到至关重要的促进作用。

附记：本文的写作承蒙陕西省考古研究院邵晶研究员的指点，特此感谢。

---

① 见《后汉书》志第一九《郡国志一》，中华书局，1965 年，第 3404 页。

汉画像砖石中捣药兔形象研究[*]

贺妍琳

（西北大学文化遗产学院）

摘要： 捣药兔的图像常出现在汉代的画像砖和画像石上，它既作为西王母身边最重要的侍者，在西王母旁捣制不死之药，又可作为神兽单独出现，具有长生不老的美好寓意。捣药兔既体现了汉人丰富浪漫的想象力，又体现了汉人渴求长生不死的美好愿望。

关键词： 汉代；捣药兔；画像砖石

在汉代画像砖石中，常出现捣药兔的形象，它既作为西王母身边最重要的侍者，在西王母旁捣制不死之药，又可作为神兽单独出现，具有长生不老的美好寓意。汉乐府《董逃行》中就有关于捣药兔的诗句："采取神药若木端，玉兔长跪捣药虾蟆丸。奉上陛下一玉柈，服此药可得神仙。"[①] 捣药兔形象的出现体现了汉人丰富浪漫的想象力与创造力，由于各地画像砖石的风格不同，故本文分地区来介绍其形象。

一、汉画像砖石上的捣药兔形象

（一）河南地区

河南地区画像砖和画像石上都有捣药兔的形象，画像砖上较多。河南地区捣药兔有三种类型。

A 型：位于西王母一侧，面向西王母捣药（图 1、图 2、图 3）。

---

* 国家社会科学基金重大招标项目"秦汉时期的国家建构、民族认同、社会整合研究"（17ZDA180）阶段性成果。

① 见曹胜高、岳洋峰辑注：《汉乐府全集汇校汇注汇评》，崇文书局，2018 年。

图1　南阳魏公桥画像石①　　　　图2　河南新通桥汉墓画像砖②

图3　郑州画像砖③

B型：位于西王母一侧，与西王母同方向捣药（图4、图5）。

图4　河南新郑画像砖④　　　　图5　樊集吊窑画像砖⑤

C型：捣药兔肩生双翼，位于西王母所坐的"悬圃"之下（图6）。

①　毛娜：《汉画西王母图像研究》，郑州大学2016年博士学位论文，第33页，图2.1-5。
②　唐杏煌：《郑州新通桥汉代画象空心砖墓》，《文物》1972年第10期。
③　李凇：《论汉代艺术中的西王母图像》，湖南教育出版社，2000年，第51页，图12。
④　李凇：《论汉代艺术中的西王母图像》，第52页，图13。
⑤　李凇：《论汉代艺术中的西王母图像》，第57页，图17。

图6　南阳宛城区熊营画像石①

　　河南地区捣药兔图像大多是 A 型和 B 型，年代在西汉末到东汉初，捣药兔与西王母联系紧密，是整幅图像中的"核心图像"，这是早期西王母图像的特征。河南地区多是横向式叙事性构图，在画面横向足够大时，捣药兔常和九尾狐、三足乌、凤凰、蟾蜍等动物组合，来表现西王母神异的仙界。画面过小时，单独的西王母和捣药兔也可以构成神仙世界，比如河南新通桥汉墓画像砖和樊集吊窑墓门画像砖，也就是李凇先生所说的："在一幅表现西王母的图像中，如果其中图像的组合减至最低因素，那么就是西王母配玉兔捣药。"② 捣药兔作为西王母的部下，听其差遣，所捣之药是归属于西王母的，它直接体现了西王母长生不死的神性。C 型年代为东汉中期，背生双翼的捣药兔较少见。

（二）山东地区

　　因山东和苏北画像石造型题材相似，故学术界通常将其作为一个区域进行研究。该地区在石棺、墓室和祠堂画像石上都有捣药兔的图像，共有三种类型。

　　A 型：单兔捣药（图7、图8、图9）。

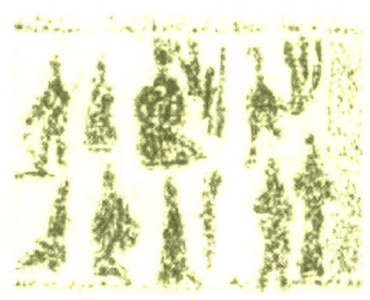

图7　滕县马王村石椁画像石③

---

①　毛娜：《汉画西王母图像研究》，郑州大学 2016 年博士学位论文，第 34 页，图 2.1-6。
②　李凇：《论汉代艺术中的西王母图像》，第 252 页。
③　李凇：《论汉代艺术中的西王母图像》，第 77 页，图 29。

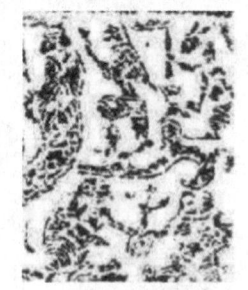

图 8　滕县西户口画像石①　　　　　　　　图 9　徐州画像石②

B 型：双兔捣药，这一类型在该地区较为常见（图 10、图 11、图 12、图 13、图 14）。

图 10　洪山村画像石③

图 11　宋山祠堂画像石④　　　　　图 12　徐州睢宁画像石⑤

图 13　沂南画像石⑥　　　　　　图 14　徐州画像石⑦

①　李凇：《论汉代艺术中的西王母图像》，第 115 页，图 46。
②　李国新：《中国汉画造型艺术图典》，大象出版社，2014 年，第 73 页。
③　李凇：《论汉代艺术中的西王母图像》，第 85 页，图 34。
④　尹秋月：《汉画像石西王母形象流变考》，第 79 页，图 3.2－1。
⑤　李凇：《论汉代艺术中的西王母图像》，第 129 页，图 60.2。
⑥　李凇：《论汉代艺术中的西王母图像》，第 123 页，图 57。
⑦　徐州汉画像石艺术馆：《徐州汉画像石》，江苏凤凰美术出版社，2019 年，第 25 页。

C 型：兔子和蟾蜍或九尾狐一同捣药（图 15、图 16、图 17）。

图 15　宋山小祠堂画像石①

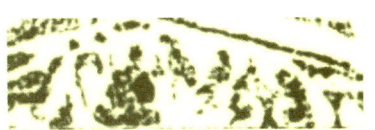

图 16　徐州祠堂画像石②

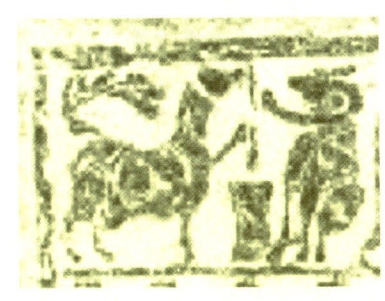

图 17　枣庄画像石③

　　山东地区的捣药兔常和九尾狐、蟾蜍、三足乌等动物一同出现，作为西王母的制药团队，不仅有玉兔捣药，蟾蜍往往也会协助兔子捣药，或是举起药臼，或是手拿白棒，或是过滤药物，有时九尾狐也会加入到捣药的队伍中。尽管画面中也有不捣药的兔子，但它们都未离开长生不死这个主题。如手持医疗工具的兔子，象征着永生；研磨药物的兔子和过滤药物的兔子也都是在参与不死之药的制作。在东汉中晚期的嘉祥祠堂画像石上，捣药兔在充斥着羽人、云气、灵兽的神仙世界里捣制仙药。相较于河南地区，山东地区的捣药兔对西王母的依附性减弱，象征性增强，成为象征仙界长生不死和烘托仙界画面氛围的神兽。在山东地区东汉早期的画像石上，就有仙人捣药，并在仙人六博旁刻有药臼和棒象征仙界，说明捣药和兔子是可以分开的，药棒和药臼本身就象征着仙界和长生。在徐州画像石上，捣药兔单独出现在画面一格中，旁为仙人和神兽；在莒县石阙画像石和徐州贾汪区百集画像石上，捣药兔在东王公的身边；在临沂普村画像石和沂南画像石上，捣药的仙人在东王公的身边。捣药兔或者说捣药的形象成为仙界的象征，捣药兔不仅在画面构图上远离了西王母，和其他神兽混在一起，而且它也可以脱离西王母，就像原本属于西王母身边的人面鸟身侍者一样，最后也出现在东王公身边。东王公、西王母本就属于同一仙界，因此后期所属侍从的混乱出现也在情理之中。

（三）陕北地区

　　陕北地区大多为墓门画像石，该地区捣药兔图像有三种类型。

---

① 尹秋月：《汉画像石西王母形象流变考》，闽南师范大学 2021 年硕士学位论文，第 79 页，图 3.2 - 1。

② 徐州汉画像石艺术馆：《徐州汉画像石》，第 76 页。

③ 毛娜：《汉画西王母图像研究》，郑州大学 2016 年博士学位论文，第 215 页，图 2. 2 - 48。

A 型：双兔捣药，位于西王母身旁，还有九尾狐等其他仙界动物（图18、图19、图20）。

图18 绥德四十里铺画像石①　　　图19 绥德县刘家沟画像石②

图20 田鲂墓画像石③

B 型：单兔捣药，位于西王母身旁，个别画像石上也位于东王公身旁（图21、图22、图23、图24）。

图21 绥德王德元墓画像石④　　　图22 米脂县党家沟画像石⑤

图23 米脂县墓门画像石⑥　　　图24 绥德快华岭画像石⑦

① 李淞：《论汉代艺术中的西王母图像》，第165页，图84。
② 李淞：《论汉代艺术中的西王母图像》，第165页，图85。
③ 康兰英、王志安：《陕西绥德县四十里铺画像石墓调查简报》，《考古与文物》2002年第3期。
④ 毛娜：《汉画西王母图像研究》，郑州大学2016年博士学位论文，第225页，图2.3-4。
⑤ 毛娜：《汉画西王母图像研究》，郑州大学2016年博士学位论文，第229页，图2.3-17。
⑥ 毛娜：《汉画西王母图像研究》，郑州大学2016年博士学位论文，第243页，图2.3-51。
⑦ 李淞：《论汉代艺术中的西王母图像》，第145页，图73。

C 型：单独出现于墓门画像石上。

图 25　米脂县党家村画像石①

图 26　王德元墓画像石②

图 27　绥德刘家沟画像石③

图 28　米脂官庄画像石④

图 29　黄家塔 9 号墓画像石⑤

图 30　米脂官庄画像石⑥

①　李淞：《论汉代艺术中的西王母图像》，第 163 页，图 83. 1。

②　李淞：《论汉代艺术中的西王母图像》，第 140 页，图 68。

③　张从军：《玉兔捣药》，《文物鉴定与鉴赏》2011 年第 9 期。

④　陕西省博物馆、陕西省文管会写作小组：《米脂东汉画象石墓发掘简报》，《文物》1972 年第 3 期。

⑤　李林等：《陕北汉代画像石》，陕西人民出版社，1995 年，第 129 页。

⑥　李林等：《陕北汉代画像石》，第 45 页。

A 型的年代早于 B 型、C 型，画面为"横向式构图"①，双兔捣药，体型巨大，一手扶臼，一手握杵，旁为九尾狐、蟾蜍、青鸟等仙界动物。B 型画面为"竖向式构图"②，西王母位于悬圃之上，捣药兔在其身侧。王德元墓和党家沟画像石上捣药兔呈双手捧物状，这在李凇先生所说的陕北画像石"永元模式"中很常见。C 型的捣药兔一手扶臼，一手握棒，肥硕可爱，在画面上脱离西王母，或是单独出现在墓门上，或是和仙人组合，或是和其他动物一同组合出现。陕北地区的捣药兔在图像中不再依存于西王母，而是"成了具独立意义的单位图像，即神仙世界的一种象征母题"③，它自身的图像就有着仙界长生不死的象征性以及作为祥瑞图案的装饰性。在绥德快华岭画像石上，捣药兔出现在了东王公的身旁；在刘家沟画像石和米脂官庄画像石上，捣药兔和画面中的其他图案被画框分隔开，体现了它自身图像的独立性和装饰性；在米脂官庄画像石上，它出现在云气中，和仙人神兽一同象征着神仙世界；在黄家塔 9 号墓画像石中，它和现实世界的动物一同出现，这"既是原有神话的剥离，也增强了符号象征性"④，是陕北地区画像石特有的画面。

（四）四川地区

四川地区的画像砖上亦有捣药兔的图像，但数量很少，均为横长方形砖（图 31）。

图 31　新津画像砖⑤

该地区的画像砖石，九尾狐、蟾蜍、三足乌经常一同出现于西王母的图像中，而唯独缺少捣药兔，这可能是神话故事传入当地后发生了改变，或与当地画工对图像的创造与选择有关，形成了与其他区域相异的本地画像风格。

二、捣药兔图像的内涵

综合来看，河南地区捣药兔对西王母的依附性是最强的，山东和陕北地区的捣药兔有了象征性和独立性，其图像自身就有象征仙界和长生不死的意义，在画面中是可以脱离西王母而存在的。但山东地区捣药兔并未真正从西王母、东王公的神仙世界中

① 吴佩英：《陕北东汉画像石研究》，上海大学 2013 年博士学位论文。
② 吴佩英：《陕北东汉画像石研究》，上海大学 2013 年博士学位论文。
③ 刘惠萍：《玉兔因何捣药月宫中？——利用图像材料对神话传说所做的一种考察》，《长江大学学报（社会科学版）》2014 年第 11 期。
④ 吴佩英：《陕北东汉画像石研究》，上海大学 2013 年博士学位论文。
⑤ 毛娜：《汉画西王母图像研究》，郑州大学 2016 年博士学位论文，第 254 页，图 2.4－17。

脱离，而陕北地区的捣药兔则可以作为祥瑞完全单独地装饰在墓门画像石上。四川地区的捣药兔图像则在该地区并未流行开来。这四个区域画像砖石的图像是有所联系的，据李凇先生及其他学者的观点，陕北地区早期的横向式西王母构图模仿了山东地区，四川地区横长方形画像砖上的西王母图则是模仿了河南地区，因此我们可以看到，模仿地区与被模仿地区捣药兔造型的相似性。

捣药兔图像的发展与西王母的关系是很紧密的，捣药兔形象的出现一开始就是为了直观明显地体现西王母长生不死的神力，它长生的含义是西王母的神话故事所赋予的。之后随着西王母神话和图像的流行，捣药兔形象的可辨识度也就越来越高，其图像的象征性和独立性也就越来越强。西王母由一个象征长生不老的神仙到被全社会崇拜的全能神，其身份的提高也反应在图像上，即服侍在她身边的是仙人而非神兽，相应的促使了捣药兔在西王母图像中的依附性减弱，独立性增强，最终使得捣药兔形象成为一个独立的具有象征意义的形象。

汉代人认为月中有兔，这一思想在汉代许多文献中都有记载，如张衡的《灵宪》中有"月者，阴精之宗。积而成兽，象兔"①。《太平御览》引《诗纬推度灾》曰："月三日成魄，八日成光，蟾蜍体就穴鼻始萌。"宋均注曰："穴，决也。决鼻，兔也。"②《太平御览》引《春秋元命苞》曰："月之为言阙也，两设以蟾蜍与兔者，阴阳相居，明阳之制、阴之倚阳。"③《孟冬寒气至》中有"三五明月满，四五蟾兔缺"④的诗句。"白兔苍苍，东顾西走"，兔子的奔跑就像月亮在天上快速地移动，在汉代许多的壁画、帛画和画像砖、石上，画面月亮中都绘有一只奔兔。可见汉代人们普遍认为月亮上有兔子，还是一只奔跑的兔子。西汉末年的卜千秋壁画墓有目前学术界认为最早的西王母图像，在该壁画月亮中有一桂树和一蟾蜍，到年代稍晚的偃师辛村壁画墓上，月亮中只有桂树。在这两幅壁画中，月亮内都无奔兔的形象，而兔子出现在了画面中西王母的身旁，可能是"此时月中的蟾蜍和兔子已经可以走出月宫，成为西王母不死神话中的部分"⑤。卜千秋墓里西王母旁的兔子是口衔仙草的样子，到辛村壁画墓上西王母旁的兔子就变成了捣药的形象。捣药兔形象的出现与流行"标志着月中有兔的神话变异"⑥，可能更能直观体现出西王母有长生不死药的神话设定。到东汉晚期，在山东地区的画像石上，原本月亮中奔兔的形象才变成了捣药兔的形象。可能相较于奔兔，捣药兔形象生动且象征着长生，更受到追求长生成仙的汉人喜爱，但这一改变并未在当时流行开来。汉代之后，西王母信仰和画像石都不再流行，但月亮中有捣药

---

① ［宋］李昉等：《太平御览》卷四，中华书局，2000年，第22页。

② ［宋］李昉等：《太平御览》卷四，第21页。

③ ［宋］李昉等：《太平御览》卷四，第21页。

④ 见曹胜高、岳洋峰辑注：《汉乐府全集汇校注注汇评》。

⑤ 尹秋月：《汉画像石西王母形象流变考》，闽南师范大学2021年硕士学位论文。

⑥ 高梓梅：《汉画玉兔叙事论考》，《南阳师范学院学报（社会科学版）》2012年第11期。

兔的神话却被广为流传，并出现在后世的许多诗词歌赋中。

兔子缘何成为西王母的部下，这与汉代阴阳学说的盛行有关。"汉代的宇宙观视阴阳为对立统一的两极，任何具体事物都可视为阴阳的具体表现。"[1] 在阴阳学说中，月生于西，属阴，月亮的阴晴圆缺就像死后复生，月亮中的玉兔也属阴；西王母属西方神，西方属阴，西王母作为女性神，女性也属阴，因二者都有阴和不死的属性，故将月亮中的玉兔派到了西王母旁，作为其最亲密的属下。白兔在汉代长寿的象征，加之其食草的属性，让一个长寿且精通药草的动物制作不死之药也是十分合理的。

捣药兔图像反应当时人们的生死观和灵魂观。汉代统治阶级对求仙、长生的狂热影响到普通民众，加之人的求生本能，造成了汉代追求长生不死的社会风尚，捣药兔形象就承载了人们对神仙世界的美好想象和对长生不死的美好希冀。生者崇拜、祭祀西王母，渴求西王母的庇护和赏赐给人们长生不死药，因此在祠堂画像石和石阙上，都有捣药兔的身影。而现实是残酷的，人们不可能避免死亡，人们又把希望寄托于"灵魂不灭"，相信人死后可以进入神仙世界，把西王母和捣药兔刻绘在墓门上和墓室里，期望墓主死后灵魂可以去往西王母的仙界乐园，期盼墓主的灵魂可以长生不灭。人们期冀逝者灵魂所在的神仙世界里，玉兔捣制的仙药源源不断，不再有世间的病痛与死亡、苦难与分别，只有永生的幸福和快乐。

---

① ［美］巫鸿：《武梁祠：中国古代画像艺术的思想性》，生活·读书·新知三联书店，2006年，第132页。

秦始皇陵保护管理的三个阶段

汪红梅

（秦始皇帝陵博物院）

摘要： 秦始皇陵是我国第一个皇帝的陵墓，意义重大。1987 年被列为世界文化遗产后，该陵地位又有提升。因此，对其保护管理历史进行回顾十分必要。秦始皇陵的保护管理工作可分为三个阶段，第一阶段是 1989 年，主要工作是对秦始皇陵进行系统调查与钻探；第二阶段是 1990 年至 2004 年，主要工作是有计划地科学发掘秦始皇陵的陪葬坑；第三阶段是 2005 年至今，主要工作是通过立法来保护秦始皇陵。

关键词： 秦始皇陵；保护管理；世界文化遗产

1961 年，秦始皇陵被国务院公布为全国重点文物保护单位；1962 年，文物工作者对秦始皇陵进行考古调查和勘探工作；1987 年，秦始皇陵列入世界遗产名录；2005 年，《陕西省秦始皇陵保护条例》颁布实施。本文梳理分析秦始皇陵保护管理工作经历的三个阶段，旨在为科学有效保护管理好文物遗址提供借鉴。

一、秦始皇陵修建及在历代的遭遇

秦始皇陵南依山林葱郁的骊山，北临透迤曲转的渭河。高大的封冢在峰峦环抱之中与骊山浑然一体，景色宜人，环境独秀。秦始皇陵园总面积为 56.25 平方公里，陵上封土原高 115 米，现高 76 米，陵园内不仅出土有数千件陶质兵马俑、两辆青铜车马，还有文官俑、石铠甲、百戏俑等。这些出土文物，反映了秦始皇陵布局严谨、规模宏大、埋藏丰富的特征。

秦始皇陵建设工程规模宏大，修建时间长达 38 年，最多时用工超过 70 万人。袁仲一先生认为，秦始皇陵修建工程开始的前期阶段，由丞相吕不韦负责修陵工程，后期修陵工程的负责人是丞相李斯。[①] 郭兴文先生认为，在吕不韦和李斯之间，还有一个负责人，就是在公元前 237 年吕不韦被罢免后直到公元前 221 年，修陵工程负责人是相国

---

① 袁仲一：《秦始皇陵考古纪要》，《考古与文物》1988 年第 5、6 期合刊。

昌文君。①

秦始皇陵建成至今已经 2200 多年。当年这里曾经是一片辉煌壮观的景象，但为时不久便灰飞烟灭，只剩下一堆黄土上长满了荒草，默默诉说着昔日的繁华。《三辅故事》记载，楚霸王项羽入关后，曾以三十万人盗掘秦陵。在他们挖掘过程中，突然一只金雁从墓中飞出，这只神奇的飞雁一直朝南飞去。到三国时期，（宝鼎元年，266）一位在日南（今越南中部）做太守的官吏名曰张善，一天，有人给他送来一只金雁，他立即从金雁上的文字判断此物乃出自秦始皇陵。从这个传说故事可知，秦陵内的文物曾经流失于外，并且远达越南以南。

关于秦始皇陵在历代的遭遇，清代诗人袁枚有《始皇陵咏》，诗中说："生则张良椎之荆轲刀，死则黄巢掘之项羽烧。居然一杯尚在临潼郊，隆然黄土浮而高……"这是说秦始皇生时，张良曾在博浪沙用大铁锥袭击他的车队，荆轲曾受燕太子丹的密旨到咸阳宫行刺，秦始皇帝死了以后，秦陵也被掘遭焚。

秦始皇陵是否被盗？历来都引起人们的关注。史书中记载有秦始皇陵被项羽、石季龙、黄巢、牧羊儿等人盗掘和破坏的事件，其中记载最多的是秦陵遭到项羽的破坏。项羽是楚国贵族，因楚国被秦所灭而发愤报仇雪耻。在秦末参与反秦战争，逐渐成为起义军中最强大的一支力量。据说项羽军队进入关中后，烧杀掳掠，无所不为。他曾火烧秦咸阳宫及周围的宫殿建筑，焚烧咸阳宫的大火持续了三个多月，又以 30 万兵力抢夺秦陵地宫中的宝物。如今，在咸阳原的遗址上还能见到一些残砖碎瓦和火烧土块。

从兵马俑坑发掘的情况来看，其遭受焚烧的程度也是十分严重的。秦俑一、二号坑的地下建筑都曾被大火烧过，三号坑陶俑损坏的数量也比较多。据考证也是项羽军队毁坏的，说明他曾到过秦始皇陵。至于他是否进入了地宫，并且用 30 万军队耗费 30 日时间搬运宝物？现在还不能确定。因为项羽在关中停留的时间很短，当时他还有更重要的敌人等着较量，绝不会把大量的人力和时间消耗在盗掘秦始皇陵墓上。

石季龙是否盗掘过秦始皇陵？石季龙是后赵的国君，生活奢侈，荒淫无诞，其统治区域在河北、河南一带，不可能到陕西盗陵。史书中记录的石季龙盗取秦陵铜柱之事，但至今在秦陵周围并未发现铜柱之类的文物，由此推断地宫中也不会有。石季龙盗墓也值得怀疑。

黄巢掘墓也不可能。史书中所说的农民起义军盗墓之事，完全是一些文人的主观臆测。如果起义军大规模地进入秦陵地区，肯定会留下一些痕迹。但至今仍未见到有关大范围盗掘的有力证据。虽然在秦陵封土堆的东北和西面各发现一个盗洞，但直径仅为 1 米，显然是个体盗墓贼所为，而这些盗洞也并未进入地宫之内。

---

① 郭兴文：《关于秦始皇陵建造的三个问题》，《文博》1990 年第 5 期。

关于牧羊童失火烧之的说法也是不可信的。《史记》中记载牧羊童放牧时，羊钻入洞穴，放羊人打着火把去找羊，因此失火烧了地宫中的棺椁。这一说法也值得商榷。因为牧羊失火之事发生在项羽之后，刘邦建立汉王朝后，曾委派20户人家专门守护秦始皇陵，这些护陵人一定会尽职尽责，自然不会让人随便闯入秦始皇陵。

由上述分析可知，项羽军队曾经到过秦兵马俑坑，并对俑坑进行一定程度的毁坏，因为秦兵马俑坑建筑距地面只有4米到5米，建筑形式也比较简单，而秦始皇陵地宫距地面近50米，地宫的防护设施既坚固又严密，上面还有高大的封土堆，更不易破坏，即使在今天，也很难进入地宫。

对于秦始皇陵的保护，早在秦代就设有管理机构和专门人员进行守护。西汉时期对秦始皇帝陵的保护已是重中之重。北魏明确规定在秦始皇陵"四面各五十步，勿听耕稼"。隋炀帝也曾下诏保护秦始皇帝陵。到了唐代，保护秦始皇帝陵，不仅规定"无得刍牧，春秋置祭"，还下令置庙，增加配享。北宋在保护秦始皇帝陵方面用力最多，曾多次下令保护。明清时期，朝廷虽也多次下令保护历代帝王陵墓，但未惠及秦始皇陵。明代金石学家都穆和清代陕西巡抚毕沅曾在秦始皇陵做过实地调查。1906年，日本学者足立喜六和法国人维克多·萨加林等曾到秦始皇帝陵进行考古调查。1922—1923年，时任陕西省建设厅厅长的刘楚材主持在秦始皇陵植树，可惜有事无功，没有成活。

两千多年来，秦始皇陵除了受到保护之外，还多次历经天灾人祸。无数次的风雨，使水土流失；多次战乱，使它被盗掘。除此之外，历代居住在秦始皇陵周边的居民生产和生活也给它造成了一定程度的破坏。

1949年之前，国民党军队曾在秦陵上挖战壕，其残迹至今尚存。1949年之后，民兵在此打靶，农民平整土地、积肥、截水灌溉等活动都对秦始皇陵造成了一定的破坏。20世纪以来，对秦始皇陵的破坏尤其是对封土的破坏仍在继续。秦陵封土四周的断崖痕迹清晰可见，就是这种破坏的恶果之一。近年来，秦陵地区的一些建设项目也直接对秦陵文物遗迹造成了破坏。①

二、1961年后的秦始皇陵保护工作

1956年，秦始皇陵被列为"陕西省名胜古迹第一批重点文物保护单位"。1961年3月4日，秦始皇陵被中华人民共和国国务院正式公布为第一批全国重点文物保护单位，并树立保护标志。一年之后，立"秦始皇帝陵"碑亭。1962年3月，文物工作者开始

---

① 张敏、张文立：《秦始皇帝陵》，三秦出版社，2003年。

了秦始皇陵的考古调查工作。

1974 年 3 月 29 日，西杨村的农民打井时偶然发现了兵马俑，考古工作者随即展开勘探工作。1974 年 7 月 15 日，袁仲一、屈鸿钧、崔汉林等人进驻西杨村考古工地。7 月 17 日，开始对秦兵马俑进行科学发掘。8 月，陕西省文管会程学华、王玉清、杜葆仁等参加到考古工作中。11 月，西北大学刘士莪先生带着四位学生参与发掘工作。1975 年 3 月，清理工作结束，出土陶俑 500 余件，战车 6 乘，陶马 24 匹，还有大量青铜兵器。①

随着秦兵马俑的发现，更多的文物工作者进驻秦始皇陵考古现场，正式开展科学的考古工作。这期间的重要发现基本奠定了秦始皇陵考古的资料基础与学术框架，一大批重要的陵园遗迹得到发现，随即发表考古简报，第一时间公布考古发掘资料，吸引更多学者加入秦陵、秦俑研究保护队伍。

到 1976 年 1 月，确定了秦兵马俑一号坑的四周边界。1976 年 5 月到 1977 年 8 月，基本摸清秦兵马俑二号坑的结构与遗存分布。1977 年 3 月到 1977 年 12 月，局部发掘秦兵马俑三号坑。1979 年 10 月 1 日，秦始皇兵马俑博物馆建成并对外开放。秦始皇兵马俑博物馆是秦始皇陵陪葬坑兵马俑的保护管理机构。1981 年 9 月，秦兵马俑一号坑东端五个探方的发掘工作告一段落，共出土战车 8 乘，陶马 32 匹，陶俑 1087 件，还有大量青铜兵器和车马器。1986 年，临潼县地方政府成立了文物保护机构，开始了对秦始皇陵的管理和保护。1987 年 12 月 11 日，秦始皇帝陵被联合国教科文组织列入"世界遗产名录"，成为全人类共同的文化遗产。

1994 年 3 月 1 日，秦兵马俑二号坑考古发掘工作启动。1996 年底，二号坑第一阶段发掘任务基本完成。发掘与保护紧密结合，在遗址和文物保护方面，做了检测、分析和防霉菌工作；在资料收集保存方面，创建了多媒体计算机考古资料管理系统，把文字、绘图、拓片、照片、录像等考古发掘资料全部输入计算机，为资料永久保存和查询提供了便利。同时对出土的棚木遗迹按照 1/15 的比例制作了大型模型。②

1998 年 8 月，秦始皇兵马俑博物馆和陕西省考古研究所合作成立联合考古队，科学发掘秦始皇陵，进一步拓展了秦始皇陵的内涵，拓宽了学术研究的思路。主要工作有发掘整理 K9801 石甲胄、局部发掘 K9901、调查陵园内外城垣、发现了 K9902 等陪葬坑、发掘 K0006、发掘 K0007，并以国家 863 项目为依托对秦始皇陵进行物探试验。

2009 年 2 月，随着秦始皇帝陵博物院的成立，在秦始皇兵马俑博物馆科研力量的基

---

① 袁仲一：《秦始皇陵兵马俑的发现与发掘》，载秦始皇兵马俑《论丛》编委会编：《秦文化论丛》（第七辑），西北大学出版社，1999 年。

② 袁仲一：《秦始皇陵兵马俑的发现与发掘》，载秦始皇兵马俑《论丛》编委会编：《秦文化论丛》（第七辑）。

础上，博物院加大秦始皇陵考古工作的力度，成立了专门面向秦始皇陵的考古队伍，对秦始皇陵进行系统全面的考古工作，取得了很多成果并以年度报告的形式对外公布。[①]

2021 年 9 月至 12 月，为了给秦始皇帝陵园外城垣展示复原提供可靠资料，促进秦始皇陵园的考古研究，经国家文物局批准，考古人员对秦始皇陵园外城东门遗址进行了考古发掘。本次考古发掘以地层学为指导，从埋藏学视角出发，坚持多学科联合攻关，与建筑学科专家共同推进考古发掘工作，布设探方 30 个，发掘面积 1000 平方米。通过发掘，搞清楚了秦始皇帝陵园外城东门遗址的规模、形制和结构，厘清了秦始皇帝陵园外城东门的营建过程，为秦始皇帝陵的朝向问题以及礼制布局、陵墓制度研究提供了基础资料，推进了对秦始皇帝陵的礼制建筑的规模、等级、布局的认识与研究。

三、走上法制化道路的秦始皇陵保护工作

文物工作者 60 年持之以恒的考古发掘与研究工作，基本摸清了秦始皇陵的范围和遗址分布情况，为保护秦始皇陵提供了科学依据。随着 1987 年秦始皇陵及兵马俑坑列入世界遗产名录，使秦始皇陵和兵马俑成为世界瞩目的文化旅游景区。每年大量的观众来参观，带来了很多商机。于是在秦始皇陵周边出现了人造景观和一些破坏遗址风貌的行为。同时，由于条块分割的管理局面，也造成保护盲区和疏漏。例如，秦始皇陵区由陕西省考古研究所、秦始皇兵马俑博物馆、秦陵文管所、秦始皇陵旅游开发有限公司等几家单位各管一部分。在陵区的陪葬区内，还分布着一些企业和众多的农民，各单位间免不了利益冲突，不利于统一管理和统一规划。[②]

为了加强对秦始皇陵及其周围遗址遗迹的保护，促进秦始皇陵科学研究工作有序开展，厘清各单位的管理责任，禁止在秦始皇陵及周围从事各类破坏文物遗址的行为，必须制订保护条例，从法律层面予以保护。在这方面，国内很多世界遗产地已有先例。

1989 年 2 月 1 日，《北京市周口店北京猿人遗址保护管理办法》颁布实施。《办法》在各方责任方面明确规定，市文物局主管遗址的文物保护工作，监督实施此《办法》。房山区人民政府依照此《办法》的规定，全面负责遗址保护的管理和监督。区文化文物局在市文物局的指导和区政府的领导下，负责日常管理监督工作。市、区城市规划、环境保护、公安、矿产、林业、工商等行政管理机关和当地乡政府，应配合文物行政管理机关做好遗址保护管理工作。

1999 年 4 月 1 日，《山西省平遥古城保护条例》颁布实施。《条例》规定：平遥古城的保护与利用遵循开发新区、保护古城、合理利用、发展经济的原则，鼓励国内外

---

① 曹玮、张卫星：《近年秦始皇帝陵考古的新收获》，秦始皇帝陵博物院（总肆辑），陕西人民出版社，2014 年。

② 蒋彦鑫：《秦始皇陵保护与开放矛盾加剧，陕西立法保护应对》，《新京报》2005 年 8 月 5 日。

投资者投资开发新区、保护利用古城资源、发展旅游业及相关产业。

2003 年 8 月 20 日，《承德避暑山庄及周围寺庙保护管理条例》施行。《条例》规定：承德避暑山庄及周围寺庙的保护和管理，应当与保护历史文化名城相结合，坚持保护为主、抢救第一、合理利用、加强管理的方针，正确处理文物保护与经济建设、社会发展的关系，确保文物安全。

为了科学有效地保护秦始皇陵及其环境风貌，禁止各类破坏行为，达到保护为主、加强管理的目的，2005 年 3 月，陕西省人民代表大会决定通过立法保护秦始皇陵，并对《秦始皇陵保护条例（草案）》进行审议。《条例（草案）》规定：秦始皇陵区分为保护范围和建设控制地带，其界限由省人民政府划定并公布。保护区内禁止七种行为，对违反规定尚不构成犯罪的，最高处 50 万元罚款。

2005 年 7 月 30 日，陕西省人大常委会会议通过并颁布了《陕西省秦始皇陵保护条例》。《条例》是陕西省首部地方性文物保护法规，具有极强的示范意义。第一，它的实施不仅为秦陵保护提供了法律依据，也标志着陕西省世界文化遗产保护迈上了新台阶。第二，解决了秦始皇陵保护范围的分歧问题，明确了各级政府和职能部门的责任，为陕西省的文物保护法规体系的建设奠定了良好基础。第三，以陕西省人大立法的形式对秦始皇陵区进行保护，不仅在规格上比较高，同时也考虑到了保护过程中的可操作性。

《条例》颁布实施以后，确实在秦始皇陵的保护、管理、利用中发挥了重要作用，特别是推动了 2010 年的《秦始皇陵保护规划》的正式颁布，有力促进了秦始皇陵国家考古遗址公园的建设工作。

近年来，到文化遗产地、文物管理处和博物馆旅游已经成为大众的首选。为了切实保护文物和遗址，福建土楼、高句丽王城、良渚遗址、大足石刻、云冈石窟的保护管理机构先后出台了保护条例，促进文物保护管理工作走上法制化道路。

2006 年 10 月 1 日，《福建省"福建土楼"文化遗产保护管理办法》颁布实施。2009 年 10 月 1 日，《吉林省高句丽王城、王陵及贵族墓葬保护管理条例》颁布实施。2014 年 1 月 1 日，《杭州市良渚遗址保护条例》颁布实施。该《条例》明确指出，良渚遗址的保护和管理应当维护当地居民的合法权益。2016 年 7 月 1 日，《内蒙古自治区元上都遗址保护条例》颁布实施。该《条例》规定：元上都遗址保护工作的重大事项实行专家咨询论证制度；元上都遗址的文物保护工程应当遵循不改变文物原状的原则。2017 年 6 月 1 日，《重庆市大足石刻保护条例》颁布实施。2018 年 8 月 1 日，《云冈石窟保护条例》正式施行。2019 年 6 月 1 日，《成都市都江堰灌区保护条例》颁布实施。该《条例》是为了加强本市都江堰灌区保护，促进都江堰灌区经济与社会绿色、生态、可持续发展，建设全面体现新发展理念的城市和美丽宜居公园城市而颁布的。

《陕西省秦始皇陵保护条例》在实施过程中，经过 2010 年 3 月 26 日陕西省人大常委会修正，2012 年 1 月 6 日陕西省人大常委会第二次修正，2021 年 3 月 31 日陕西省人大常委会修订，规定自 2021 年 5 月 1 日起施行。

新修订的《陕西省秦始皇陵保护条例》不仅明确了秦始皇陵的保护对象，并且明确了各级政府、相关部门和管理机构的职责，还对秦始皇陵保护范围内的各种禁止行为做出了明确的规定，使秦始皇陵的保护职责更加清晰，保护措施更加有据，管理也有法可依。新修订《条例》的颁布实施，推动秦始皇陵的保护管理走上了法制化的轨道，进一步理顺了秦始皇陵的管理体制、细化了保护措施、促进了展示利用。

总之，时隔 15 年对《陕西省秦始皇陵保护条例》的修订是根据新形势变化而做的调整。这是因为近年来党和国家对于文物保护利用工作有了新的要求，2005 年《条例》中的一些内容在实施过程中，与陕西经济社会发展、与文物保护利用实际有一些脱节，例如各级政府权责不清晰、执法责任主体模糊、行政处罚力度比较低、可操作性不强等。因此，省人大决定对保护条例进行修订。这是进一步理顺管理体制、落实属地管理责任和地方各级政府的主体责任、细化保护措施的必然要求。

新修订的《条例》规定：秦始皇陵保护区域分为保护范围和建设控制地带。保护范围是指对秦始皇陵保护对象及周围一定范围实施重点保护的区域；建设控制地带是指在秦始皇陵的保护范围外，为保护秦始皇陵的安全、环境、历史风貌，对建设项目加以限制的区域。新《条例》强调保护范围由省人民政府依法划定并公布；建设控制地带经省人民政府批准后，由省文物行政主管部门会同省自然资源行政主管部门、西安市人民政府依法划定并公布。

例如，在原《条例》中，没有对文物巡查工作做专门规定，这项工作原来由秦陵文管所负责。秦陵文管所 2000 年之前归临潼区管理，之后划归省文物局，秦始皇帝陵博物院成立后由遗产管理部负责巡查，后来内部职能划转安全保卫部。为了切实保护文物，安全保卫部每年根据秦陵博物院《文物安全责任书》的要求，与每位巡查人员签订当年的文物安全责任书，明确每位巡查人员的保护范围及责任；依据秦始皇帝陵博物院田野文物保护工作的实际，两个巡查小组按照不同区域落实管护责任，加大巡查力度，陵区 2.13 平方公里每天巡查两次，郑庄石料场遗址、砖房村陪葬墓、赵背户村刑徒墓、五砂场修陵人墓、上焦村马厩坑、陪葬墓、五岭遗址、鱼池遗址、新丰丽邑遗址每天巡查一次，建设控制地带每周巡查一次，并按照《文管所田野文物巡查制度》的规定做好详细的巡查记录。

根据秦始皇陵保护工作实际，新修订的《条例》明确规定：秦始皇陵保护范围内的文物安全巡查由秦始皇陵保护机构负责，建设控制地带内的文物安全巡查由临潼区文物行政主管部门负责。这就明确了巡查时发现问题的报告和处置责任，避免责任推卸。另一方面，通过宣传，不断增强居住和生活在秦始皇陵周边群众的文物保护意识，促使当地居民了解自己在保护文物的同时，如何维护合法权益、如何让文物保护成果惠及民生等问题。新修订的《陕西省秦始皇陵保护条例》明确指出，鼓励支持秦始皇陵文物考古和文化研究，诠释、展示、传播历史文化，弘扬社会主义核心价值观，坚定文化自信，传承中华文明。同时明确规定临潼区人民政府、秦始皇陵保护机构根据文物保护需要，可以设立群众性文物保护组织或者聘请文物保护员，协助开展秦始皇陵保护工作，并给予经费支持。我认为，在《条例》实施过程中，应对保护秦始皇陵有贡献的人员予以奖励，让文物保护意识深入人心，让周边群众享受文物保护工作的成果。

综上，秦始皇陵的保护管理工作经历了三个阶段：第一阶段是 1961 年到 1989 年，即列入国家保护单位后到列入世界遗产名录前；第二阶段是 1990 年到 2004 年，即列入世界遗产名录后；第三阶段是 2005 年至今，即立法保护秦始皇陵阶段。三个阶段工作重点不同，第一阶段是对秦始皇陵进行系统调查与钻探，第二阶段是有计划、科学发掘秦始皇陵的陪葬坑，第三阶段是通过立法保护秦始皇陵。这些分析有助于总结经验，更好地保护和管理好文化遗产，为文物保护管理工作提供借鉴。

东海郡侯国问题锁议

张佳阁

（台湾彰化师范大学历史学研究所）

摘要：学者研究西汉侯国问题多有分歧，原因有四，一为《汉书？王子侯表》记载有误，表所记东海实为它郡；二为《汉书？王子侯表》注它郡，侯国实属东海；三为记载侯国名称有误；四为功臣侯国名称与王子侯国相同，两者是同地还是同名异地，仍需进一步探究，东海郡侯国问题即多属此类。透视武帝朝酎金案，可知东海郡侯国的减少与汉廷加强淮泗及其以南区域的战略规划相关，又与汉廷对东越、南越用兵有涉。

关键词：东海郡；侯国；酎金；《汉书·王子侯表》

一、前言

《尹湾汉墓简牍》的发现使今人对东海郡地方行政结构有了进一步了解，其中记载东海郡三十八县、邑、侯国具体名称及地方政府官吏构成，其记载时间段为汉成帝元延年间。[①] 钱大昕考证《汉书·地理志》时间段限为元延末年[②]，周振鹤编著《汉书地理志汇释》提出《汉书·地理志》是以平帝元始二年（2）行政地理为框架[③]，然而其早期著作《西汉政区地理》提出《汉书·地理志》时间段为元延、绥和年间[④]，两者说法相互矛盾。马孟龙认为是元延三年（前10）九月，且其考证严谨，脉络清楚，[⑤]与上述《尹湾汉墓简牍》与《汉书·地理志》记载时间断限相近，故东海郡行政组织与汉初有极大的不同。

---

① 连云港市博物馆编：《尹湾汉墓简牍》，中华书局，1997 年。
② ［清］钱大昕撰，方诗铭、周殿杰校点：《廿二史考异》卷九《汉书四》，上海古籍出版社，2004 年，第 172 页。
③ 周振鹤编著：《汉书地理志汇释》，安徽教育出版社，1987 年，第 1 页。
④ 周振鹤：《西汉政区地理》，人民出版社，1987 年，第 22－24 页。
⑤ 马孟龙：《汉成帝元延三年侯国地理分布研究》，《历史研究》2011 年第 5 期。

据《汉书·王子侯表》，发现东海郡地方行政组织于武帝朝发生剧烈改变，推恩令实施使东海郡不断接收邻近诸侯王国析出侯国，扩大了行政区域，酎金案前东海郡接收多属城阳国析出侯国，而汉昭帝以后虽有城阳王子侯国析出于东海，但鲁国推恩析出者更甚，犹如武帝朝之城阳国。楚国推恩至东海仅一侯，比之泗水国析出两国还少。西汉一代东海郡所接收诸侯王国推恩析出，以城阳为最，鲁国次之，楚国与泗水国各仅析出一国和二国。出现这种结果，汉帝国中央有何种考虑不得而知。酎金案除对王子侯国及地方行政有所影响外，于国家政策方面和南方外族是否有所影响？酎金案发生年代与武帝征伐南方异族相当接近，七国之乱中扮演重要角色的吴国、楚国、淮南国等淮泗流域刘姓诸侯国在叛汉时多有勾结南方异族，且酎金案消灭了大部分淮泗流域的王子侯国，这些单一事件是否有所关联？

汉初所分封功臣侯国于《史记》《汉书》中均不记其所属郡，于后世研究地方行政区划造成分歧；《史记》《汉书》中侯国名称因传抄不乏错误之处，那么功臣侯国与未注所属的王子侯国如何考证其所属郡？当依据侯国设立原则，如三辅地区不设侯国，王国境内无侯国，王子侯国推恩多析出于相临汉郡。① 有些功臣侯国及王子侯国因乏于史料记载，故从古地名进行判断。本文将爬梳相关史料、古地名，并结合各家看法以提出新论。

本文研究东海郡侯国提出下列问题：《汉书·王子侯表》有些侯国属东海但注为它郡，亦有些侯国属它郡但注为东海，因何出现此种情形？汉代侯国多有重名，是否属相同地域？或是它郡同名县？术阳侯国为东海郡唯一归义侯国，术阳侯赵建德是南越王赵兴兄长，其来年即与南越丞相叛汉，赵建德就国与否？在酎金失国政策中，东海郡与淮泗流域汉郡境内侯国几乎被武帝消灭殆尽，汉廷对于侯国地域调整中藏有何种考虑？

二、《汉书·王子侯表》注所在地有误者

要厘清《汉书·王子侯表》注为东海有误者，应从地理位置判断，东海郡相邻王国有城阳国、鲁国、楚国、泗水国，推恩令所封侯国仅有可能从这四个王国而来。临朐侯国注为东海，《王子侯表》载菑川懿王子，② 菑川国远在青州，与之相邻郡国为齐郡、北海郡、琅邪郡，故不可能位于东海，应当以上述几个临郡选作临朐侯国所在。《汉书·地理志》中有两个临朐，其一位于齐郡，另一则于东莱郡。③ 就上述规则而言，临朐侯国应当位于齐郡，此与周振鹤观点吻合。④ 王恢认为疑是东莱之误，其提出

---

① 马孟龙：《西汉侯国地理》，上海古籍出版社，2021 年，第 104、346 – 347 页。

② 《汉书》卷一五《王子侯表上》，中华书局，1962 年，第 442 页。

③ 《汉书》卷二八《地理志上》，第 1583、1585 页。

④ 见马孟龙：《西汉侯国地理》，第 349 页。

齐郡另有临朐县，① 郑威引王念孙之言，看法与王恢相同。② 笔者认为马孟龙提出的解释更加合理，得以解释两个临朐县始末，首先其研究西汉侯国发现一条定律，诸侯王国境内不辖侯国，③ 临朐侯国初封时齐郡尚是汉郡，武帝元朔二年（前127）齐国国除，临朐侯国亦是元朔二年封，此时临朐侯国位于齐郡，之后武帝元狩六年（前117）复置齐国，违背上述定律，临朐侯国迁往东莱。周振鹤对迁移说看法与马氏相同，但《中国行政区划通史·秦汉卷》一书中言表注东莱有误，④ 按《汉书·王子侯表》注为东海不是东莱，周氏等所指云东莱实误。

蒲领侯嘉，广川惠王子。《汉书·王子侯表》注为东海。⑤ 广川国不与东海郡比邻，相邻汉郡有清河郡、平原郡、巨鹿郡、渤海郡。《汉书·地理志》中记蒲领于渤海，周振鹤对蒲领进行考证，蒲领侯嘉时，蒲领属清河郡，但于元鼎四年（前113）清河郡复置为王国，后始元六年（前81）昭帝封蒲领炀侯禄，清河郡已成清河国，不可辖王子侯国，故改属渤海郡。⑥ 多数学者认为参戾、沂陵二侯均是广川惠王子，应当与蒲领侯相同，《汉书·王子侯表》注为东海郡实则为渤海郡，东海为渤海之误。⑦

揤裴戴侯道，赵敬肃王子。《汉书·王子侯表》注为东海，⑧ 但赵国与东海郡距离甚远，而赵国相邻汉郡有太原、上党、魏、广平、巨鹿。《汉书·地理志》记魏郡有即裴县，⑨ 《汉书·王子侯表》注为东海应是下格彭侯国注错。⑩ 另外，都乡、平邑二侯《汉书·王子侯表》注为东海，⑪ 周振鹤指出应当为传抄错误，《汉书·王子侯表》自阳兴侯以下五侯其表注需往下一格调整，故而阳兴侯无考、利乡属涿郡、都乡属常山、昌虑侯属东海、平邑侯属泰山。⑫

涓侯国，《汉书·王子侯表》或称淯侯国，城阳王子不疑侯国，注为东海。⑬ 《史

---

① 王恢：《汉王国与侯国之演变》，国立编译馆中华丛书编审委员会，1984年，第270页。

② 郑威：《西汉东海郡的辖域变迁与城邑分布》，中国地理学会历史地理专业委员会《历史地理》编辑委员会主编：《历史地理》第二十五辑，上海人民出版社，2011年，第183页。

③ 马孟龙：《西汉侯国地理》，第104页。

④ 周振鹤主编，周振鹤、李晓杰、张莉著：《中国行政区划通史·秦汉卷》（上），复旦大学出版社，2017年，第322页。

⑤ 《汉书》卷一五《王子侯表上》，第446页。

⑥ 周振鹤：《西汉政区地理》，第88－89页。

⑦ 马孟龙：《西汉侯国地理》，第527页；王恢：《汉王国与侯国之演变》，第296、297页；郑威：《西汉东海郡的辖域变迁与城邑分布》，中国地理学会历史地理专业委员会《历史地理》编辑委员会主编：《历史地理》第二十五辑，第183页。

⑧ 《汉书》卷一五《王子侯表上》，第479页。

⑨ 《汉书》卷二八上《地理志上》，第1573页。

⑩ 马孟龙：《西汉侯国地理》，第556页。

⑪ 《汉书》卷一五《王子侯表上》，第497页。

⑫ 周振鹤：《西汉政区地理》，第31页。

⑬ 《汉书》卷一五《王子侯表上》，第474页。

记·建元以来王子侯者年表》称涓。① 梁玉绳、② ［清］王念孙③均指其称为涓，笔者亦认为其称为涓。王念孙引《水经注·潍水》推断涓水在琅邪郡与东海郡相近，故注为东海郡，王恢看法与王念孙相同，④ 郑威同意王念孙看法，但认为涓侯国应当位于琅邪郡，其后文称存疑，暂归东海郡，⑤ 此说法前后矛盾。马孟龙则提出另一种看法，指出《水经注·泗水》南梁水亦称涓水，南梁水位于东海郡，所以《汉书·王子侯表》注无误。⑥ 此处马孟龙称南梁水为涓水，但《水经注·泗水》实载为涓涓水，⑦ 朱谋㙔载为洧涓水，⑧ 既是涓涓水应为涓涓侯国，或是直称其为南梁侯国，以《水经注·泗水》观之皆无独称涓水者。《续汉书·郡国志》鲁国条"蕃有南梁水"⑨ 可见南梁水位于鲁国，与城阳国无关，而其流向，《齐乘》云："今按南梁水出滕县荆沟村，西南流至滕州东门外，折而过城北，又西入山阳湖。"⑩ 南梁水往西南流与城阳国可谓毫无关系。涓侯国国名来自南梁水，南梁水亦称涓涓水，而究其地理位置应为鲁王子推恩更加合适。据此二理由，马孟龙说法当有误。若涓侯国位于琅邪郡且涓水地理位置与城阳国相临，故笔者以地名和涓水地理位置推断若此侯国名称为涓，则其涓之名来自琅邪郡涓水，此涓侯国当位于琅邪郡。

《汉书·王子侯表》注东淮侯国位在北海，⑪ 然东淮侯国乃是城阳王子何以推恩至北海，《史记索隐》注东海，⑫ 可以推知北海应该是东海之误。另外有一个较为特殊的城阳王子析出侯国——瓡侯国，《汉书·王子侯表》并无表注，《汉书·地理志》载其位在北海，如以上述推论瓡侯国应属东海郡或是其他相邻于城阳国之汉郡。爬梳学者文章，仅发现周振鹤指出城阳瓡侯国迁往北海是带着原侯国名迁往的。⑬ 马孟龙指出瓡

① 《史记》卷二一《建元已来王子侯者年表》，中华书局，1959 年，第 1114 页。

② ［清］梁玉绳：《史记志疑》，中华书局，1981 年，第 737 页。

③ 王念孙：《读书杂志》第二册《汉书第二》，台湾商务印书馆，1978 年，第 107 页。

④ 王恢：《汉王国与侯国之演变》，第 294 页。

⑤ 郑威：《西汉东海郡的辖域变迁与城邑分布》，中国地理学会历史地理专业委员会《历史地理》编辑委员会编：《历史地理》第二十五辑，第 177 页。

⑥ 马孟龙：《西汉侯国地理》，第 546 页。

⑦ ［北魏］郦道元注，［清］杨守敬、［清］熊会贞疏，段熙仲点校，陈桥驿复校：《水经注疏》，上海古籍出版社，1989 年，第 2126 - 2129 页。

⑧ ［北魏］郦道元注，［清］杨守敬、［清］熊会贞疏，段熙仲点校，陈桥驿复校：《水经注疏》，第 2129 页。

⑨ 见《后汉书》志第二十《郡国志二》，中华书局，1965 年，第 3429 页。

⑩ ［元］于钦：《齐乘》（引自中国基本古籍数据库），https://dbss. ncue. edu. tw/ncue/jumper/ resource_ detail. jsp？ pageView = erm&procType = search&reourceType = databases&id = DB46002。

⑪ 《汉书》卷一五《王子侯表上》，第 473 页。

⑫ 《史记》卷二一《建元已来王子侯者年表》，第 1113 页。

⑬ 周振鹤：《西汉政区地理》，第 94 页。

侯国原属东海郡或是琅邪郡后迁往北海。[①] 由上述二位所言可见，瓡侯国是经过迁移的，其依据当是《汉书·王子侯表》中元鼎元年（前116）城阳国推恩所封侯国者多有远封。笔者认为是史书传抄错误，使这些城阳王子于《汉书·王子侯表》中被注至非城阳国相邻之汉郡。如挪裴、蒲领等侯国。

三、拘侯国与平曲侯国

栒侯国，《汉书·王子侯表》记为拘，[②]《史记·建元已来王子侯者年表》记为栒，[③]《汉书·王子侯表》注为千乘，《史记索隐》曰在东海，[④] 马孟龙亦认为当属东海[⑤]。如汉表拘侯为《史记》所记栒侯，西汉一朝则出现两次栒侯，一次是温疥，另一次则是推恩城阳王子贤（《史记》曰买），[⑥] 马孟龙认为温疥栒侯国属城阳国，推恩析出城阳王子贤（买）栒侯国位于东海当毋庸置疑。[⑦] 王恢等其他学者有不同看法，王恢认为其位在河东郇县（河东郡猗氏县）。[⑧] 梁玉绳认为温疥封地在右扶风栒邑。[⑨] 刁淑琴引《史记索隐》说属扶风，但《史记索隐》亦有提及河东郇县，刁采扶风一说。[⑩] 马孟龙对西汉侯国的设置提出三辅地区无侯国，[⑪] 笔者采用其理论，故温疥侯国应当不在三辅，王恢所言河东郡郇县为温疥栒侯国应是合理。笔者赞同城阳王子贤（买）侯国属东海，然其名称是否如《史记·建元已来王子侯者年表》为栒当存疑，或许是《汉书·王子侯表》所说之拘侯国，亦可能如《史记索隐》云："祠音荀。表在东海。案志，栒在扶风，与「祠」别也。"[⑫] 笔者据《史记索隐》认为二者并非在同一位置，二者名称不相同，故城阳王子推恩侯国不称为栒，应称祠侯国。

平曲侯国与祠侯国问题相同，西汉封三次平曲侯，分别为公孙浑邪、周坚、刘曾（广陵厉王子平曲节侯曾）。刘曾平曲侯国，《汉书·王子侯表》注东海，[⑬] 然其平曲侯

---

① 马孟龙：《西汉侯国地理》，第546页。
② 《汉书》卷一五《王子侯表上》，第473页。
③ 《史记》卷二一《建元已来王子侯者年表》，第1113页。
④ 《史记》卷二一《建元已来王子侯者年表》，第1113页。
⑤ 马孟龙：《西汉侯国地理》，第546页。
⑥ 《史记》卷二一《建元已来王子侯者年表》，第1113页。
⑦ 马孟龙：《西汉侯国地理》，第45、475页。
⑧ 王恢：《汉王国与侯国之演变》，第172页。
⑨ ［清］梁玉绳：《史记志疑》，第566页。
⑩ 刁淑琴：《西汉栒家铜灯铭文考略》，《四川文物》2011年第5期。
⑪ 马孟龙：《西汉侯国地理》，第104页。
⑫ 《史记》卷二一《建元已来王子侯者年表》，第1113页。
⑬ 《汉书》卷一五《王子侯表上》，第486页。

非推恩令所置，无须依照规则位于广陵国相临汉郡。① 公孙浑邪、周坚侯国所属则因《汉书·高惠高后文功臣表》《汉书·景武昭宣元成功臣表》均无注属地，故说法有二，《中国行政区划通史·秦汉卷》认为三位平曲侯皆属东海，② 王恢认为刘曾侯国属东海，周坚侯国位于今河北省文安县（渤海郡），公孙浑邪侯国位于东海郡平曲县，《汉书·地理志》东海郡词条记有二平曲，一为刘曾侯国，另一为公孙浑邪侯国所演变，其引《水经注·河水》公孙浑邪侯国称西平，并举王莽时期东海郡二平曲所称为平端与端平，公孙浑邪侯平曲国应是曲平，如同海曲实为海西，曲平当称为西平，③ 然《水经注·河水》中所记西平为西羌之地，与东海郡相差甚远，且王恢以剧县为例认为一郡国无同名两县，《东海郡吏员簿》发现后证明东海郡存有二平曲，王恢所引西平说有误。《东海郡吏员簿》载一为平曲县一为平曲侯国，郑威引《太平寰宇记》认为河北省文安县为公孙浑邪侯国，而周坚封国则是不知其属东海郡，或与公孙浑邪相同。④《中国行政区划通史·秦汉卷》中关于平曲县的论述有理，即另一平曲县可能是前一个平曲侯国国除后所改，而后复置刘曾平曲侯国仅取出平曲县之一部分。⑤ 综上所述，笔者可以提出一个看法：公孙浑邪侯国位于河北省文安县属渤海郡，周坚侯国地处东海郡，国除后改为东海郡平曲县，刘曾侯国则是从平曲县取出的一部分。

四、南越归义侯国

术阳侯国是东海郡所辖唯一归义侯国，《史记·建元已来王子侯者年表》："（元鼎）四年，侯建德元年。五年，侯建德有罪，国除。"⑥ 但《汉书·景武昭宣元成功臣表》载："五年三月壬午封，四年，坐使南海逆不道，诛。"⑦ 两者相异。《中国行政区划通史·秦汉卷》言其元封三年（前108）国除，⑧ 王恢则认为《汉书·景武昭宣元成功臣表》五年当作四年，四年应为五年。⑨ 马孟龙说法相同。⑩ 据《史记·南越列传》："元鼎五年秋，卫尉路博德为伏波将军，出桂阳，下湟水。"⑪ 兵发南越，判断赵建德

---

①　周振鹤、李晓杰、张莉：《中国行政区划通史·秦汉卷》（上），第344页。

②　周振鹤、李晓杰、张莉：《中国行政区划通史·秦汉卷》（上），第342、344页。

③　王恢：《汉王国与侯国之演变》，第226页。

④　郑威：《西汉东海郡的辖域变迁与城邑分布》，载中国地理学会历史地理专业委员会《历史地理》编辑委员会编：《历史地理》第25辑，第179－180页。

⑤　周振鹤主编，周振鹤、李晓杰、张莉著：《中国行政区划通史·秦汉卷》（上），第342、344页。

⑥　《史记》卷二一《建元已来王子侯者年表》，第1047页。

⑦　《汉书》卷一七《景武昭宣元成功臣表》，第653页。

⑧　周振鹤主编，周振鹤、李晓杰、张莉著：《中国行政区划通史·秦汉卷》（上），第344页。

⑨　王恢：《汉王国与侯国之演变》，第240页。

⑩　马孟龙：《西汉侯国地理》，第548页。

⑪　《史记》卷一一三《南越尉佗列传》，第2975页。

与吕嘉应是元鼎五年（前112）杀南越王与太后起兵叛汉。元鼎五年术阳侯国国除当无误，《史记》所载当为真。

观南越国史，南越国自文景二帝时与汉修好，后武帝时期南越王赵兴年少，太后为汉人且与汉臣私通，欲使南越内属汉朝。《史记·南越列传》载："王年少，太后中国人也，尝与安国少季通，其使复私焉。国人颇知之，多不附太后。太后恐乱起，亦欲倚汉威，数劝王及群臣求内属。"①

术阳侯赵建德封侯之事于《史记》《汉书》中所载甚少，其为何会被汉朝封侯？究其原因或其为南越明王与越人所生长子，而南越王赵兴则是南越明王与汉人女子所出。在国人多不附太后的情形下，赵建德为南越王赵兴兄长，身份特殊，对南越政权有相当的影响力，武帝想以此达到控制南越国之目的，故武帝施恩南越宗室赵建德。其应是在此种情况下获封术阳侯于东海郡，但其是否有前往封地就国，后人不得而知。笔者推测其并未前往术阳就国，因此来年才能与南越丞相吕嘉一同叛汉起兵。

五、酎金案与东海郡侯国

武帝时东海郡侯国大量减少，酎金案过后更只剩南城侯国，于酎金案而免除侯国者史籍大多缺载，数量难以精确，如《中国行政区划通史·秦汉卷》认为有平曲（上文归于东海）、雷、辟、运平、赟、彭、文成、翟、鳣、东淮、涓十一侯国因酎金被免。② 马孟龙认为建陵、雷、辟、运平、山州、杜原、赟、文成、翟、鳣、彭、东淮、拘、涓十四侯国被免。③ 其中建陵为卫绾侯国，④ 郑威考其属东海，⑤ 从之。宣帝四年（前70）封鲁孝王子于建陵，《汉书·王子侯表》注为东海，⑥ 故卫绾侯国属东海当无误。山州、杜原二侯国《汉书·王子侯表》并无注其属何郡，马孟龙言其当属东海或琅邪，此二侯国所属有待考证，故暂且不列入统计，拘侯国指成阳王子贤（买）袑侯国，上文推测属东海郡，故列入统计，涓、涓二者于前文已表明为同侯国。故统计东海郡有平曲、建陵、雷、辟、运平、赟、文成、翟、鳣、彭、东淮、袑（或称拘、枸）十二侯国因酎金案国除。除去此前因犯罪免国者，东海郡辖下只剩南成侯国与武原侯国。武原侯国则是周振鹤等所推导，⑦《汉书·王子侯表》："蔺侯罢军，代共王子，后

---

① 《史记》卷一一三《南越尉佗列传》，第2972页。
② 周振鹤主编，周振鹤、李晓杰、张莉著：《中国行政区划通史·秦汉卷》（上），第340-344页。
③ 马孟龙：《西汉侯国地理》，第548页。
④ 《汉书》卷一七《景武昭宣元成功臣表》，第636页。
⑤ 郑威：《西汉东海郡所辖戚县、建陵、东安侯国地望考辨》，《中国历史地理论丛》2006年第2辑。
⑥ 《汉书》卷一五《王子侯表下》，第497页。
⑦ 周振鹤主编，周振鹤、李晓杰、张莉著：《中国行政区划通史·秦汉卷》（上），第341页。

更为武原侯。"① 其认为武原不属王国，否则不可置为侯国，故疑武原在汉初属东海。汉宣帝黄龙元年（前49）复置楚国且武原侯国国除为武原县，才被改属楚国。② 笔者推测，武原侯国国除时间点应与酎金案相近，故酎金案过后东海郡实则仅剩下南成侯国。

据马孟龙统计，汝南、沛、东海、临淮等郡经酎金失国，仅剩2侯国，即南成与睢陵，且推测南成侯国于当时属泰山郡、睢陵侯国则迁往他处，③ 笔者持疑。但淮泗流域几无侯国是可以确定的，然而此现象仅持续一年，马孟龙为此一现象提出说法：酎金失国为武帝对侯国地域分布格局进行调整，并猜测淮泗流域侯国集体除国乃是与汉平东越战争有关。④ 笔者认为酎金案是武帝对淮泗流域侯国进行调整，是汉帝国对淮泗流域以南地区加强控制力度的结果，汉初淮泗流域多是诸侯王封地，高帝、文帝、武帝朝历任淮南王皆谋反，文帝时更是爆发七国之乱，虽汉帝国获胜，但吴王势力尚有残余，处于汉帝国东南方的诸侯王谋反时多会联络越人为其助力，《汉书·淮南衡山济北王传》载淮南王刘长："令人使闽越、匈奴。"⑤ 文帝时淮南王和闽越国有所交流，其叛乱与闽越联络。七国之乱东瓯从吴，⑥ 后吴王败走逃往东瓯，被东瓯所杀。⑦ 吴王子刘驹逃往闽越，怨恨东瓯杀其父，常劝闽越出击东瓯。⑧ 淮南王刘安谋反，东海郡有利侯向淮南王称臣。⑨ 汉帝国对淮泗以南地区控制随着时间的推移越来越有效，武帝时平定淮南王、衡山王，并设立六安王国，以武帝侄子胶东康王子刘庆为六安王，⑩ 从此后淮河以南地区诸侯王反乱也逐渐平息。淮河以南仅剩下南越和东越（以闽越分裂而来）割据政权，笔者推测武帝借由酎金案大肆调整淮泗流域诸侯国，除了马孟龙所提及备战平东越之战外，亦有汉帝国对于淮泗流域控制增强，而诸侯王势力皆已消散，且与南越国战争也已打响，借此理由清理较难控制的侯国势力，稳固汉帝国对于淮泗流域的统治。

① 《汉书》卷一五《王子侯表上》，第454页。
② 周振鹤主编，周振鹤、李晓杰、张莉著：《中国行政区划通史·秦汉卷》（上），第341页。
③ 马孟龙：《西汉侯国地理》，第343页。
④ 马孟龙：《西汉侯国地理》，第344页。
⑤ 《汉书》卷四四《淮南衡山济北王传》，第2140页。
⑥ 《汉书》卷九五《西南夷两粤朝鲜传》，第3860页。
⑦ 《汉书》卷九五《西南夷两粤朝鲜传》，第3860页。
⑧ 《汉书》卷九五《西南夷两粤朝鲜传》，第3860页。
⑨ 《汉书》卷一五《王子侯表上》，第460页。
⑩ 《汉书》卷一四《诸侯王表》，第177页。

六、结语

《汉书·王子侯表》载侯国属东海郡却另注它郡及属它郡却注为东海者，可能为后世传抄时之错误，诸如本属渤海注为东海，或是本属东海注为东莱。汉代侯国多有重名，如三平曲侯国，想要厘清重名侯国是否为同一处，仅能从各种零散的史料进行分析，且各学者对此解读不尽相同。此外关于它郡同名县之问题，经马孟龙研究后显示，侯国所属汉郡成为新封诸侯王国时，其境内侯国需迁往它郡，故而造成此种结果。

学者研究有分歧者为涓、枸、平曲等侯国，涓侯国为城阳王国析出之侯国，马孟龙以南梁水亦称为涓水考之，认为属东海郡，但笔者据南梁水地理位置认为，若其属东海郡当是由鲁王国析出之侯国。王念孙、王恢、郑威等人认为涓侯国当位于琅邪郡，琅邪郡有涓水，且位置与城阳王子侯国相近，故笔者认为涓侯国位于琅邪郡。枸侯国则是温疥侯国与城阳王子贤（买）二者位置是否相同？笔者采王恢观点温疥侯国在河东郇县，城阳王子贤（买）侯国在东海郡。平曲侯国有三，为公孙浑邪、周坚、广陵厉王子侯国，笔者综合众家说法认为，公孙浑邪侯国不在东海，周坚侯国当属东海后坐酎金国除成平曲县，后广陵厉王子侯国取平曲县一隅设侯国。

东海郡境内唯一归义侯国，为南越王子赵建德之术阳侯国，赵建德身分具有分量轻易可与南越大臣勾结反叛，因此汉廷对其封侯施与恩惠，然而赵建德却于次年谋反，故笔者认为赵建德并未前往术阳侯国就国。

酎金案几乎消除了淮泗流域中的侯国，其中原因可能是，淮泗流域自高帝起均是反乱重点地区，异姓诸侯王、七国之乱、淮南王长及安谋反，亦有异族越人国度东瓯、闽越、南越等割据势力参与。酎金案后一年正是武帝对越人进行作战，南越、东越先后被其平定。酎金案清理淮泗流域侯国，应是汉帝国对于东南地区控制力渐强并达到鼎盛后，对于侯国进行清理并备战东越、南越。

·读史札记·

秦直道起点相关问题探讨[*]

肖健一[1]　任建库[2]　罗　莉[1]

（1. 咸阳师范学院历史文化学院；2. 秦始皇帝陵博物院）

摘要：秦直道一直颇受学术界关注，在近几年的研究中，秦直道起点问题多有争议，一种观点是秦直道起点在云阳或者咸阳，另外一种观点认为起点位于距离咸阳 800 公里以北的九原（麻池古城）。通过考察秦直道修建信息、使用信息、甘泉与汉甘泉宫三个方面，可知秦直道起点位于甘泉山下，推测秦汉云阳县城亦在此处，这也解释了《史记》涉及秦直道的文献总是甘泉、云阳并列的原因。

关键词：秦直道；秦直道起点；甘泉

对于秦直道起点问题学术界多有争议。史念海先生 1975 年提出"直道以云阳为起点"[①]，后来研究者多依其说；林剑鸣[②]、孙相武[③]等先生在相关论述中支持秦直道起点在秦咸阳。2017 年王子今先生发表文章认为，"按照《史记》'自九原'的记述论定秦始皇直道的起点，无疑是正确的"，并解释到：或许有理由推想，直道自北向南的规划，很可能有"方今水德之始"的政治意识基础。[④] 刘庆柱先生在 2018 年接受采访时说："秦汉以来中国古代都城传统核心文化的继承与发展，进一步深化并突出了都城作为国家政治中心的'中'之理念。因此，秦都咸阳为当时天下中心，九原郡在千里之外，九原为直道起点，都城咸阳附近的林光宫应为终点无疑。"[⑤] 林光宫亦在云阳附近，

---

* 本文为国家社科基金一般项目"秦直道考古资料梳理与综合研究"（19BKG011）阶段性成果。
① 史念海：《秦始皇直道遗迹的探索》，《陕西师范大学学报（哲学社会科学版）》1975 年第 3 期。
② 林剑鸣：《秦史稿》，上海人民出版社，1981 年，第 380 - 381 页。
③ 孙相武：《秦直道考察记》，《文博》1988 年第 4 期。
④ 王子今：《秦始皇直道起点辨正》，《人文杂志》2017 年第 1 期。
⑤ 引自陆航：《在秦直道上眺望古今》，《中国社会科学报》2018 年 8 月 10 日第 4 版。

刘先生表达的意思是国家政治中心在秦都咸阳，因此直道的起点当在非核心的九原。

秦直道起点问题一直颇受学界关注，如何理解各位学者的研究思路，笔者不揣冒昧，提出一些想法，并求教于各位方家。

一、秦直道的修建信息

《史记》中涉及秦直道被反复引用的记载有以下四条：

其一，《史记·秦始皇本纪》："三十五年，除道，道九原，抵云阳，堑山堙谷，直通之。"①

其二，《史记·蒙恬列传》："始皇欲游天下，道九原，直抵甘泉。乃使蒙恬通道，自九原抵甘泉，堑山堙谷，千八百里。"②

其三，《史记·六国年表》："为直道，道九原，通甘泉。"③

其四，《史记·匈奴列传》："秦灭六国，而始皇帝使蒙恬将十万之众北击胡，悉收河南地。因河为塞，筑四十四县城临河，徙適戍以充之。而通直道，自九原至云阳。"④

这些是秦直道研究的基础材料，笔者认为对这些材料的理解不同，产生了对起点的不同认识。以上四条材料里"道九原"出现了三次，"自九原"出现了两次。两次"道九原"前面分别有文字"除道""为直道"；两次"自九原"前面分别有"通道""通直道"。"除道""为直道""通道""通直道"，基本可以理解为修建、开通直道。

第一条材料，"三十五年除道，道九原，抵云阳"可以理解为修建直道，从九原开始抵达云阳。第二条材料后半句"乃使蒙恬通道，自九原抵甘泉"可以理解成命令蒙恬开通直道，从九原抵达甘泉。第三条材料"为直道，道九原，通甘泉"与第四条材料"通直道，自九原至云阳"说的还是建设、开通直道，从九原通到甘泉、云阳。这应该是在《秦始皇本纪》《蒙恬列传》《六国年表》《匈奴列传》四个不同的章节里记载修建、开通秦直道这件事。四条材料（不包括第二条前半段）记录的是同一件事情，即秦始皇帝三十五年（前212）始皇帝命蒙恬修建、开通直道，从九原开始。司马迁在《史记》不同章节各有侧重，但所记基本为同一事。

为什么要修直道？并且从九原开始呢？

第二条材料前半句"始皇欲游天下，道九原，直抵甘泉"，按照字面理解应是始皇帝欲巡游天下，从九原上路，并且直接抵达甘泉。令人费解的是，始皇帝居住在直线距九原（麻池古城）1800里之南的秦都咸阳城，巡游天下时却要从九原上路，然后抵达甘泉（咸阳附近）。如果始皇帝巡游要从遥远的九原上路，抵达都城咸阳附近，那只

---

① 《史记》卷六《秦始皇本纪》，中华书局，1959年，第256页。
② 《史记》卷八八《蒙恬列传》，第2566–2567页。
③ 《史记》卷一五《六国年表》，第758页。
④ 《史记》卷一一〇《匈奴列传》，第2886页。

能是拟定的巡游路线，或者是拟定的部分巡游路线，抑或是巡游的返程。

对第二条材料完整的理解应该是：始皇帝欲巡游天下，从九原上路，直接到甘泉（咸阳附近）。（为了这个目的）命令蒙恬从九原开始修建，直达甘泉，堑山堙谷，一千八百里。

那么直道要从九原开始修建的原因就很明显了，皇帝使然，正因为皇帝有"九原上路直抵甘泉"的巡游路线，才使蒙恬修建道路，甚或就是皇帝命令从"自九原"开始修的。当然路线也可以从中间修或者南边开始修，但是直道是从北边的九原开始修的。推测还有一个原因就是蒙恬暴师于外十余年，居上郡。《史记·匈奴列传》载："始皇帝使蒙恬将十万之众北击胡，悉收河南地。因河为塞，筑四十四县城临河，徙適戍以充之。"① 《史记·蒙恬列传》载："秦已并天下，乃使蒙恬将三十万众北逐戎狄，收河南。筑长城，因地形，用制险塞，起临洮，至辽东，延袤万余里。于是渡河，据阳山，逶蛇而北。暴师于外十余年，居上郡。"② 主持修建直道的蒙恬将军在上郡驻跸，击胡、收地、筑塞、修长城，便从北边开始。正如王子今先生指出，"蒙恬'筑长城亭障，堑山堙谷，通直道'事迹的记述，提示我们直道建设的规划与施工，应当由蒙恬位于北边的军事指挥中心启动"③。

直道建设的规划与施工由蒙恬位于北边的军事指挥中心启动，从九原开始修建，但是不能说九原就是直道起点。

二、秦汉时期直道的使用信息

尽管有"道未就""胡亥治直道"的记载，但至少在秦代，直道是可以行走的。下面分析一下秦汉时期秦直道的使用情况。

始皇帝修直道，其死后也是走直道回咸阳的。《史记·秦始皇本纪》云："七月丙寅，始皇崩于沙丘平台。丞相斯为上崩在外，恐诸公子及天下有变乃秘之不发丧。……行，遂从井陉抵九原。会暑，上辒车臭，乃诏从车载一石鲍鱼，以乱其臭。行从直道至咸阳，发丧。太子胡亥袭位，为二世皇帝。"④

那么，始皇帝巡游时死在沙丘，为什么要绕道井陉、抵达九原，然后从秦直道回咸阳？这应当与胡亥及赵高等人恐诸公子及天下有变有关，而后来赐死蒙恬、扶苏之事也可一定程度上印证此观点。换言之，这可能也是秦始皇帝生前拟定的巡游路线，为了掩盖皇帝死亡也只能这样走。这次秦始皇走直道回咸阳的路线是九原到咸阳。

西汉时期司马迁亲身行历直道。《史记·蒙恬列传》载司马迁之语，云："吾适北

---

① 《史记》卷一一〇《匈奴列传》，第2886页。
② 《史记》卷八八《蒙恬列传》，第2565-2566页。
③ 王子今：《秦始皇直道起点辨正》，《人文杂志》2017年第1期。
④ 《史记》卷六《秦始皇本纪》，第264页。

边，自直道归，行观蒙恬所为秦筑长城亭障，堑山堙谷，通直道，固轻百姓力矣!"①
"自直道归"，应是归长安，从那一头回来，再加上他对蒙恬筑长城亭障的描述，从九原上路也问题不大。

汉文帝刘恒可能是秦代以后最早驱车走过直道的汉代皇帝。《史记·孝文本纪》载：三年（前177）"五月，匈奴入北地，居河南为寇。帝初幸甘泉"；六月"辛卯，帝自甘泉之高奴，因幸太原，见故群臣，皆赐之"。② 可以看出汉文帝的行经路线经甘泉至高奴（今延安附近），是从甘泉出发的，可能走的直道。

《史记·孝武本纪》记载了武帝元封元年（前110）的诏令，曰："'朕将巡边垂，择兵振旅，躬秉武节，置十二部将军，亲率师焉。'行自云阳，北历上郡、西河、五原，出长城，北登单于台，至朔方，临北河。勒兵十八万骑，旌旗径千余里，威震匈奴……"③

按照记载，汉武帝巡边设计的路线是云阳-上郡-五原（秦九原），路线是从云阳出发的，可能也是走直道。

《汉书·郊祀志上》记载："上乃遂去，并海上，北至碣石，巡自辽西，历北边至九原。五月，乃至甘泉，周万八千里云。"④ 如果武帝此次北巡回来走的直道，便是从九原上路至甘泉的。

《汉书·郊祀志下》记载："上郊泰畤，因朝单于于甘泉宫。后间岁，改元为黄龙。正月，复幸甘泉，郊泰畤，又朝单于于甘泉宫。"⑤ 汉宣帝时单于几次来甘泉宫朝会，极可能也是从秦直道南下。

敦煌莫高窟323窟壁画有张骞拜别汉武帝出使西域的图像，据榜题知壁画为张骞出使西域临行辞别时的景况。⑥ 同幅壁画榜题有"甘泉宫"三字，推测此次张骞走的是直道，那么行经路线也是从南向北，即云阳-五原（九原）；如果王昭君出塞是走直道的话，那么只能从南向北走，行经路线是云阳-五原（九原）。

从以上几个例子可以看出秦直道上的交通是双向的，这也符合一般常识。始皇帝、司马迁是由北向南，从九原至云阳、甘泉；汉文帝、汉武帝、汉宣帝、张骞、王昭君由南向北，从云阳、甘泉至五原（九原）；汉武帝、匈奴单于也有由北向南的。这看不出起点与终点差别。对于路上的行者，自己出发的地方就是起点，目的地就是终点。为什么说丝绸之路起点是长安，因为那是双方贸易时丝绸输出的地方，而另外一端不断延伸，终点通向很多地方。

---

① 《史记》卷八八《蒙恬列传》，第2570页。
② 《史记》卷一·〇《孝文本纪》，第425页。
③ 《汉书》卷五《武帝纪》，中华书局，1962年，第189页。
④ 《汉书》卷二五上《郊祀志上》，第1236页。
⑤ 《汉书》卷二五下《郊祀志下》，第1252－1253页。
⑥ 马世长：《莫高窟第323窟佛教感应故事画》，《敦煌研究》1982年第1期。

三、关于甘泉与秦汉甘泉宫

关于秦"甘泉""甘泉宫"的信息，《史记》中有不少记载：《史记·秦始皇本纪》"道九原，抵云阳，堑山堙谷，直通之"；《史记·蒙恬列传》"道九原，直抵甘泉。乃使蒙恬通道，自九原抵甘泉"；《史记·六国年表》"道九原，通甘泉"，《史记·匈奴列传》"通直道，自九原至云阳"。从"抵云阳""直抵甘泉""抵甘泉""通甘泉""至云阳"的记载看，三次提到甘泉，两次提到云阳，那么到底通的是云阳还是甘泉？云阳、甘泉是不是一个地方？秦汉时期甘泉、云阳又各在哪里？

有关秦代甘泉宫的记载，有《史记·秦始皇本纪》"十年……秦王乃亲迎太后于雍而入咸阳，复居甘泉宫"① 以及《史记·秦始皇本纪》"二十七年，始皇巡陇西、北地，出鸡头山，过回中…自极庙道通郦山，作甘泉前殿。筑甬道，自咸阳属之"② 这两条，第一条提到甘泉宫，当指秦甘泉宫；第二条"作甘泉前殿"，指秦甘泉宫无疑。结合上下文意思，秦在渭河南岸有甘泉宫问题不大。何清谷③、徐卫民④、刘振东⑤、邱海文⑥等早有论证，不再赘述。

有关汉代甘泉宫，《史记》《汉书》记载较多。《汉书·郊祀志》载武帝因齐人李少翁言，"作甘泉宫，中为台室，画天地泰一诸鬼神，而置祭具以致天神"⑦。《汉书·武帝纪》载武帝元封二年（前109）"作甘泉通天台"⑧；《汉书·郊祀志》记载有汉代皇帝到甘泉宫的事迹，"高祖时五来，文帝二十六来，武帝七十五来，宣帝二十五来，初元元年以来亦二十来"⑨。对于汉甘泉宫的位置，经过多年的考古工作，考古学界有了比较一致的认识。汉甘泉宫遗址位于陕西省咸阳市淳化县北部，泾水之阳，南为北仲、嵯峨二山，北枕子午岭余脉甘泉山，处于北纬34.58度、东经108.32度。遗址核心区域西至米家沟，东至武家山，北至北庄子，南至董家村。核心区域地表现存8处夯土台基及西汉石熊、石质柱础、宋代石鼓等。历年来遗址内外发现多件石柱础、铺地砖、空心砖、筒瓦、板瓦、瓦当以及圆形、五角形陶质排水管道、五铢铜钱等遗

---

① 《史记》卷六《秦始皇本纪》，第227页。

② 《史记》卷六《秦始皇本纪》，第241页。

③ 何清谷：《关中秦十宫何处觅》，《陕西师范大学学报（哲学社会科学版）》1988年第2期。

④ 徐卫民：《秦都城研究》，陕西人民教育出版社，2000年，第128页。

⑤ 刘振东：《西汉长安城的沿革与形制布局变化》，载《汉代考古与汉文化国际学术研讨会论文集》，齐鲁书社，2006年，第49–59页。

⑥ 邱海文：《秦甘泉宫地望再考》，载中国古都学会编：《中国古都研究》第二十八辑，三秦出版社，2015年，第62–69页。

⑦ 《汉书》卷二五上《郊祀志上》，第1219页。

⑧ 《汉书》卷六《武帝纪》，第193页。

⑨ 《汉书》卷二五下《郊祀志下》，第1258页。

物。2006 年被公布为国家级文物保护单位。

关于"甘泉"一词,《史记·匈奴列传》载:"宣太后诈而杀义渠戎王于甘泉,遂起兵伐残义渠。"① 《史记·蒙恬列传》曰:"始皇欲游天下,道九原,直抵甘泉。乃使蒙恬通道,自九原抵甘泉。"② 又《史记·六国年表》载:"为直道,道九原,通甘泉"③。以上三例原文说甘泉,非确指秦甘泉宫。据《战国策·秦策》记载,范雎对秦昭王说:"大王之国,北有甘泉、谷口,南带泾、渭,右陇、蜀,左关、阪。"④ 此条中的甘泉,一定非指秦甘泉宫,可理解为秦时的山或者关隘。因此司马迁记载秦时直道时说的"直抵甘泉""通甘泉",不一定指秦甘泉宫,更不可能指汉代甘泉宫,可能是指秦时当地的关隘、山名,据颜师古对《汉书·文帝纪》"甘泉在云阳,本秦林光宫"⑤ 的注,则《战国策·秦策》范雎所言"甘泉",还有可能是秦林光宫。又"谷口"二字下鲍彪注云"《文记》注在云阳,云阳属冯翊";甘泉、谷口方位相近,这可从鲍彪注后的张琦注得知。⑥ 据《中国历史地图集》,秦、西汉时期,云阳附近有甘泉、甘泉山,《史记》关于秦直道的记载云阳、甘泉并列,甘泉应该位于云阳附近,云阳位于甘泉山下的秦汉时期云阳县城。

四、结语

《史记》中数条关于秦直道的记载,多次强调"除道""为直道""通道""通直道",然后才是道九原、自九原。这应该皆是在不同的章节里记载修建、开通秦直道这件事。强调的是秦直道开通、修建信息,从九原开始。至于始皇帝巡游天下为什么也要"道九原",一则可能是拟定巡游的路线使然,从九原开始修建也是皇帝命令;二则是蒙恬暴师于外十余年,居上郡,便利修建,而不是秦直道的起点在九原。

史籍中记载的关于秦汉时期秦直道的使用,有由南向北的,也有由北向南的,当然也符合道路使用的一般规律,看不出北边或九原是起点的迹象,当然也看不出甘泉、云阳是直道起点。我们认同多数学者的"直道以云阳、甘泉为起点"的看法。秦直道的起点应该位于国家权力中心附近,为政权安全而修建。

对于《史记》涉及直道时所言"直抵甘泉""抵甘泉""通甘泉",此处的甘泉不

① 《史记》卷一一〇《匈奴列传》,第 2885 页。
② 《史记》卷八八《蒙恬列传》,第 2566—2567 页。
③ 《史记》卷一五《六国年表》,第 658 页。
④ [西汉] 刘向集录,范祥雍笺证,范邦瑾协校:《战国策》卷五《秦三》,上海古籍出版社,2018 年,第 313 页。
⑤ 《汉书》卷四《文帝纪》,第 119 页。
⑥ 详见 [西汉] 刘向集录,范祥雍笺证,范邦瑾协校:《战国策》卷五《秦三》,第 321 页注 51。所谓《文记》注,即指此段所引《汉书·文帝纪》颜师古"甘泉在云阳,本秦林光宫"这一注释。

一定确指秦代甘泉宫，也非确指汉甘泉宫，或指山名、关隘、秦林光宫。与"大王之国，北有甘泉、谷口，南带泾、渭，右陇、蜀，左关、阪"中的甘泉的指代一致。史念海先生也表述过"秦直道只有一条，由云阳县的甘泉山通到九原郡"①，认为是由甘泉山通到九原郡的，间接认同甘泉指代甘泉山。

姚生民先生《淳化县出土秦汉市亭陶文陶器》② 一文，著录了多件征集于淳化县十里塬公社马家山村戳印"云市""云亭"文字的器物，马家山村位于甘泉山下，推测秦汉云阳县城亦在此处，这就解释了《史记》在涉及秦直道时甘泉、云阳并列的原因。

---

① 史念海：《秦始皇直道遗迹的探索》，《陕西师范大学学报（哲学社会科学版）》1975 年第 3 期。

② 姚生民：《淳化县出土秦汉市亭陶文陶器》，《考古与文物》1984 年第 3 期。

西汉故市、衍、乐昌侯国考

潘国立

（河南大学历史文化学院）

摘要： 故市侯国位于今郑州市西北南阳寨遗址，与故市亭为异地同名市丘，与市丘为两地。《里耶秦简》中的衍氏与《战国策》中的魏邑衍氏位于同一片区域，可能是同一地；《水经注》中的延乡、衍侯国与《里耶秦简》中的衍氏为异地同名。西汉时第一次分封的乐昌侯国位于东郡乐昌县，该地靠近赵国，张受身为张敖之子，封地应靠近赵国。第二次汉宣帝所封乐昌侯国位于汝南郡细阳。秦汉政区中存在的异地同名现象是侯国地望难考的一个重要原因，在分析出土材料和传世文献时，应考虑区域地理环境、城邑道里距离及相对位置等因素。

关键词： 西汉侯国；异地同名；故市；衍；乐昌

侯国作为西汉政区的重要组成部分，长期受到学界关注。《西汉政区地理》有专篇讨论侯国①，《中国行政区划通史·秦汉卷》以郡/国统县政区为单位，考证各个郡国内的侯国沿革、地望②。《西汉侯国地理》是近年来研究侯国的代表性著作，系统梳理了西汉时期数百个侯国，并附有侯国建置沿革表。③ 上述著作为进一步开展研究提供了极大便利。目前，考证侯国地望及其沿革是研究西汉侯国的一个主要方向，而秦汉政区中存在的异地同名④现象是侯国沿革地望难考的重要原因之一。本文结合学界现有研究及出土材料，考证故市、衍、乐昌三个侯国地望，梳理其与相关城邑的关系，并进

---

① 周振鹤：《西汉政区地理》附编第十六章，商务印书馆，2017 年，第 253 – 267 页。

② 周振鹤主编，周振鹤、李晓杰、张莉著：《中国行政区划通史·秦汉卷》第二编，复旦大学出版社，2015 年，第 101 – 602 页。

③ 马孟龙：《西汉侯国地理》，上海古籍出版社，2013 年。

④ 清代学者钱大昕、王鸣盛等均涉及同名异地政区的研究，近年来马孟龙、赵堉燊在研究过程中都对此进行讨论。见于［清］钱大昕：《十驾斋养新录》卷一一，上海书店，2011 年，第 221 – 222 页；［清］王鸣盛：《十七史商榷》卷一七，上海古籍出版社，2013 年，第 188 – 190 页；马孟龙：《西汉侯国地理》中编第二章、下编第五章，第 143、320 页；赵堉燊：《近三十年西汉简牍与政区地理研究综理》，吉林大学 2020 年硕士学位论文。

一步讨论秦汉政区中存在的同名异地现象。

一、故市侯国

高帝六年（前201）四月，汉高祖置故市侯国封阎泽赤。故市"在郑州西北三十五里，汉县，属河南郡。高帝六年封功臣阎泽赤为侯国，后汉省，又建安五年，曹操烧袁绍军车辎重于故市，在今延津县北"①。《清一统志》将故市定位于郑州西北三十五里，又指出位于延津县北，两处互相矛盾。《中国历史地图集》将西汉故市定位于今郑州市须水镇赵村附近②，并且与战国市丘定位于同一地。《水经注》记载黄水"北至故市县，重泉水注之。水出京城西南少陉山，东北流……又东北至故市县故城南。汉高帝六年，封阎泽赤为侯国，河南郡之属县也。黄水又东北至荥泽南，分为二水：一水北入荥泽，下为船塘，俗谓之郑城陂，东西四十里，南北二十里"③。黄水先流经故市故城南，再经郑城陂入荥泽④，可见西汉故市侯国位于荥泽西南，故市与荥泽之间还有郑城陂。侯卫东将故市定位于今郑州市惠济区南阳寨遗址⑤，韩炜炜则将其定位于今惠济区贾鲁河畔固城村西南的一处汉代遗址⑥，两地相距4.5千米。考虑到荥泽的范围南至英才街附近，固城遗址北临英才街，而郑城陂有"东西四十里，南北二十里"⑦，郑城陂只能位于固城遗址以南，因此，将故市定位于南阳寨遗址更合适。

那么故市侯国与官渡之战中的故市亭有何联系？《元和郡县图志》记载：故市城在郑州管城县"西北三十里。曹操击袁绍于故市，即此城也"⑧。可见，从唐代开始，故市侯国与故市亭混淆。建安五年（200），曹操、袁绍两大集团爆发官渡之战，曹操采纳许攸计谋，引军夜袭乌巢，这是曹操赢得官渡之战的决定性战役。《三国志·魏书·武帝纪》记载"今袁氏辎重有万余乘，在故市、乌巢"⑨，《徐晃传》记载"击袁绍运

① ［清］穆彰阿、潘锡恩等纂修：《大清一统志》（第四册），上海古籍出版社，2008年，第756－757页。

② 谭其骧主编：《中国历史地图集》（第二册），中国地图出版社，1982年，第15－16页。

③ ［北魏］郦道元著，陈桥驿校证：《水经注校证》卷七，中华书局，2007年，第195页。

④ 本文以侯卫东考证的荥泽范围为准，荥泽位于今郑州市北部地区，位于京广铁路以东，花园路以西，英才街以北，黄河以南。参见侯卫东：《荥泽的范围、形成与消失》，载中国地理学会历史地理专业委员会《历史地理》编辑委员会编：《历史地理》第二十六辑，上海人民出版社，2012年，第288页。

⑤ 侯卫东：《荥泽的范围、形成与消失》，载中国地理学会历史地理专业委员会《历史地理》编辑委员会编：《历史地理》第二十九辑，上海人民出版社，2015年，第288－289页。

⑥ 韩炜炜：《郑州地区汉代城址》，《华夏考古》2014年第4期。

⑦ ［北魏］郦道元著，陈桥驿校证：《水经注校证》卷七，第195页。

⑧ ［唐］李吉甫撰，贺次君点校：《元和郡县图志》卷八，中华书局，1983年，第203页。

⑨ ［西晋］陈寿撰：《三国志》卷一，中华书局，1959年，第21页。

车于故市"①，可见故市、乌巢相距不远。"济渎又东迳酸枣县之乌巢泽，泽北有故市亭。《晋太康地记》曰：泽在酸枣之东南，昔曹太祖纳许攸之策，破袁绍运车处也"②，可见故市亭在酸枣县周边，《晋书·地理志》也记载"酸枣，乌巢地在东南"③。综上，可以认定《三国志》中曹操夜袭故市即《水经注》中的故市亭，在酸枣县（今延津县西南）东南。

还有另一个问题，西汉故市与战国市丘之间的关系。市丘又称市，《战国策·韩策一》"五国约而攻秦"中有关于市丘的记载。何建章以市丘距离成皋的远近来判断市丘的具体位置，认为市丘位于成皋附近，不过在《韩策二》"韩傀相韩"中又认为市与东孟切近，引程恩泽《国策地名考》认为东孟即酸枣无疑，今为延津县。④ 笔者认为《战国策》中的市丘和《水经注》中提到的韩国市地应为同一地，"濮渠又东北迳酸枣县故城南，韩国矣……城北，韩之市地也"⑤，可知酸枣县北即战国时韩之市地，西汉故市与战国市丘不是同一地。

此外，20 世纪 70 年代出土的《孙膑兵法·擒庞涓》篇中也出现市丘地名，黄盛璋认为《孙膑兵法》中的市丘即《水经注》中的故市亭，在今延津县南，封丘县西，为战国时期魏国市丘，原来为县，后县废而为市丘亭，荥阳之故市为后来迁去。⑥ 赵振铠认为市丘在今河南延津县北十五里，大梁的西北。⑦ 赵吕甫认为市丘即市，位于延津县治，市丘是韩国的一个政治经济重镇，秦时废为故市亭。⑧ 学者们对《孙膑兵法》中市丘的地望考证集中在延津县附近，可见战国时期的市丘即市地，在酸枣县北，故市亭在酸枣县东南，两者相邻，不能混淆，而西汉故市侯国位于今郑州市惠济区南阳寨遗址。

二、衍侯国

高帝十一年（前 196）七月，汉高祖置衍侯国封翟盱，元朔元年（前 128）国除。衍又称衍氏，衍见于《战国策·秦策四》"王申息众三年然后复之，又取蒲、衍、首垣，以临仁、平丘，小黄、济阳婴城，而魏氏服矣"⑨，《魏策一》记载魏国"北有河

---

① ［西晋］陈寿撰：《三国志》卷一七，第 528 页。

② ［北魏］郦道元著，陈桥驿校证：《水经注校证》卷七，第 196－197 页。

③ ［唐］房玄龄等撰：《晋书》卷一四，中华书局，1974 年，第 418 页。

④ ［西汉］刘向辑录，何建章注释：《战国策注释》，中华书局，1991 年，第 983、1041 页。

⑤ ［北魏］郦道元著，陈桥驿校证：《水经注校证》卷八，第 203 页。

⑥ 黄盛璋：《〈孙膑兵法·擒庞涓〉篇释地》，《文物》1977 年第 2 期。

⑦ 赵振铠：《〈孙膑兵法·擒庞涓〉中几个城邑问题的探讨》，《文物》1976 年第 10 期。

⑧ 赵吕甫：《再论〈孙膑兵法·擒庞涓〉中几个城邑的位置》，《西南师范大学学报（哲学社会科学版）》1989 年第 1 期。

⑨ ［西汉］刘向辑录，何建章注释：《战国策注释》，第 240 页。

外、卷、衍、燕、酸枣"①。以上史料对衍氏记载非常简略，无法确定衍氏具体位置。《史记索隐》记载"衍在河南，与卷相近"②，卷位于今原阳县原武镇西北圈城村③，《括地志》则记载"衍，地名，在郑州"④，从地理位置来看，卷、燕、酸枣均位于郑州东北部的原武、阳武等地，依据《战国策》中卷、衍、燕、酸枣同属一片区域来推测衍氏的位置，如此，衍也位于郑州东北部。《读史方舆纪要》记载郑州有"衍氏城，在州北三十里，与原武县故卷城相近"⑤，这是首次关于衍氏城具体位置的记载，顾祖禹应是根据卷与郑州的距离推测衍氏位于郑州北三十里。据上文《战国策·秦策四》记载，衍不仅与卷、燕、酸枣相邻，还与蒲、首垣相邻，依当时秦的军事行动推测，衍氏应位于蒲、首垣两地附近，即今长垣东部一带。梁玉绳依据《水经注》中"封丘县为燕县之延乡"，认为衍、燕、延音近，字随而变，衍氏可能为延乡（即西汉时期的燕县）。⑥ 马孟龙认为《苏秦传》载魏国有卷、衍，知衍为魏置县，汉封泥有"衍丞之印"，知衍县汉初仍存，据《济水注》《汉志》陈留郡封丘县之前身即衍县延乡⑦，位于今封丘县荆隆宫乡朱元寨村⑧。

衍氏也见于里耶秦简的记载，"顿丘到虚百卅六里，虚到衍氏百九十五里，衍氏到启封三百五里"⑨，可知衍氏在虚、启封之间，这与战国时期魏国北部的衍处于相近的区域。张春龙等认为战国时期魏国衍氏即秦衍氏县，位于今郑州市北。⑩ 不过秦简中两地之间的距离需谨慎使用，简牍记载顿丘到虚有一百四十六里，折合为今约 60 千米，勉强符合两地之间的实际距离，但之后城邑之间的里数无法调和。虚（今河南延津县东）到衍氏有一百九十五里，一百九十五里大约是 81 千米，而今河南延津县东距郑州北约有 65 千米，衍氏到启封（今开封市朱仙镇）则是三百五里，从今封丘县南至启封不过 40 千米，出入更大。因此，里耶秦简中的衍氏与《战国策》记载的衍氏应是同地，不是《水经注》中延乡所在地。

回到最初的问题，衍侯国位于何处？根据《战国策》推测，衍氏位于今长垣以东。那么衍氏与延乡、衍侯国、简牍中的衍氏以及汉封泥中衍之间有何联系？将上述城邑

---

① ［西汉］刘向辑录，何建章注释：《战国策注释》，第 819 页。

② 《史记》卷七八《春申君列传》，中华书局，1959 年，第 2389 页。

③ 原阳县志编纂委员会编：《原阳县志》第一章，中州古籍出版社，1995 年，第 106 页。

④ ［唐］李泰等著，贺次君辑校：《括地志辑校》卷三，中华书局，1980 年，第 175 页。

⑤ ［清］顾祖禹撰：《读史方舆纪要》卷四七，中华书局，2005 年，第 2198 页。

⑥ ［清］梁玉绳：《史记志疑》卷一一，中华书局，1981 年，第 595－596 页。

⑦ 马孟龙：《西汉侯国地理》附录"西汉侯国建置沿革总表"，上海古籍出版社，2013 年，第 394 页。

⑧ 黄学超：《〈水经〉文本研究与地理考释》下编第五章，复旦大学出版社，2021 年，第 236 页。

⑨ 张春龙、龙京沙：《里耶秦简三枚地名里程木牍略析》，载武汉大学简帛研究中心主编：《简帛》第一辑，上海古籍出版社，2006 年，第 267 页。

⑩ 张春龙、龙京沙：《里耶秦简三枚地名里程木牍略析》，第 267 页。

联系起来的关键因素是《水经注》认为南燕县延乡是西汉衍侯国，即衍、延音近。《史记》《汉书》中均没有记载衍侯国的位置，而郦道元的侯国地望记述并无坚实史料依据，其有关古城邑与西汉侯国的联系乃是基于地名的相似性，因此《水经注》有关西汉侯国地望的记述不能视为可靠的史料。① 据此，通过"衍、延音近"来断定延乡、衍氏、衍侯国具有很大的困难。

综上所述，里耶秦简中的衍氏与《战国策》中的魏邑衍氏位于同一片区域，可能是同一地；衍侯国与《水经注》中的延乡、简牍中的衍氏为异地同名，衍侯国位于今长垣以东，属东郡。

三、乐昌侯国

西汉时期先后有两个乐昌侯国。第一个乐昌侯国为公元前180年封鲁元公主之子张受为乐昌侯，次年国除。第二个乐昌侯国置于地节四年（前66），封王武为乐昌侯，汉平帝元始三年（3）国除，《汉志》没有记载王武之乐昌侯国。《后汉书》记载"敖子寿，封细阳之池阳乡，后废，因家焉"②，张受即张寿，可知乐昌侯国位于细阳。

西汉时期东郡还存在一个乐昌县，位于今河南省南乐县西北18千米仓颉陵遗址北侧。③ 长期以来，东郡乐昌县被认为是乐昌侯国所在地。陈苏镇认为汉初即有乐昌县，则乐昌侯国理应在此。张受后人定居细阳可能另有原委，《后汉书》之说未可遽信。④ 其实西汉时期异地同名的县级政区不在少数。以汝南郡为例，汝南郡有归德侯国，而北地郡下辖归德县；汝南郡下辖成阳侯国，济阴郡下辖成阳县；涿郡有高阳县，琅邪郡有高阳侯国。同理，可知东郡乐昌县未必是乐昌侯国所在地。仲山茂则认为与乐昌侯同时建置的平昌侯国属于与东郡相邻的平原郡，以此类推，乐昌侯国属于东郡，《侯表》注记汝南，可能是与《外戚恩泽侯表》"阳城侯刘德"条目下的地名注记汝南混淆了。⑤ 仲山茂以同时分封的侯国位于临郡来推测乐昌位于东郡，而马孟龙认为安平侯杨敞与富平侯张安世同日受封，张安世之富平侯国地处陈留郡，杨敞之安平侯国当同在陈留郡。⑥ 不同的观点引出了一个问题，即同时分封的侯国位于邻郡还是同郡？两位学者得出了不同的结论。可见目前通过同时分封的侯国来推测侯国地望，尚需斟酌。

---

① 马孟龙：《西汉侯国地理》上编第二章，第62页。
② 《后汉书》卷四五《张酺传》，中华书局，1965年，第1528页。
③ 南乐县地方志编纂委员会编：《南乐县志》第三章，中州古籍出版社，1996年，第59页。
④ 陈苏镇：《汉文帝"易侯邑"及"令列侯之国"考辨》，《历史研究》2005年第5期。
⑤ 〔日〕仲山茂著，郭永钦译：《汉书侯表地名注记的体例特征——从地理志的相关性出发》，载中国地理学会历史地理专业委员会《历史地理》编辑委员会编：《历史地理》第二十六辑，第465页。
⑥ 马孟龙：《西汉侯国地理》附录"侯国附考"，第525页。

东郡乐昌县在东汉建武年间省并①，此时乐昌侯国也已废除。笔者认为，西汉时第一次分封的乐昌侯国位于东郡乐昌县，该地靠近赵国，张受身为张敖之子，封地应靠近赵国。第二次汉宣帝封的乐昌侯国位于细阳之池阳乡，因为王武仅封 600 户，户数之少不应为县，当为某一乡聚，符合细阳之池阳乡的记载。由于东汉时期两乐昌均已省并，后世认为两个乐昌侯国在同一地方，将乐昌县与乐昌侯国混淆，把第一个乐昌侯国所在地乐昌县认作宣帝所封乐昌侯国。那么细阳之乐昌侯国位于何处？今太和县东南赵集乡有一处赵集城址②，为汉代遗址，整理者认为此处当为乐昌古城。《太和县志》认为乐昌故城位于今县城东 8 公里③，与赵集城址相符，此处即汉宣帝所封乐昌侯国。

四、结语

综上所述，西汉故市侯国位于今郑州市西北南阳寨遗址，与官渡之战中的故市亭为异地同名，与战国之市丘为两地。里耶秦简中的衍氏与《战国策》中的魏邑衍氏位于同一片区域，可能是同一地；《水经注》中的延乡、衍侯国与里耶秦简中的衍氏为异地同名。西汉时第一次分封的乐昌侯国位于东郡乐昌县，该地靠近赵国，张受身为张敖之子，封地应靠近赵国。第二次汉宣帝所封乐昌侯国位于汝南郡细阳。

西汉时期分封了数百个侯国，当中有些侯国地望难以确认，而异地同名现象是侯国地望难考的一个重要原因。因之，不少学者着力于此，考证侯国地望及其沿革，这也是目前秦汉政区地理研究的主要方向之一。但应留意，在考证过程中不能将出土材料与传世文献简单对映，而需充分理解两种史料，尤其是出土材料的局限性，不宜凭个别新材料便轻易否定传世文献的记载。④ 在分析材料时，不能因地名相似，就将其归于一地，应参照相关城邑的道里距离，以及城邑之间的相对位置，并以当时发生的事件检验城邑地望是否合理。另还需考虑区域地理环境，若某一区域内存在多个同时代城址，应在复原地理环境之后再确认侯国地望，进而选择最为合适的城址。

---

① 周振鹤主编，周振鹤、李晓杰、张莉著：《中国行政区划通史·秦汉卷》（下），第三编下篇第三章，第 697 页。

② 国家文物局主编：《中国文物地图集·安徽分册》下，中国地图出版社，2014 年，第 127 页。

③ 太和县地方志编纂委员会编：《太和县志》第二十四章，黄山书社，1993 年，第 327 页。

④ 周振鹤主编，周振鹤、李晓杰、张莉著：《中国行政区划通史·秦汉卷》（上），第二编绪言，第 107 页。

·书评与书讯·

秦汉土地制度研究的力作

——晋文《秦汉土地制度研究》述评

徐卫民

（西北大学文化遗产学院）

土地问题历来是关系王朝治乱兴衰的重大问题，是贯穿古代社会的一条红线，而秦汉时期的土地制度更是中国古代土地制度研究中的一个重大课题。因此引起了学术界的高度关注，从 1949 年至 1976 年，关于战国秦汉的土地制度主要形成了三种观点：一是土地国有论，以侯外庐、贺昌群先生为代表；二是土地私有论，以胡如雷先生为代表；三是土地国有、私有多种所有制并存论，以李埏先生为代表。在一些具体问题上，如"制辕田"、商鞅的"名田宅"、秦始皇的"使黔首自实田"、秦汉时期的土地兼并等，均存在较大分歧。究其原因，除了对问题的认识不同外，最核心的是由于相关史料的匮乏。进入 20 世纪 70 年代以后，随着考古工作的进一步深入，有关秦汉土地制度方面的简牍大量涌现，从而为秦汉土地制度的研究提供了第一手的资料，诸如凤凰山汉墓简牍、银雀山汉简、睡虎地秦简、青川秦牍、张家山汉简、龙岗秦简、悬泉汉简、里耶秦简、岳麓秦简等，从而大大推动了秦汉土地制度的研究。

晋文抓住有利时机，利用鲜活的简牍材料，成功申报并成功入选国家社会科学基金重点项目"秦汉简牍史料中的土地制度研究"，利用简牍材料和传世文献结合的方法对秦汉时期的土地制度进行了比较全面的研究，发表了一系列研究文章，提出了一些有见地的学术观点，引起了学术界的高度关注。项目完成后，被鉴定为"优秀"，并被收入"国家哲学社会科学成果文库"，由社会科学文献出版社于 2021 年 4 月隆重推出。我们有理由相信，该成果的出版一定会在学术界产生重要影响，进而推动关于秦汉土地制度问题的研究。

综观《秦汉土地制度研究——以简牍材料为中心》一书，并非是对秦汉土地制度面面俱到的研究，而是结合传世文献，讨论新出简牍中关于土地制度的记载，利用新出土的资料，重新认识在学术界存在争议或尚未解决的疑难问题。即使是新出简牍，如果在内容上学界已有定论，或基本没有争议，该书亦未涉及，或在研究过程中一笔带过。正因为如此，该成果的研究更具有创新的学术意义。作者不仅更为细致地研究秦汉的土地制度，进一步拓展历史研究的深度和广度，而且希冀从土地制度探索历史规律，努力揭示土地制度与中国古代社会的内在联系，总结历史经验教训，为当今社会的"三农"问题的解决提供一些历史借鉴，具有一定的现实意义。在研究方法上，作者坚持以马克思主义唯物史观为指导，在充分占有史料的基础上，运用二重证据法，借鉴经济学、法学、社会学、数学等相关理论和方法，从宏观、中观和微观三个方面，对战国秦汉土地制度的相关问题进行全方位的探讨，得出的结论相对可靠、令人信服。

该书除前言、后记和参考文献外，共分八章，另有一篇余论（代结语）及附录等，50余万字。第一章为"睡虎地秦简与授田制研究"。主要讨论睡虎地秦简中的授田制问题，并就诸多争议提出了新的观点，复原了秦及汉初的田租征收方式。第二章为"新出秦简中的田制等问题"。主要讨论新出秦简中的授田制和赐田制问题，认为迁陵乃至洞庭等地区的授田是按小块土地分批授予的，跨乡受田人应是兼并土地的地主或富农，赐田均为土地私有，爵位的降等继承并非等同田宅的降等继承。第三章为"秦简中的公田制研究"。主要讨论了龙岗秦简中的"行田""假田"和里耶秦简中的"官田"问题。认为龙岗秦简中的"行田"并非授田，而应与短期租赁的"假田"相关。第四章为"张家山汉简中的田制等问题"。认为名田宅的爵位降等继承不等于实有田宅的降等继承，汉初民田是土地私有制。第五章为"走马楼汉简中的田制等问题"。主要探讨《都乡七年垦田租簿》和走马楼汉简的断代问题，分析名田或授田制的瓦解及原因。第六章为"凤凰山汉墓简牍中的田制等问题"。认为《算簿》中含有口钱和算赋，以及地方基层政府有虚、实两个账本。第七章为"从户籍制度看秦汉土地制度"。通过里耶秦简对秦代迁陵县户口的推算、"积户"和"见户"的阐释、"积"的考核方式，以及对汉初《田命籍》和《田租籍》的考证。第八章为"从赋税制度看秦汉土地制度"。一般来说，剖析秦汉赋税制度的形成、内容、变化及其征收和缴纳情况，既可以明确谁在土地所有制中占有支配地位，又可以为具体问题如田亩规划提供新的研究视角，还可以反映战国秦汉土地制度的演变。

作者认为，在民田占有制度上，秦汉魏晋南北朝时期是沿着土地国有变成土地私有为主，再从土地私有又变成土地国有为主的轨迹运行的。无论是战国、秦代的授田制和赐田制，还是汉初的名田（授田）制，抑或魏晋南北朝时期的屯田制、占田制和均田制，均具有鲜明的时代特点，是顺应历史和社会发展的产物。秦汉土地私有制的发展曾极大调动了地主和农民的积极性，但由此产生的土地兼并也是最终导致其土地制度被完全破坏的主因。秦汉魏晋南北朝土地制度的嬗变，更给后世留下许多宝贵的经验和教训。

该书的学术价值和创新主要体现在四个方面：一是关注和考察了秦汉时期土地的实际占有权和使用权问题；二是将目光投向中国古代社会的历史长河，从较长的时间段研究了秦汉时期的土地制度；三是将研究置于秦汉魏晋史的大背景下，强调土地制度与政治制度、经济制度、法律制度和社会关系的相互联系与制约；四是尽可能厘清秦汉土地制度中的一些争论和疑难问题。

从书中的内容来看，几乎所有章节都有和学界同行商榷的内容，这也是晋文做学问的重要特点。但这也不是他刻意所为，更不是违背研究规律的标新立异，而是由秦汉土地制度的研究课题决定的。一方面，土地制度是传统课题，学界对秦汉土地制度研究的既有成果比较多，要想在新的研究中完全予以回避，既不可能，又违反了学术规范；另一方面，该书作为国家社科基金重点项目的结项成果，必须尽最大可能在原有研究的基础上有所推进和提高，没有符合学术规范的相关对话或争鸣，任何创新也都将无从谈起。可以说该书的写作在很大程度上就是围绕对一系列问题的商榷而展开的。因此，重视学术史的回顾，这不仅是该书写作的一个突出特点，而且更应当视为该书作者对学术原创的引用和尊重。作者的批评和商榷既然秉承求真、对话的原则，所以作者也乐于接受批评和商榷。

当然，随着出土简牍资料的不断涌现，秦汉土地问题的研究还会进一步走向深入，真理会越辩越明。

《熊铁基文集》出版

蒋 波

（湘潭大学碧泉书院历史系）

著名历史学家熊铁基先生的个人文集出版发行，文集共十卷。其中第十卷为道教文化相关论文，正在走出版流程，其他九卷顺利出版（华中师范大学出版社 2021 年版）。文集主要为作者历年来出版的专著、论文集，以及序跋、回忆录等，具体情况如下。

第一卷《秦汉新道家》。该书在作者 1984 年出版的成名作《秦汉新道家略论稿》基础上增补而成，分为"历史篇""思想篇"两部分，前者以秦汉道家思想发展为轴心，上溯战国黄老道家、下至魏晋道家的流衍。"思想篇"主要是个案分析，叙述了陆贾、司马迁父子等人，以及《淮南子》《老子河上公章句》等作品中的道家思想。

第二卷《秦汉文化史》。该书原名《秦汉文化志》，是"中华文化通志"中的一部，单行本改为《秦汉文化史》，讨论了秦汉时期的文化政策、教育制度、社会思潮、学术、文学、艺术、风俗诸层面。

第三卷《汉唐文化史》。该书在《秦汉文化史》的基础上，将范围延伸至隋唐时期，先综论汉唐文化的特点，再分论家庭、经学、社会思潮、文学艺术、风俗习惯等问题。

第四卷《汉代学术史论》。该书讨论了汉代学术的载体、国家重大举措对学术的影响、汉代学术整合、汉代学术特点及其奠基性作用等，其中"汉代人对先秦学术典籍的改造"是贯彻全书的主线之一。

第五卷《秦汉军事制度史》。作者称该书是秦汉军事制度"试探性"的作品，也表明《秦汉军事制度史》为探讨秦汉军事制度较早的专著之一。全书依次讨论了兵士、军队、装备、军马、给养、营垒、军法、兵法等问题及相关规制。

第六卷《秦汉官制史稿》。众所周知，该书是作者与安作璋先生的合璧，也是后人研究秦汉官僚制度不可绕过的一部力作。《史稿》原分为上下册，分别于 1984 年、1985 年由齐鲁书社出版，2007 年第二版时合为一册，后来又收入"人民文库"。因这些原因，不像其他合作的著作，只选熊先生自己撰写的部分，而是将该书全部收入文集。《史稿》分中央官制、地方官制和官吏的选任（即今日人们常说的"官吏管理制度"）三部分考据，论证之详细，观点之稳妥，可为后人法。

第七卷《中国古代史论集》。该书收录了作者历年来研究中国古代史的论文，以秦汉史为主，而又不局限于此，包括先秦、隋唐等时段；内容涉猎广泛，涉及阴阳五行、古史辨、楚国历史、魏晋门阀世族等。

第八卷《中国老庄学史》。该书是其主持的《中国老学史》《二十世纪中国老学》《中国庄学史》三书的节选本，节选了作者撰写的部分。

第九卷《序跋·随笔·回忆录》。该书收录了作者为相关著作所写的序、前言，以及发表的文史札记，最后一部分是珍贵的回忆录，包括作者的成长、求学、问学历程，以及与学界先贤、同辈、晚辈的交往逸事。

总之，以上皇皇九卷文集的出版，较全面地反映了熊铁基先生的治学旨趣、成果和心得，是秦汉史乃至整个史学界的一件盛事。

《秦汉研究》征稿启事

　　《秦汉研究》是由中国秦汉史研究会和咸阳师范学院联合编辑的学术集刊，是中国秦汉史研究会会刊。从 2021 年开始每年出刊两辑，目前已连续出刊十八辑。现面向海内外征稿，请各位专家学者惠赐佳作。欢迎以下各方面的稿件：

　　一、秦汉史研究的理论、通论性文章；

　　二、秦汉考古研究成果；

　　三、秦汉碑刻、简帛研究；

　　四、秦汉文献整理与研究；

　　五、其他秦汉史研究领域的文章。

　　来稿以一万至两万字为宜，也接受数千字的短论与数万字的长文，尤其欢迎具有重大学术意义的争鸣类稿件，对促进学术发展有重要指引性的文章，以及论证严密的实证类成果。来稿请勿一稿多投，凡所刊文，均不代表本刊编辑部的立场，作者文责自负。本刊有权对来稿文字表述及其他方面做技术性修改，若作者有异议，请在稿件中注明。

　　本刊不以任何形式向作者收取审稿费、版面费等费用。收稿之日起 20 个工作日内回复是否通过初审，两个月内告知最终审稿结果。文章刊出后，即付稿酬，并寄送样刊 2 册。

　　本刊已加入中国知网数据库，来稿一经采用，即表明作者将该作品的专有出版权与网络传播权授予本刊。稿酬中已包含上述授权的费用。作者如将本刊所发文章收入其他出版物中发表，须详细注明该文在本刊的原载卷次。

　　来稿请用页下注，每页重新编号。引用古籍、今人论著时须标明作者、整理者、整理方式、书名、卷次、篇章、出版机构、出版时间、页码等信息，再次作注时省略出版机构与出版时间。期刊杂志要写明作者、杂志名、年、期。集刊是以图书形式出版的刊物，应大体按引用图书的形式进行注释。注释顺序为作者、文章名、主编/主办单位、集刊名、总辑数、出版社、出版年代、页码。如王子今：《论"郦山徒""授兵"：秦大型工程的军事化营作》，载徐卫民、王永飞主编：《秦汉研究》第十七辑，西北大学出版社，2022 年，第 22－35 页。

　　来稿一律通过电子邮箱以 WORD 文档附件形式发送。文末请附作者简介（包括作者姓名、性别、工作/学习单位、职称、研究方向、通讯地址、邮编、电子邮箱、手机号码）。

　　来稿请发电子邮件：咸阳师范学院历史文化学院张光晗

　　电子信箱：zghqhyj@163.com

　　联系电话：18189155228

《秦汉研究》编委会

2022 年 12 月